Dictionnaire encyclopédique
des sciences du langage

Ouvrages des
mêmes auteurs

aux éditions du Seuil

OSWALD DUCROT

« Le structuralisme en linguistique », in
Qu'est-ce que le structuralisme ?
1973, coll. « Points »

TZVETAN TODOROV

Introduction à la littérature fantastique
1970, coll. « Poétique » ; 1976, coll. « Points »

Poétique de la prose
1971, coll. « Poétique » ; 1980, coll. « Points »

Poétique
1973, coll. « Points »

Théories du symbole
1977, coll. « Poétique » ; 1985, coll. « Points »

Symbolisme et interprétation
1978, coll. « Poétique »

Les genres du discours
1978, coll. « Poétique »

Mikhaïl Bakhtine le principe dialogique
1981, coll. « Poétique »

La conquête de l'Amérique
1982

Critique de la critique
1984, coll. « Poétique »

La Notion de littérature et autres essais
1987, coll. « Points »

et chez Hachette

Frêle bonheur, essai sur Rousseau
1987

Oswald Ducrot
Tzvetan Todorov

Dictionnaire encyclopédique des sciences du langage

Madison, february 91

Éditions du Seuil

ISBN 2-02-005349-7
(ISBN 2-02-002709-7, 1re publication)

© ÉDITIONS DU SEUIL, 1972

Introduction

Le titre de cet ouvrage comporte deux particularités, qui
répondent à deux options fondamentales et que nous nous devons
d'expliquer ici : le pluriel de *sciences*, le singulier de *langage*.

Nous avons choisi de donner au mot *langage* le sens restreint
— et banal — de « langue naturelle » : non celui, fort répandu
de nos jours, de « système de signes ». Il ne sera donc question ici
ni des langues documentaires, ni des différents arts considérés
comme langages, ni de la science prise pour une langue bien ou
mal faite, ni du langage animal, gestuel, etc. Les raisons de cette
restriction sont multiples. D'abord, en quittant le terrain du
verbal, nous aurions été obligés de traiter d'un objet dont les
limites sont difficiles à fixer et qui risque, de par son indétermination même, de coïncider avec celui de toutes les sciences humaines
et sociales — sinon de toutes les sciences en général. Si tout est
signe dans le comportement humain, la présence d'un « langage »,
en ce sens large, ne permet plus de délimiter un objet de connaissance parmi d'autres. De surcroît, les institutions sociales, les
structures psychiques, les formes artistiques, les découpages des
sciences n'ont été envisagés comme des systèmes de signes qu'en
un temps récent, et, pour en parler, nous aurions été amenés
souvent à créer une science beaucoup plus qu'à en rendre compte
— ce qui ne correspondait ni à nos buts ni à nos possibilités.
Enfin, une telle extension du mot « langage » aurait impliqué
l'affirmation d'une identité principielle entre les différents systèmes
de signes; nous nous sommes refusés à ériger d'emblée cette
hypothèse au rang de postulat. L'étude de ces systèmes pourra
faire l'objet d'autres ouvrages à venir.

Si le mot « langage » est donc pris ici en un sens restrictif, le pluriel de *sciences* marque, au contraire, notre désir d'ouverture. Nous n'avons voulu, à aucun moment, séparer l'étude de la langue de celle de ses *productions* — entendant par là à la fois sa mise en *fonctionnement* (d'où la place accordée à l'énonciation, aux actes linguistiques, au langage en situation) et les séquences *discursives* qui en résultent, et dont l'organisation n'est plus directement régie par le seul mécanisme de la langue (d'où les nombreux articles consacrés aux questions de littérature : le discours littéraire étant, de tous, le mieux étudié). Toute tentative d'isoler l'étude de la langue de celle du discours se révèle, tôt ou tard, néfaste à l'une et à l'autre. En les rapprochant, nous ne faisons d'ailleurs que renouer avec une longue tradition, celle de la philologie, qui ne concevait pas la description d'une langue sans une description des œuvres. On trouvera donc représentées ici, outre la linguistique au sens étroit, la poétique, la rhétorique, la stylistique, la psycho-, la socio- et la géolinguistique, voire certaines recherches de sémiotique et de philosophie du langage. Nous souscrivons par là au credo énoncé naguère par l'un des maîtres de la linguistique moderne : *Linguista sum : linguistici nihil a me alienum puto.*

Bien que nous n'intervenions ici comme tenants d'aucune école, nous avons été amenés, plus souvent qu'il n'est d'usage dans ce genre d'ouvrages, à prendre une position personnelle, et même à présenter, ici ou là, des recherches originales, si incomplètes et provisoires que nous les sachions. Plutôt qu'un bilan des opinions, dont l'idéal illusoire serait l'impartialité, nous avons cherché à donner une vue d'ensemble cohérente des problèmes — ce qui exige toujours le choix d'un point de vue. Indiquons-le brièvement.

Pour étudier les problèmes du langage, nous avons choisi de les envisager dans une perspective essentiellement *sémantique*. Les problèmes de la signification, de ses niveaux, de ses modes de manifestation sont au centre de tout l'ouvrage. Cette importance accordée à la signification, entraîne plusieurs conséquences :

1. Nous avons présenté en détail la théorie générative et transformationnelle de Chomsky, qui a contribué, plus qu'aucune autre, à lever la méfiance dont les questions sémantiques ont longtemps été l'objet de la part des linguistiques « scientifiques » (ce qui nous a amenés d'ailleurs à signaler certaines difficultés qu'elle rencontre, et qui expliquent son évolution actuelle).

2. De même, nous avons donné une place importante à l'histoire des sciences du langage (en la faisant commencer bien avant le XIXe siècle) : c'est que les débats qui l'occupent tournent, eux aussi, en dernière analyse, autour des rapports entre la langue et la signification : même le débat entre Saussure et la linguistique historique du XIXe siècle, qui se cristallise autour de questions techniques précises, met en jeu, en fin de compte, deux conceptions différentes de l'acte de signifier.

3. Nous exposons, à propos de divers problèmes — la référence, la modalité, par exemple —, le point de vue de certains logiciens. Il est assez fréquent, aujourd'hui, de déclarer ce point de vue « linguistiquement non-pertinent » (une expression que nous n'aimons guère), sous prétexte que les logiciens ne s'occupent pas de décrire la langue, mais d'énoncer des règles concernant son utilisation. Il nous semble cependant que les recherches logiques peuvent être fort révélatrices pour le linguiste; car les difficultés que le logicien rencontre pour énoncer les lois du raisonnement font apparaître, par contraste, la spécificité des langues naturelles.

4. Des questions purement « littéraires » côtoient parfois l'examen des catégories linguistiques : ainsi la discussion du « personnage » suit celle des « parties du discours » et des « fonctions syntaxiques ». Il en résulte à l'occasion une certaine inégalité dans le niveau de rigueur atteint ici et là : inégalité que nous espérons provisoire et qui reflète le rythme irrégulier dans le développement des sciences. Nous avons adopté ce parti parce que nous croyons au rapport authentique qui relie catégories linguistiques et catégories discursives, parce que nous croyons au profit que peuvent tirer l'une et l'autre science de leur étude conjuguée.

5. En contrepartie, il était inévitable de faire une part plus restreinte aux problèmes de l'expression phonique et de la parenté

historique des langues; nous avons essayé cependant de présenter, concernant ces thèmes, les notions qui sont devenues le bien commun et la référence constante des linguistes, et qui sont indispensables pour comprendre les travaux actuels sur le langage *.

Il y a une certaine témérité à présenter, en quatre cents pages, une vue d'ensemble sur les sciences du langage, étant donné leur extraordinaire développement, depuis une cinquantaine d'années surtout; étant donné aussi leur aspect à la fois systématique — chaque notion doit se comprendre par rapport à une multitude d'autres —, et chaotique — on ne trouve ni principes ni terminologie fixes. Pour faire face à ces difficultés, nous avons procédé de la manière que voici.

Le livre est organisé non selon une liste de mots, mais selon un *découpage conceptuel* du domaine étudié. La solution inverse (qui était encore possible à l'époque du *Lexique de la terminologie linguistique* de J. Marouzeau) aurait entraîné, aujourd'hui, ou des redites innombrables, trop coûteuses en place, ou des kyrielles de renvois, exigeant des lecteurs une patience déraisonnable. Nous avons donc écrit une cinquantaine d'*articles* dont chacun, consacré à un *thème* bien délimité, constitue un tout, et peut être l'objet d'une lecture suivie. A l'intérieur de ces articles, un certain nombre de *termes* (environ huit cents) sont définis : un index, placé à la fin de l'ouvrage, donne la *liste alphabétique* de ces termes, avec une référence — et une seule — au passage du livre où se trouve la définition. Par ailleurs, le lecteur qui cherche des renseignements sur une doctrine particulière, trouvera un *index des auteurs*, avec renvoi aux passages où se trouvent des développements les concernant (nous avons laissé de côté, dans ces renvois, les remarques purement allusives ou bibliographiques dont les mêmes auteurs peuvent être l'objet ici et là).

Enfin, lorsqu'il a été nécessaire, dans le courant même des articles, d'utiliser des termes ou de faire allusion à des thèmes

* Pour une étude approfondie de ces problèmes, nous renvoyons au *Guide alphabétique de la linguistique* réalisé sous la direction d'A. Martinet (Paris, 1969), ouvrage à peu près symétrique du nôtre, en ce sens qu'il prend pour centraux les problèmes que nous traitons de façon marginale — et inversement.

présentés ailleurs, des numéros entre crochets indiquent la page où ces termes ou thèmes sont expliqués.

Les articles se suivent selon un ordre *analytique* et non alphabétique. En voici le principe.

La première section, *Les écoles*, suit les principales tendances dont l'enchaînement constitue *l'histoire de la linguistique moderne* (grammaires générales, linguistique historique, glossématique, etc.).

La seconde, *Les domaines*, décrit *l'ensemble des disciplines dont le langage constitue l'objet* : les différentes parties de la linguistique, la poétique, la stylistique, la psycholinguistique, la philosophie du langage...

Les deux autres sections sont consacrées à la *description* des principaux concepts utilisés. D'abord, *Les concepts méthodologiques*; on entend par là les concepts les plus généraux, comme ceux de signe, syntagme et paradigme, langue et parole, etc.; à l'intérieur même de cette section, l'ordre suivi vise à aller — autant que possible, et sans prétendre à une hiérarchie stricte — *du fondamental au dérivé*. Ensuite, dans la dernière section, on traite de concepts plus particuliers, dits *descriptifs* : par exemple ceux de phonème, partie du discours, sens et référence, style; ils s'échelonnent *du simple au complexe*, en partant du trait distinctif phonique, pour arriver aux actes linguistiques globaux.

Ainsi construit, l'ouvrage nous semble susceptible d'une double lecture : il peut s'utiliser comme dictionnaire ou comme encyclopédie. Il est donc destiné aussi bien aux spécialistes qu'aux débutants, dans chacun de ces domaines qui vont de la linguistique aux études littéraires.

La langue dans laquelle les articles sont écrits vise à être aussi peu technique que possible. La linguistique — et, plus encore, les autres disciplines représentées ici — ne possède pas de terminologie unifiée. Si nous utilisions un langage technique, nous devions donc, ou bien mélanger des terminologies diverses, ou bien choisir l'une d'entre elles, ce qui équivalait à privilégier *a priori* la doctrine qui l'a construite. Nous avons préféré utiliser le langage le moins spécialisé, et, à l'aide de ce langage commun, donner la définition des termes techniques. Par exemple, tout en proposant, pour les termes *signification, langue, langage,* des définitions étroites et restrictives, nous utilisons ces termes, dans le cours de l'ouvrage, selon l'acception plus lâche qu'ils ont dans le langage ordinaire. Lorsque, cependant, il nous est nécessaire d'employer une expression technique, ou d'employer une expression dans un sens technique, nous renvoyons, par un chiffre imprimé à côté d'elle, à la page où l'on trouve sa définition.

Les *bibliographies* — données à l'intérieur des articles, à la fin de chaque développement — ne visent pas à l'exhaustivité, mais seulement à indiquer ou bien quelques textes historiquement marquants, ou bien quelques travaux dont nous garantissons l'intérêt *.

Pour certains articles, nous avons demandé le secours d'autres collaborateurs à savoir Mmes Maria-Scania de Schonen et Marie-Christine Hazaël-Massieux et M. François Wahl. Nous tenons à les remercier ici. Le nom de l'auteur de chaque article est indiqué dans le sommaire.

Oswald DUCROT
Tzvetan TODOROV

---

* Nous avons adopté, en plus des conventions générales, les abréviations suivantes : lorsqu'il s'agit d'un article publié dans un recueil collectif, le titre du recueil est précédé par un *in* et, éventuellement, par le nom du responsable ou du présentateur du recueil suivi de la mention (*éd*). Si l'article est publié dans un recueil de l'auteur même, le titre du recueil précède celui de l'article. Lorsque le chiffre de renvoi à une autre page est suivi de *s.*, la page désignée est la première d'une suite à laquelle il faut se référer.

Les écoles

Grammaires générales

Après avoir rédigé diverses grammaires (grecque, latine, espagnole), un professeur des « Petites Écoles » de Port-Royal des Champs, Claude Lancelot, écrivit en 1660, en collaboration avec Antoine Arnauld, une *Grammaire générale et raisonnée*, appelée souvent par la suite *Grammaire de Port-Royal*. La grammaire générale vise à énoncer certains principes auxquels obéissent toutes les langues, et qui donnent l'explication profonde de leurs usages ; il s'agit donc de définir *le langage* dont les langues particulières sont des cas particuliers. L'exemple de Port-Royal a été suivi par un grand nombre de grammairiens, surtout français, du XVIIIe siècle, qui estiment que, si on ne se fonde pas sur une grammaire générale, l'apprentissage des langues particulières se réduit à un exercice purement mécanique, où n'entrent en jeu que la mémoire et l'habitude.

Si toutes les langues ont un fondement commun, c'est qu'elles ont toutes pour but de permettre aux hommes de se « signifier », de se faire connaître les uns aux autres leurs pensées. Or Lancelot et Arnauld admettent implicitement, et certains grammairiens postérieurs (comme Beauzée) affirment explicitement, que la communication de la pensée par la parole exige que celle-ci soit une sorte de « tableau », d' « imitation », de la pensée. Quand ils disent que la langue a pour fonction la représentation de la pensée, ce mot doit donc être pris dans son sens le plus fort. Il ne s'agit pas seulement de dire que la parole est signe, mais qu'elle est miroir, qu'elle comporte une analogie interne avec le contenu qu'elle véhicule. Comment se fait-il, maintenant, que ces mots, qui n'ont « rien de semblable avec ce qui se passe dans notre esprit », puissent cependant imiter « les divers mouvements de notre âme » ?

Il ne s'agit pas, pour les auteurs de grammaires générales, de

chercher dans la matérialité du mot, une imitation de la chose
ou de l'idée (bien que la croyance à la valeur imitative des sons du
langage se retrouve à toutes les époques de la réflexion linguistique,
et, au XVIIᵉ siècle même, dans certains textes de Leibniz). C'est
seulement l'organisation des mots dans l'énoncé, qui, pour eux,
a un pouvoir représentatif. Mais comment est-il possible justement qu'un assemblage de mots séparés puisse représenter une
pensée dont la caractéristique première est l' « indivisibilité »
(terme employé par Beauzée)? Est-ce que le morcellement imposé
par la nature matérielle de la parole ne contredit pas l'unité
essentielle de l'esprit? Pour répondre à cette question (la même qui,
au XIXᵉ siècle, guide la réflexion de Humboldt sur l'expression
linguistique de la relation), il faut remarquer qu'il existe une
analyse de la pensée qui, tout en la décomposant, respecte son
unité : c'est l'analyse opérée par les logiciens. En distinguant
dans une proposition un sujet et un prédicat (ce dont on affirme
quelque chose, et ce qu'on en affirme), on ne brise pas son unité,
puisque chacun de ces termes doit être défini par rapport à l'autre,
puisque le sujet n'est tel que par rapport à une prédication possible,
et que le prédicat ne se suffit pas à lui-même, mais comporte une
« idée confuse » du sujet dont il est affirmé. Par conséquent,
la parole pourra laisser transparaître l'indivisibilité de l'acte
intellectuel, si le morcellement en mots reproduit l'analyse logique
de la pensée. C'est ainsi que « l'art d'analyser la pensée est le
premier fondement de l'art de parler, ou, en d'autres termes,
qu'une saine logique est le fondement de l'art de la grammaire »
(Beauzée). De l'idée que le langage est représentation, on passe
ainsi à l'idée qu'il est représentation de la pensée logique. Du
même coup, on comprend qu'il puisse y avoir une grammaire
« générale » : comme on ne met guère en doute, à l'époque,
que la logique soit universelle, il semble naturel qu'il y ait des
principes, également universels, que toutes les langues doivent
respecter lorsqu'elles s'efforcent de rendre visible, à travers les
contraintes de la communication écrite ou orale, la structure
de la pensée logique. On comprend aussi que la connaissance
de ces principes puisse être obtenue de façon « raisonnée » (et non
pas inductive), à partir d'une réflexion sur les opérations logiques
de l'esprit et sur les nécessités de la communication. On voit

enfin que cette grammaire générale et raisonnée permet, à son tour, de rendre raison des usages observés dans les différentes langues : il s'agit alors d' « appliquer aux principes immuables et généraux de la parole prononcée ou écrite, les institutions arbitraires et usuelles » des langues particulières.

QUELQUES EXEMPLES.

Les principales catégories de mots correspondent aux moments fondamentaux de la pensée logique. Le jugement consistant à attribuer une propriété (prédicat) à une chose, les langues comportent des mots pour désigner les choses (substantifs), pour désigner les propriétés (adjectifs), et pour désigner l'acte même d'attribution (le verbe *être*; les autres verbes représentent, selon Port-Royal, un amalgame du verbe *être* et d'un adjectif : « le chien court » = « le chien est courant »). D'autres catégories, tout en étant, elles aussi, liées à l'exercice de la pensée logique, sont déterminées de plus par les conditions de la communication. Ainsi l'impossibilité d'avoir un nom pour chaque chose impose le recours à des noms communs dont l'extension est ensuite limitée par des articles ou par des démonstratifs. On énoncera de même, en combinant principes logiques et contraintes de communication, certaines règles présentées comme universelles. Par exemple l'accord entre le nom et l'adjectif qui le détermine, accord nécessaire pour la clarté de la communication (il permet de savoir de quel nom dépend l'adjectif) doit être une concordance (identité du nombre, du genre et du cas) parce que, selon leur nature logique, l'adjectif et le nom se rapportent à une seule et même chose. (Port-Royal va jusqu'à rendre raison de l'accord du participe en français.) Ou encore, il y a un ordre des mots (celui qui place le nom avant l'adjectif épithète, et le sujet avant le verbe) qui est naturel et universel, parce que, pour comprendre l'attribution d'une propriété à un objet, il faut d'abord se représenter l'objet : ensuite seulement il est possible d'affirmer quelque chose de lui.

Cette dernière règle — dans la mesure où les contre-exemples apparaissent aussitôt (le latin et l'allemand ne respectent guère cet « ordre naturel ») — fait comprendre qu'une théorie des figures est indispensable à toutes les grammaires générales. Une figure

de rhétorique [349] est conçue à l'époque comme une façon de
parler artificielle et impropre, *substituée* volontairement, pour des
raisons d'élégance ou d'expressivité, à une façon de parler naturelle, *qui doit être rétablie* pour que la signification de la phrase
soit comprise. Selon les grammaires générales on trouve de telles
figures, non seulement dans la littérature, mais dans la langue
elle-même : elles tiennent à ce que la langue, destinée primiti-
vement à représenter la pensée logique, se trouve en fait mise au
service des passions. Celles-ci imposent par exemple des abréviations (on sous-entend les éléments logiquement nécessaires, mais
affectivement neutres), et, très fréquemment, un renversement
de l'ordre naturel (on met en tête, non le sujet logique, mais le
mot important). Dans tous ces cas, les mots sous-entendus et
l'ordre naturel avaient d'abord été présents à l'esprit du locuteur,
et doivent être rétablis par l'auditeur (le romain qui entendait
Venit Petrus était obligé, pour comprendre, de reconstruire en
lui-même *Petrus venit*). C'est pourquoi le latin ou l'allemand
sont appelés langues **transpositives** : elles renversent un ordre
d'abord reconnu. L'existence de figures, bien loin de contredire
les principes généraux, en constitue donc plutôt la confirmation :
elles ne remplacent pas les règles, mais se superposent à elles.

➞ Quelques textes essentiels : A. Arnauld, C. Lancelot, *Grammaire*
générale et raisonnée, Paris, 1660, rééditée à Paris, 1969, accompagnée
d'une préface de M. Foucault; N. Beauzée, *Grammaire générale*, Paris,
1767; C. Chesneau du Marsais, *Logique et principes de grammaire*,
Paris, 1769. Nombreux renseignements dans G. Harnois, *Les Théories*
du langage en France de 1660 à 1821, Paris 1929; G. Sahlin, *César Ches-*
neau du Marsais et son rôle dans l'évolution de la grammaire générale,
Paris, 1928; N. Chomsky, *Cartesian Linguistics*, New York, 1966 (trad.
française *La Linguistique cartésienne*, Paris, 1969); R. Donzé, *La Gram-*
maire générale et raisonnée de Port-Royal, Berne, 1967; J.-C. Chevalier,
Histoire de la syntaxe, Genève, 1968; P. Julliard, *Philosophies of Lan-*
guage in Eighteenth Century France, La Haye, 1970.

Quelle est l'importance historique de la grammaire générale?
D'abord, elle marque, en intention au moins, la fin du privilège
reconnu, aux siècles précédents, à la grammaire latine, dont on
avait tendance à faire le modèle de toute grammaire : la grammaire
générale n'est pas plus latine qu'elle n'est française ou allemande,
mais elle transcende toutes les langues. On comprend que ce soit

devenu, au XVIIIe siècle, un lieu commun (répété dans beaucoup d'articles linguistiques de l'*Encyclopédie*) de condamner les grammairiens qui ne savent voir une langue qu'à travers une autre (ou, comme dira, au XXe siècle, O. Jespersen, qui parlent d'une langue en « louchant » sur une autre). D'autre part, la grammaire générale évite le dilemme, qui semblait jusque-là insurmontable, de la grammaire purement philosophique et de la grammaire purement empirique. Les nombreux traités *De modis significandi* au Moyen Age se consacraient à une réflexion générale sur l'acte de signifier. D'un autre côté, la grammaire, telle que l'entendait Vaugelas, n'était qu'un enregistrement des usages, ou plutôt des « bons usages », la qualité de l'usage étant jugée surtout à la qualité de l'usager. La grammaire générale, elle, cherche à donner une explication des usages particuliers à partir de règles générales déduites. Si ces règles peuvent prétendre à un tel pouvoir explicatif, c'est que, tout en étant fondées sur la logique, elles ne se contentent pas de la répéter : elles expriment sa transparence possible à travers les conditions matérielles de la communication humaine.

Linguistique historique
au XIXe siècle

Bien qu'il soit facile de constater (ne serait-ce qu'en comparant des textes) que les langues se transforment avec le temps, c'est seulement vers la fin du XVIIIe siècle que cette transformation est devenue l'objet d'une science particulière. Deux idées semblent liées à cette attitude nouvelle.

a) *Le changement des langues n'est pas dû seulement à la volonté consciente des hommes* (effort d'un groupe pour se faire comprendre d'étrangers, décision des grammairiens qui « épurent » le langage, création de mots nouveaux pour désigner des idées nouvelles), *mais aussi à une nécessité interne.* La langue n'est pas seulement transformée, mais elle se transforme (Turgot, dans l'article « Étymologie » de l'*Encyclopédie*, parle d'un « principe interne » de changement). Cette thèse est devenue explicite lorsque les linguistes ont commencé à distinguer deux relations possibles entre un mot *a* d'une époque *A*, et un mot *b*, analogue, d'une époque *B* ultérieure. Il y a **emprunt** si *b* a été consciemment formé sur le modèle de *a*, qu'on est allé exhumer d'un état de langue passé : ainsi *hôpital* a été fabriqué, à une époque déterminée, par imitation du latin *hospitale* (plus exactement, on a fabriqué, très anciennement *hospital*, devenu depuis *hôpital*). Il y a **héritage** en revanche lorsque le passage de *a* à *b* est inconscient, et que leur différence, s'il y en a une, tient à une progressive transformation de *a* (*hôtel* est le produit d'une série de modifications successives subies par *hospitale*). Dire qu'un mot peut venir, par héritage, d'un mot différent, c'est donc admettre qu'il y a des causes naturelles au changement linguistique. De là découle une conséquence importante : la filiation de deux langues *A* et *B* n'implique pas leur ressemblance. *B* peut être radicalement différente je *A*, et venir

pourtant de *A*. Auparavant, au contraire, la recherche des filiations
linguistiques ne faisait qu'un avec la recherche des ressemblances,
et, à l'inverse, on se servait des différences pour combattre l'hypothèse d'une filiation. La croyance au changement naturel va au
contraire amener à rechercher à l'intérieur même des différences,
la preuve de la parenté.

*b) Le changement linguistique est régulier, et respecte l'organisa-
tion interne des langues*. Comment prouver la filiation de deux
langues, si on renonce à prendre pour critère la ressemblance ?
En d'autres termes, sur quoi se fonder pour décider que les différences entre elles sont le produit de changements et non de substitutions ? (N.B. C'est là la face linguistique d'un problème très général,
que rencontre toute étude du changement ; la physique et la chimie
le résolvent, vers la même époque, en donnant pour critère au changement, qu'à travers lui quelque chose se « conserve »). La solution
vers laquelle on se dirige à la fin du XVIIIᵉ siècle, et dont l'acceptation
explicite constituera la linguistique historique comme science,
consiste à ne considérer une différence comme un changement
que si elle manifeste une certaine régularité à l'intérieur de la
langue. Comme la croyance à la conservation de la matière fait
passer de l'alchimie à la chimie, le principe de la régularité du
changement linguistique marque la naissance de la linguistique
à partir de ce qu'on appelait alors étymologie. Celle-ci, même
lorsqu'elle se présentait comme *historique* (ce qui n'était pas
toujours le cas [170]), et qu'elle expliquait un mot en trouvant,
dans un état *antérieur*, le mot dont il provient, étudiait chaque
mot séparément, en en faisant un problème isolé. Cette démarche
rendait très difficile de trouver des critères, car il est fréquent que
différentes étymologies semblent possibles pour un même mot.
Et, dans ce cas, comment choisir ? La linguistique historique,
en revanche, n'explique un mot *b* par un mot *a* précédent que si
le passage de *a* à *b* est le cas particulier d'une règle générale valable
pour bien d'autres mots, et fait comprendre aussi que *a'* soit devenu
b', *a''*, devenu *b''*, etc. Cette régularité implique que la différence
entre *a* et *b* tient à tel ou tel de leurs constituants, et que, dans
tous les autres mots où ce constituant apparaît, il soit affecté
par le même changement. On peut tirer de là deux conséquences :

b₁) On peut exiger que l'explication d'un mot s'appuie sur une

analyse grammaticale de ce mot, et explique séparément les différentes unités signifiantes (morphèmes [259]) dont il est composé.
C'est pourquoi Turgot refuse, par exemple, l'explication du latin
britannica (« britannique ») par l'hébreu *baratanac* (« pays de
l'étain »), avec l'argument que le mot latin est composé de deux
unités (*britan*, et la terminaison *ica*) : il faut donc les expliquer
séparément, tandis que l'étymologie alléguée expliquait le mot
dans sa totalité (voir, ici même, un autre exemple, pris à Adelung,
p. 257). Pour que le changement linguistique possède cette régularité qui est sa seule garantie possible, il semble donc nécessaire
qu'il respecte l'organisation grammaticale de la langue, et ne
concerne le mot qu'à travers sa structure interne (on voit comment
l'article de Turgot, consacré à la recherche de critères pour l'étymologie, est amené à dépasser l'étymologie).

b_2) On peut aller plus loin encore dans l'analyse du mot, et
chercher la régularité non seulement au niveau des composants
grammaticaux, mais à celui des composants phonétiques. C'est
dans cette tâche que la linguistique historique a obtenu, au XIXe siècle, ses plus beaux succès, en arrivant à établir des lois phonétiques.
Énoncer une loi phonétique concernant deux langues (ou états
d'une même langue) *A* et *B*, c'est montrer qu'à tout mot de *A*
comportant, dans une position déterminée, un certain son élémentaire *x*, correspond un mot de *B* où *x* est remplacé par *x'*. Ainsi,
lors du passage du latin au français, les mots latins contenant
un *c* suivi d'un *a* ont vu le *c* changé en *ch* : *campus* → *champ*,
calvus → *chauve*, *casa* → *chez*, etc. N.B. a) Il se peut que *x'* = zéro,
et que le changement soit une suppression. b) Il serait difficile de
préciser le terme « correspond » employé plus haut : généralement,
le mot de *B* n'a plus le même sens que celui de *A* — car la signification, elle aussi, évolue —, et il en diffère matériellement par
autre chose que par la substitution de *x'* à *x* — car d'autres lois
phonétiques relient *A* et *B*. c) Les lois phonétiques ne concernent
que les changements liés à un héritage, et non les emprunts :
l'emprunt *calvitie* a été directement calqué sur le latin *calvities*.

➡ Un échantillon amusant d'histoire pré-linguistique des langues :
« Discours historique sur l'origine de la langue française », *Le Mercure
de France*, juin-juillet 1757.

LA GRAMMAIRE COMPARÉE (OU COMPARATISME).

Malgré certaines intuitions de Turgot ou de Adelung, on donne d'habitude comme date de naissance à la linguistique historique un ouvrage de l'Allemand F. Bopp sur le *Système de conjugaison de la langue sanscrite, comparé à celui des langues grecque, latine, persane et germanique* (Francfort-sur-le-Main, 1816). Pour désigner les recherches analogues menées, en Allemagne surtout, pendant la première moitié du XIXe siècle, on emploie souvent l'expression **grammaire comparée** ou **comparatisme** : en font partie notamment les travaux de Bopp, des frères A. W. et F. von Schlegel, de J. L. C. Grimm, de A. Schleicher, ceux enfin — souvent précurseurs, mais qui ont eu peu d'audience — du Danois R. Rask. Ils ont en commun les caractères suivants :

1. Suscités par la découverte, à la fin du XVIIIe siècle, de l'analogie existant entre le sanscrit, langue sacrée de l'Inde ancienne, et la plupart des langues européennes anciennes et modernes, ils sont essentiellement consacrés à cet ensemble de langues, appelées soit indo-européennes, soit indo-germaniques.

2. Ils partent de l'idée qu'il y a, entre ces langues, non seulement des ressemblances, mais une **parenté** : ils les présentent donc comme des transformations naturelles (par héritage) d'une même langue-mère, l'**indo-européen**, qui n'est pas directement connue, mais dont on fait la reconstruction (Schleicher a même cru pouvoir écrire des fables en indo-européen). N.B. Les premiers comparatistes ne se défendaient pas toujours contre l'idée que le sanscrit *est* la langue mère.

3. Leur méthode est comparative, en ce sens qu'ils essaient avant tout d'établir des correspondances entre langues : pour cela ils les comparent (quelle que soit leur distance dans le temps), et cherchent quel élément x de l'une tient la place de l'élément x' de l'autre. Mais ils ne s'intéressent guère à rétablir, stade par stade, le détail de l'évolution qui a mené de la langue-mère aux langues modernes. Tout au plus sont-ils amenés, pour les besoins de la comparaison, à tracer les grandes lignes de cette évolution : si l'on a à comparer le français et l'allemand, on arrive à des résultats beaucoup plus clairs en procédant de façon indirecte, en comparant d'abord le français au latin et l'allemand au germa-

nique, puis le latin au germanique : d'où l'idée que la langue-
mère s'est subdivisée en quelques grandes langues (italique,
germanique, slave, etc.), dont chacune s'est ensuite subdivisée,
donnant naissance à une **famille** (avec, encore, des subdivisions
pour la plupart des éléments de ces familles).

4. La comparaison de deux langues est avant tout comparaison
de leurs éléments grammaticaux. Déjà Turgot avait présenté
comme une garantie nécessaire pour l'étymologiste, qu'il ne tente
pas d'expliquer les mots pris globalement, mais leurs éléments
constitutifs (cf. ici même, p. 22). De ces éléments, maintenant,
lesquels sont les plus intéressants? Ceux qui désignent des notions
(*aim* dans *aimeront*, *troupe* dans *attroupement*), et qu'on appelle
souvent **radicaux** ou éléments **lexicaux**), ou bien les éléments
grammaticaux dont les premiers sont entourés, et qui sont censés
indiquer les rapports ou points de vue selon lesquels la notion
est considérée? La discussion sur ce point a commencé dès la fin
du XVIIIe siècle, dirigée par l'idée qu'il faut éliminer de la comparaison tout ce qui risque d'avoir été emprunté par une langue
à une autre (et qui ne peut donc servir à prouver une évolution
naturelle). Or les éléments grammaticaux ne présentent guère
ce risque, puisqu'ils constituent, dans chaque langue, des systèmes
cohérents (système des temps, des cas, des personnes, etc.). Vu
leur solidarité réciproque, on ne peut pas emprunter un élément
grammatical isolé, mais seulement tout un système, et le boulever-
sement qui en résulterait rend la chose peu vraisemblable. C'est
pourquoi la comparaison des langues a été considérée essentiellement, au début du XIXe siècle, comme comparaison de leurs
éléments grammaticaux.

LA THÈSE DU DÉCLIN DES LANGUES.

Le projet de la linguistique historique était lié à l'idée d'une
double conservation lors du changement (ici même p. 21 s.).
Conservation de l'organisation grammaticale : il faut que l'on
puisse soumettre les mots de l'état *A* et de l'état ultérieur *B* à la
même décomposition en radical et éléments grammaticaux (sinon
la comparaison doit prendre les mots globalement, méthode
dont on connaissait l'incertitude). Conservation aussi de l'organisation phonétique, pour que des lois phonétiques puissent faire

correspondre les sons élémentaires de *A* et de *B*, et montrer comment varie la forme phonique des composants des mots. Mais les faits ont rendu difficile le maintien de cette double permanence. Car les comparatistes ont cru découvrir que les lois phonétiques détruisent progressivement — par une sorte d'érosion — l'organisation grammaticale de la langue qui leur est soumise. Ainsi elles peuvent amener la confusion, dans l'état *B*, d'éléments grammaticaux distincts en *A*, amener même la disparition de certains éléments (la disparition des cas latins en français tiendrait à l'évolution phonétique qui a entraîné la chute de la partie finale des mots latins, partie où apparaissent les marques de cas); enfin la séparation, dans le mot, entre radical et éléments grammaticaux (séparation dont la netteté en sanscrit émerveillait les premiers comparatistes) s'atténue souvent du fait des changements phonétiques.

D'où le pessimisme de la plupart des comparatistes (à l'exception de Humboldt) : l'historien des langues ne trouve à retracer que leur déclin — amorcé déjà dans les langues de l'Antiquité —, et Bopp se plaint souvent de travailler dans un champ de ruines. Mais ce pessimisme a des commodités : il permet de comparer un mot moderne avec un mot ancien dont la structure est apparemment fort différente, tout en maintenant que la comparaison doit respecter les organisations grammaticales. Il suffit — et Bopp ne s'en prive pas — de supposer que les deux mots ont une structure analogue en profondeur, et, plus généralement, de considérer l'état ancien comme la vérité grammaticale de l'état nouveau : n'est-il pas raisonnable, pour l'archéologue qui fait le plan d'un champ de ruines, d'essayer d'y retrouver le tracé de la ville ancienne? Ce que le comparatisme ne pouvait pas, en revanche, sans abandonner ses principes méthodologiques fondamentaux, c'était croire que les langues, en se transformant, créent des organisations grammaticales nouvelles.

Comment expliquer ce déclin des langues au cours de l'histoire? La plupart des comparatistes — Bopp et Schleicher notamment — l'attribuent à l'attitude de l'homme historique vis-à-vis de la langue, qui est une attitude d'utilisateur : il traite la langue comme un simple moyen, comme un instrument de communication dont l'utilisation doit être rendue aussi commode et économique que

possible. Les lois phonétiques auraient justement pour cause
cette tendance au moindre effort, qui sacrifie l'organisation
grammaticale au désir d'une communication à bon marché.

S'il y a eu une période positive dans l'histoire des langues,
il faut donc la rechercher dans la préhistoire de l'humanité. Alors,
la langue n'était pas un moyen, mais une fin : l'esprit humain
la façonnait comme une œuvre d'art, où il cherchait à se *représenter* lui-même. A cette époque, à jamais révolue, l'histoire
des langues a été celle d'une création. Mais c'est seulement par
déduction que nous pouvons nous en imaginer les étapes. Pour
Schleicher, par exemple, les langues humaines ont dû successivement
prendre les trois principales formes que fait apparaître une classification des langues actuelles fondée sur leur structure interne
(= typologie). D'abord, elles ont toutes été isolantes (= les mots
sont des unités inanalysables, où on ne peut même pas distinguer
un radical et des éléments grammaticaux : c'est ainsi qu'on se
représente, au XIXᵉ siècle, le chinois). Puis certaines sont devenues
agglutinantes (comportant des mots avec radical et marques
grammaticales, mais sans qu'il y ait de règles précises pour la
formation du mot. Survivance actuelle de cet état : les langues
amérindiennes). Enfin, parmi les langues agglutinantes, se sont
développées des langues flexionnelles, où des règles précises,
celles de la morphologie [71], commandent l'organisation
interne du mot : ce sont essentiellement les langues indo-européennes. Dans ce dernier cas seulement, l'esprit est véritablement
représenté : l'unité du radical et des marques grammaticales
dans le mot, cimentée par les règles morphologiques, représente
l'unité du donné empirique et des formes *a priori* dans l'acte de
pensée. Malheureusement cette réussite parfaite, attribuée généralement à la langue-mère indo-européenne, a été remise en cause,
dès l'Antiquité classique, lorsque l'homme, préoccupé de faire
l'histoire, n'a plus considéré la langue que comme un instrument
de la vie sociale. Mise au service de la communication, la langue
n'a plus cessé de détruire sa propre organisation.

➡ Quelques grands traités de grammaire comparée : F. Bopp, *Grammaire comparée des langues indo-européennes*, trad. franç., Paris, 1885;
J. L. C. Grimm, *Deutsche Grammatik*, Göttingen, 1822-1837; A. Schleicher, *Compendium der vergleichenden Grammatik der indogermanischen*

Sprachen, Weimar, 1866. Sur le déclin des langues, voir par exemple :
F. Bopp, *Vocalismus,* Berlin, 1836; A. Schleicher, *Zur vergleichenden
Sprachgeschichte,* Bonn, 1848. Ce déclin est mis en question par W. von
Humboldt, par exemple dans *De l'origine des formes grammaticales
et de leur influence sur le développement des idées,* trad. franç., Paris,
1859, réédit ée Bordeaux, 1969 (pour un commentaire de Humboldt,
O. Ducrot, dans Ducrot et al., *Qu'est-ce que le structuralisme?,* Paris,
1968, p. 23-29). Un exemple de recherche moderne en grammaire comparée : É. Benveniste, *Hittite et Indo-européen,* Paris, 1962.

LES NÉO-GRAMMAIRIENS.

Dans la deuxième moitié du XIXe siècle, un groupe de linguistes,
surtout allemands, a tenté d'introduire dans la linguistique historique les principes positivistes qui triomphaient dans la science
et dans la philosophie contemporaines. Espérant ainsi renouveler
la grammaire comparée, ils se sont nommés eux-mêmes néo-
grammairiens. Leurs principales thèses sont les suivantes :

1. La linguistique historique doit être explicative. Il ne s'agit
pas seulement de constater et de décrire des changements, mais
de trouver leurs *causes* (préoccupation que n'avait guère Bopp).

2. Cette explication doit être de type positif. On se méfiera de
ces vastes explications philosophiques où Schleicher (grand lecteur
de Hegel) se complaisait. Les seules causes vérifiables sont à
chercher dans l'activité des *sujets* parlants, qui transforment
la langue en l'utilisant.

3. Pour mener à bien cette recherche des causes, on doit étudier
de préférence les changements qui s'étendent sur une durée
limitée. Au lieu de comparer des états de langue très distants,
on prendra pour objet le passage d'un état à celui qui le *suit.*

4. Un premier type de cause est d'ordre articulatoire. Les
« lois phonétiques » sont en effet justiciables d'une explication
physiologique. Aussi leur action est-elle absolument mécanique
(« aveugle ») : lorsqu'un changement s'opère à l'intérieur d'un
état, aucun mot ne peut lui échapper, quelle que soit sa situation
sémantique ou grammaticale propre, et les exceptions (que Schleicher se contentait d'enregistrer) sont, pour un néo-grammairien,
l'indice d'une loi encore inconnue.

5. Un deuxième type de cause est *psychologique.* C'est la
tendance à l'analogie, fondée sur les lois de l'association des idées.

Les locuteurs ont tendance : *a*) à grouper les mots et les phrases en classes, dont les éléments se ressemblent à la fois par le son et par le sens ; *b*) à créer des mots ou des phrases nouvelles susceptibles d'enrichir ces classes. D'où, par exemple, la création de « solutionner » et « actionner », sur le modèle de « fonctionner », ou de « Je me rappelle de », sur le modèle de « Je me souviens de ».

6. Non seulement l'histoire des langues doit être explicative, mais il n'y a pas d'autre explication linguistique qu'historique. Ainsi, parler du sens fondamental sous-jacent aux différentes acceptions d'un mot, cela n'est explicatif que si ce sens se trouve être le sens chronologiquement premier. De même on n'a le droit de parler d'une **dérivation** (de dire qu'un mot est tiré d'un autre, que « maisonnette » vient de « maison »), que si on peut montrer que le mot source (« maison ») pré-existe au mot dérivé (« maisonnette »).

→   Le maître dont se réclament la plupart des néo-grammairiens est G. Curtius (*Grundzüge der griechischen Etymologie*, Leipzig, 1858-1868). Le principal théoricien est H. Paul (*Principien der Sprachgeschichte*, Halle, 1880). La recherche systématique des lois phonétiques apparaît particulièrement dans K. Brugmann, *Grundriss der vergleichenden Grammatik der indogermanischen Sprachen*, Strasbourg, 1886-1900. Un recueil de textes, traduits en anglais, de comparatistes et de néo-grammairiens : W. P. Lehmann, *A reader in nineteenth-century historical indo-european linguistics*, Londres-Indiana University Press, 1967. Une tentative pour situer les néo-grammairiens dans l'histoire de la linguistique : Kurt R. Jankowsky, *The neogrammarians : a reevaluation of their place in the development of linguistic science*, La Haye, 1972.

Saussurianisme

Après avoir écrit, à 21 ans, un *Mémoire sur le système primitif des voyelles indo-européennes* (Paris, 1878), œuvre qui compte parmi les réussites de l'école néo-grammairienne [27], le linguiste suisse Ferdinand de Saussure abandonne presque totalement les recherches de linguistique historique, trouvant leur fondement incertain, et pensant qu'elles doivent être suspendues jusqu'à une refonte d'ensemble de la linguistique. Ayant lui-même tenté cette refonte, il présente les résultats de ses travaux dans trois cours professés à Genève entre 1906 et 1911, et qui ont été publiés, trois ans après sa mort, par quelques-uns de ses élèves, sous le titre *Cours de linguistique générale* (Paris, 1916).

➔ Pour une comparaison entre les notes manuscrites de Saussure, celles prises par les étudiants, et le *Cours* publié, voir R. Godel, *Les Sources manuscrites du « Cours de linguistique générale » de F. de Saussure*, Genève-Paris, 1957. Une édition critique du *Cours* par R. Engler est en cours de publication depuis 1967 (Wiesbaden).

La pratique comparatiste avait pour fondement théorique la croyance à la désorganisation progressive des langues sous l'influence des lois phonétiques, elles-mêmes liées à l'activité de communication [25]. Cette thèse, qui autorise à lire en filigrane, dans l'état présent, la grammaire de l'état passé, permet en effet d'identifier, pour les comparer, des éléments grammaticaux anciens avec des éléments de l'état ultérieur, même si ceux-ci ont un statut grammatical apparemment fort différent. Mais c'est justement la thèse que Saussure met en question.

D'abord pour une raison générale, et qui n'apparaît qu'implicitement dans le *Cours* : la langue, selon Saussure, est fondamentalement (et non pas par accident ou par dépravation) un instru-

ment de communication. On ne trouve jamais chez Saussure
l'idée que la langue doit représenter une structure de la pensée
qui existerait indépendamment de toute mise en forme linguistique
(que cette représentation soit conçue, à la manière des comparatistes, comme fonction fondamentale, ou, à la manière de Port-
Royal, comme le moyen nécessaire de la communication). C'est
ce qui ressort notamment de la thèse saussurienne selon laquelle
il existe un arbitraire linguistique fondamental [175] — à distinguer
de l'arbitraire de chaque signe isolé [171] : il tient à ce que la
pensée, considérée avant la langue, est comme une « masse
amorphe », comme une « nébuleuse » (*Cours*, chap. IV, § 1), qui
se prête à toutes les analyses possibles, sans privilégier l'une par
rapport aux autres, sans imposer de considérer telle et telle nuance
de sens comme deux aspects d'une même notion, et de séparer
telle et telle autre, comme relevant de deux notions différentes
(pour les grammaires générales au contraire, il existe une analyse
logique de la pensée qui s'impose de plein droit, et que le langage
doit imiter à sa façon; et, de même, pour les comparatistes,
l'unité du radical et des éléments grammaticaux dans le mot,
représente l'unité de l'acte intellectuel soumettant l'expérience
aux formes *a priori* de l'esprit [258]). Si donc, pour Saussure,
chaque langue, à chaque moment de son existence, présente une
certaine forme d'organisation, ce n'est certainement pas l'effet
d'une fonction préexistant à sa fonction de communication :
car la langue ne peut pas avoir d'autre fonction que de communication.

Cet argument très général, fondé sur l'idée de *fonction* du
langage, est renforcé si l'on examine en détail le rôle effectif de
l'activité linguistique dans l'évolution des langues. Car il n'est
pas vrai, selon Saussure, que le *fonctionnement* du langage — son
utilisation par les sujets parlants pour les besoins de la communication — soit une cause de désorganisation, qu'il aboutisse à ce
nivellement grammatical déploré par Bopp. Tout en maintenant,
comme les néo-grammairiens [27], que l'utilisation du code
linguistique par les sujets parlants — c'est-à-dire, selon la terminologie du *Cours*, la « parole » [155 s.] — est une des causes essentielles des changements linguistiques, Saussure nie que les changements ainsi introduits puissent concerner l'organisation même de

la langue. La création analogique [27], par exemple, qui est un des effets les plus clairs de la parole, ne fait jamais qu'étendre, enrichir, une catégorie dont elle présuppose l'existence. La création de « solutionner » à partir de « solution », ne fait qu'ajouter un couple supplémentaire dans la série où se trouvent déjà « addition » — « additionner », « fonction » — « fonctionner », etc. Ainsi l'analogie, selon Saussure, renforce, plus qu'elle ne détruit, les classifications linguistiques. Les lois phonétiques n'ont pas davantage l'effet anarchique que les comparatistes leur attribuaient. Un exemple célèbre, donné par Saussure, est celui de l'expression du pluriel en allemand. Dans un état ancien, il était marqué par l'adjonction d'un *i* : *Gast* (« hôte ») — *Gasti* (« hôtes »), *Hand* (« main ») — *Handi* (« mains »). Puis différents changements phonétiques ont transformé *Gasti* en *Gäste*, et, de même, *Handi en Hände*. Ces changements, s'ils ont modifié matériellement la marque du pluriel, n'ont donc pas atteint le fait grammatical lui-même, la dualité, en allemand, du singulier et du pluriel, dualité qui a été simplement transposée, et qui se réalise aussi bien sous son aspect nouveau que sous l'ancien. Une organisation grammaticale donnée, chassée par l'évolution phonétique d'une certaine réalisation phonique, peut ainsi toujours se rétablir dans une autre (pour plus de détails, voir, ici même, *Synchronie et Diachronie*, p. 182 s.).

Ni la fonction du langage, ni son utilisation effective dans cette fonction, ne sont donc, selon Saussure, des facteurs anarchiques, qui mettraient en danger son caractère organisé. D'une façon positive, maintenant, Saussure montre que le langage, à tout moment de son existence, doit se présenter comme une organisation. Cette organisation inhérente à toute langue, Saussure l'appelle **système** (ses successeurs parlent souvent de **structure**). La nuance particulière que les saussuriens introduisent dans ces termes (et qui s'ajoute à l'idée générale d'ordre et de régularité), tient à la démarche même par laquelle ils prouvent ce caractère. Ils partent de l'idée (cf. *Cours*, 2ᵉ partie, chap. II, § 4) que la connaissance des éléments linguistiques n'est pas une donnée, et qu'on ne saurait lire directement dans l'expérience quels sont les éléments mis en jeu par une langue. La raison en est, pour Saussure, que les opérations nécessaires à la détermination d'une unité présupposent que cette unité soit mise en rapport avec les autres, et replacée à l'intérieur d'une organisation d'ensemble. Et c'est là ce que les saussuriens entendent en parlant de système ou de structure de la langue : les éléments linguistiques n'ont aucune réalité indépendamment de leur relation au tout.

C'est encore la même idée que Saussure exprime en disant que l'unité linguistique est une **valeur**. En disant qu'un objet, une pièce de monnaie par exemple, est une valeur, on pose en effet : (a) qu'il peut être échangé contre un objet de nature différente (une marchandise), et surtout, (b) que son pouvoir d'échange est conditionné par des rapports fixes existant entre lui et des objets de même nature (le taux de change entre la pièce de monnaie et les autres monnaies du même pays et des pays étrangers). Il en est de même de l'élément linguistique. Cet élément, pour Saussure, c'est le signe, c'est-à-dire l'association d'une image acoustique (signifiant) et d'un concept (signifié), ce qui fait qu'il répond à la condition (a): son pouvoir d'échange, c'est de servir à désigner une réalité linguistique qui lui est étrangère (réalité atteinte par l'intermédiaire de son signifié, mais qui n'est pas son signifié, cf. ici même, p. 317 s.). Mais le signe répond aussi à la condition (b), car ce pouvoir significatif qui le constitue, est strictement conditionné par les rapports l'unissant aux autres signes de la langue, de sorte qu'on ne peut pas le saisir sans le replacer dans un réseau de relations intra-linguistiques. N.B. Cette notion de valeur interdit de faire entrer, à la manière des comparatistes, les éléments de l'état *B* dans l'organisation de l'état *A* antérieur : car, ou bien *B* n'a plus d'organisation propre, et il n'a plus alors d'éléments, ou bien il a des éléments, mais il faut les situer dans l'organisation propre à *B*, qui, seule, leur donne réalité.

D'une façon plus concrète, Saussure montre que l'activité effective qui permet au linguiste de déterminer les éléments de la langue (les signes) exige que l'on fasse apparaître en même temps le système qui leur confère leur valeur. C'est que, malgré les apparences, la détermination des signes est une opération compliquée et indirecte, qui demande bien plus que l'intuition, que le sentiment linguistique immédiat (*Cours*, 2ᵉ partie, chap. ii, § 3). Même leur simple repérage fait déjà difficulté, dans la mesure où ils n'ont pas toujours de manifestation matérielle nettement délimitée. C'est le cas, par exemple, lorsque le signifiant d'un signe est seulement une **alternance** (c'est-à-dire une modification du radical), sans addition au radical d'un élément supplémentaire (cf. le pluriel, dans *chevaux*, cf. aussi les « verbes irréguliers » anglais où la marque du passé est constituée par une simple modification de la voyelle radicale : *I bind*, « j'attache », *I bound*, « j'attachais »). Ici le signifiant « n'a rien de positif », c'est la simple différence entre *bind* et *bound*, entre *cheval* et *chevaux*. Dans ces cas, qui, pour Saussure, illustrent seulement une situation générale, le signe « présent » n'a de réalité que par rapport au signe « passé », le signe « singulier » que par rapport au signe « pluriel », de sorte qu'il est impossible de reconnaître un signe, sans, du même coup, le classer parmi ses concurrents.

Il en est de même pour une seconde opération, la **délimitation** des unités, c'est-à-dire la **segmentation** de la chaîne, opération qui consiste à découvrir les signes minimaux, et, par exemple, à chercher si les verbes *défaire*, *décider*, *délayer* doivent être décomposés ou considérés comme des signes élémentaires. Dans ce cas, assez simple, on « sent » que la bonne solution est d'analyser *dé-faire* et lui seul. Mais la justification de cette solution ne peut pas être d'ordre intuitif, car les trois verbes possèdent le même élément phonique *dé*, et il est toujours accompagné d'une certaine idée de destruction, de suppression, ce qui peut suggérer d'admettre un signe « dé- » présent en eux. On est donc obligé de faire intervenir des faits beaucoup plus complexes. On remarquera par exemple que le *dé* de *décider* ne peut pas être supprimé (il n'y a pas de verbe *cider*, alors qu'il y a *faire*), ni remplacé par un préfixe différent (il n'y a pas *recider*, alors qu'il y a *refaire*) : *décider* n'appartient donc pas à une série du type ⟨*faire, défaire, refaire*⟩. Pour justifier de ne pas décomposer *délayer*, alors qu'il y a un couple ⟨*délayer, relayer*⟩, il faudrait faire intervenir d'ailleurs un classement plus complexe, et noter que le couple ⟨*défaire, refaire*⟩ fait partie d'un ensemble de couples { ⟨*délier, relier*⟩, ⟨*déplacer, replacer*⟩... }, qui comportent la même différence de sens entre les deux termes, mais que ce n'est pas le cas pour ⟨*délayer, relayer*⟩. On retiendra de cet exemple que la simple segmentation *dé-faire* exige que l'on reconnaisse dans ce verbe un schéma combinatoire général en français, ou, ce qui revient au même, qu'on le replace dans une classification d'ensemble des verbes français : reconnaître les signes qui le composent, ce n'est rien d'autre que le situer dans cette classification.

Une dernière tâche indispensable pour la détermination des unités, c'est l'identification, c'est-à-dire la reconnaissance d'un seul et même élément à travers ses multiples emplois (dans des contextes et dans des situations différentes). Pourquoi admettre qu'il y a la même unité « adopter » dans « adopter une mode » et « adopter un enfant » ? Et, lorsqu'un orateur répète « Messieurs, Messieurs », avec des nuances différentes, aussi bien dans la prononciation que dans le sens, pourquoi dit-on qu'il utilise deux fois le même mot ? (*Cours*, 2ᵉ partie, chap. III). Le problème devient plus aigu, si on remarque que les différentes nuances de sens que prend « Messieurs » (ou « adopter ») sont souvent aussi éloignées l'une de l'autre qu'elles ne le sont de certaines significations de « Mes amis » (ou de « accepter »). Alors pourquoi décide-t-on de réunir telle et telle nuance de sens en les attribuant à un même signe ? Là encore, la réponse saussurienne est que l'identification renvoie à l'ensemble de la langue. Si une certaine acception sémantique doit être attribuée au signe « adopter », même si elle est très éloignée du sens habituel de ce mot, c'est seulement dans la mesure où aucun des signes coexistants (« accepter », « prendre »,...) ne se trouve être compatible avec cette nuance. Elle n'appartient à « adopter » que parce qu'elle n'appartient pas à un autre signe. Aussi Saussure déclare-t-il que la « plus exacte caractéristique des signes est d'être ce que les autres ne sont pas ». Une forme faible — et plus facile à défendre — de ce principe, consiste à préciser que l'unité est, non pas *tout* ce que les autres ne sont pas, mais qu'elle n'est *rien de plus* que ce que les autres ne sont pas. Autrement dit, elle ne se définit que par ses « différences » (d'où son caractère « différentiel »), elle n'est fondée sur rien d'autre « que sur sa non-coïncidence avec le reste » (*Cours*, 2ᵉ partie, chap. IV, § 3). On obtient alors le principe d'oppositivité, selon lequel on ne doit attribuer à un signe que les éléments (phoniques ou sémantiques) par lesquels il se distingue d'au moins un autre signe.

Cette conclusion n'est pas exactement celle qui ressortait à l'examen des opérations de repérage et de délimitation. Tout à l'heure l'unité apparaissait comme purement « négative » et « relationnelle », constituée seulement par sa place dans le réseau de relations qui constituent la langue. Maintenant elle apparaît comme possédant une réalité positive, réalité réduite certes à ce en quoi elle se différencie des autres, mais qui n'en garde pas moins une consistance propre. Cette ambiguïté commande le débat institué, parmi les successeurs de Saussure, entre les fonctionnalistes [42 s.] et les glossématiciens [36 s.]. Ce qui reste cependant commun à tous les saussuriens, c'est l'idée que l'unité linguistique, par son aspect phonique et par son aspect sémantique, renvoie toujours à toutes les autres, et qu'il n'est possible ni d'entendre ni de comprendre un signe sans entrer dans le jeu global de la langue.

→ Sur l'attitude de Saussure vis-à-vis de la linguistique historique, voir, ici même, p. 182. Sur le contraste entre la conception purement relationnelle, et la conception oppositive du signe : R. S. Wells, « De Saussure's System of Linguistics », *Word*, 3, 1947, p. 1-31. Une présentation de Saussure, accompagnée d'un choix de textes : G. Mounin, *Saussure ou le structuralisme sans le savoir*, Paris, 1968. Voir aussi une étude de E. Benveniste, « Saussure après un demi-siècle », in *Problèmes de linguistique générale*, Paris, 1966, chap. III, ainsi que l'introduction et le commentaire de la traduction italienne du *Cours* (*Corso di linguistica generale*) par T. De Mauro, Bari, 1968. Sur les continuateurs suisses de Saussure, voir R. Godel, *A genova school reader in linguistics*, Bloomington, 1969.

Glossématique

Élaborée par le linguiste danois L. Hjelmslev, la théorie glos-sématique se présente comme l'explicitation des intuitions pro-fondes de Saussure. Mais cette fidélité fondamentale lui fait abandonner d'une part certaines thèses de Saussure, jugées super-ficielles, et, d'autre part, l'interprétation fonctionnaliste, notam-ment phonologique, de la doctrine saussurienne — qui serait un travestissement. Hjelmslev retient avant tout, du *Cours*, deux affirmations : 1) La langue n'est pas substance, mais forme. 2) Toute langue est à la fois expression et contenu.

Ces deux thèses s'unissent, pour Saussure, dans la théorie du *signe*. Si chaque langue doit être caractérisée non seulement sur le plan de l'**expression** (par les sons qu'elle choisit pour transmettre la signification), mais aussi sur le plan du **contenu** (par la façon dont elle présente la signification), c'est que les *signes* d'une langue ont rarement des équivalents sémantiques exacts (des synonymes) dans une autre : l'allemand *schätzen*, que l'on traduit d'habitude par *estimer*, comporte en fait des nuances étrangères au mot français. On ne saurait donc réduire une langue à un jeu d'éti-quettes servant à désigner des choses ou des concepts pré-existants, on ne saurait donc la considérer comme une **nomenclature** — ce qui revient à dire qu'il faut la décrire aussi sur le plan du contenu.

C'est encore une réflexion sur le *signe* qui amène Saussure à déclarer que la langue est avant tout **forme**, et non **substance**. En quoi consiste en effet, du point de vue sémantique, la différence entre deux langues? Certainement pas dans les significations qu'elles permettent d'exprimer, puisqu'on arrive à les traduire : rien n'empêche de désigner en français cette nuance qui se trouve dans *schätzen* et non dans *estimer*. Ce qui fait la différence, c'est que telle et telle nuances qui, dans l'une, s'expriment par le même signe, doivent être, dans l'autre, exprimées par des signes différents. Ainsi s'introduit, dans la réalité sémantique objective (= substantielle), un découpage original, issu directement du système des signes, configuration que Saussure appelle parfois la *forme* de la langue (*Cours*, 2ᵉ partie, chap. vi). On voit alors que le primat donné à cette forme découle directement du principe d'oppositivité [34]. Dire en effet qu'un signe se caractérise seulement par ce qui le distingue des autres, par ce en quoi il est différent, c'est dire notamment que les frontières de sa signification constituent un fait premier, imprévisible, impossible à déduire d'une connaissance de la nature ou de la pensée, c'est donc considérer la « forme » de la langue comme l'objet d'une science autonome et irréductible. (N.B. Ce qui a été montré ici à propos de l'aspect sémantique du signe est également applicable, selon Saussure, à son aspect phonique : ce qui constitue la valeur phonique d'un signe, c'est ce qui le distingue des autres, de sorte que les signes d'une langue projettent aussi dans le domaine du son une configuration originale, qui relève de la forme de cette langue.)

Si Hjelmslev approuve l'intention qui guide l'opposition saussurienne de la forme et de la substance, il veut aller, dans cette distinction, plus loin que Saussure. A coup sûr, les unités linguistiques introduisent un découpage original dans le monde du son et de la signification. Mais, pour pouvoir le faire, il faut qu'elles soient autre chose que ce découpage, autre chose que ces régions du sens et de la sonorité qu'elles se trouvent investir. Pour qu'elles puissent se projeter dans la réalité, il faut qu'elles existent indépendamment de cette réalité. Mais comment le linguiste va-t-il les définir, s'il impose de faire abstraction de leur réalisation, tant intellectuelle que sensible? Certainement pas en recourant au principe d'oppositivité (recours que nous appellerons la conception 1 de Saussure), puisque ce principe amène toujours à caractériser l'unité d'une façon positive, et demande seulement qu'on la limite à *ce en quoi* elle diffère des autres.

La solution hjelmslevienne est de développer à l'extrême une autre conception saussurienne (conception 2), selon laquelle l'unité, purement négative et relationnelle, ne peut pas se définir en elle-même — la seule chose importante, c'est *le simple fait*

qu'elle soit différente des autres — mais seulement par les
rapports qui la relient aux autres unités de la langue : de même,
on ne demande aux symboles d'un système formel que d'être
distincts les uns des autres, et reliés entre eux par des lois de fonctionnement explicites (on fait donc abstraction à la fois de leur
signification et de leur manifestation perceptible). Si la langue
est forme et non substance, ce n'est donc plus en tant qu'elle
introduit un découpage original, mais en tant que ses unités doivent
se définir par les règles selon lesquelles on peut les combiner,
par le jeu qu'elles autorisent. D'où l'idée qu'une langue peut
rester fondamentalement identique à elle-même, lorsqu'on modifie
à la fois les significations qu'elle exprime et les moyens matériels
dont elle se sert (par exemple, lorsqu'on transforme une langue
parlée en langue écrite, gestuelle, dessinée, en un système de
signaux par pavillons, etc.).

Bien que cette thèse s'appuie sur certains passages de Saussure
(*Cours*, 2ᵉ partie, chap. IV, § 4), Hjelmslev pense être le premier
à l'avoir explicitée, et surtout élaborée (on trouvera ici même,
p. 143 s., la définition des relations constitutives de toute langue
selon Hjelmslev). Elle amène à distinguer trois niveaux, là où
Saussure n'en voyait que deux. La substance saussurienne, c'est-
à-dire la réalité sémantique ou phonique, considérée indépendamment de toute utilisation linguistique, Hjelmslev l'appelle **matière**
(anglais: *purport*; la traduction française des Prolégomènes
parle, non sans hardiesse, de « sens »). La forme, dans la conception 1 de Saussure, — entendue donc comme découpage, configuration — Hjelmslev l'appelle **substance**, et il réserve le terme de
forme pour le réseau relationnel définissant les unités (= la forme
dans la conception 2 de Saussure). Pour relier les trois niveaux,
la glossématique utilise la notion de **manifestation** : la substance
est la manifestation de la forme dans la matière).

Cette réinterprétation du principe saussurien « La langue est
forme et non substance », amène en même temps Hjelmslev à
réinterpréter l'affirmation que les langues se caractérisent à la fois
sur le plan de l'expression et sur celui du contenu. Cette affirmation signifie, pour Saussure, que la façon dont les signes d'une
langue se répartissent entre eux la signification, introduit dans
celle-ci un découpage original, aussi original que celui qui est

instauré dans le domaine phonique. Mais supposons maintenant que l'on fasse abstraction de ces découpages (considérés comme des faits de substance), pour ne plus considérer que les relations combinatoires entre unités, c'est-à-dire la forme authentique selon Hjelmslev. Il faut alors renoncer à distinguer expression et contenu, puisque leur forme est identique : les rapports combinatoires reliant les signes, relient aussi bien leurs significations que leurs réalisations phoniques. Pour sauver la distinction de l'expression et du contenu, Hjelmslev doit donc abandonner l'idée que l'unité linguistique fondamentale est le signe. La tâche lui est d'ailleurs facilitée par le fait que les phonologues ont mis en évidence — grâce à la commutation [43] — des unités linguistiques plus petites que le signe, les phonèmes [221] (le signe *veau* comprend les deux phonèmes /v/ et /o/). La même méthode, mais appliquée au contenu, permet de distinguer, dans ce signe, au moins les trois éléments sémantiques (dits parfois sèmes [339]) /bovin/, /mâle/, /jeune/. Or il est clair que les unités sémantiques et phoniques ainsi repérées peuvent être distinguées du point de vue formel : les lois combinatoires concernant les phonèmes d'une langue et celles qui concernent les sèmes ne sauraient être mises en correspondance, c'est ce que Hjelmslev exprime en disant que les deux plans ne sont pas conformes. (N.B. Cette absence de conformité n'empêche pas qu'il y ait isomorphisme entre eux, c'est-à-dire que l'on retrouve des deux côtés *le même type* de relations combinatoires.) Matière, substance et forme se dédoublent donc selon qu'il est question de l'expression ou du contenu, ce qui donne finalement six niveaux linguistiques fondamentaux. On notera particulièrement que Hjelmslev parle d'une forme du contenu. Son formalisme, contrairement à celui des distributionalistes [49 s.], n'implique donc pas un refus de considérer le sens, mais la volonté de donner une description formelle aux faits de signification. (C'est ce que A. Culioli appelle « sémantique formelle ».)

N.B. Si Hjelmslev utilise la méthode phonologique de commutation pour combattre le primat du signe, il la soumet cependant à la même critique qu'il adresse au principe d'oppositivité — dont elle découle. Car, pour lui, la commutation sert seulement à repérer les éléments linguistiques inférieurs au signe, mais elle ne permet pas de dire ce qu'ils sont : alors que le phonologue définit chaque

phonème par ce en quoi il se distingue des autres, Hjelmslev ne
définit les éléments que par leurs relations combinatoires (voir,
ici-même, sa distinction du schéma et de la norme, p. 164). Pour
bien marquer cette différence avec la phonologie, Hjelmslev
a créé une terminologie particulière. L'élément linguistique mis
au jour par la commutation, mais défini formellement, est appelé
glossème; les glossèmes de l'expression (correspondant respectivement aux traits prosodiques et aux phonèmes) sont appelés
prosodèmes et **cénèmes**; ceux du contenu (correspondant respectivement aux signifiés des éléments grammaticaux et lexicaux)
sont les **morphèmes** et les **plérèmes**. (La notion de **taxème**, utilisée
de façon sporadique seulement, fournit un correspondant formel
au trait distinctif [224].)

Dans la mesure où la glossématique donne un rôle central
à la forme, épurée de toute réalité sémantique ou phonique, elle relègue nécessairement au second plan la fonction, notamment le rôle de la langue dans la communication
(car ce rôle est lié à la substance). Mais cette abstraction permet
du même coup de rapprocher les langues naturelles d'une multitude d'autres langages fonctionnellement et matériellement fort
différents. Si elle est menée d'une façon suffisamment abstraite,
l'étude des langues naturelles débouche donc, comme le voulait
Saussure, sur une étude générale des langages (sémiologie).
Hjelmslev propose ainsi une typologie d'ensemble des langages,
fondée sur leurs seules propriétés formelles. Si on définit un langage
par l'existence de deux plans, on parlera de **langue conforme**
lorsque les deux plans ont exactement la même organisation
formelle, et ne diffèrent que par la substance (ce serait le cas des
langues naturelles, si leurs unités fondamentales étaient les
signes; c'est le cas des systèmes formels des mathématiciens, dans
l'image que s'en fait Hjelmslev, pour qui leurs éléments et leurs
relations sont toujours en correspondance bi-univoque avec ceux
de leurs interprétations sémantiques). Parmi les langues non-
conformes, on parlera de **langue dénotative** lorsque aucun des
deux plans n'est lui-même un langage (exemple : les langues
naturelles, dans leur usage habituel). Lorsque le plan du contenu
est, par lui-même, un langage, on se trouve en présence d'une
métalangue (exemple : la langue technique utilisée pour la descrip-

tion des langues naturelles). Enfin, si c'est le plan de l'expression qui est déjà un langage, il s'agit d'une **langue connotative**. Il y a connotation en effet, pour Hjelmslev, lorsque l'élément signifiant est le fait même d'employer telle ou telle langue. Lorsque Stendhal emploie un mot italien, le signifiant, ce n'est pas seulement le terme utilisé, mais le fait que, pour exprimer une certaine idée, l'auteur ait décidé de recourir à l'italien, et ce recours a pour signifié une certaine idée de passion et de liberté, liée, dans le monde stendhalien, à l'Italie. Les langues naturelles, dans leur usage littéraire, fournissent un exemple constant de langage connotatif : c'est que, dans cet usage, le signifiant est moins le mot choisi que le fait de l'avoir choisi. L'effort d'abstraction que s'impose Hjelmslev, a ainsi pour contrepartie un considérable élargissement du champ linguistique, dont a profité toute la sémiologie moderne.

➡ Principaux ouvrages de Hjelmslev : *Prolégomènes à une théorie du langage* (Copenhague, 1943), trad. franç., Paris, 1968 ; *Le Langage* (Copenhague, 1963), trad. franç., Paris, 1966 ; *Essais linguistiques* (recueil d'articles écrits en français), Copenhague, 1959. Un essai d'application de la glossématique (quelque peu mélangée de distributionalisme [49 s.] : K. Togeby, *Structure immanente de la langue française*, Copenhague, 1951 ; Paris, 1967. Commentaires importants : A. Martinet, « Au sujet des fondements de la théorie linguistique de L. Hjelmslev », *Bulletin de la société de linguistique*, 1946, p. 19-42 ; B. Sierstema, *A study of Glossematics*, La Haye, 1953 ; P. L. Garvin, Compte rendu de la traduction anglaise des Prolégomènes, *Language*, 1954, p. 69-96. L'opposition de la forme et de la substance a été au centre de nombreuses discussions linguistiques jusqu'à 1960 ; parmi les textes les plus intéressants : C.E. Bazell, *Linguistic Form*, Istamboul, 1953.

Fonctionnalisme

Une des innovations de la linguistique de Saussure est de déclarer essentiel à la langue son rôle d'instrument de communication, rôle que les comparatistes considéraient au contraire comme une cause de dégénérescence. Partant de là, certains successeurs de Saussure, que l'on appelle souvent **fonctionnalistes**, considèrent l'étude d'une langue comme la recherche des fonctions jouées par les éléments, les classes et les mécanismes qui interviennent en elle. (N.B. La considération de la fonction amène à l'idée que l'étude d'un état de langue, indépendamment de toute considération historique, peut avoir valeur explicative, et pas seulement descriptive.)

Cette tendance apparaît particulièrement dans la méthode d'investigation des phénomènes phoniques définie d'abord, sous le nom de phonologie, par N. S. Troubetzkoy, et développée notamment par A. Martinet, R. Jakobson et l'école dite de Prague. (Sur les divergences entre Martinet et Jakobson, voir ici-même, p. 224s.) Quelle est la fonction essentielle, dans la communication, des sons élémentaires dont la combinaison constitue la chaîne parlée? Ils ne sont pas eux-mêmes *porteurs de signification* (le son [a] de *bas* n'a, pris isolément, aucun sens) — bien qu'ils puissent, à l'occasion, le devenir (cf. le [a] de la préposition *à*). Leur fonction est donc, avant tout, de permettre de distinguer des unités qui, elles, sont pourvues de sens : le [a] de *bas* permet de distinguer ce mot de *bu, beau, boue*, etc., et il n'a été choisi que pour rendre possibles ces distinctions. Cette remarque, élémentaire, est de conséquence. Car elle fournit au linguiste un *principe d'abstraction* : les caractères physiques qui apparaissent lors d'une prononciation de [a] n'ont pas tous en effet cette valeur distinctive (= leur choix n'est pas toujours guidé par une intention de communication). Que l'on prononce le [a] long ou court, en avant ou en arrière de la cavité buccale (= antérieur ou postérieur), il se trouve, en français contemporain, que cela ne change pas l'identité du mot où ce [a] apparaît (il en était autrement autrefois, où l'on distinguait couramment, par la prononciation du [a], *bas* et *bât*). D'autre part le voisinage de [b] impose au [a] certains traits (qu'on retrouve dans le [u] de *bu*), et qui, étant obligatoires, en français au moins, ne répondent pas à une intention de communication. Le fonctionnalisme conduit donc à isoler, parmi les traits phonétiques *physiquement* présents dans une prononciation donnée, ceux qui ont une valeur distinctive, c'est-à-dire, qui sont choisis pour permettre la communication d'une information. Eux seuls sont considérés comme *phonologiquement pertinents*.

Pour leur détermination, les phonologues ont mis au point la méthode dite de **commutation**. Soit à étudier le [a] français. On part d'une prononciation particulière d'un des mots où intervient le [a] (une prononciation de *bas* par exemple). Puis on fait varier dans toutes les directions phonétiques possibles le son qui a été prononcé dans ce mot. Certains changements n'entraînent pas de confusion avec un autre mot : on dit que les sons alors substitués à la prononciation initiale ne *commutent* pas avec elle (ni, par suite, entre eux); commutent, au contraire, avec elle ceux dont l'introduction entraîne la perception des signes *beau*, *bu*, etc. On répète ensuite l'opération sur les autres signes contenant [a] (*table*, *car*, etc.), et l'on remarque — ce qui n'était pas prévisible, et constitue une justification empirique de la méthode — qu'il y a tout un ensemble de prononciations qui ne commutent *dans aucun signe*. Cet ensemble est appelé le phonème /a/, ses éléments sont dits variantes de /a/, et les traits qui les différencient sont considérés comme *non-pertinents* : parmi eux, on appelle **redondants** ceux qui sont imposés par le contexte (ceux qui sont imposés par le voisinage de [b] par exemple), et les autres sont nommés **variantes libres** (par exemple les prononciations de /a/ différant par la seule longueur). Sont retenus comme *pertinents* les caractères phoniques existant dans toutes les variantes de /a/, et qui distinguent donc une quelconque prononciation de /a/ d'une prononciation de /o/, /u/, /p/, etc. (pour plus de détails sur ces notions, voir ici-même, p. 221 s.).

En partant du principe saussurien que les éléments du langage doivent être étudiés selon leur fonction dans la communication, les phonologues en sont ainsi venus à appliquer un second principe saussurien, celui d'oppositivité [34], selon lequel une entité linguistique quelconque n'est constituée que par ce qui la distingue d'une autre. On notera, à propos de ce mouvement de pensée :

a) Qu'on ne le trouve pas dans les travaux du polonais J. N. Baudoin de Courtenay, souvent considéré comme le précurseur de la phonologie. Celui-ci, étudiant les sons élémentaires du langage du point de vue de leur fonction pour la communication, conclut qu'il faut s'intéresser avant tout à la façon dont ils sont perçus (plutôt qu'à leur réalité physique). Or cette abstraction n'est pas équivalente à l'abstraction phonologique : on a même pu montrer que les caractéristiques perçues se distinguent, et par excès et par défaut, de leurs caractéristiques différentielles.

b) Que les unités étudiées par les phonologues sont justement des unités distinctives (= qui servent à distinguer l'une de l'autre des unités porteuses de signification, par exemple des mots) : il est donc naturel que l'aspect fonctionnel, dans ces unités, soit ce par quoi elles diffèrent entre elles. Le passage du principe fonctionnel au principe oppositif risque d'être moins naturel si on étudie des unités elles-mêmes porteuses de sens (= signes), et, à plus forte raison, des unités strictement sémantiques.

c) Même les éléments purement phoniques du langage peuvent avoir d'autres fonctions que la fonction distinctive. C'est le cas pour les traits redondants, qui peuvent permettre l'identification correcte du message lorsque la transmission est mauvaise (dans la terminologie de la théorie de l'information, ils permettent de lutter contre le bruit). C'est le cas aussi de nombreux phénomènes de prosodie [228 s.], et il est donc inévitable que des traits phoniques non-pertinents aient cependant une fonction indispensable dans la communication.

➤ Sur la méthode phonologique, voir la bibliographie p. 223. Sur les fondements théoriques : K. Bühler, « Phonetik und Phonologie », *Travaux du Cercle linguistique de Prague*, 4, 1931, p. 22-53 ; L. Prieto, « La découverte du phonème », *La Pensée*, n° 148, déc. 1969, p. 35-53.

G. Gougenheim a tenté d'appliquer à la description grammaticale les principes du fonctionnalisme phonologique. Son idée essentielle est que, pour définir la fonction d'un élément gramma-

tical (personne, temps, mode, conjonction, préposition, etc.),
il faut le comparer aux autres éléments grammaticaux de la langue,
puisque le locuteur le choisit par rapport à eux, et que seul ce choix
joue un rôle dans la communication. Gougenheim appelle opposition tout couple d'éléments grammaticaux, et distingue, selon
la trichotomie phonologique (voir, ici-même, p. 43), trois types
d'oppositions. Dans certains cas, le choix d'un des deux éléments
est imposé (l'indicatif est imposé après « Je sais que », le subjonctif,
après « Je veux que » : il y a alors **servitude grammaticale** (cf. la
redondance phonologique [43]). Dans d'autres cas les deux éléments sont possibles, mais leur choix n'introduit pas de différence
de sens (en français parlé actuel, on dit, à volonté, « Si tu viens
et que je sois là », ou « Si tu viens et que je suis là » : c'est la **variation stylistique**, comparable à la variation libre des phonologues [43]).
Enfin le choix peut introduire une différence de sens (« Je cherche
un livre qui a été écrit au XVIᵉ siècle », « Je cherche un livre qui ait
été écrit au XVIᵉ siècle » : il y a alors **opposition de sens** (cf. les
différences pertinentes [43]). Selon Gougenheim, seules ces dernières oppositions permettent de définir le sens des morphèmes
étudiés (comme seuls les traits pertinents définissent les phonèmes).

On voit, dès ces exemples, la difficulté qu'il y a à étendre aux
unités significatives les concepts mis au point par les phonologues
pour les unités distinctives. On admet facilement de distinguer
radicalement les traits du [a] de *bas* qui tiennent au voisinage de [b],
et ceux qui sont phonologiquement pertinents. Mais peut-on
faire la même séparation entre la servitude qui impose le subjonctif
après « Je veux que » et le choix libre de ce subjonctif dans « Je
cherche un livre qui ait été écrit au XVIᵉ siècle ». Car, ici, la servitude et le choix libre semblent avoir le même fondement (la notion
d'incertitude liée au subjonctif), et on ne peut expliquer la fonction
du subjonctif « libre », sans expliquer en même temps les emplois
où il est imposé. On notera de même que E. Benveniste, étudiant
la voie « moyenne » en grec ancien, tire essentiellement ses conclusions des verbes où cette voix est nécessaire (= où il n'y a ni actif
ni passif). De sorte que le souci fonctionnaliste, ici, ne conduit
plus aussi directement qu'en phonologie au principe d'oppositivité
et de valeur différentielle.

C'est la raison également pour laquelle un phonologue comme A.

Martinet, lorsqu'il entreprend de construire une syntaxe fonctionnelle, y introduit des principes d'analyse qui n'ont pas de contrepartie en phonologie. Il admet, par exemple, que tout énoncé a
pour fonction de communiquer une expérience (en l'analysant
et en la schématisant), et qu'il est par suite constitué d'un prédicat
(désignant le procès que le locuteur tient pour central dans cette
expérience), accompagné éventuellement d'une série de compléments (dont le sujet), chaque type de complément ayant pour
fonction d'apporter, concernant le procès, un type particulier
d'information [272]. Or ces fonctions ne peuvent généralement pas
être établies par commutation. Par exemple, la plupart des expressions qui peuvent jouer le rôle de complément de temps ne peuvent
pas jouer celui de complément de lieu : il n'y a donc pas de sens
à se demander si ces deux fonctions commutent ou non (de même
pour la fonction-sujet et la fonction-prédicat). Ainsi le fonctionnalisme, en grammaire, ne permet guère de retrouver l'axiome saussurien « Dans une langue, il n'y a que des différences ».

➡ Sur la grammaire fonctionnaliste de Martinet, voir ici-même, p. 275 s.
Le texte principal de G. Gougenheim est son *Système grammatical de la
langue française*, Paris, 1938; il est commenté dans G. Barnicaud et al.,
« Le problème de la négation dans diverses grammaires françaises »,
Langages, 7, sept. 1967. L'étude de É. Benveniste sur le moyen se trouve
dans les *Problèmes de linguistique générale*, chap. xiv, voir notamment
p. 171. Sur les recherches non proprement phonologiques de l'école de
Prague, voir le recueil de J. Vachek, *A Prague Scool reader in linguistics*,
Bloomington, 1964, et, du même auteur, un précieux *Dictionnaire de
linguistique de l'école de Prague*, Anvers, Utrecht, 1966.

La même chose peut se dire de la sémantique. Certains linguistes ont tenté d'y introduire, presque telles quelles, les méthodes
de la phonologie. Ainsi Prieto pense que la commutation peut
être appliquée aussi bien au sens qu'à l'aspect phonique du langage (cette idée se trouve déjà dans Hjelmslev). Appelons message,
l'information totale communiquée lorsqu'un énoncé est employé
dans des circonstances déterminées. Ainsi, dans certaines circonstances, l'énoncé « Rendez-le-moi » sert à communiquer le message
« Ordre de rendre le crayon du locuteur ». Le linguiste doit alors
se demander quelle fonction a été jouée, dans la communication
de ce message, par l'énoncé lui-même (considéré indépendamment
des circonstances). C'est ici que Prieto recourt à la commutation.

Mais, au lieu de faire varier, comme en phonologie, la manifestation phonique, il fait varier le message, et note quelles sont les modifications qui exigeraient un changement matériel de l'énoncé. Ainsi la substitution de l'idée de cahier ou de livre à celle de crayon n'exige pas un tel changement. « Crayon » est alors appelé un élément linguistiquement non-pertinent du message. En revanche, l'idée qu'un seul objet est demandé, est pertinente, puisque son remplacement par l'idée de pluralité exigerait que *le* soit remplacé par *les*. Les traits pertinents, et eux seuls, sont, selon Prieto, attachés à l'énoncé lui-même, ce qui amène à l'idée que la fonction sémantique de l'énoncé se révèle — non pas directement, par les messages dont il est susceptible — mais par la différence entre ces messages et ceux des autres énoncés. On notera que l'application de la commutation amène Prieto à se représenter chaque énoncé comme un « paquet » de caractères pertinents indépendants les uns des autres (semblables, en cela, aux traits pertinents des phonèmes). Or il est clair que la fonction d'un énoncé dépend de la façon dont sont reliés entre eux ses éléments sémantiques. Mais pour tenter de définir cette organisation sémantique, Prieto doit recourir à des notions qui ne sont plus fondées sur la commutation. Ainsi, à côté des traits pertinents, il parle de **traits contrastifs** qui expriment « le point de vue » selon lequel le trait pertinent est envisagé : dans le contenu de « Rendez-le-moi », il posera une unité « (objet) singulier », où l'expression entre parenthèses est un trait contrastif, indiquant que c'est à l'objet du verbe que revient le caractère « singulier ». Or on voit mal quelle commutation ferait apparaître cet élément. Ici encore, le fonctionnalisme et le principe d'oppositivité ne se rejoignent que pour un court moment.

➡ L. Prieto, *Principes de noologie*, La Haye, 1964, dont les idées sont reprises, de façon simplifiée, dans *Messages et Signaux*, Paris, 1966.

Leur séparation apparaît encore plus nettement dans la « linguistique fonctionnelle » définie par un élève de Saussure, H. Frei. Frei cherche moins à décrire la langue que le fonctionnement de la langue, c'est-à-dire la façon dont elle est utilisée en fait, à une époque donnée. Pour cette raison, il étudie non seulement le langage dit « correct », mais « tout ce qui détonne par rapport à la langue traditionnelle, fautes, innovations, langage populaire,

argot, cas insolites ou litigieux, perplexités grammaticales, etc. ».
C'est même surtout par ces écarts qu'il est intéressé, dans la mesure
où ils révèlent ce que le sujet parlant attend de la langue, et n'y
trouve pas : ils deviennent donc l'indice des besoins qui commandent l'exercice de la parole. Les principaux besoins linguistiques
tendraient à :

a) L'assimilation : qui conduit à uniformiser à la fois le système
des signes (ce qui donne la création analogique [27 s.]), et les éléments qui se suivent dans le discours (d'où par exemple, le phénomène d'accord grammatical).

b) La différenciation : pour assurer la clarté, on a tendance à
distinguer phoniquement les signes ayant des sens différents,
à distinguer sémantiquement les signes ayant une réalité phonique
différente, et à introduire des séparations dans la chaîne parlée.

c) La brièveté : cause à la fois d'ellipses, de sous-entendus, de
la création de mots composés (qui évitent des liaisons syntaxiques).

d) L'invariabilité : qui amène à donner, autant que possible,
à un même signe, une même forme, quelle que soit sa fonction
grammaticale.

e) L'expressivité : le locuteur cherche à marquer son discours
de sa personnalité, malgré l'objectivité du code. D'où une perpé-
tuelle invention de figures [349], d'où une distorsion constante
des signes et des locutions, par lesquelles le sujet parlant se donne
l'impression de reprendre possession de la langue commune.

Toutes ces fonctions, souvent antagonistes, qui expliquent,
selon Frei, non seulement les fautes, mais aussi de nombreux
aspects du « bon usage » (constitué par les fautes d'hier), entraînent
la linguistique assez loin du cadre proposé par Saussure, beaucoup
plus encore que ne le font la grammaire de Martinet ou la sémantique de Prieto. Elles repoussent même au second plan le caractère
systématique de la langue, que Saussure jugeait essentiel. C'est
sans doute que le départ est difficile à faire, une fois que l'on a
commencé à recenser les fonctions du langage, entre celles qui
s'exercent *à l'occasion* de l'acte de communication, et celles qui sont
liées nécessairement à lui (voir, ici-même, *Langage et action*, p. 424 s.).

→   L'ouvrage principal de H. Frei est *La Grammaire des fautes*, Bellegarde, 1929. Il s'inspire d'idées déjà formulées par un autre élève direct
de Saussure, Ch. Bally, *Le Langage et la Vie*, Paris, 1926.

Distributionalisme

Au moment où l'œuvre de Saussure commence à peine à être connue en Europe, l'Américain L. Bloomfield (spécialiste, à l'origine, des langues indo-européennes) propose, de façon indépendante, une théorie générale du langage qui, développée et systématisée par ses élèves sous le nom de **distributionalisme**, a dominé la linguistique américaine jusqu'à 1950. Or il se trouve que cette théorie présente pas mal d'analogies — à côté de différences flagrantes — avec le saussurianisme, et surtout avec l'interprétation formaliste, glossématique [37 s.], de ce dernier.

L'ANTI-MENTALISME.

La linguistique de Bloomfield prend son départ dans la psychologie behavioriste, qui triomphait aux États-Unis depuis 1920. Un acte de parole n'est qu'un comportement d'un type particulier (selon l'apologue de Bloomfield, le langage, c'est la possibilité, pour Jill, voyant une pomme, au lieu de la cueillir, de demander à Jack de le faire). Or le behaviorisme soutient que le comportement humain est totalement explicable (= prévisible) à partir des situations dans lesquelles il apparaît, indépendamment de tout facteur « interne ». Bloomfield conclut de là que la parole, elle aussi, doit être expliquée par ses conditions externes d'apparition : il appelle cette thèse le **mécanisme**, et l'oppose au **mentalisme**, inadmissible à ses yeux, selon lequel la parole doit s'expliquer comme un effet des pensées (intentions, croyances, sentiments) du sujet parlant. Comme préalable à cette explication mécaniste des paroles — qui n'est pas de sitôt réalisable —, Bloomfield demande qu'on se contente pour l'instant de les décrire (d'où un descriptivisme, opposé à la fois à l'historicisme des néo-

grammairiens [27] et au fonctionnalisme [42]). Et, afin que cette
description ne soit pas infléchie par des préjugés qui rendraient
l'explication ultérieure impossible, il demande qu'elle se fasse
hors de toute considération mentaliste, et notamment qu'elle
évite de faire allusion au sens des paroles prononcées.

→ Outre de nombreuses études de détail, Bloomfield a écrit trois ouvrages
théoriques essentiels : *Introduction to the study of language*, Londres,
1914, sous l'influence encore de la psychologie classique; *Language*,
New York, 1933, où il présente ses thèses les plus originales (trad.
franç., Paris, 1970); *Linguistic aspects of science*, Chicago, 1939, où il
apporte une contribution linguistique au néo-positivisme.

L'ANALYSE DISTRIBUTIONNELLE

Étudier une langue, c'est donc avant tout réunir un ensemble,
aussi varié que possible, d'énoncés effectivement émis par des
utilisateurs de cette langue à une époque donnée (cet ensemble = le
corpus). Puis, sans s'interroger sur la signification des énoncés,
on essaie de faire apparaître des régularités dans le corpus — afin
de donner à la description un caractère ordonné et systématique,
et d'éviter qu'elle ne soit un simple inventaire. Le recours à la
fonction et à la signification étant exclu, la seule notion qui
serve de base à cette recherche des régularités, est celle de contexte
linéaire, ou d'environnement. Indiquer l'environnement d'une
unité a_i dans un énoncé E, c'est indiquer la suite d'unités a_1,
$a_2,..., a_{i-1}$, qui la précède dans E, et la suite a_{i+1}, $a_{i+2} ..., a_n$, qui
la suit. A partir de là, on définit la notion d'expansion. Soit b
un segment (unité ou suite d'unités) de l'énoncé E. On dira que b
est une expansion de c, si : 1) c est un segment d'un autre énoncé
E' du corpus, 2) c n'est pas plus complexe que b (= composé
d'autant ou de moins d'unités), 3) la substitution de c à b dans E
produit un autre énoncé E'' du corpus (b et c ont donc un environnement commun). L'environnement sert aussi à définir la
distribution d'une unité : c'est l'ensemble des environnements
où on la rencontre dans le corpus (le rôle fondamental de cette
notion a conduit les linguistes qui se réclament de Bloomfield,
notamment Wells et Harris au début de leurs travaux, à s'appeler
distributionalistes).

Des notions précédentes, le distributionaliste tire d'abord une méthode pour décomposer les énoncés du corpus, ou, selon la terminologie usuelle, pour faire leur analyse en constituants immédiats (par abréviation : C.I.). Cette analyse, qui amène à attribuer à la phrase une construction hiérarchique, consiste à décomposer d'abord l'énoncé en quelques segments assez vastes, qui sont appelés ses C.I., puis à subdiviser chacun de ceux-ci en sous-segments, qui sont les C.I. de ce C.I., et ainsi de suite jusqu'à ce qu'on arrive aux unités minimales. Soit à analyser l'énoncé E « Le président de la République a ouvert les Floralies ».

a) On note qu'il existe aussi dans le corpus un énoncé « Georges bavarde », dont l'analyse est évidente (puisqu'il n'a que deux unités). On cherche alors quels segments de E sont expansions [50] de « Georges » et de « bavarde ». Ce sont, respectivement, « le président de la République » et « a ouvert les Floralies », puisqu'on a aussi dans le corpus « Georges a ouvert les Floralies » et « Le président de la République bavarde ». D'où une première segmentation en deux C.I. : « Le président de la République / a ouvert les Floralies ».

b) On décomposera ensuite le premier C.I. en le comparant par exemple avec le segment « mon voisin » dont l'analyse est évidente. On voit alors que « le » est expansion de « mon », et « voisin », expansion de « président de la République ». D'où l'on tire une nouvelle décomposition : « Le /président de la République ».

c) La comparaison de « président de la République » avec « chef auvergnat » amène une nouvelle segmentation : « président / de la République »..., etc.

L'analyse finale peut être représentée par le schéma suivant, où chaque « boîte » représente un C.I., et peut elle-même contenir d'autres boîtes :

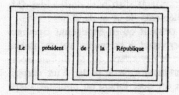
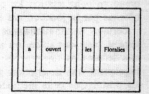

Une deuxième tâche pour le distributionaliste, préoccupé de mettre en ordre le corpus, est d'arriver à une classification des C.I. Pour cela, on tente de regrouper tous les C.I. à distribution identique, pour obtenir des **classes distributionnelles**. Mais ce travail est compliqué par le fait qu'on trouve rarement dans un corpus deux segments ayant exactement la même distribution, et qu'il faut décider quelles différences distributionnelles sont à négliger, et lesquelles sont à retenir. Or ce sont, dans la linguistique traditionnelle, des critères fonctionnels ou sémantiques, inutilisables donc pour le distributionaliste, qui fondent cette décision, qui font juger important que, après « a ouvert » on trouve « les Floralies », « la porte » ou « la route », et non pas « facile » ou « beau », et moins important que, trouvant « la porte », on ne trouve guère « la chaise », « le bâton », « la chanson ». On devra donc, pour établir les classes distributionnelles, procéder par étapes. Pour une première série de classes, très larges, on exigera seulement que l'on puisse les relier par des règles du type : pour tout élément de la classe A, on trouve au moins un élément de la classe B tel que leur juxtaposition constitue un C.I. dans le corpus — et réciproquement (avec l'exigence que les C.I. obtenus soient tous, distributionnellement, de même nature). Autrement dit, on constitue des classes telles qu'il y ait des régularités dans leur combinaison mutuelle (et non pas dans la combinaison de leurs éléments). Dans une deuxième étape, on subdivisera selon le même principe les classes principales obtenues auparavant. Reprenons les classes A et B précédentes. On les subdivisera, respectivement, en A_1 et A_2, et en B_1 et B_2, de façon à ce que tout élément de A_1 puisse être associé à au moins un élément de B_1, et réciproquement, et de même pour A_2 et B_2. Puis on recommencera l'opération sur A_1, A_2, B_1 et B_2,... et ainsi de suite. (N.B. La démarche effective est beaucoup plus compliquée, notamment lorsque l'on prend en consiïération les propriétés distributionnelles des C.I. obtenus par la jonction des éléments de A et de B.)

Certains distributionalistes pensent qu'en explicitant rigoureusement cette démarche, on arriverait à la rendre automatisable, et à définir ainsi une **procédure de découverte** qui produirait mécaniquement une description grammaticale à partir d'un corpus. Le postulat de cette méthode est que, lorsqu'on poursuit, étape

par étape, le processus de subdivision, on aboutit à des classes
de plus en plus homogènes du point de vue distributionnel :
autrement dit, les éléments des classes obtenues à une étape
quelconque, se ressemblent plus entre eux, quant à leur distribution, que les éléments des classes obtenues à l'étape précédente,
de sorte que le processus total conduit, avec une approximation
sans cesse améliorée, vers la détermination de classes distributionnelles rigoureuses. Pour Harris, admettre ce postulat, c'est attribuer
à la langue une **structure distributionnelle**. Ce qui réfuterait l'existence d'une telle structure, ce serait donc de constater qu'à partir
d'une certaine étape, aucune nouvelle subdivision ne peut plus
améliorer l'approximation, mais qu'une amélioration exigerait
l'abolition de subdivisions faites à une étape précédente, exigerait
donc le regroupement d'éléments séparés auparavant.

→ Sur les principes du distributionalisme : Z. S. Harris, « Distribu-
tional Structure », *Word*, 1954, p. 146-162. Sur la méthode : Z. S.
Harris, *Methods in Structural Linguistics*, Chicago, 1951 (réédité sous
le titre *Structural Linguistics*). Sur l'analyse en C.I. : R. S. Wells, « Immediate Constituents », *Language*, 1947; cf. aussi le chapitre x de
l'*Introduction à la linguistique* de H. A. Gleason, trad. franç., Paris, 1969.
Les textes les plus importants de l'école se trouvent dans le recueil
de M. Joos, *Readings in Linguistics*, 1 (The development of descriptive
linguistics in America, 1952-1956), Chicago, 1957, rééd. 1966.

DISTRIBUTIONALISME ET SAUSSURIANISME.

Du point de vue de la linguistique saussurienne, le distributionalisme soulève certaines difficultés, dont la plus souvent signalée
concerne la détermination des unités. Pour Saussure, les éléments
ne sont jamais donnés, et leur découverte ne fait qu'un avec celle
du système [31 s.]. Or une étude distributionnelle semble impliquer,
par définition, la connaissance préalable des éléments : pour
établir la distribution d'une unité, il faut avoir déterminé cette
unité (i.e. l'avoir délimitée [33] dans la chaîne parlée, et être capable de l'identifier [34] à travers ses diverses occurrences),
et avoir déterminé aussi les unités qui constituent ses environnements. Une partie de cette objection tombe certes, si la recherche
des classes distributionnelles est précédée par une analyse en C.I. :
car cette analyse, qui s'appuie sur des critères distributionnels
élémentaires (étude de certains environnements particuliers),

permet de délimiter les segments dont on fera ensuite une étude distributionnelle plus poussée. Il reste cependant :

a) Que l'analyse en C.I. arrive difficilement à délimiter des unités plus petites que le mot. Et si on essaie, moyennant retouches, de l'adapter au problème de la segmentation du mot, elle risque d'imposer des segmentations qu'un saussurien refuserait pour leur caractère sémantiquement contestable. Ainsi, une fois admise la segmentation habituelle *dé-faire*, une analyse en C.I. semble imposer la segmentation *re-layer* (il est facile de trouver un énoncé où *relayer* peut être remplacé par *défaire*, et on peut dire alors que *re* est une expansion [50] de *dé-* puisqu'on a *délayer*, et que *layer* est une expansion de *faire* puisqu'on a *refaire*). Et on aboutirait de même à *dé-noncer*, *dé-fendre*, *dé-caler*.

b) Que l'analyse en C.I. laisse démuni devant le problème de *l'identification* des occurrences d'une même unité. Pour pallier cette lacune, on a certes élaboré des méthodes de type distributionnel permettant d'identifier : 1° les variantes d'un même phonème (le /a/ de *bas* et celui de *la*); 2° les diverses manifestations d'un même élément significatif (le *in* de *indistinct* et le *i* de *immobile* (voir, ici-même, allophones, p. 223 et allomorphes, p. 259). Mais ces méthodes, peu maniables, ne peuvent guère que justifier des décisions prises selon d'autres critères. D'autre part elles s'appliquent mal au cas où une même réalisation phonétique semble, pour des raisons sémantiques, appartenir à des unités différentes (diront-elles s'il y a ou non le même *re-* dans *rejeter* et dans *refaire*?)

Ces difficultés relatives à la détermination des unités ne suppriment pas d'ailleurs — elles renforcent plutôt — l'analogie entre le distributionalisme et certains aspects de la linguistique saussurienne, notamment la glossématique. Pour Hjelmslev, comme pour les distributionalistes, ce qui caractérise une langue, c'est un ensemble de régularités combinatoires, c'est de permettre certaines associations et d'en interdire d'autres : on peut même trouver des ressemblances assez précises entre les relations combinatoires glossématiques [143] et celles qui dirigent l'analyse en C.I. ou la constitution de classes distributionnelles. Deux grandes différences subsistent néanmoins :

a) Le formalisme hjelmslevien concerne à la fois le plan de l'expression et celui du contenu [36]; le formalisme distributionaliste, au contraire, ne concerne que le premier (il est donc formel, non seulement au sens des mathématiciens, mais aussi en ce sens, banal , qu'il concerne seulement la forme perceptible de la langue).

b) Contrairement à la combinatoire distributionnelle, celle de Hjelmslev — puisqu'elle doit s'appliquer aussi au domaine sémantique — n'est pas de type linéaire; elle ne concerne pas la façon dont les unités se juxtaposent dans l'espace ou le temps, mais la pure possibilité qu'elles ont de coexister à l'intérieur d'unités d'un niveau supérieur.

Il est significatif que l'opposition, parmi les disciples de Saussure, des glossématiciens et des fonctionnalistes, a son corrélatif dans l'école américaine, où la théorie **tagmémique** de Pike s'oppose au distributionalisme strict. Selon Pike, il y a, lorsqu'on a à décrire un événement humain, deux attitudes possibles, l'une dite **étique**, qui consiste à s'interdire toute hypothèse sur la fonction des événements relatés, à les caractériser seulement à l'aide de critères spatio-temporels. La perspective **émique**, au contraire, consiste à interpréter les événements d'après leur fonction particulière dans le monde culturel particulier dont ils font partie. (N.B. Les adjectifs *étique* et *émique* ont été créés sur les suffixes des adjectifs *phonétique* et *phonémique* : phonémique = anglais *phonemic*, i.e. *phonologique*). D'après Pike, le distributionalisme est l'exemple d'un point de vue étique, extérieur, sur le langage. A ce titre il ne peut fournir à la description qu'un point de départ; pour choisir parmi les multiples règles et classifications qui sont également admissibles du point de vue distributionaliste, il faut lui superposer une étude émique, qui caractérise en outre les unités par la fonction que leur donne le sujet parlant. Une étude de détail retrouverait, dans l'opposition de Pike et de Harris, la plupart des arguments utilisés dans la controverse phonologie — glossématique.

→ La seule introduction en français à la linguistique de Pike : E. Roulet, *Syntaxe de la proposition nucléaire en français parlé*, Bruxelles, 1969; K. L. Pike a rédigé une bibliographie commentée de la tagmémique dans *Current Trends in Linguistics*, 3, éd. par T. A. Sebeok, La Haye, 1966, p. 365-394. Sur le problème de la segmentation, du point de vue distributionnel, Z. S. Harris, « From Phoneme to Morpheme », *Language*, 1955, p. 190-220; une critique saussurienne de Harris : H. Frei, « Critères de délimitation », *Word*, 1954, p. 136-145.

Linguistique générative

Élève d'abord de Z. S. Harris, qui a poussé le distributionalisme [49 s.] jusqu'à ses conséquences les plus extrêmes, l'Américain N. Chomsky, après s'être intéressé lui-même à la formalisation (au sens logico-mathématique de ce terme) des notions distributionalistes de base, a proposé une conception nouvelle, dite **générative** de la linguistique, conception qui contredit les dogmes distributionalistes, et les a rapidement remplacés comme fondement de la recherche linguistique américaine.

Du distributionalisme, Chomsky souhaite retenir le caractère explicite. Le distributionalisme est **explicite** en ce sens que les descriptions de langues auxquelles il aboutit, n'utilisent, comme concepts élémentaires (= non définis), aucune notion dont la compréhension implique déjà la connaissance, soit de la langue décrite, soit du langage en général : son concept de base, la notion d'environnement (telle unité, dans tel énoncé, est entourée par telles et telles unités) est compréhensible pour qui, par une hypothèse absurde, n'aurait aucune expérience personnelle de la parole. C'est là, pour Chomsky, la supériorité du distributionalisme sur les grammaires traditionnelles, et aussi sur la linguistique dite fonctionnaliste [42], qui recourent à des notions comme la dépendance (« tel mot se rapporte à tel autre »), la fonction-sujet (tel mot représente ce dont on parle), etc., dont la compréhension est partie intégrante de la faculté du langage, et qu'on ne saurait donc, sans cercle vicieux, utiliser pour décrire cette faculté.

Mais Chomsky reproche au distributionalisme de payer son caractère explicite par des abandons impossibles à admettre. D'abord, par une limitation excessive du domaine empirique qu'il prend pour objet. Car une langue est tout autre chose qu'un corpus [50].

a) Alors qu'un corpus est par définition un ensemble *fini* d'énoncés, toute langue rend possible une *infinité* d'énoncés : puisqu'il n'y a pas de limite au nombre de propositions que l'on peut introduire dans une phrase française, on peut, à partir de tout énoncé français, en fabriquer un autre, aussi régulièrement construit (en ajoutant, par exemple, une proposition relative) : le distributionalisme est condamné par sa méthode à ignorer ce pouvoir d'infini inclus dans toute langue.

b) Bien plus, une langue, ce n'est pas seulement un *ensemble* d'énoncés (fini ou infini), mais tout un *savoir* à propos de ces énoncés. Car on ne dira pas de quelqu'un qu'il connaît une langue, s'il ne sait pas distinguer les énoncés ambigus des énoncés à une seule interprétation, s'il ne sent pas que tels et tels énoncés ont des constructions syntaxiques semblables, tels autres, des constructions très différentes, etc. Or ce savoir des sujets parlants concernant leur propre langue, les distributionalistes l'excluent délibérément de leur champ descriptif, et se contentent de décrire la façon dont les unités se combinent dans les énoncés (voir, ici-même, la notion de *compétence* selon Chomsky, p. 158 s.).

Même si l'on admettait cette réduction du domaine décrit (on ne peut prétendre tout décrire), il y a un deuxième abandon que Chomsky reproche au distributionalisme, c'est justement de se contenter de *décrire*, et de renoncer à *expliquer*. En cela, les successeurs de Bloomfield seraient fidèles à une conception empiriste selon laquelle la science a seulement à décrire les phénomènes, en cherchant à mettre un peu d'ordre dans leur désordre apparent : la tâche essentielle du chercheur serait alors la classification, la **taxinomie.** C'est bien là en effet l'objet unique des distributionalistes, pour qui une grammaire est simplement une classification des segments (phonèmes, morphèmes, mots, groupes de mots) qui apparaissent dans les énoncés du corpus. Et, dans la mesure où le principe de cette classification est de regrouper les éléments à distribution [50] identique (ou voisine), on peut la considérer, selon l'expression de Harris, comme une « description compacte » du corpus : une fois en possession de cette classification, il doit être facile en effet de reconstituer tous les énoncés du corpus. Selon Chomsky, au contraire, toute science, en se développant, est conduite à se fixer un but plus ambitieux que la description et la classification. Il doit en être de même pour la linguistique, qui peut prétendre présenter des hypothèses à valeur *explicative*, concernant la faculté qui est à l'origine de l'activité linguistique. Il ne suffit pas de dire, même de façon compacte, quels sont les énoncés possibles et impossibles, quels sont les énoncés ambigus, syntaxiquement apparentés, etc., mais il faut que toutes ces remarques de détail puissent être reliées à une conception d'ensemble du langage. C'est pour réconcilier le souci d'être *explicite* et celui d'être *explicatif*, que Chomsky a été amené à proposer une nouvelle définition de ce qu'est une grammaire et de ce qu'est une théorie linguistique.

L'IDÉE DE GRAMMAIRE GÉNÉRATIVE.

En quoi consiste, selon Chomsky, la description syntaxique (ou **grammaire générative**) d'une langue particulière? C'est un ensemble de règles, d'instructions, dont l'application mécanique produit les énoncés admissibles (= grammaticaux) de cette langue, et eux seuls. (Sur la notion d'énoncé admissible, voir, ici-même, p. 165 s; sur le détail des règles, voir p. 293 s.). Le caractère mécanisable, automatisable, de la grammaire, assure qu'elle sera explicite : pour comprendre une grammaire, qui est une espèce de système formel (au sens des logiciens), il n'est besoin de rien d'autre que de savoir opérer les manipulations, tout à fait élémentaires, prescrites par les règles (essentiellement : remplacer un symbole par un autre, en effacer, en ajouter). C'est justement parce qu'elle ne présuppose chez son utilisateur aucune connaissance linguistique, que la grammaire pourra être considérée comme une description totale de la langue.

Pour qu'une grammaire, entendue en ce sens, soit **adéquate**, deux exigences doivent être satisfaites :

a) Que la grammaire engendre effectivement tous les énoncés de la langue, et eux seuls, sans exception. Lorsque cette exigence est satisfaite, on a un premier degré d'adéquation, dite **observation-nelle**. Selon Chomsky, cette adéquation est faible, car, pour une même langue, une multitude de grammaires différentes peuvent y atteindre. Elle est d'autant plus faible que de nombreux énoncés ne sont ni nettement admissibles, ni nettement inadmissibles, et que l'on devra donc accepter, à ce niveau, aussi bien les grammaires qui les engendrent que celles qui les excluent.

b) Que l'on puisse représenter, dans cette grammaire, le savoir intuitif que les sujets parlants possèdent concernant les énoncés de leur langue. Autrement dit, ce savoir doit pouvoir être traduit en termes de mécanismes génératifs. Ainsi l'ambiguïté d'un énoncé devra avoir une marque particulière dans le processus selon lequel il est engendré (Chomsky demande par exemple que chaque énoncé ambigu puisse être engendré d'autant de façons différentes qu'il a de sens différents). Ou encore, si deux énoncés sont sentis comme syntaxiquement proches, cela devra se lire, à simplement comparer la façon dont ils sont engendrés (Chomsky demande par exemple que les processus qui les engendrent soient, pendant un certain temps, identiques). Une grammaire répondant à cette exigence sera dite **descriptivement adéquate** (on parle aussi d'adéqua-tion forte).

N.B. a) Exiger cette adéquation forte, c'était, pour Chomsky, abandonner l'ambition distributionaliste d'établir des procédures mécanisables pour la découverte des grammaires [52], des pro-cédures qui fabriqueraient des grammaires à partir de corpus. Il est clair en effet que le type de données commandant l'adéqua-tion forte — et qui concerne l'intuition des sujets parlants —, n'est pas directement décelable par une machine : la grammaire ne peut donc être découverte que par le travail effectif du gram-mairien — ce qui n'empêche pas que, une fois découverte, elle consiste en une procédure automatique de production de phrases. b) Bien qu'une grammaire générative soit une machine (abstraite) produisant des phrases, Chomsky ne prétend pas que le sujet parlant, lorsqu'il produit une phrase, *hic et nunc*, le fasse selon le processus qui engendre la phrase dans la grammaire générative : la grammaire générative n'est pas un *modèle de production* des phrases dans le discours quotidien (qui fait intervenir, sans doute, bien d'autres facteurs). Il s'agit seulement, Chomsky insiste sur ce point, de fournir une *caractérisation mathématique* d'une compétence possédée par les utilisateurs d'une langue donnée (et non pas un *modèle psychologique* de leur activité). — Cependant, en exigeant que ce soient les mêmes règles qui produisent les phrases et représentent des phénomènes comme l'ambiguïté, en exigeant de plus que cette représentation soit assez « naturelle » (comme celle qui donne à une phrase ambiguë autant de générations qu'elle a de sens), Chomsky invitait à l'interprétation psychologique qui assimile les processus génératifs définis dans la grammaire, et les mécanismes cérébraux liés à l'émission des phrases. Si en effet on abandonne cette interprétation, pourquoi ne pas choisir les modes de représentation les plus arbitraires?

L'IDÉE DE THÉORIE LINGUISTIQUE.

L'adéquation forte qui vient d'être décrite laisse encore, pour une même langue, la possibilité de plusieurs grammaires, et laisse donc ouvert le problème du choix. Ce problème, la théorie linguistique doit aider à le résoudre. On peut en effet classer les grammaires selon le type de mécanismes qu'elles utilisent pour engendrer les phrases, ou, plus précisément, selon la forme des règles qu'elles comportent (sur cette classification, voir l'article *Règles génératives*, p. 293 s.). Chomsky appelle **théorie linguistique** chacun des principaux types de grammaires possibles. Une théorie est donc une sorte de moule qui sert à fabriquer des grammaires. Il va de soi que, si on avait des raisons de choisir une théorie plutôt qu'une autre, on pourrait déjà faire une sélection sévère parmi les grammaires possibles pour une langue donnée, celles-ci étant souvent de formes très différentes. A quelles exigences principales une théorie **adéquate** doit-elle donc satisfaire?

1. Pour chaque langue, il doit être possible de construire, sur le modèle de cette théorie, une grammaire à la fois descriptivement et observationnellement adéquate. La théorie doit donc être universelle. Mais cette condition n'est pas encore suffisante : il reste possible qu'une théorie universelle puisse autoriser plusieurs grammaires différentes pour une langue donnée. On ajoutera donc cette exigence :

2. On doit pouvoir associer à la théorie une procédure méca-

nisable permettant, pour chaque langue, d'évaluer les différentes grammaires conformes à la théorie, et donc d'aider à choisir entre elles. Mais il faut encore que cette évaluation ne soit pas arbitraire. D'où le critère :

3. Soit G_1 et G_2 deux grammaires d'une langue L, conformes à la théorie T, et possédant l'une et l'autre l'adéquation observationnelle. Il faut que la procédure d'évaluation associée à T privilégie, sur le simple examen de G_1 et de G_2, et, donc, *indépendamment de toute considération d'adéquation descriptive*, celle qui *se trouve*, par ailleurs, être la plus descriptivement adéquate. Et ceci, pour toutes les grammaires de type T, et pour toutes les langues. La théorie doit donc, pour ainsi dire, être capable de « deviner » la grammaire qui représente le mieux les intuitions du sujet parlant. Supposons qu'une théorie T satisfasse à ce troisième critère (trop peu de langues ont encore reçu une description générative pour que la vérification soit possible actuellement : le critère sert simplement de perspective à long terme guidant l'élaboration de la théorie linguistique). On attribuerait alors à T l'adéquation dite **explicative**.

En un double sens en effet, la théorie qui satisferait au critère précédent pourrait prétendre avoir valeur explicative. Alors qu'une grammaire n'a qu'une fonction de représentation (elle représente l'ensemble des phrases admissibles, elle représente l'intuition du sujet parlant), la théorie au contraire, qui met en rapport cet ensemble de phrases et ce savoir intuitif, est source de déductions : privilégiant, pour des raisons indépendantes, la grammaire qui se trouve représenter comme ambiguës ou comme syntaxiquement proches, les phrases qui, en fait, sont senties comme telles, elle permet de déduire ces sentiments, que le linguiste rencontre d'abord comme données. Mais la théorie est aussi explicative en ce second sens qu'elle peut prétendre révéler la faculté humaine du langage. Admettons que l'enfant, lorsqu'il apprend sa langue maternelle, construise, à partir des énoncés qu'il entend prononcer autour de lui, une grammaire générative de sa langue, grammaire qui aura cette double propriété d'engendrer toutes les phrases acceptables, et de fournir un savoir grammatical sur ces phrases. On peut admettre alors que la théorie linguistique est l'image de la faculté innée à l'aide de laquelle l'enfant opère cette construction (l'enfant doit savoir *a priori* quelle forme générale donner à la grammaire, et comment évaluer les différentes grammaires possibles). La théorie est en effet universelle comme cette faculté, et, comme cette faculté encore, elle a le pouvoir de lier aux énoncés une connaissance de leurs propriétés syntaxiques.

N.B. a) Certains adversaires de Chomsky lui reprochent de recourir, pour départager les diverses grammaires possibles, au vieux critère de *simplicité*, critère peu satisfaisant, car il y a de nombreux types différents de simplicité (petit nombre de symboles dans la grammaire, petit nombre de règles, simplicité interne de chaque règle, etc.). Ce reproche repose sur un contresens. Le critère d'évaluation, selon Chomsky, est en effet un élément de la théorie linguistique, et il doit être construit de façon à rendre cette théorie adéquate : il n'a donc rien à voir avec une exigence *a priori* de simplicité.

b) Il reste que la construction de ce critère (encore programmatique à l'heure actuelle) est d'importance vitale pour toute la linguistique chomskiste. Lui seul peut justifier le projet, très ambitieux, et qui ne s'appuie sur aucune évidence, de décrire les phénomènes comme l'ambiguïté, la proximité syntaxique, etc., en termes de processus génératifs.

c) Le présent article n'a pas utilisé le mot « transformation ». C'est que le transformationalisme n'est qu'une des théories génératives possibles (celle que Chomsky croit juste).

d) Pour une définition formelle de la notion de transformation, voir, ici-même, *Règles génératives*, p. 298 s. Sur l'utilisation linguistique de cette notion, et sur l'organisation d'ensemble d'une grammaire transformationnelle, voir *Structure superficielle et Structure profonde*, p. 310 s. (cf. notamment les tableaux des pages 313 et 314).

→ La littérature sur la linguistique générative est considérable. On notera particulièrement trois ouvrages importants de N. Chomsky : *Syntactic Structures*, La Haye, 1957 (trad. franç., Paris, 1969) ; *Aspects of the Theory of Syntax*, Cambridge, Mass., 1965 (trad. franç., Paris, 1971) ; *Current Issues in Linguistic Theory*, La Haye, 1964 (le chap. II est consacré aux différents types d'adéquation présentés ici). Une introduction assez élémentaire : J. Lyons, *Chomsky*, Londres, 1970. Pour une étude plus approfondie : N. Ruwet, *Introduction à la grammaire générative*, Paris, 1967, et

Langages, 14 juin 1969, « Tendances nouvelles en syntaxe générative ». Comme essais d'application au français : J. Dubois, *Grammaire structurale du français*, t. II et III, Paris, 1967 et 1969 ; N. Ruwet, *Théorie syntaxique et Syntaxe du français*, Paris, 1972. On trouvera un point de vue plus critique dans : O. Ducrot, « Logique et langage », *Langages*, 2, juin 1966, p. 21-28 ; B. Grunig, « Les théories transformationnelles », *La Linguistique*, 2, 1965, et 1, 1966 ; B. Pottier, « La grammaire générative et la linguistique ». *Travaux de linguistique et de littérature*, 1968, VI, 1.

Appendice : linguistique
ancienne et médiévale

Il n'a été question, dans la section précédente, que d'écoles récentes. Non pas que la linguistique « sérieuse » commence, à nos yeux, avec Port-Royal. Nous penserions plutôt, au contraire, que le travail des linguistes, à chaque époque, consiste surtout à intégrer des découvertes anciennes à un système conceptuel nouveau. Simplement, nous n'avons pas cru possible de présenter en quelques pages une synthèse théorique des recherches linguistiques hindoues, grecques, latines et médiévales, et nous avons préféré nous référer à elles à propos des problèmes particuliers traités dans les sections suivantes. Nous nous contenterons donc, ici, d'indiquer des orientations générales, et de donner quelques renseignements bibliographiques.

La réflexion sur le langage est contemporaine à l'histoire de l'humanité : on en trouve les traces dès les premiers documents dont on dispose. Il ne saurait en être autrement : l'écriture, qui nous a préservé ces textes, repose nécessairement sur une analyse préliminaire du langage. La plupart du temps, cependant, cette réflexion n'annonce qu'indirectement la linguistique : ce sont plutôt des rêveries sur l'origine, la forme et la puissance des mots. Les recherches sur l'origine du langage, plus particulièrement, se maintiennent au moment où font apparition les premières grammaires, et se poursuivent même tout au long de l'histoire occidentale, jusqu'à la première moitié du XIXᵉ siècle.

➡ A. Borst, *Der Turmbau von Babel*, Stuttgart, 1957-1963, 4 vol. en 6 tomes, retrace toute l'histoire des théories sur l'origine et la diversité des langues. La meilleure vue d'ensemble sur l'histoire de la linguistique est celle de R. H. Robins, *A short history of linguistics*, Londres, 2ᵉ, 1969. En français on lira J. Joyaux, *Le Langage, cet inconnu*, Paris, 1969.

Le premier texte de linguistique dont nous disposons est la grammaire sanscrite de Pāṇini (env. IVe s. av. n. è.). L'ironie veut que ce livre, peut-être le premier ouvrage scientifique de notre histoire, reste inégalé dans son domaine jusqu'à aujourd'hui. Le traité de Pāṇini porte essentiellement sur les procédés de dérivation et de composition morphologique, qu'il décrit à l'aide de règles ordonnées. La brièveté de formulation est un des traits frappants de Pāṇini; d'où la nécessité et l'abondance des commentaires, dont le plus ancien et plus important est celui de Patañjali.

La linguistique sanscrite ne se limite pas à la morphologie. Sur le plan de la théorie linguistique générale, on retient surtout la notion de *sphoṭa*, entité linguistique abstraite, par opposition à *dhvani*, la réalisation individuelle de cette entité; le *sphoṭa* peut se situer au niveau de la phrase, du mot ou du son. L'un des grands grammairiens philosophes, Bhartrhari, distingue même trois, et non deux niveaux d'abstraction dans le langage. En phonétique, les ouvrages de l'époque présentent une description exhaustive de la langue sanscrite, à partir d'un point de vue articulatoire. En sémantique, ils posent le problème des rapports entre plusieurs sens d'un mot, celui de l'interaction des mots individuels dans la formation du sens de la phrase, etc.

→ L. Renou (tr.), *La Grammaire de Pāṇini*, Paris, 1948, 1954; P. C. Chakravarti, *The Linguistic Speculations of the Hindus*, Calcutta, 1933; J. Brough, « Theories of General Linguistics in the Sanscrit Grammarians », *Transactions of the Philological Society*, 1951, p. 27-46; D. S. Ruegg, *Contributions à l'histoire de la philosophie linguistique indienne*, Paris, 1959; W. S. Allen, *Phonetics in Ancient India*, Londres, 1953; K. K. Raja, *Indian Theories of Meaning*, Madras, 1963.

En Grèce, l'étude du langage est inséparable de la philosophie du langage (chez les présocratiques, Platon, Aristote, les stoïciens) ou du commentaire des textes littéraires (l'école d'Alexandrie). Les trois grandes directions dans lesquelles se poursuivent les recherches sont · étymologie, phonétique et morphologie. En étymologie prend place la célèbre controverse sur l'origine naturelle ou conventionnelle des mots; les étymologies des mots individuels se sont révélées par la suite ne pas avoir de valeur historique. L'usage systématique de l'alphabet phonétique implique des rudiments d'analyse phonologique. Mais la partie la plus développée des études linguistiques est la théorie des parties du discours. Inaugurée par Platon et Aristote, poursuivie par les stoïciens, elle sera présentée systématiquement par l'auteur du premier traité grammatical grec, Denys de Thrace; il distingue déjà huit parties du discours, ainsi que des catégories secondaires (par exemple genre, nombre, cas, etc.). Les problèmes de syntaxe seront soulevés trois cents ans plus tard, au II⁰ siècle, par Apollonius Dyscole.

Les grammairiens romains reprennent et poursuivent les travaux grecs. Varron (II⁰ s. après J.-C.), auteur d'une volumineuse description de la langue latine, témoigne de l'influence fertile de toutes les écoles grammaticales grecques; Donat et Priscien (v⁰ s.) codifieront la grammaire latine pour la postérité, déterminant déjà en grande partie la forme de nos manuels scolaires. Parallèlement se développe (depuis la plus haute antiquité) une théorie rhétorique dont l'influence se perpétuera également jusqu'au XIX⁰ siècle.

→ L. Lersch, *Die Sprachphilosophie der Alten*, Bonn, 1838-1841; H. Steinthal, *Geschichte der Sprachwissenschaft bei den Griechen und Römern*, Berlin, 2⁰, 1890; R. H. Robins, *Ancient and Medieval Grammatical Theory in Europe*, Londres, 1951; M. Pohlenz, « Die Begründung der abendländischen Sprachlehre durch die Stoa », *Nachrichten von der Gesellschaft der Wissenschaften zu Göttingen*, phil.-hist. Kl., Fachgr. I : *Altertumwissenschaft*, N. F. 3-6, 1939; E. Egger, *Apollonius Dyscole : essai sur l'histoire des théories grammaticales dans l'Antiquité*, Paris, 1854; J. Collart, *Varron grammairien latin*, Paris, 1954.

La spécificité de la recherche linguistique médiévale est obscurcie par le fait qu'elle se présente la plupart du temps comme un commentaire des grammairiens latins, notamment de Priscien. Mais cette constante référence à l'autorité (qui, au Moyen Age, fait presque partie de la rhétorique scientifique) n'empêche en fait nullement les grammairiens médiévaux — pas plus que les logiciens ou les philosophes — de développer une réflexion très originale.

C'est à partir du x⁰ siècle que cette originalité a commencé à se manifester le plus nettement. Deux thèmes sont particulièrement significatifs de la nouvelle grammaire. D'abord la volonté de constituer une théorie générale du langage, indépendante de telle ou telle langue particulière, et notamment du latin — alors que Priscien se fixait explicitement pour objectif une description de la langue latine.

D'autre part, le rapprochement opéré entre la grammaire et la logique, discipline redécouverte à la même époque, et qui tend de plus en plus à se présenter comme l'instrument universel de toute pensée. Parmi les grammairiens les plus célèbres, entre le xe et le xiie siècle, on peut citer Gerbert d'Aurillac, saint Anselme, Abélard, Pierre Hélie.

La deuxième, et la plus remarquable période de la linguistique médiévale s'ouvre au xiiie siècle, et est dominée par l'école dite modiste. Tout en se donnant, eux aussi, pour objectif de constituer une théorie générale du langage, les **modistes** croient à l'autonomie absolue de la grammaire par rapport à la logique (lorsque les grammairiens de Port-Royal, quatre siècles plus tard, subordonneront la grammaire à la logique, ils reviendront en fait à un point de vue que les modistes avaient voulu dépasser). L'indépendance de l'approche linguistique se manifeste essentiellement dans le concept, introduit à cette époque, de **mode du signifier** (« modus significandi »). Un élément grammatical (par exemple une partie du discours [263]) ne doit pas être défini par son signifié, mais par la façon dont ce signifié est visé, par le type de rapport institué entre mots et choses. La théorie grammaticale est donc avant tout un inventaire détaillé, et une classification, de ces modes possibles d'accès aux choses (ainsi la différence entre l'adjectif et le substantif réside moins dans leur objet que dans le point de vue selon lequel ils présentent cet objet). Parmi les principaux modistes, il faut signaler Siger de Courtrai, Jean Aurifaber, Thomas d'Erfurt.

→ Un très petit nombre de textes grammaticaux du Moyen Age ont été publiés. Parmi eux se trouvent les traités de Siger de Courtrai (édité par Wallerand, Louvain, 1913), de Thomas d'Erfurt (dans les œuvres de Duns Scot, Paris, 1890), de Jean le Dace (édité par A. Otto, Copenhague, 1955). Les études les plus importantes sur la grammaire du Moyen Age sont sans doute : Ch . Thurot. *Notices et Extraits pour servir à l'histoire des doctrines grammaticales du Moyen Age*, Paris, 1868 ; M. Heidegger, *Die Kategorien und Bedeutungslehre des Duns Scotus*, Tübingen, 1916, trad. fr., 1970 (il s'agit en fait de Thomas d'Erfurt); H. Ross, *Die Modi significandi des Martinus de Dacia*, Münster-Copenhague, 1952; J. Pinborg, *Die Entwicklung der Sprachtheorie im Mittelalter*, Münster-Copenhague, 1967. Renseignements intéressants dans J. C. Chevalier, *Histoire de la syntaxe*, Genève, 1968, 1re partie, chap. i, et dans G. L. Bursill-Hall « Medieval Grammatical Theories » *Canadian Journal of Linguistics*, 9, 1963, p 40-53.

Les domaines

Composants de
la description linguistique

Quelles sont les principales tâches à remplir lorsqu'on veut décrire une langue, prise à un moment déterminé de son histoire? La tradition occidentale répartit le travail sous trois grandes rubriques et distingue, en allant de ce qui est le plus extérieur à ce qui touche de plus près la signification :

1. Les moyens *matériels* d'expression (prononciation, écriture).

2. La grammaire, qui se décompose en deux chapitres :

2*a*. La morphologie traite des mots, pris indépendamment de leurs rapports dans la phrase. D'une part, on les distribue en différentes classes, nommées « parties du discours » (nom, verbe, etc.). D'autre part, on indique toutes les variations qu'un même mot peut subir, en donnant les règles pour la formation des genres et des nombres, pour la déclinaison, pour la conjugaison.

2*b*. La syntaxe traite de la combinaison des mots dans la phrase. Il y est question de l'ordre des mots, des phénomènes de rection (accord ou régime) — c'est-à-dire de la façon dont certains mots imposent aux autres des variations en cas, nombre, genre —, et enfin, depuis le XVIIIe siècle surtout, des principales fonctions que les mots peuvent remplir dans la phrase [270 s.].

3. Le dictionnaire, ou lexique, indique le ou les sens que possèdent les mots. A ce titre, il apparaît comme la partie sémantique par excellence de la description (le dictionnaire donne aussi, mais c'est seulement pour des raisons de commodité, des renseignements sur les variations morphologiques particulières à chaque mot).

Le développement de la linguistique au XXe siècle a conduit à faire à cette répartition diverses critiques (parfois incompatibles entre elles) :

a) Elle est fondée sur la notion de *mot*. Or le mot n'est plus guère considéré comme l'unité significative fondamentale [257 s.].

b) Elle met sur le même plan les *contraintes* que la langue impose au locuteur et les *options* qu'elle lui propose. Ainsi les rections — qui constituent de pures servitudes (on est obligé, en français, d'accorder le verbe avec le sujet) — coexistent dans la syntaxe avec l'inventaire des fonctions — qui représente au contraire un éventail de possibilités. Cette coexistence était peu choquante à une époque où l'objet premier de la langue semblait être de « représenter » la pensée [15]. Port-Royal par exemple, et plus tard G. de Humboldt, accordent une place éminente aux phénomènes de rection, car ils considèrent cette action d'un mot sur un autre comme l'image sensible de la liaison des concepts dans l'esprit. Mais si la fonction première du langage est « la communication », il est difficile de donner la même place à un mécanisme comme la rection, qui, étant obligatoire, ne peut être utilisé pour donner une information à l'auditeur, et à un système d'options, qui permet au contraire au locuteur de faire connaître ses intentions.

c) Le rejet de la sémantique dans le dictionnaire donne à penser que la description sémantique se réduit essentiellement à caractériser l'une après l'autre les unités significatives utilisées par la langue. Or un des enseignements les moins contestés de Saussure est que l'étude la plus fructueuse est celle des rapports entre éléments. Rapports paradigmatiques : la sémantique actuelle prend moins pour objet les mots ou morphèmes que les catégories de mots ou de morphèmes relatifs à un même domaine (champs sémantiques). Rapports syntagmatiques aussi : un problème qui apparaît aujourd'hui essentiel, est de déterminer comment les significations des éléments de la phrase se combinent pour constituer son sens total, ce qui ne se produit certainement pas par simple addition.

Le privilège donné aux mots dans le schéma traditionnel est particulièrement inadmissible du point de vue de la *glossématique* [36 s.]. Pour deux raisons. D'abord, parce que les unités intrinsèques de la langue sont soit des unités de contenu (**plérèmes**), soit des unités d'expression (**cénèmes**), chaque plérème étant défini par ses relations avec les autres plérèmes, chaque cénème, par ses relations avec les autres cénèmes. Les mots au contraire ne se définissent que par l'union d'éléments appartenant à des plans distincts. Cette association d'un signifiant et d'un signifié ne produit donc que des unités extrinsèques, qui relèvent non pas de la langue même, mais de ses conditions d'utilisation. Rien n'assure par exemple que les signifiés des mots constituent des unités élémentaires du contenu, ni même des unités complexes : peut-être qu'une description authentique du contenu linguistique ne rencontrerait, *à aucun moment*, les signifiés lexicaux. Une deuxième raison est que le mot ne peut se définir que de façon « substantielle » : il est constitué d'un concept et d'une suite phonétique. Or la description linguistique est d'abord « formelle », et ne caractérise les unités que par leurs combinaisons possibles dans la langue. En application de ces principes, la description devra être divisée selon deux lignes de clivage. On commencera par distinguer deux composants principaux, indépendants l'un de l'autre, et consacrés respectivement au contenu et à l'expression. Puis chacun sera subdivisé en deux parties : une étude des relations formelles existant entre les unités, et une étude, subordonnée à la précédente, des réalisations substantielles de ces unités. En annexe seulement on pourra ajouter la description, purement utilitaire, des rapports entre les deux plans, c'est-à-dire de ce qui fait traditionnellement l'objet du dictionnaire et de la morphologie.

→ Voir surtout L. Hjelmslev, « La stratification du langage », *Word*, 1954, p. 163-188.

Si *A. Martinet* refuse lui aussi la répartition classique, c'est dans la mesure où il donne une importance fondamentale à la notion de *choix*, qui commande notamment la théorie de la double articulation. Décrire une langue, c'est décrire l'ensemble des choix que peut faire celui qui la parle, et que peut reconnaître celui qui la comprend. Ces choix sont de deux types :

a) Ceux de la première articulation ont valeur significative, c'est-à-dire qu'ils concernent des unités pourvues de sens : cf., dans l'énoncé « Jean a commencé après toi », le choix de « toi » plutôt que « moi », « lui », « la guerre », etc. Dire que ces choix constituent une articulation, c'est faire une double hypothèse. D'une part qu'il existe des choix minimaux (choix d'unités significatives élémentaires, les *monèmes* [260], par exemple « toi »), et d'autre part que les choix plus larges (comme celui de « après toi ») se laissent comprendre à partir du choix des monèmes (on fait donc l'hypothèse, très forte, que la différence entre « a commencé après toi » et « a commencé après la guerre » s'explique par celle existant entre « toi » et « la guerre »).

b) Les choix de la deuxième articulation sont ceux d'unités seulement distinctives, les *phonèmes* [221], dont l'unique fonction est de permettre la distinction des monèmes : ainsi le choix du « t » de « toi » ne relève pas directement d'une volonté de signification, mais indirectement seulement, dans la mesure où il est rendu nécessaire par le choix du monème « toi », qu'il distingue par exemple de « moi ». Ici encore Martinet fait l'hypothèse qu'il y a articulation, c'est-à-dire qu'on a des choix minimaux (choix de phonèmes comme « t ») et que ceux-ci sont à la base du choix des segments supérieurs.

La description linguistique aura donc deux composants essentiels. La *phonologie*, qui étudie la deuxième articulation, fait la liste des phonèmes, détermine leurs traits pertinents [224], les classe selon ces traits et indique les règles qui commandent leur combinaison. Et, d'autre part, la syntaxe, consacrée à la première articulation, qui fait la liste des monèmes, indique pour chacun d'eux les fonctions qu'il peut remplir dans l'énoncé, et les classe en catégories de monèmes à fonctions identiques. A ces deux composants, qui décrivent les choix offerts par la langue, se rattachent deux études pratiquement indispensables, mais théoriquement marginales, qui indiquent les conditions imposées par la langue pour la manifestation de ces choix. Une étude *phonétique* détermine les traits non-pertinents dont sont accompagnés les traits pertinents des phonèmes, et une étude **morphologique** indique comment les monèmes se réalisent phonologiquement selon les contextes où ils apparaissent. On retrouvera là, à la fois, une partie de la morphologie traditionnelle (donner la conjugaison du verbe *aller*, c'est dire que le même monème « aller » se réalise comme *i* lorsqu'il est accompagné du monème « futur », comme *all*, lorsqu'il est accompagné du monème « imparfait », etc.), et aussi la portion de la syntaxe traditionnelle consacrée aux phénomènes de rection : dire qu'en français l'article s'accorde en nombre avec le nom, et de même le verbe avec son sujet, c'est dire que l'unique monème « pluriel » présent dans *les chevaux boivent*, se réalise par une succession de trois marques discontinues (le *es* de *les*, le *aux* de *chevaux*, le *vent* de *boivent*.

➡ Cf. A. Martinet, *La Linguistique synchronique*, Paris, 1965, chap. ι.

Le même souci de séparer latitudes et servitudes linguistiques, qui amène Martinet à s'opposer à la tradition grammaticale, est à l'origine aussi d'une évolution interne de l'école *générative*. Pour Chomsky la grammaire d'une langue, c'est la totalité de sa description. Elle comporte trois composants principaux. La syntaxe (qui est la partie générative de la grammaire, la « grammaire générative » au sens propre) est chargée d'engendrer selon des mécanismes purement formels [293 s.] toutes les suites de morphèmes considérées comme grammaticales, et elles seules (la syntaxe a elle-même deux sous-composants, la base, qui donne les structures profondes des phrases, et les transformations, qui donnent les structures superficielles [310 s.]). Dans les suites engendrées par la syntaxe, les morphèmes sont alignés les uns à côté des autres (l'article contracté *au* serait représenté comme *à le*). De plus, les phénomènes de rection ne sont, pour la plupart, pas pris en considération (*les chevaux boivent* serait représenté comme *le cheval* « *pluriel* » « *présent* » *boire*. Enfin la représentation des morphèmes est purement conventionnelle et ne constitue en rien une représentation phonétique. Une fois engendrées par la syntaxe, ces suites doivent être traitées par deux autres composants, qui n'ont plus pouvoir génératif, mais seulement interprétatif : le composant sémantique traduit les suites en un métalangage sémantique, de façon à donner une représentation du sens des phrases, et le composant phonologique les traduit en un métalangage phonétique, rendant compte ainsi de leur prononciation. Le composant phonologique de Chomsky est donc chargé de tout le travail que Martinet confie à la phonétique, à la phonologie et à la morphologie, sans même que ces disciplines soient distinguées à titre de subdivisions du composant phonologique. C'est la raison pour laquelle ce composant est appelé parfois morpho-phonologique.

N.B. Troubetzkoy appelait morpho-phonologie, ou morphonologie, une partie de la description linguistique chargée d'étudier

comment les sons (plus exactement les phonèmes [221]) sont
utilisés pour l'expression des notions ou catégories grammaticales.
Elle étudierait par exemple le phénomène de l'alternance, c'est-à-
dire les modifications que cette expression peut entraîner — notamment dans les langues indo-européennes — à l'*intérieur même*
du radical [24] : pour faire du nom allemand *Tag* (« jour »),
l'adjectif *täglich* (« quotidien »), on change en *ä* (prononcé comme
le français *è*), le *a* du radical de *Tag*.

Cette indistinction, qui aboutit à nier l'idée d'une structure
purement phonologique du langage (au sens traditionnel de
phonologie), est fondée essentiellement sur des arguments d'économie : pour construire la représentation phonétique d'une phrase
à partir de sa représentation comme suite de morphèmes, ce serait
une complication gratuite que de passer par l'intermédiaire d'une
représentation phonologique retenant les traits pertinents et eux
seuls. Du fait notamment des phénomènes de juncture (modifications phoniques qui se produisent à l'intérieur d'un mot à la
jointure de deux morphèmes), il serait possible de formuler des
lois plus simples et plus générales lorsqu'on déduit directement
la suite de sons constituant physiquement le mot à partir de son
organisation en morphèmes, que lorsqu'on construit d'abord
la suite de phonèmes qui le manifestent et ensuite seulement, à
partir des phonèmes, les sons physiques.

→ Le rapprochement phonologie-morphologie est proposé par exemple
par E. Sapir, *Le Langage*, trad. franç., Paris, 1967, chap. IV. Sur la
conception chomskiste de la phonologie : N. Chomsky, *Current Issues
in Linguistic Theory*, La Haye, 1964, chap. IV, et M. Halle, « Phonology
in Generative Grammar », *Word*, 1962, trad. franç. dans *Langages*,
8, déc. 1967. A. Martinet critique l'idée de morphonologie dans « La
morphonologie », *La Linguistique*, 1, p. 15-30.

Si l'on considérait la grammaire d'une langue comme une hypothèse sur la façon dont les sujets parlants produisent les phrases
(interprétation refusée par Chomsky, mais qui réapparaît constamment dans les travaux de ses élèves), le regroupement de la morphologie, de la phonologie et de la phonétique, opposées, en bloc,
à la syntaxe, pourrait avoir une seconde justification; l'engendrement de la phrase dans la syntaxe représenterait la série de choix
faits par le locuteur. Quant au composant morpho-phonologique,

il représenterait le processus automatique par lequel ces choix
sont convertis en une suite de sons. (Certes on peut parler, avec
Martinet, d'un choix des phonèmes; mais c'est qu'on se place alors
du point de vue de l'auditeur, qui ne déchiffre les intentions du
locuteur qu'à travers la successive apparition des phonèmes, et
n'a donc pas les moyens de prévoir ceux-ci. Le locuteur, lui, ne
choisit pas les phonèmes : ils lui sont imposés par le choix, préalable, des monèmes.) Cependant, une fois engagé dans cette interprétation de la grammaire générative, on est amené à une réorganisation assez profonde du système chomskiste. Depuis 1965
environ, les génératistes travaillent en effet avec l'hypothèse que
la partie transformationnelle de la syntaxe n'a pas d'effet sur
l'interprétation proprement sémantique des phrases, ce qui a
amené à supprimer la plupart des transformations autrefois considérées comme « optionnelles » (la négation, l'interrogation par
exemple). On admet tout au plus que les transformations peuvent
déterminer des nuances de type stylistique (« mise en valeur »
de tel ou tel aspect de l'idée exprimée) [sur cette évolution, voir,
ici-même, p. 312 s.]. Supposons qu'on leur retire cette dernière
fonction, bien difficile à distinguer d'un effet « proprement sémantique »; on pourrait alors considérer l'ensemble des transformations comme une sorte de machinerie qui convertit automatiquement les structures profondes en structures superficielles. Il
semblerait raisonnable alors de les rapprocher des mécanismes
morpho-phonologiques (Weinreich suggère cette possibilité, cf.
op. cit., p. 445). Étant donné d'autre part que toutes les constructions syntaxiques existant en structure profonde sont censées
avoir une interprétation sémantique possible, chacune correspondant par exemple à un type de combinaison sémantique [344],
et qu'elles sont certainement choisies en vertu de cette interprétation, il peut sembler légitime de regrouper la base de la syntaxe
et le composant sémantique. On arrive alors à l'idée, soutenue par
exemple par J. R. Ross ou G. Lakoff, d'une **sémantique générative**.
Un composant génératif engendrerait, selon un processus analogue
à celui de la syntaxe profonde dans le chomskisme orthodoxe,
toutes les structures sémantiques possibles; ensuite, des transformations et des lois morphonologiques leur donneraient un revê-
tement phonique. Dans cette perspective on peut facilement

concevoir que le premier composant soit universel, et que les langues se distinguent seulement par le second.

➡   U. Weinreich est considéré comme un précurseur de la sémantique générative : voir « Explorations in Semantic Theory », in *Current Trends in Linguistics*, 3, éd. par T. A. Sebeok, La Haye, 1966. Sur les formes actuelles de cette tendance, cf. E. Bach et R. Harms, (éd.) *Universals in Linguistic Theory*, Holt, Rinehart et Winston, 1969, et notamment l'article de J. D. McCawley, « The Role of Semantics in a Grammar ». Pour une critique de l'idée de sémantique générative : N. Chomsky, *Deep Structure, Surface Structure and Semantic Interpretation*, M.I.T. press, 1968. et J. J. Katz, « Interpretative Semantics, vs Generative Semantics », *Foundations of Language*, mai 1970, p. 220-259.

Géolinguistique

Parler de *la* langue française, de *la* langue allemande, etc., c'est opérer une abstraction et une généralisation considérables (et souvent inconscientes). Car il y a, en réalité, autant de parlers différents qu'il y a de collectivités différentes utilisant une langue, et même, si on est rigoureux, qu'il y a d'individus à l'utiliser (sans exclure la possibilité qu'il y ait, linguistiquement, plusieurs individus dans chaque homme). On peut appeler **géolinguistique** l'étude de toutes les variations liées à l'implantation, à la fois sociale et spatiale, des utilisateurs du langage.

Les principaux concepts utilisés dans une telle étude sont les suivants :

Idiolecte. Ce terme désigne la façon de parler propre à un individu, considérée en ce qu'elle a d'irréductible à l'influence des groupes auxquels il appartient. Certains linguistes nient que l'étude des idiolectes relève des méthodes habituelles de la linguistique; ils nient même qu'un idiolecte soit un langage. Si on considère en effet un langage comme un instrument de communication, comme un code, il est absurde de parler de langage individuel. En termes phonologiques, on dira que les particularités de chaque idiolecte sont des variantes libres [222] — dépourvues, par définition, de toute pertinence : elles ont, au plus, cette fonction, très marginale pour ces linguistes, de permettre à chaque individu de marquer son originalité par rapport aux autres. En revanche, lorsqu'on voit dans la langue une tentative d'imitation de la pensée [15], on ne peut exclure que la création idiolectale relève de la même attitude humaine qui est à l'origine de toute langue (cf. les incorrections « voulues », que certains écrivains croient rendues nécessaires par la fidélité à l'objet).

→ Les linguistes ont peu étudié la notion d'idiolecte (voir cependant C. F. Hockett, *A Course in Modern Linguistics*, New York, 1958, chap. XXXVIII). Plus de renseignements chez les romanciers (Proust) et les critiques littéraires.

Dialecte ou patois. On entend par là un parler régional (l'alsacien, le berrichon...) à l'intérieur d'une nation où domine officiellement (c'est-à-dire, au regard de l'administration, de l'école, etc.) un autre parler.

N.B. a) Chaque patois est lui-même constitué par une multitude de parlers locaux, assez différents, souvent, pour que les usagers de l'un aient des difficultés à comprendre ceux d'un autre.

b) On ne parle de patois que pour des parlers apparentés historiquement (et de façon assez directe) à une langue « officielle ». Si l'alsacien, apparenté à l'allemand, ou le provençal, apparenté au français, sont des patois, le breton et, encore plus, le basque sont considérés comme des langues. Dans bien des cas, cependant, la frontière est indécise.

c) La parenté existant entre les patois et la langue « officielle » ne signifie en rien que les premiers soient dérivés de la seconde, qu'il y ait d'elle à eux une filiation. Le plus souvent, la langue officielle est simplement un parler régional qui a été étendu autoritairement à l'ensemble d'une nation (ainsi l'allemand moderne est un parler germanique particulier, qui a été imposé à toute l'Allemagne : cette extension a été facilitée notamment par le fait qu'il a été utilisé par Luther pour sa traduction de la Bible).

d) On comprend alors l'intérêt des patois pour la connaissance de l'origine des langues « officielles », cette origine étant commune souvent aux uns et aux autres. Les néo-grammairiens [27] ont notamment insisté sur l'utilité de l'étude dialectale, nécessaire pour reconstituer *dans le détail* l'évolution linguistique (alors que les comparatistes [23] mettaient en correspondance des états de langue souvent très distants dans le temps). Cette étude, nommée **dialectologie**, a amené à établir des **atlas linguistiques**, dont l'initiateur, en France, a été J. Gilliéron; pour établir l'atlas d'une région, on définit d'abord un questionnaire-type, comportant d'habitude trois types principaux de questions : « Comment telle *notion* s'exprime-t-elle? », « Comment tel *mot* se prononce-t-il? « Comment telle *phrase* se traduit-elle? ». Puis on envoie des enquêteurs dans un certain nombre de localités de la région (le choix des localités soulève des problèmes difficiles), et ceux-ci s'efforcent, en interrogeant et en observant, de répondre à toutes les questions pour chacune des localités choisies. — On notera que cette étude dialectale, recommandée par les néo-grammairiens, a amené Gilliéron à mettre en doute certaines de leurs thèses, notamment la croyance au caractère aveugle des lois phonétiques [27].

Sur la dialectologie, voir particulièrement : J. Gilliéron et M. Roques, *Études de géographie linguistique*, Paris, 1912; W. von Wartburg, *Bibliographie des dictionnaires patois*, Paris, 1934; S. Popp, *La Dialectologie*, Louvain, 1950; U. Weinreich « Is a Structural Dialectology Possible? », *Word*, 10, 1954, p. 388-400; E. Sapir, *La Notion de dialecte*, article de 1931, repris et traduit dans *La Linguistique*, Paris, 1968, p. 65-72.

Langue nationale. C'est la langue officielle à l'intérieur d'un état (avec la possibilité qu'il y en ait plusieurs, comme en Belgique ou en Suisse). Établie de façon généralement assez tardive, et due à la suprématie d'un parler local, elle est imposée par l'organisation administrative (c'est d'elle dont on se sert dans les rapports avec l'État) et par la vie culturelle (c'est elle qui est enseignée, et souvent elle est seule à avoir donné lieu à une littérature : certains dialectes sont même difficiles à écrire, faute de conventions orthographiques). Il n'est pas rare que la langue soit utilisée par le pouvoir comme instrument politique (la lutte contre les dialectes fait partie d'une politique centralisatrice, et le nationalisme s'accompagne souvent de tentatives pour « épurer » la langue des contaminations étrangères : cf. les efforts des nazis pour extraire de l'allemand les mots empruntés [20]).

Jargon. On entend par là les modifications qu'un groupe socio-professionnel apporte à la langue nationale (surtout au lexique et à la prononciation), sans qu'il soit toujours possible de distinguer ce qui, dans ces modifications, est lié : 1) à la nature particulière des choses dites; 2) à une volonté de ne pas être compris; 3) au désir du groupe de marquer son originalité (à la différence du dialecte, le jargon se présente donc comme un écart par rapport à la langue nationale). Il y a un jargon des linguistes, des notaires, des alpinistes, etc. L'argot peut être considéré comme un cas particulier de jargon : c'est un jargon qui se présente lui-même comme signe d'une situation sociale — non seulement particulière — mais marginale (en termes hjelmsleviens le recours à l'argot entraîne une connotation [40] « asociale »). N.B. Le sens donné ici au mot « argot » est différent de l'emploi fait du terme pour désigner le parler d'une classe sociale jugée inférieure.

⟶ Sur l'argot : P. Guiraud, *L'Argot*, Paris, 1966.

Mélanges de langues. L'existence de relations régulières entre deux communautés parlant des langues différentes, amène souvent la création d'une langue **mixte**, permettant une communication directe, sans recours à la traduction. La langue résultante est appelée **sabir** (non sans nuance péjorative) lorsque : 1) elle n'est utilisée que pour des relations épisodiques, à objet limité (particulièrement pour le commerce); 2) elle n'a pas de structure grammaticale bien définie et permet surtout des juxtapositions de mots. On parle en revanche de langue **pidgin** lorsqu'il y a eu création d'une langue grammaticalement cohérente, et qui, d'autre part, répond, au même titre que les langues nationales et les dialectes, à l'ensemble des besoins de communication de ses utilisateurs (avec la possibilité de devenir le support d'une littérature). Lorsque cette langue devient la langue principale (ou unique) d'une communauté, on parle de langue **créole** (c'est le cas du créole des Antilles, qui a donné son nom à la catégorie entière). N.B. Même lorsqu'il n'y a pas constitution d'une langue mixte, on a observé que la proximité géographique de plusieurs communautés linguistiques amène souvent dans leurs parlers respectifs certains traits communs, dits **affinités**, qui permettent de grouper ces parlers en **associations** linguistiques. Ces traits peuvent avoir un caractère structural, c'est-à-dire consister en une modification d'ensemble des langues considérées (il peut s'agir ainsi de modifications du système phonologique, et pas seulement de la matérialité phonétique de la langue [221]). Ils sont d'autre part observables même lorsque les langues parlées par les collectivités ne sont pas historiquement apparentées.

⟶   Une étude théorique du problème des mélanges de langues : L. Hjelmslev, « Les relations de parenté des langues créoles », *Revue des études indo-européennes*, 1938, p. 271-286. Pour des descriptions concrètes :

plusieurs articles des actes du *Colloque sur le multilinguisme* (*Brazzaville 1962*), Londres, 1964. Sur les associations linguistiques, voir les appendices III et IV, dus respectivement à N. S. Troubetzkoy et à R. Jakobson, de la traduction française des *Principes de phonologie* de N. S. Troubetzkoy, Paris, 1957.

Multilinguisme. Un individu est dit multilingue (bi-, trilingue,..) s'il possède plusieurs langues, apprises l'une comme l'autre en tant que langues maternelles (il y a des degrés dans le multilinguisme, dans la mesure où la différence n'est pas toujours nette en fait entre l'apprentissage « naturel » et l'apprentissage « scolaire » d'une langue par un enfant). Le problème théorique le plus intéressant pour le linguiste est de savoir si, et dans quelle mesure, la situation de plurilinguisme influence la connaissance de chacune des langues concernées. Elle est intéressante surtout, parce que cette influence, quand elle existe, n'est pas toujours apparente (le bilingue peut « parler parfaitement » les deux langues), mais qu'elle peut se jouer à un niveau relativement abstrait : au niveau du système phonologique (par opposition aux réalisations phonétiques [221]), à celui des règles grammaticales appliquées (sans influence visible sur les phrases produites), au niveau des catégories de pensée (s'il est vrai que chaque langue implique une catégorisation particulière de la signification).

La littérature concernant le bilinguisme est particulièrement abondante aux U.S.A. On trouvera des renseignements dans l'ouvrage, classique, de U. Weinreich, *Languages in contact*, New York, 1953. Voir aussi le *Colloque sur le multilinguisme*, cité à la fin du paragraphe précédent. Comme études plus particulières : R. W. Metraux, « A Situation of Bilingualism among Children of U.S.-French Parents, *The French Review*, 1965, p. 650-666; P. F. Kinzel, « A Description of Lexical and Grammatical Interference in the Speech of a Bilingual Child », Dissertation of the university of Washington, 1964; H. W. Contreras, *The Phonological System of a Bilingual Child*, Indiana Univ. Diss., 1961.

Sociolinguistique

Le rapport entre le langage, d'une part, et, de l'autre, la société, ou la culture, ou le comportement, n'a jamais été nié; mais jusqu'à présent, aucun accord n'est établi parmi les chercheurs quant à la nature de ce rapport. C'est pourquoi on a affaire ici, plutôt qu'à une discipline unique, à un ensemble de propositions et de recherches dont l'incohérence se reflète jusque dans la multitude des appellations : sociologie du langage, sociolinguistique, ethnolinguistique, anthropologie linguistique, linguistique anthropologique, etc.

La perspective choisie la plupart du temps est la suivante : on pose l'existence de deux entités séparées, langage et société (ou culture, etc.), et on étudie l'une à travers l'autre. On considère l'un des termes comme cause, l'autre comme effet, et on étudie l'effet en vue d'une connaissance de la cause, ou inversement, suivant que l'un ou l'autre se prête mieux à une analyse rigoureuse. La plupart du temps, c'est la société (ou l'un de ses substituts) qui est le but de la connaissance, et le langage, l'intermédiaire facile à manier qui y mène.

Or, selon le point de vue le plus traditionnel, c'est la société qui détermine le langage; par conséquent, l'étude des variantes linguistiques permettra de circonscrire avec précision les variantes sociologiques (ou culturelles, etc.) qui les ont produites. Ainsi en français on peut s'adresser à quelqu'un en utilisant « tu », ou « vous », en l'appelant « Pierre », « Dupont », « Monsieur Pierre », « Monsieur Dupont », « Monsieur », etc. Une analyse de ces différentes possibilités (elle a été inaugurée par les travaux de Roger Brown) permettra de dégager certaines catégories, pertinentes pour la description de l'acte de communication dans une société donnée. Un autre travail situé dans la même perspective a permis d'identifier un certain nombre de variantes phonologiques dans le parler des habitants de New York; ces variantes sont corrélées avec des différences sociales (profession, éducation, revenu). Le langage est ici, comme l'écrit son auteur William Labov, « un indice sensible de maint processus social », il est une matière relativement facile à étudier et qui permet de tirer des conclusions sur la structure de la société. Cette perspective est résolument sociologique et on pourrait lui réserver le nom de sociolinguistique.

Depuis les travaux de W. von Humboldt, au XIXᵉ siècle, une perspective inverse a été introduite : le langage n'est plus le reflet des structures sociales, culturelles ou psychiques, il en devient la cause. Humboldt accorde au langage une importance beaucoup plus grande que ne le font ses prédécesseurs : il ne sert pas à désigner une « réalité » préexistante; c'est plutôt lui qui organise pour nous le monde environnant. Ces idées, qui restent chez Humboldt une prise de position philosophique, donneront au XXᵉ siècle naissance à plusieurs types d'études empiriques.

Il faut d'abord citer les travaux du groupe « néo-humboldtien » en Allemagne (Weisgerber, Trier, Porzig, etc.). Selon eux, le langage est relié à une « vision du monde » globale, et comme il existe une langue par nation, l'étude de chaque langue doit permettre de connaître l'esprit de la nation : l'allemand par opposition au français, etc. Cette étude se fonde sur l'analyse des « champs sémantiques », différemment organisés dans chaque langue [176]. Ces champs sont observés aussi bien dans le domaine de la nature que dans celui de la culture matérielle ou de la culture spirituelle (par exemple le travail classique de Trier sur le concept de « raison » et ses voisins en allemand).

On a pu assister à un développement parallèle aux États-Unis, dans les années trente et quarante : c'est l'hypothèse dite « de Sapir-Whorf ». Se fondant sur quelques affirmations de Sapir, Benjamin Lee Whorf a voulu montrer que les catégories les plus fondamentales de la pensée : celle du temps, de l'espace, du sujet et de l'objet, etc. — ne sont pas les mêmes en anglais, par exemple, et dans une langue non indo-européenne, comme celle des Indiens Hopi. A la différence des Allemands, Whorf s'intéresse aux catégories grammaticales bien plus qu'aux structures lexicales.

Une troisième tendance, voisine, mais dont la filiation humbold-
tienne est de moindre importance, peut être observée dans les
travaux des ethnologues américains, qui s'attachent à décrire les
« taxinomies populaires » dans les langues indigènes. Leur projet
est donc semblable à celui de Trier, mais ces travaux, qui portent
sur la parenté ou les couleurs, les plantes et les animaux, les mala-
dies et les métiers (bref, sur ce qu'on a appelé récemment l'ethnoscience), ne visent pas à la connaissance d'un « esprit » national
hypothétique.

En fait, on peut observer deux versants dans tous les travaux
décrits. Il y a d'une part un travail de sémantique au sens étroit :
les études sur les champs sémantiques, l'analyse componentielle
des ethnologues américains, sont à la base de la sémantique
moderne [339]. D'autre part, l'extrapolation d'une configuration
linguistique en propriété de l'esprit national risque de se révéler
tautologique : nos connaissances sur cet « esprit » sont ou bien
de la plus grande généralité (ce qui rend la mise en relation in-
fructueuse), ou bien ne se laissent aborder par aucun autre moyen
que le langage. Quoi qu'il en soit, le but explicite de ces recherches
(sauf dans le cas des ethnologues américains) est à nouveau la
connaissance d'un élément autre (l'esprit, la culture) par l'intermédiaire du langage; la différence est que ce dernier a le rôle de
cause non d'effet. On peut réserver le nom d'ethnolinguistique à
ce type de recherches.

Beaucoup moins fréquente est l'attitude inverse, qui consiste
à éclairer des propriétés du langage, par la connaissance qu'on a
de la société : soit parce qu'on ne trouve, dans ce cas, qu'un
déterminisme assez lâche; soit parce que les catégories sociologiques sont par trop imprécises pour pouvoir servir de critères
linguistiques. On peut citer ici des distinctions telles que « style
administratif » ou « scientifique » qui viennent évidemment des
catégories sociales.

Il convient de rappeler enfin que, sur le plan méthodologique,
le rôle de science-pilote qu'on a assigné récemment à la linguistique
n'a pas été sans influencer les sciences sociales. L'ethnologie ou
la sociologie ont emprunté certains concepts et certaines procédures
à la linguistique pour les utiliser dans leur champ propre. Le travail
de C. Lévi-Strauss témoigne de la fécondité d'une telle démarche

dont l'objet cependant reste différent de celui de la sociolinguistique.

→ Plusieurs recueils d'articles représentatifs ont été publiés récemment : Dell Hymes (éd.), *Language in Culture and Society*, New York, 1964; W. Bright (éd.), *Sociolinguistics*, La Haye, 1968; J. Fishman (éd.), *Readings in the Sociology of Language*, La Haye, 1968 (une sélection particulièrement intéressante); A. Kimball Romney, R. Goodwin d'Andrade (éd.), *Transcultural studies in cognition, American Anthropologist*, 1964, 3, part. 2. Pour les travaux français récents cf. *Langages*, 11 (« Sociolinguistique ») et 18 (« Ethnolinguistique »).
Exemples d'études de sociolinguistique (au sens étroit) : R. Brown, M. Ford, « Adress in American English », in D. Hymes, p. 234-244; R. Brown, A. Gilman, « The Pronouns of Power and Solidarity », in Fishman, p. 252-276; W. Labov, « The Reflection of Social Processes in Linguistic Structures », in Fishman, p. 240-251.
Exemples d'études d'ethnolinguistique (au sens étroit) : *a*) L. Weisgerber, *Von den Kräften der deutschen Sprache*, 4 vol., Düsseldorf, 1949-1951; J. Trier, *Der deutsche Wortschatz im Sinnbezirk des Verstandes*, Heidelberg, 1931; W. Porzig, *Das Wunder der Sprache*, Berne, 1950. *b*) B. L. Whorf, *Linguistique et Anthropologie*, Paris, 1968; H. Hoijer (éd.), *Language in Culture*, Chicago, 1954. *c*) H. C. Conklin, « Lexicographical Treatment of Folk Taxonomies », in Fishman, p. 414-433; C. O. Frake, « The Ethnographic Study of Cognitive Systems », in Fishman, p. 434-446; W. C. Sturtevant, « Studies in ethnoscience », in Kimball Romney.
Linguistique et ethnologie : C. Levi-Strauss, *Anthropologie structurale*, Paris, 1956.

Il existe encore une tout autre possibilité d'étudier la relation langage-société; il est, plus exactement, possible de suspendre l'opposition des deux et d'étudier le langage *comme* un fait social, comme un type de comportement. Ce n'est donc plus la mise en rapport de deux ensembles séparés mais la constitution d'un objet théorique nouveau. On pourrait baptiser **anthropologie linguistique** (anthropologie du langage) les études qui se situent dans cette nouvelle perspective.

L'idée que le langage peut être considéré comme un mode d'action n'est certainement pas nouvelle; cependant il faut attendre l'œuvre de l'ethnologue anglais Bronislav Malinowski pour la voir acquérir le statut d'une hypothèse scientifique. Il est d'ailleurs assez difficile d'admettre toutes les propositions qui, chez Malinowski, accompagnent la naissance de cette idée. Il

distingue plusieurs types d'énoncés linguistiques d'après leur
fonction : les énoncés courants dans nos langues « occidentales »
servent essentiellement à exprimer la pensée; les énoncés courants
dans les langues « primitives » servent à réaliser une action. C'est
seulement lorsque le sens de l'énoncé est sans aucune importance
que Malinowski considère celui-ci comme illustrant le « mode
actionnel » du langage (telles les phrases sur le temps qu'il fait
qui n'ont d'autre fonction que d'établir un contact). On pourrait
objecter à cela qu'« exprimer » ou « informer » sont des actions
comme les autres, et qu'en ce sens tous les énoncés de toutes les
langues possèdent ce « mode » spécifique; les exemples cités par
Malinowski (phrases de politesse, remarques sur le temps, questions sur l'état de santé) ne sont que les plus évidents. Mais le
mérite de Malinowski n'en est pas diminué.

Les idées de Malinowski seront reprises par le linguiste anglais
J. R. Firth et ses disciples. Firth accorde cette dimension action-
nelle à tous les énoncés mais a tendance à la confondre avec le
sens (*meaning*) d'une phrase; or s'il est certain que le sens peut
être pertinent pour la description de cette dimension, il n'en reste
pas moins que celle-ci peut lui échapper. (« Je viens demain »
peut être aussi bien une *promesse* qu'un *avertissement*, tout en
gardant le même sens.) La reconnaissance de cette dimension le
mène à postuler l'importance du « contexte de situation » (en
suivant ici encore Malinowski) et à suggérer la possibilité de son
étude à deux niveaux : celui d'une typologie des situations (telles
que les *appellations*, les *salutations*, les *mises en relation* — comme
à l'église, chez le juge, etc.) et celui d'une typologie des fonctions
(par exemple être ou ne pas être d'accord, encourager, condamner,
prendre la responsabilité; ou encore : souhaiter, maudire, bénir,
se vanter, défier, invoquer, ennuyer, blesser, déclarer son hostilité,
louer, blâmer, etc.). Mais Firth ne va pas plus loin que cette liste
qui relève évidemment de l'énumération plutôt que de l'hypothèse opératoire.

A peu près à la même époque, et de manière tout à fait indépendante, des travaux semblables sont menés au sein du Cercle linguistique de Prague. L'approche des Pragois [42] est résolument
fonctionnelle, ce qui les rend attentifs non seulement aux principales fonctions du langage, dans l'esprit de Bühler [425 s.], mais

aussi à celles, beaucoup plus nombreuses, que peut assumer un énoncé particulier. Bohuslav Havranek postule que c'est la réponse de l'allocutaire qui détermine la fonction de l'énoncé, et propose la classification suivante : 1) communication factuelle, information; 2) exhortation, persuasion; 3) explication générale; 4) explication technique; 5) formulation codée. Havranek ne distingue pas toujours cette description fonctionnelle d'une description stylistique qui se fonde sur la présence ou l'absence de certains traits linguistiques, bien qu'il formule très clairement la différence : elle « consiste dans le fait que le *style fonctionnel* est déterminé par le but de la réponse verbale, il est une fonction de la réponse verbale (de l'acte de parole), alors que la *langue fonctionnelle...* est une fonction du schéma de la langue ». Plus récemment, M. Joos a tenté de décrire l'articulation de toutes les langues selon cinq styles fonctionnels qu'il appelle *intime, informel, consultatif, formel,* «*gelé* », qui correspondent à cinq degrés d'élaboration et peuvent être observés, selon Joos, à tous les niveaux linguistiques : phonologique, syntaxique, lexical. Par exemple la prononciation soignée de tous les sons qui composent une séquence verbale ou l'élision de certains d'entre eux permettra d'identifier le style « formel » ou « informel », etc. On revient ainsi à la mise en rapport de deux unités indépendantes, langage et société, l'un reflétant l'autre.

En France les ethnologues (Durkheim, Mauss, Granet) ont toujours été sensibles aux faits de langue; et les linguistes (Saussure, Meillet, Vendryes) ont cherché à enraciner leur conception du langage dans une théorie des faits sociaux. Néanmoins il faudra attendre le travail d'un élève de Meillet, Marcel Cohen (*Pour une sociologie du langage*, 1956), pour voir une présentation systématique du domaine. A la place de la *fonction* de Malinowski, Firth et Havranek, Cohen parle de *puissances du langage*, qu'il propose de grouper de la manière suivante :

1. La parole et les forces extra-humaines (cérémonies totémiques, conciliation des esprits; magie, sorcellerie, divination; religion; noms d'êtres; noms de lieux).

2. Les formules efficaces dans les rapports entre hommes (rencontre et séparation; demande et remerciement; intronisation et exclusion; félicitation, souhait, blâme, condoléances, dédicace;

engagements, serments; hostilité et pacification; prescriptions codifiées).

3. La persuasion et l'instruction (joutes oratoires; plaidoiries; discours dans les assemblées délibérantes; édification et exaltation; propagande religieuse et politique; réclame; enseignement; enquête et suggestion; raisonnement en forme et analyse des termes).

4. Le divertissement (littérature; théâtre; radiodiffusion et télévision; jeux de mots). On est encore une fois confronté avec une liste chaotique mais qui témoigne au moins de la richesse du champ d'études.

Une contribution inattendue à l'anthropologie linguistique est venue des philosophes anglais, spécialistes du « langage ordinaire ». Wittgenstein, et surtout Austin ont cherché à décrire les différents emplois du langage; ce qui a amené Austin à élaborer la notion de *force illocutoire* (où l'on reconnaît la *fonction* de Malinowski et la *puissance* de Cohen) [428 s.]. Cette force illocutoire est une dimension de tout énoncé, liée à son sens mais non identique à lui. Pour recenser les forces illocutoires, Austin teste la liste complète des verbes qui, en anglais, signifient une action verbale (tels que *asserter*, *déclarer*, *suggérer*, *estimer*, *caractériser*, *définir*; *ordonner*, *conseiller*, *prier*; *nommer*, *recommander*, *proposer*; *promettre*, *garantir*, *s'engager*; *remercier*, *pardonner*, *excuser*, etc.), donc une « taxinomie populaire » dont la pertinence scientifique n'est pas assurée (toutes les « forces illocutoires » disposent-elles de nom distinct?). Néanmoins, ce point de départ ferme lui permet une description beaucoup plus précise des faits et une mise en évidence de la variété des « forces ». Le travail d'Austin ne se veut pas anthropologique et ses classifications sont purement formelles; il constitue toutefois une des contributions les plus intéressantes à ce champ controversé.

Depuis les années 60, aux États-Unis, sous l'impulsion conjointe de linguistes, d'ethnologues et de psychologues (tels que Dell Hymes, Susan Ervin-Tripp, etc.) une *anthropologie linguistique* commence à se constituer en discipline autonome. L'avantage de ces dernières recherches est de tenir compte de toutes les traditions précédentes et aussi de ne pas se limiter à un pur descriptivisme. Hymes, qui désigne également cette activité comme « ethnographie de la parole », se fonde sur l'analyse de l'acte de communication, faite par Jakobson, en six facteurs et six fonctions [427]. S. Ervin-Tripp distingue également : le cadre, les interlocuteurs, le thème, les fonctions et la forme de l'énoncé. Les fonctions sont classées, par exemple, dans les groupes suivants : 1) Demandes de biens, de services et d'information. 2) Demandes de réponse sociale. 3) Offres d'information ou d'interprétation. 4) Monologues expressifs. 5) Parole de routine (salutations, remerciements, excuses, etc.). 6) Conversations de remplacement (dont le but est de parler pour ne pas participer à une autre activité, moins agréable). Le critère de la classification est, comme chez Havranek, la réponse de l'allocutaire.

L'avenir de l'anthropologie linguistique est prometteur mais il dépend évidemment des progrès accomplis dans l'étude de l'énonciation [405 s.] et en sémantique [75].

B. Malinowski, « The Problem of Meaning in Primitive Languages », in C. K. Ogden, I. A. Richards, *The Meaning of Meaning*, Londres, 1923; Id., *The Language of Magic and Gardening*, Londres, 1935; J. R. Firth, *Papers in Linguistics 1934-1951*, Londres, 1957; B. Havranek, « The Functional Differentiation of the Standard Language », in P. Garvin (éd.), *A Prague School Reader on Esthetics, Literary Structure and Style*, Washington, 1964; M. Joos, *The five clocks*, Bloomington, 1962; M. Cohen, *Pour une sociologie du langage*, Paris, 1956; L. Wittgenstein *Le Cahier bleu et le Cahier brun*, Paris, 1965; J. L. Austin, *Quand dire, c'est faire*, Paris, 1970; D. Hymes, « The Ethnography of Speaking » in Fishman, p. 99-138; S. Ervin-Tripp, « An Analysis of the Interaction of Language, Topic and Listener », in Fishman, p. 192-211; L. Marshall, « Sharing, Talking and Giving : Relief of Social Tensions among 'Kung Bushmen », in Fishman, p. 179-184; G. Calame-Griaule, *Ethnologie et Langage. La Parole chez les Dogons*, Paris, 1965; J. J. Gumperz, D. Hymes (éd.), *The Ethnography of communication, American Anthropologist*, 1964, 6, part. 2.

Psycholinguistique

L'importance attachée aux processus psychologiques de production et de compréhension du langage n'est pas nouvelle et on pourrait s'étonner que la psycholinguistique n'apparaisse que récemment. C'est que paradoxalement, il a fallu attendre que la linguistique se dépouille de considérations d'ordre psychologique et se constitue comme l'étude autonome des systèmes linguistiques. Mais il a fallu attendre aussi que la psychologie développe des concepts descriptifs et explicatifs du comportement qui soient compatibles avec une activité aussi complexe que celle de langage; pendant longtemps, ce que le psychologue appelait « langage » n'avait pas grand-chose à voir avec les considérations linguistiques.

LANGAGE ET BEHAVIORISME : LE SCHÉMA
STIMULUS-RÉPONSE (S-R).

En 1924, B. Watson fondateur du behaviorisme (théorie fondant la psychologie expérimentale comme étude du comportement observable, où l'observabilité est définie par opposition aux notions mentalistes d'une part et aux méthodes introspectionnistes d'autre part) sous-titrait un chapitre sur « Langage et pensée » par l'avertissement : « chapitre qui brise définitivement la fiction selon laquelle il existe quelque chose comme la vie mentale ». « Ce que la psychologie appelle pensée, ajoute-t-il, n'est rien d'autre que se parler à soi-même. » Et parler, si ce n'est pas exactement les mouvements laryngés, puisqu'on peut chuchoter sans larynx, c'est cependant une activité seulement motrice. Il ne peut y avoir d'études psychologiques que des réponses (réactions) observables. Cette position n'a pas été soutenue longtemps telle quelle, mais elle est à l'origine d'un courant théorique dominant qui va rendre impossible toute problématique sur le langage. La psychologie va tenter de rendre compte de tout comportement humain par la formation d'habitudes (verbales entre autres) dont le schéma de base est le réflexe conditionné : dans une situation-stimulus se produit une réponse (réaction); si celle-ci est renforcée (par une récompense par exemple), l'association entre le stimulus et la réponse est alors elle-même renforcée; ceci signifie que la réponse sera très probablement déclenchée à toute réapparition du stimulus. I. Pavlov conscient du problème que posait le système de signaux particulier qu'est le langage, inventera la notion vague de deuxième système de signalisation pour désigner la possibilité de substitution de ce type de signalisation à un système plus élémentaire. C. Hull (1930) tente de décrire la diversité des comportements dans une même situation en proposant un schéma plus complexe : il introduit la notion de hiérarchie d'habitudes, c'est-à-dire de processus de réponse qui ont une probabilité d'occurrence plus ou moins grande. Autrement dit le langage reste réduit à ses aspects secondaires : un ensemble de réponses verbales à des situations. On trouve encore aujourd'hui cette confusion entre réponses verbales et langage (B. F. Skinner, 1957); elle persiste implicitement dans certaines méthodes pédagogiques d'apprentissage d'une langue seconde. De plus, en 1969 et 1970, des expériences d'enseignement d'un langage au chimpanzé par des techniques de conditionnement ont donné un souffle nouveau à cette optique théorique. Le chimpanzé n'ayant pas la possibilité de moduler des sons, on utilise soit les signes du langage des sourds-muets (R. A. Gardner et al.), soit des jetons de formes différentes que l'animal aligne (D. Premack). Le chimpanzé apprend effectivement à manipuler des propriétés du type *prédicat* [344] où les marques syntaxiques paraissent réduites à l'ordre des termes. Ce langage est du même type que celui des enfants de 18 mois environ (de façon générale, ce qu'on savait de l'intelligence du chimpanzé correspond à l'état du développement de l'intelligence sensori-motrice de l'enfant de 18 mois). Cependant, cette possibilité d'enseigner un langage par des techniques de conditionnement ne signifie pas que l'apprentissage ainsi réalisé se soit produit par associations entre stimulus et réponse. En fait, l'intérêt des résultats obtenus réside dans la possibilité de compa-

rer les limites du moyen de communication enseigné au chimpanzé avec le langage humain et de mettre en relation ces limites
avec la nature problématique de la fonction sémiotique qu'elles
supposent chez l'animal. Mais cette possibilité d'apprentissage
ne justifie en rien la théorie stimulus-réponse du langage.

→ Textes représentatifs : J. B. Watson, *Behaviorism*, New York, 1924;
B. F. Skinner, *Verbal behavior*, New York, 1957; — et la critique du
précédent par N. Chomsky, « Un compte rendu du « Comportement
verbal » de B. F. Skinner », in *Langages*, 16, 1969 (trad. franç. du texte
de 1959). Sur le chimpanzé : R. A. Gardner et B. T. Gardner, « Teaching
Sign Language to Chimpanzee », *Science*, 165, 1969, p. 664-672.

LANGAGE, SCHÉMA S-R MÉDIATIONNISTE
ET SCHÉMA DE COMMUNICATION.

De cette période de lutte de la psychologie pour acquérir un
statut de science naturelle, émerge un élément positif : le fait que
le schéma de conditionnement ne suffise pas à rendre compte
de tous les types d'apprentissage avait rendu nécessaire la notion
de processus intermédiaires non directement observables et susceptibles d'être inférés à partir des modifications contrôlées des
stimulus et des réponses. Au moment où ces processus intermédiaires deviennent clairement l'objet principal d'étude, les recherches sur le langage vont commencer. C'est le début des théories
de la médiation. La notion de médiation apparaît pour rendre
compte de la possibilité d'établir des relations entre des stimulus
qui ne sont pas effectivement liés par une ressemblance objective
d'une part (un mot et l'objet qu'il désigne, par exemple) et pour
rendre compte de la possibilité de choisir entre des réponses
pour un même stimulus, d'autre part. Par exemple : 1) un mot
(pattern sonore) est appris en association avec un objet qu'il
désigne; 2) on a, par ailleurs, une certaine réaction globale à la
vue de cet objet; 3) la présentation du couple mot-objet aura
pour conséquence qu'une partie (non directement observable)
de la réaction à l'objet est transférée au mot. On voit dans cet
exemple une tentative d'utilisation de la notion de médiation
pour rendre compte de l'acquisition de la *signification* d'un mot.
Mais si la notion de médiation est importante, son application
directe dans un schéma stimulus-réponse répond à une conception

du langage comme ensemble de réponses verbales, où la signification est réduite à l'étiquetage d'objets.

Antérieurement, un autre courant, la théorie gestaltiste, s'était développé contre la notion d'association comme fondement de la constitution des comportements. Ce courant insistait sur la nécessité de considérer la pensée, la perception, et le langage comme des activités structurées et structurantes. K. Goldstein (1933) en particulier, dans son analyse des troubles aphasiques [208 s.] considère le langage comme une activité globale, mais dans laquelle on doit distinguer, sans admettre leur indépendance complète, entre l'organisation des moyens de représentation verbaux de la pensée (ordre des mots, flexion, etc.) et les problèmes de conceptualisation catégorielle. Cependant les gestaltistes se préoccupent relativement peu, quand ils ne la nient pas, de la genèse de l'organisation qu'ils décrivent. Vers la même époque, et également en dehors du courant behavioriste, J. Piaget élaborait une théorie de cette genèse. Les résultats de ses recherches allaient clairement à l'encontre d'une conception du développement fondée sur une accumulation d'habitudes augmentant avec l'âge; ils contredisaient également la conception selon laquelle la structure de l'activité organisatrice serait innée. Il démontrait en même temps l'indépendance relative du développement intellectuel de l'enfant, dans ses débuts, par rapport à celui du langage : la *fonction symbolique* (ou *sémiotique*), dont le langage est un élément, apparaît avant le développement de ce dernier. La notion, essentielle à cette théorie, d'activité structurante, de comportement productif, proche de celles que développera plus tard N. Chomsky à propos du langage, va rencontrer peu d'échos dans l'immédiat. On accusera de mentalisme la notion d'activité structurante du sujet, sans voir que la théorie contenait les moyens de décrire comment le système, formé par le couple sujet-milieu, peut s'auto-transformer progressivement. Cette notion était mieux acceptée en biologie qu'en psychologie.

Cette optique sur le développement intellectuel qui permettra plus tard de reposer le problème de l'acquisition du langage, ne sera reprise en considération aux États-Unis qu'après 1960 environ, lorsque N. Chomsky aura, d'un point de vue linguistique, sérieusement contesté l'optique behavioriste de l'acquisition du langage.

A l'époque où le behaviorisme médiationniste commençait à se développer, paraît, en 1948, *la Théorie mathématique de la communication*, de C. E. Shannon. Cette théorie va d'abord conduire à considérer le langage comme comportement de *communication* (J. Janet avait déjà insisté sur ce point en 1920) et à étudier les processus de *codage* et de *décodage* des messages verbaux dans différentes situations : c'est le programme que C. E. Osgood et T. A. Sebeok définissent en 1954 et nomment psycholinguistique. Plus précisément, le modèle mathématique probabiliste utilisé dans la théorie de la communication devient un modèle décrivant la hiérarchie des réponses : le système des probabilités transitionnelles entre unités successives (*chaînes de Markov*) est mis en relation directe avec le système des forces d'habitudes. Les liaisons *syntagmatiques* [139] ont particulièrement été étudiées dans ce cadre. On a, par exemple, montré qu'on pouvait approcher de façon satisfaisante les facteurs qui rendent compte de la facilitation de l'apprentissage et qu'on décrivait comme « *sens* » ou « structure », par la structure markovienne (rôle de la redondance) de dépendance entre lettres ou entre mots. Mais en fait ce modèle ne peut atteindre les régularités du langage que dans leurs manifestations statistiques et ne peut donner de description du fonctionnement de ces régularités. La mise en correspondance entre systèmes de forces d'habitudes et structure markovienne du langage était donc illusoire.

Il est tout à fait possible que la maîtrise du langage porte entre autres sur les probabilités transitionnelles entre phonèmes, monèmes, etc. et que cette connaissance implicite joue un rôle du type précorrecteur d'erreurs dans les processus de codage et de décodage du message. Mais la critique de fond adressée à la notion de force d'association plus ou moins intense entre éléments successifs porte sur les points suivants : 1) Les processus de *codage* et de *décodage* doivent fonctionner sur des messages sans cesse nouveaux (il s'agit de produire et de comprendre des phrases et des ensembles de phrases sans cesse nouveaux). 2) La production comme la compréhension d'un énoncé ne se fait pas séquentiellement, unité après unité (quel que soit le niveau des unités considéré). Le neurophysiologiste K. Lashley avait déjà fait remarquer en 1951 que l'ordre d'émission des sons d'un mot, des mots d'une phrase, etc., ne peut correspondre à l'ordre de préparation à l'émission et il parlait d'organisation syntaxique pour désigner l'organisation sous-jacente à la plupart des comportements apparemment séquentiels. 3) Dans ces conditions on voit mal comment les forces d'association entre stimulus et réponse peuvent être à la base de processus de codage et décodage, ni comment l'enfant pourrait apprendre à parler et comprendre en se constituant des ensembles d'habitudes de ce type [202 s.].

Textes représentatifs : S. Saporta (éd.), *Psycholinguistics, a Book of Readings*, New York, 1961 ; J. de Ajuriaguerra et al., *Problèmes de psycholinguistique*, Paris, 1963.
État de la question (jusqu'en 1964) : F. Bresson, « Langage et communication », in P. Fraisse et J. Piaget (éd.), *Traité de psychologie expérimentale*, Paris, 1965, t. VIII, chap. XXVI.

**PSYCHOLINGUISTIQUE
ET GRAMMAIRES GÉNÉRATIVES.**

N. Chomsky (1956) a insisté sur le fait que les modèles probabilistes markoviens d'apprentissage, modèles d'*automates finis* [296], ne sont pas compatibles avec un langage « context free » [294]. De façon générale, les travaux de N. Chomsky ont permis de remettre l'accent sur les aspects productifs des conduites de langage. En Europe ces considérations allaient trouver un terrain tout préparé dans le cadre de la théorie de la genèse du développement intellectuel (J. Piaget). Aux États-Unis, en revanche, c'est des travaux de Chomsky qu'allait partir la remise en cause du schéma behavioriste.

Tout un courant de la psycholinguistique va alors s'attacher à étudier le mode de passage de la *structure profonde* à la *structure de surface* [313] et à mettre en évidence la réalité psychologique des *transformations* (par des techniques qui révèlent, par exemple, des temps de production ou de compréhension de phrases, différentiels en fonction des transformations imposées). Mais les techniques d'approche posaient le problème de la justification des transformations : dans la mesure où l'idée de transformations purement facultatives a été abandonnée, on était amené à reconsi-

dérer les problèmes de la sémantique et aussi ceux de l'énonciation [405 s.] (par exemple, problème de la compréhension des
phrases ambiguës où intervient le décodage, pour une même
structure de surface, de structures profondes différentes ; problème
des transformations appliquées à différentes classes de verbes, etc.).
En réintroduisant la sémantique, on était conduit à élargir aux
processus cognitifs l'étude de la production et de la compréhension du langage. C'est surtout la question de l'acquisition du
langage qui a révélé la nécessité d'introduire les processus cognitifs comme partie intégrante de la problématique [202 s.]. C'est
également ce type de perspectives qui a montré les limites des
techniques expérimentales ne reposant que sur des phrases isolées.

→ Textes représentatifs : J. A. Fodor et al., « Psycholinguistics and
Communication Theory », in F. E. Dance (éd.), *Human Communication
Theory*, New York, 1967 ; J. Mehler (éd.), *Langages*, 16, 1969 (trad.
franç. d'articles de 1959 à 1967) ; G. A. Miller et N. Chomsky, *L'Analyse
formelle des langues naturelles*, 1968 (trad. franç. de « Finitary models of language users », in D. R. Luce et al. (éd.), *Handbook of Mathematical Psychology*, 2, New York, 1963) ; G. A. Miller, « Linguistic
Aspects of Cognition : Predication and Meaning », in J. Mehler (éd.),
Cognitive psychology Handbook, Englewood Cliffs, 1, 1970. Revue
de questions et bibliographie (de 1958 à 1965) : S. M. Ervin-Tripp et
D. I. Slobin, « Psycholinguistics », *Annual Review of Psychology*,
1966, p. 435-474 ; cf. également les références données à la fin de l'article
« Acquisition du langage » et « Pathologie du langage ».

Rhétorique et stylistique

La naissance de la **rhétorique** en tant que discipline spécifique est le premier témoignage, dans la tradition occidentale, d'une réflexion sur le langage. On l'atteste pour la première fois au Vᵉ siècle avant notre ère, en Sicile; une légende rapporte qu'à la même époque Hiéron, tyran de Syracuse, avait, par un raffinement de cruauté, interdit à ses sujets l'usage de la parole. Ainsi rendus conscients de l'importance de la parole, les Siciliens (Corax, Tisias) auraient créé la rhétorique. On commence à étudier le langage, non en tant que « langue » (comme on apprend une langue étrangère), mais en tant que « discours ».

L'éloquence devient, dans les démocraties de l'époque, une arme nécessaire; d'où, probablement, l'idée d' « enseigner la parole ». A ses débuts, la rhétorique est avant tout une technique qui doit permettre à celui qui la possède d'atteindre, à l'intérieur d'une situation discursive, le but désiré; elle a donc un caractère pragmatique : convaincre l'interlocuteur de la justesse d'une cause. Mais rendre le discours plus efficace suppose une connaissance des propriétés du discours. A l'époque d'Aristote et de sa rhétorique, il s'agit déjà d'un corps de savoirs, de catégories et de règles — dont, au vrai, une partie seulement concerne ce que nous considérons aujourd'hui comme du « linguistique ». Une rhétorique de l'époque, légèrement postérieure à Aristote, comporte les parties suivantes : 1) *inventio* : sujets, arguments, lieux, techniques de persuasion et d'amplification; 2) *dispositio* : arrangement des grandes parties du discours (exorde, narration, discussion, péroraison); 3) *elocutio* : choix et disposition des mots dans la phrase, organisation dans le détail; 4) *pronuntiatio* : énonciation du discours; 5) *memoria* : mémorisation. Les parties 1), 4) et 5) apparaissent à nos yeux comme précédant ou suivant le discours

lui-même. D'autre part, la rhétorique antique ne se propose
d'étudier que trois types de discours, définis par les circonstances
dans lesquelles on les prononce : le *délibératif*, qui correspond
à peu près à notre discours politique, adressé habituellement
à une assemblée, et par lequel on conseille ou dissuade; le *judiciaire*, où l'on accuse ou se défend; et l'*épidictique*, discours
d'éloge ou de blâme, portant sur les actes des contemporains.
Les auteurs grecs et romains (Ciceron, Quintilien, Denys d'Hali-
carnasse) mettent l'accent sur l'une ou l'autre partie de la rhétorique mais conservent dans les grandes lignes le plan d'ensemble.

Pendant les vingt siècles suivants, la rhétorique subit plusieurs
modifications essentielles. D'abord, elle perd sa visée pragmatique
immédiate et n'enseigne plus comment persuader mais comment
faire un « beau » discours. Aussi se désintéresse-t-elle de plus en
plus des genres délibératif, judiciaire, etc., pour faire de la littérature son objet de prédilection. Ensuite, elle rétrécit de plus en
plus son champ : disparaissent d'abord *pronuntiatio* et *memoria*,
puis *inventio* et finalement *dispositio*; autrement dit, la rhétorique
se trouve réduite à la seule *elocutio* ou art du style. Les dernières
Rhétoriques (au XVIII⁰ et au XIX⁰ siècle) ne présentent souvent
(mais non toujours) qu'une simple énumération des *figures* [349 s.].

Le début du XIX⁰ siècle voit les dernières des grandes Rhétoriques
(celle de Fontanier en est un des meilleurs exemples). On peut
donner plusieurs raisons à cette disparition : l'avènement de l'esprit romantique, avec sa conception de la poésie comme activité
irrationnelle et inconnaissable d'un génie solitaire, proclamant
l'inutilité de toute règle; la prédominance de l'esprit historiciste
dans les études contemporaines du langage (découverte de l'indo-
européen), la rhétorique étant avant tout synchronique; la
tendance classificatoire des rhéteurs, qui s'attachent davantage
à étiqueter qu'à analyser et découvrir les catégories linguistiques sous-jacentes... Quoi qu'il en soit, la rhétorique a disparu
de l'enseignement comme discipline obligatoire, et ses catégories
et subdivisions commencent à être oubliées.

A notre époque, un certain renouveau d'intérêt se laisse observer,
concernant la définition des *figures*. Mais ce renouveau s'origine
dans la linguistique contemporaine plus que dans la rhétorique
d'antan; aujourd'hui, ce sont la stylistique, l'analyse du discours,

la linguistique elle-même qui reprennent, dans une perspective différente, les problèmes qui constituaient l'objet de la rhétorique.

→ Histoires de la rhétorique : O. Navarre, *Essai sur la rhétorique grecque avant Aristote*, Paris, 1900; A.-Éd. Chaignet, *La Rhétorique et son Histoire*, Paris, 1888; C. S. Baldwin, *Ancient Rhetoric and Poetic*, Gloucester, 1959 (1, 1924); Id., *Medieval Rhetoric and Poetic*, Gloucester, 1959 (1, 1928); Id., *Renaissance Literary Theory and Practice*, New York, 1939; G. Kennedy, *The Art of Persuaion in Greece*, Princeton, 1963 ; Id., *The Art of Rhetoric in the Roman World*, Princeton, 1972 ; E. R. Curtius, *La Littérature européenne et le Moyen Age latin*, Paris, 1956; A. Kibedi Varga, *Rhétorique et Littérature*, Paris, 1970.
Traités de rhétorique représentatifs, réédités récemment : D. Bailay (éd.), *Essays on Rhetoric*, New York, 1965 (extraits de : Aristote, Hugh Blair, Campbell, Cicéron, Joos, Platon, Quintilien, H. Spencer); C. C. Dumarsais, *Les Tropes*, suivi du *Commentaire raisonné* de P. Fontanier, Genève, 1967; P. Fontanier, *Les Figures du discours*, Paris, 1968; H. Lausberg, *Handbuch der literarischen Rhetorik*, Munich, 1960 (bilan des anciennes rhétoriques).
Recherches récentes : J. Cohen, *Structure du langage poétique*, Paris, 1966; J. Dubois et al., *Rhétorique générale*, Paris, 1970; *Communications*, 16, 1970 (numéro consacré à la rhétorique).

La stylistique est l'héritière la plus directe de la rhétorique et ce n'est certainement pas un hasard si elle s'est constituée à la fin du XIXe et au début du XXe siècle. Mais si l'idée d'une stylistique est nouvelle, la notion de *style* ne l'est pas, et l'origine immédiate de la stylistique doit être cherchée dans la réflexion sur cette dernière notion [383 s.]. On peut mentionner ici deux directions de cette réflexion. D'abord, dès le XVIIIe siècle, la critique du style, ou l'art d'écrire : ce sont des recueils d'indications pratiques sur les moyens de bien écrire, souvent appuyées par des exemples tirés des œuvres classiques; de tels traités, normatifs et didactiques, continuent à exister de nos jours. D'autre part, une certaine conception s'affirme à la même époque, que l'on trouve résumée dans la célèbre formule de Buffon, « le style est l'homme même » (qui a d'ailleurs un autre sens dans son contexte) : celle de l'auteur *s'exprimant* dans l'œuvre, y laissant son cachet inimitable, sa spécificité individuelle.

La première *Stylistique*, celle de Charles Bally (1905), s'inscrit précisément en opposition à ces conceptions. D'abord elle est descriptive, non normative; ensuite elle ne s'occupe pas des écri-

vains ni même de la littérature en général. Bally veut faire la
stylistique *de la parole* en général, non celle des œuvres littéraires.
Partant de l'idée que le langage exprime la pensée *et* les sentiments,
il considère que l'expression des *sentiments* constitue l'objet propre
de la stylistique. Ce qui revient à dire que la stylistique est concernée non par l'énoncé, mais par l'introduction, dans l'énoncé, de
l'*énonciation*. Bally distingue deux types de rapports qu'il appelle
les *effets naturels* et les *effets par évocation* : par les premiers,
on est informé sur les sentiments éprouvés par le locuteur; par les
seconds, sur son *milieu* linguistique. Ces effets sont obtenus, d'après
Bally, par un choix judicieux dans le lexique et, à un degré moindre,
dans la syntaxe : l'un et l'autre possèdent des formes identiques
quant à l'expression de la pensée, mais d'une charge affective
différente.

Dans le même esprit, un peu plus tard, d'autres stylisticiens
(Marouzeau, Cressot) décriront systématiquement tous les sons,
les parties du discours, les constructions syntaxiques, le lexique,
en s'attachant chaque fois à ce qui est extérieur au contenu notion-
nel. En même temps se produit le passage du système déductif
de Bally à une extraction du dénominateur commun « affectif »
de chaque catégorie, à partir de quelques exemples tirés toujours
des œuvres classiques : tentative que d'aucuns ont déclaré vaine.

Quelque dix ans après Bally s'inaugure l'œuvre de l'autre
grand initiateur de la stylistique moderne, Leo Spitzer. Pendant
une première période, il cherche à établir une corrélation entre les
propriétés stylistiques d'un texte et la *psyché* de l'auteur; « le
style est l'homme » encore une fois, bien que Spitzer s'intéresse
plus à la vision du monde de l'écrivain, qu'aux détails de sa biographie. Dans une seconde période, Spitzer abandonne l'idée
d'un auteur extérieur au texte et décrit uniquement le *système
de procédés* stylistiques présents. La notion de *fait stylistique* est
plus large chez Spitzer qu'elle ne l'est chez Bally : elle peut se
référer à la pensée aussi bien qu'aux sentiments. Ce qui distingue
le fait stylistique est plutôt son mode d'existence dans le texte :
il frappe le lecteur (le critique) d'une manière ou d'une autre,
soit parce qu'il est trop fréquent, soit parce qu'il est injustifié

dans son contexte, soit parce qu'il est démesurément accentué, etc.
Au cours des deux périodes, Spitzer reste attaché à l'analyse des
œuvres et ne cherche jamais à édifier le système stylistique d'une
langue. Cette attitude (appelée parfois *New Stylistics*) a été souvent
suivie depuis.

CRITIQUE.

Ces deux attitudes, celle de Bally et celle de Spitzer, préfigurent
bien l'ambiguïté de la recherche stylistique d'aujourd'hui. Sous
des étiquettes différentes, ces deux orientations continuent à
se disputer la première place : stylistique linguistique/stylistique
littéraire, stylistique du code/stylistique du message, stylistique
de l'expression/stylistique génétique, etc. Pourtant l'opposition
n'est peut-être qu'apparente ou au moins peut-on la réduire
à celle d'une théorie et de son application. Lorsqu'on démontre
l'interaction de certaines catégories pour créer la spécificité stylistique d'un texte, on emprunte ces catégories à une théorie : linguistique ou rhétorique ou stylistique, etc. Inversement, lorsqu'on
étudie les propriétés stylistiques de la langue, on ne doit pas
moins s'appuyer sur des textes concrets, qui les illustrent. Rapport
homologue avec celui de la *poétique* à la *lecture* [107]. Il est vrai
que l'analyse stylistique d'un texte (comme la lecture) élabore certaines techniques qui lui restent propres : ainsi Jakobson a indiqué
des voies pour l'étude des relations paradigmatiques entre éléments
constitutifs d'un texte; Riffaterre pour celles des relations syntagmatiques; mais ce sont là des techniques qui ne constituent pas,
à elles seules, un type de connaissance que la théorie seule peut élaborer. On conçoit ainsi une stylistique dont la partie théorique
est plus large que celle de Bally (ne se limite pas à l' « expression
de l'affectivité » dans le langage) et qui donne les moyens d'analyse
pour les textes particuliers; ou, ce qui revient au même, une
analyse des faits stylistiques à la Spitzer, mais qui se donne la
peine de systématiser ses implications théoriques dans une doctrine
cohérente portant sur les propriétés du langage.

Il faut enfin préciser l'objet propre de la stylistique. Pendant
longtemps, le rôle du stylisticien était celui d'un éclaireur qui
annexe des territoires nouveaux mais ne les exploite pas sérieu-

sement avant l'arrivée du mécanicien bien équipé, le linguiste : le travail de comparaison et de distinction des synonymes accompli par Bally appartient aujourd'hui de plein droit à la sémantique; car, postuler que la différence entre deux synonymes n'est que stylistique, c'est ne laisser aucune place, entre le stylistique et le référentiel, pour le sens : ce qui ne se saurait concevoir. Une stylistique qui s'en tiendrait au rôle que lui assignait Bally aurait ainsi une fonction seulement préliminaire et provisoire. Mais on peut envisager un domaine autre, qui lui serait propre, si l'on postule que dans tout énoncé linguistique s'observent un certain nombre de relations, de lois, de contraintes, qu'on ne peut pas expliquer par le mécanisme de la langue mais uniquement par celui du discours. Il y aurait, à ce moment, place pour une analyse du discours qui remplacerait l'ancienne rhétorique comme science générale des discours. Cette science aurait des *subdivisions* « *verticales* », comme la poétique, qui s'occupe d'un seul type de discours, le littéraire; et des *subdivisions* « *horizontales* », comme la stylistique, dont l'objet ne serait pas constitué par tous les problèmes relatifs à un type de discours, mais par un type de problèmes concernant tous les discours. Ce serait à peu près le domaine de l'ancienne *elocutio* : à l'exclusion des problèmes posés par l'aspect thématique des discours ou de leur organisation syntaxique, tout ce qui touche et rien que ce qui touche à ce qui a été défini ailleurs [375] comme l'*aspect verbal du texte*; ce qui en fait bien l'étude des styles [383 s.]. C'est dans cette direction que s'engagent un grand nombre de travaux actuels.

→ Bibliographies : H. Hatzfeld, *A Critical Bibliography of the New Stylistics...*, *1900-1952*, Chapel Hill, 1953; Id., *A Critical Bibliography of the New Stylistics...*, *1953-1965*, Chapel Hill, 1966; L. T. Milic, *Style and Stylistics*, *An Analytical Bibliography*, New York, 1967; R. Bailey, D. Burton, *English Stylistics : A Bibliography*, Cambridge, 1968.
Vues d'ensemble : A. Juilland, « Compte rendu de Ch. Bruneau, *Histoire de la langue française* », *Language*, 30, 1954; G. Antoine, « La stylistique française, sa définition, ses buts, ses méthodes », *Revue de l'enseignement supérieur*, janv. 1959; H. Mitterand, « La stylistique », *Le Français dans le monde*, juillet-août 1966; P. Guiraud, *La Stylistique*, Paris, 1970; T. Todorov, « Les études du style », *Poétique*, 1, 1970, p. 224-232.

Textes représentatifs : C. Bally, *Traité de stylistique française*, Paris-Genève, 1952 (1, 1909); L. Spitzer, *Études de style*, Paris, 1970; J. Marouzeau, *Précis de stylistique française*, Paris, 1946; M. Cressot, *Le Style et ses Techniques*, Paris, 1947; S. Chatman, S. Levin (éd.), *Essays in the Language of Literature*, Boston, 1967; P. Guiraud, P. Kuentz (éd.), *La Stylistique, lectures*, Paris, 1970; P. Guiraud, *Essais de stylistique*, Paris, 1970; M. Riffaterre, *Essais de stylistique structurale*, Paris, 1971.

Poétique

Le terme de « poétique », tel qu'il nous a été transmis par la tradition, désigne, premièrement, *toute théorie interne de la littérature*. Deuxièmement, il s'applique au choix fait par un *auteur* parmi tous les possibles (dans l'ordre de la thématique, de la composition, du style, etc.) littéraires : « la poétique de Hugo ». Troisièmement, il se réfère aux codes normatifs construits par une école littéraire, ensemble de règles pratiques dont l'emploi devient alors obligatoire. On ne se préoccupera ici que de la première acception du terme.

La poétique ainsi entendue se propose d'élaborer des catégories qui permettent de saisir à la fois l'unité et la variété de toutes les œuvres littéraires. L'œuvre individuelle sera l'illustration de ces catégories, elle aura un statut d'exemple, non de terme ultime. Par exemple, la poétique aura à élaborer une théorie de la description, qui mettra en évidence et ce que toutes les descriptions ont en commun et ce qui leur permet de rester différentes; mais elle ne se préoccupera pas de rendre compte de la description dans tel texte particulier. Dès lors, la poétique sera susceptible de définir une rencontre de catégories dont on ne connaît *pour l'instant* aucune occurrence. En ce sens, l'objet de la poétique est même constitué davantage par les œuvres virtuelles que par les œuvres réelles.

Cette option première définit l'ambition scientifique de la poétique : l'objet d'une science n'est pas le fait particulier mais les lois qui permettent d'en rendre compte. Contrairement à toutes les tentatives connues de fonder ce qui s'appelle alors improprement une « science de la littérature », la poétique ne se propose pas comme tâche l'interprétation « correcte » des œuvres du passé, mais l'élaboration d'instruments permettant d'analyser ces œuvres. Son objet n'est pas l'ensemble des œuvres littéraires existantes, mais le discours littéraire en tant que *principe d'engen-drement* d'une infinité de textes. La poétique est donc une disci-pline théorique que les recherches empiriques nourrissent et fécondent, sans la constituer.

La première question à laquelle la poétique doit fournir une réponse est : qu'est-ce que la littérature?... En d'autres termes, elle doit essayer de ramener ce phénomène sociologique qui a été appelé « littérature » à une entité interne et théorique (ou démon-trer l'absence d'une telle entité); ou encore, elle doit définir le discours littéraire par rapport aux autres types de discours, se donnant ainsi un *objet de connaissance*, produit d'un travail théorique et, partant, décalé des faits d'observation. La réponse à cette question sera à la fois point de départ et point d'arrivée : tout, dans le travail du « poéticien », doit contribuer à son élucida-tion par définition jamais achevée.

La poétique doit fournir, en second lieu, des instruments pour la description d'un texte littéraire : distinguer les niveaux de sens, identifier les unités qui les constituent, décrire les relations aux-quelles celles-ci participent. A l'aide de ces catégories premières, on abordera l'étude de certaines configurations plus ou moins stables de catégories, autrement dit l'étude des types, ou des genres [193 s.]; celle aussi des lois de succession, c'est-à-dire l'his-toire de la littérature [188 s.].

Rapports avec les pratiques voisines :

La lecture se propose pour tâche de décrire le système d'un texte particulier. Elle se sert des instruments élaborés par la poé-tique, mais n'en est pas la simple application; son but, différent, est de mettre en évidence le sens de *ce* texte donné, en ce qu'il ne se laisse pas épuiser par les catégories de la poétique.

L'objet de la *linguistique* est la langue même, l'objet de la poé-tique, un discours; néanmoins, l'une et l'autre s'appuient souvent sur les mêmes concepts. Toutes deux s'inscrivent dans le cadre de la sémiotique [113 s.], dont l'objet est : tous les systèmes signifiants.

Les acquis de la poétique peuvent fournir un apport à la recherche anthropologique ou psychologique. C'est dans le cadre anthropologique que se trouvent en particulier posés les problèmes de la valeur esthétique, intimement liés à toute l'évolution cul-turelle.

➤ R. Barthes, *Critique et Vérité*, Paris, 1966; T. Todorov, *Poétique*, Paris, 1973.

HISTORIQUE.

Bien que la poétique ne se soit constituée en discipline théorique qu'à une époque récente, elle a une longue préhistoire. La réflexion théorique sur la littérature semble inséparable de la littérature elle-même; ce qui pourrait s'expliquer par le fait que le texte littéraire tend à se prendre lui-même pour objet. En Occident, on a l'habitude de situer les débuts de la poétique dans l'Antiquité grecque; mais simultanément, ou même antérieurement, une telle réflexion s'était constituée en Chine et aux Indes.

Aristote a laissé le premier traité systématique, et aucun autre texte ne peut être comparé, pour l'importance historique, à sa *Poétique* : d'une certaine manière, toute l'histoire de la poétique n'est que la réinterprétation du texte aristotélicien. Plutôt que d'un livre, c'est de notes en vue d'un cours qu'il s'agit, notes comportant à la fois des lacunes et des passages inintelligibles; mais Aristote vise explicitement la constitution d'une théorie générale de la littérature, qu'il développe à propos seulement de deux genres, la tragédie et l'épopée.

L'influence d'Aristote n'est pas immédiate. Son traité n'est pas mentionné dans les principaux écrits des siècles suivants : le traité anonyme *Du sublime*, l'*Art poétique* d'Horace, etc. Le Moyen Age suit davantage Horace qu'Aristote; d'innombrables écrits codifient alors les règles de l'art poétique.

A partir de la Renaissance, la référence à Aristote devient obligatoire. Le centre du renouveau est l'Italie : Scaliger, Castelvetro. Au cours des époques suivantes, ce centre se déplace en Allemagne (avec Lessing et Herder), surtout à partir du Romantisme (les frères Schlegel, Novalis, Hölderlin), et en Angleterre (Coleridge). Avec ce qu'on appelle parfois le Symbolisme et dont les principes sont d'abord formulés par Edgar Poe, on passe en France : Mallarmé, Valéry.

La réflexion théorique sur la littérature ne retrouvera jamais cette autonomie qu'elle avait chez Aristote. Dès l'Antiquité latine, la description du fait poétique est englobée par la rhétorique [100], et l'on ne se soucie plus de la spécificité du discours littéraire. Les poètes eux-mêmes ont plutôt tendance à ériger en norme leur pratique qu'à chercher une description cohérente des faits. A partir du xviiie siècle la poétique devient une subdivision de l'esthétique philosophique (en Allemagne tout particulièrement) : et disparaît tout intérêt pour le fonctionnement concret du texte.

M. H. Abrams a proposé récemment une *typologie des théories poétiques*, qui rend en même temps compte de leur inscription dans le temps. Il se fonde sur ce qu'il appelle les quatre *éléments constitutifs du procès littéraire* — auteur, lecteur, œuvre, univers — et sur l'accent plus ou moins fort mis par chaque théorie sur l'un d'entre eux. Les premières théories se préoccupent essentiellement des relations entre l'œuvre et l'*univers* : ce sont des théories mimétiques. Aux xviie et xviiie siècles se constituent des doctrines qui s'intéressent davantage au rapport entre œuvre et *lecteur* : ce sont des théories pragmatiques. Le Romantisme met l'accent sur l'*auteur*, sur son génie personnel : on peut parler ici de théories expressives. Enfin, avec le Symbolisme s'inaugure l'ère des théories objectives, qui décrivent l'*œuvre* en tant que telle. Cette division reste, bien entendu, schématique, et ne correspond qu'assez imparfaitement à l'évolution réelle de la poétique; ainsi la théorie d'Aristote serait-elle à la fois mimétique et objective.

→ Histoires de la poétique :

a) Générales : G. Saintsbury, *History of Criticism and Literary Taste in Europe*, 3 vol., Londres, 1900-1904; W. K. Wimsatt, Cl. Brooks, *Literary Criticism. A Short History*, New York, 1957.

b) Par périodes. — Le Moyen Age : E. Faral, *Les Arts poétiques des XIIe et XIIIe siècles*, Paris, 1923; E. de Bruyne, *L'Esthétique du Moyen Age*, 3 vol., Louvain, 1947; E. R. Curtius, *La Littérature européenne et le Moyen Age latin*, Paris, 1956. — La Renaissance : J. E. Spingarn, *A History of Literary Criticism in the Renaissance*, New York, 1899. — Le Romantisme : M. H. Abrams, *The Mirror and the Lamp. Romantic Theory and the Critical Tradition*, New York, 1953. — Les Temps modernes : R. Wellek, *A History of Modern Criticism 1750-1950*, 4 vol. (5e à paraître), New Haven, 1955 et s.

c) Par pays. — L'Inde : S. K. De, *History of Sanscrit Poetics*, 2 vol., Calcutta, 1960. — Grèce et Rome : J. W. H. Atkins, *Literary Criticism in Antiquity*, 2 vol., Cambridge, 1934; G. M. A. Grube, *The Greek and Roman Critics*, Londres, 1965. — Italie : B. Weinberg, *A History of Literary Criticism in the Italian Renaissance*, 2 vol., Chicago, 1961. — Allemagne : S. von Lempicki *Geschichte der deutschen Literaturwissenschaft*, Göttingen, 1920; b. Markward, *Geschichte der deutschen Poetik*, 3 vol., Berlin, 1936-1958. — Angleterre : J. W. H. Atkins, *English Literary Criticism*, 2 vol., Londres, 1947-1951. — Espagne : M. Menendez y Pelayo, *Historia de las ideas estéticas en Espana*, 5 vol., Madrid, 1883-1889. — France : F. Brunetière, *L'Évolution de la critique depuis la Renaissance jusqu'à nos jours*, Paris, 1890; R. Fayolle, *La Critique littéraire*, Paris, 1964.

Depuis le début du xxᵉ siècle l'évolution de la critique dans plusieurs pays annonce l'avènement de la poétique comme discipline théorique autonome. On peut observer cette évolution à travers l'exemple du Formalisme (en Russie), de l'école morphologique (en Allemagne), du New Criticism (aux États-Unis et en Angleterre), de l' « analyse structurale » (en France).

Le Formalisme russe réunit une dizaine de chercheurs de Leningrad et de Moscou, entre 1915 et 1930. Il se constitue à partir du refus de considérer la littérature comme la transposition d'une autre série, quelle que soit la nature de celle-ci (biographie de l'auteur, société contemporaine, théories philosophiques ou religieuses); les Formalistes s'attachent à ce que l'œuvre a de spécifiquement littéraire (la « *littérarité* »). C'est Jakobson qui formule dès 1919 le point de départ de toute poétique : « Si les études littéraires veulent devenir science, elles doivent reconnaître le *procédé* comme leur personnage unique. » Leurs recherches porteront donc non sur l'œuvre individuelle mais sur les structures narratives (Chklovski, Tomachevski, Propp), stylistiques (Eikhenbaum, Tynianov, Vinogradov, Bakhtine, Volochinov), rythmiques (Brik, Tomachevski), sonores (Brik, Jakobson), sans exclure pour autant l'évolution littéraire (Chklovski, Tynianov), la relation entre littérature et société (Tynianov, Volochinov), etc.

On peut situer l'activité de l'**école morphologique** en Allemagne entre 1925 et 1955. Cette école reprend à son compte, d'une part, l'héritage de Goethe, et autant que pour ses écrits sur la littérature, pour ceux qui portent sur les sciences naturelles; de l'autre, un certain refus de l'historicisme, sous l'influence de Croce et

Vossler. Historiquement distincte des études stylistiques d'un Leo Spitzer [102 s.], ou, plus tard, de Staiger et d'Auerbach, l'école morphologique s'attache à décrire les genres et les « formes » du discours littéraire plutôt que le « style » d'un écrivain. Il faut mentionner ici les travaux d'André Jolles sur les *genres élémentaires* (cas de conscience, énigme, proverbe, légende, etc.), [200 s.] ; de O. Walzel sur les *registres de la parole* (narration objective,; style indirect libre) [387], ; de G. Müller sur la temporalité, [400 s.] de E. Lämmert sur la composition du récit [377 s.]. Les travaux de Wolfgang Kayser synthétisent ces recherches mais en déplacent l'accent (vers une lecture « immanente » de *chaque* œuvre d'art). Une attention particulière est portée à la matière verbale du texte littéraire.

Le sens propre de l'expression New Criticism est beaucoup plus étroit que ne le laisse supposer sa popularité actuelle. Sans entrer dans le détail terminologique, il ne faut pas oublier qu'une grande partie de la critique anglo-saxonne (y compris le New Criticism) est franchement hostile à toute théorie, et donc à la poétique, considérant comme sa tâche exclusive l'interprétation des textes. Il reste que, dès les années vingt, on a proposé des hypothèses sur le fonctionnement du sens en littérature (I. A. Richards, W. Empson) [353], ainsi que sur le problème du narrateur en fiction (P. Lubbock) [411 s.]. Plus tard, viennent au centre les problèmes de l'image poétique, liés à des catégories comme celles d'ambiguïté, d'ironie, de paradoxe (Brooks, Wimsatt). *La Théorie littéraire* de Wellek et Warren est le résultat d'une double influence : indirecte, du Formalisme russe; directe, du New Criticism.

En France, la domination de l'esprit historiciste, d'une part, de l'impressionnisme journalistique, de l'autre, empêcha longtemps tout développement de la poétique (malgré le projet annoncé par Valéry). Ce n'est qu'à partir de 1960 que, sous la double influence du structuralisme en ethnologie et en linguistique (Levi-Strauss, Jakobson, Benveniste), et d'une certaine démarche philosophico-littéraire (incarnée par exemple par Maurice Blanchot), que les premières tentatives d'analyses structurales verront le jour. Elles prennent la forme d'un renouveau de l'intérêt pour les figures rhétoriques, la versification, ainsi que d'une exploration des structures narratives ou textuelles; ce travail s'est trouvé constamment lié au nom de Roland Barthes.

→ Textes des Formalistes russes en traduction : *Théorie de la littérature*, Paris, 1965; L. Lemon, M. Reis, *Russian Formalist Criticism*, Lincoln, 1965; *Texte der russischen Formalisten*, t. I, Munich, 1969; t. II, 1972, (édition bilingue); M. Bakhtine, *La Poétique de Dostoïevski*, Paris, 1970; V. Propp, *Morphologie du conte*, Paris, 1970; J. Tynianov, *Il problema del linguaggio poetico*, Milan, 1968; V. Chklovski, *Sur la théorie de la prose*, Lausanne, 1973.
L'école morphologique : O. Walzel, *Das Wortkunstwerk. Mittel seiner Erforschung*, Leipzig, 1926; A. Jolles, *Formes simples*, Paris, 1972; G. Müller, *Morphologische Poetik*, Darmstadt, 1965; H. Oppel, *Morphologische Literaturwissenschaft*, Mayence, 1947; E. Lämmert, *Bauformen des Erzählens*, Stuttgart, 1955; W. Kayser, *Das sprachliche Kunstwerk*, Berne, 1948.
New Criticism et apparentés : I. A. Richards, *Philosophy of Rhetoric*, New York, 1936; W. Empson, *Seven Types of Ambiguity*, Londres, 1930; Id., *Some Versions of Pastoral*, Londres, 1935; Id., *The Structure of Complex Words*, Londres, 1951; P. Lubbock, *The Craft of Fiction*, Londres, 1921; R. B. West (éd.), *Essays in Modern Literary Criticism*, New York, 1952; C. Brooks, *The Well Wrought Urn*, Londres, 1949; W. K. Wimsatt, *The Verbal Icon*, Lexington, 1954; R. Wellek, A. Warren, *La Théorie littéraire*, Paris, 1971; N. Frye, *Anatomie de la critique*, Paris, 1969; S. Crane (éd.), *Critics and Criticism*, Chicago, 1952. Bibliographie et vue d'ensemble : K. Cohen, « Le New Criticism aux États Unis », *Poétique*, 10, 1972, p. 217-243.
L'analyse structurale : R. Barthes, *Essais critiques*, Paris, 1964; Id., *Critique et Vérité*, Paris, 1966; Id., *S/Z*, Paris, 1970; A. Kibedi-Varga, *Les Constantes du poème*, La Haye, 1963; J. Cohen, *Structure du langage poétique*, Paris, 1966; G. Genette, *Figures*, Paris, 1966; Id., *Figures II*, Paris, 1969; Id., *Figures III*, Paris, 1972; T. Todorov, *Littérature et Signification*, Paris, 1967; Id., *Introduction à la littérature fantastique*, Paris, 1970; Id., *Poétique de la prose*, Paris, 1971.

Sémiotique

La sémiotique (ou sémiologie) est la science des signes [131 s.]. Les signes verbaux ayant toujours joué un rôle de premier plan, la réflexion sur les signes s'est confondue pendant longtemps avec la réflexion sur le langage. Il y a une théorie sémiotique implicite dans les spéculations linguistiques que l'Antiquité nous a léguées : en Chine aussi bien qu'aux Indes, en Grèce et à Rome. Les modistes du Moyen Age formulent également des idées sur le langage qui ont une portée sémiotique. Mais il faudra attendre Locke pour voir surgir le nom même de « sémiotique ». Durant toute cette première période, la sémiotique n'est pas distinguée de la théorie générale — ou de la philosophie — du langage.

La sémiotique devient une discipline indépendante avec l'œuvre du philosophe américain Charles Sanders Peirce (1839-1914). C'est pour lui un cadre de référence qui englobe toute autre étude : « Il n'a jamais été en mon pouvoir d'étudier quoi que ce fût — mathématiques, morale, métaphysique, gravitation, thermo-dynamique, optique, chimie, anatomie comparée, astronomie, psychologie, phonétique, économie, histoire des sciences, whist, hommes et femmes, vin, métrologie — autrement que comme étude de sémiotique. » De là que les écrits sémiotiques de Peirce sont aussi variés que les objets énumérés; il n'a jamais laissé *une* œuvre cohérente qui résumerait les grandes lignes de sa doctrine. Cela a provoqué, pendant longtemps et encore aujourd'hui, une certaine ignorance de ses doctrines, d'autant plus difficiles à saisir qu'elles ont changé d'année en année.

La première originalité du système peircien consiste dans la définition même qu'il donne du signe. En voici une des formulations : « Un *Signe*, ou *Representamen*, est un Premier, qui entretient avec un Second, appelé son *Objet*, une telle véritable relation triadique qu'il est capable de déterminer un Troisième, appelé son *Interprétant*, pour que celui-ci assume la même relation triadique à l'égard du dit Objet que celle entre le Signe et l'Objet. » Pour comprendre cette définition, il faut rappeler que *toute* l'expérience humaine s'organise, pour Peirce, à trois niveaux qu'il appelle : la Primarité, la Secondarité et la Tertiarité et qui correspondent, grossièrement, aux qualités senties, à l'expérience de l'effort, et aux signes. Le signe est à son tour une de ces relations à trois termes : ce qui provoque le processus d'enchaînement, son objet, et l'effet que le signe produit ou interprétant. En une acception large, l'interprétant est donc le *sens* du signe; en une acception plus étroite, le rapport *paradigmatique* entre un signe et un autre : l'interprétant est donc toujours aussi signe, qui aura son interprétant, etc. : jusqu'à l'infini, dans le cas des signes « parfaits ».

On pourrait illustrer ce processus de conversion entre le signe et l'interprétant par les rapports qu'entretient un mot avec les termes qui, dans le dictionnaire, le définissent : synonymes ou paraphrase, tous termes dont on peut à nouveau chercher la définition, qui ne sera jamais composée que de mots. « Le signe n'est pas un signe à moins qu'il ne puisse se traduire en un autre signe dans lequel il est plus pleinement développé. » Il faut enfin remarquer que cette conception est étrangère à tout psychologisme : la conversion du signe en interprétant(s) se produit dans le système des signes, non dans l'esprit des usagers (on doit par conséquent ne pas tenir compte de certaines formules de Peirce, comme d'ailleurs il le suggère lui-même : « J'ai ajouté « sur une personne » comme pour jeter un gâteau à Cerbère, parce que je désespère de faire comprendre ma propre conception qui est plus large »).

Second aspect remarquable de l'activité sémiotique de Peirce : ses classifications des variétés de signes. On s'est déjà aperçu que le chiffre *trois* joue ici un rôle fondamental (autant que le *deux* chez Saussure); le nombre total de variétés que Peirce distingue est de 66. Certaines de ces distinctions sont devenues tout à fait courantes, ainsi celle de signe-type et signe-occurrence (*type* et *token*, ou *legisign* et *sinsign*) [138].

Une autre distinction connue mais habituellement mal interprétée : icône, indice et symbole. Ces trois niveaux du signe correspondent encore à la gradation Primarité, Secondarité, Tertiarité,
et se définissent de la manière suivante : « Je définis une Icône
comme étant un signe qui est déterminé par son objet dynamique
en vertu de sa nature interne. Je définis un Indice comme étant
un signe déterminé par son objet dynamique en vertu de la relation
réelle qu'il entretient avec lui. Je définis un Symbole comme étant
un signe qui est déterminé par son objet dynamique dans le sens
seulement dans lequel il sera interprété. » Le *symbole* se réfère
à quelque chose par la force d'une loi; c'est le cas, par exemple,
des mots de la langue. L'*indice* est un signe qui se trouve lui-même
en contiguïté avec l'objet dénoté, par exemple l'apparition d'un
symptôme de maladie, la baisse du baromètre, la girouette qui
montre la direction du vent, le geste de pointer. Dans la langue,
tout ce qui relève de la deixis [323] est un indice : des mots comme
je, tu, ici, maintenant, etc. (ce sont donc des « symboles indiciels »).
Enfin, l'*icône* est ce qui exhibe la même qualité, ou la même
configuration de qualités, que l'objet dénoté, par exemple une
tache noire pour la couleur noire; les onomatopées; les diagrammes
qui reproduisent des relations entre propriétés. Peirce amorce
encore une subdivision des icônes en *images, diagrammes et
métaphores*. Mais, on le voit aisément, en aucun cas on ne peut
assimiler (comme on le fait souvent, erronément) la relation
d'icône à celle de ressemblance entre deux signifiés (en termes
rhétoriques, l'icône est une synecdoque plutôt qu'une métaphore :
peut-on dire que la tache noire *ressemble* à la couleur noire?);
ni, encore moins, celle d'indice à celle de contiguïté entre deux
signifiés (la contiguïté dans l'indice est entre le signe et le référent,
non entre deux entités de même nature). Peirce met d'ailleurs
expressément en garde contre une telle identification.

A peu près simultanément, mais d'une manière tout à fait
indépendante, la *sémiologie* est annoncée par Ferdinand de Saussure. Celui-ci agit en linguiste, non en philosophe, et a besoin de la
sémiologie pour y inscrire la linguistique. « La langue est un
système de signes exprimant des idées et par là, comparable à

l'écriture, à l'alphabet des sourds-muets, aux rites symboliques, aux formes de politesse, aux signaux militaires, etc. Elle est seulement le plus important de ces systèmes. On peut donc concevoir *une science qui étudie la vie des signes au sein de la vie sociale*; elle formerait une partie de la psychologie sociale et, par conséquent de la psychologie générale; nous la nommerons *sémiologie* (du grec *sèmeîon*, « signe »). Elle nous apprendrait en quoi consistent les signes, quelles lois les régissent. Puisqu'elle n'existe pas encore, on ne peut dire ce qu'elle sera; mais elle a droit à l'existence, sa place est déterminée d'avance. » L'apport direct de Saussure à la sémiologie non-linguistique s'est limité à peu près à ces phrases, mais elles ont joué un grand rôle; en même temps, ses définitions du signe, du signifiant, du signifié, bien que formulées en vue du langage verbal, ont retenu l'attention de tous les sémioticiens.

Une troisième source de la sémiotique moderne : l'œuvre du philosophe allemand Ernst Cassirer. Dans son travail monumental sur *la Philosophie des formes symboliques*, il pose clairement ces principes : 1) Le rôle plus-qu'instrumental du langage : celui-ci ne sert pas à dénommer une réalité préexistante mais à l'*articuler*, à la *conceptualiser*. Ce rôle du symbolique — entendu ici au sens large de : tout ce qui fait sens (cf. par opposition [134]) — distingue l'homme des animaux, qui ne possèdent que des systèmes de réception et d'action (de primarité et de secondarité, aurait dit Peirce), et lui vaut le nom d'*animal symbolicum*. 2) Le langage verbal n'est pas le seul à jouir de ce privilège; il le partage avec une série d'autres systèmes, qui constituent ensemble la sphère de l' « humain » et qui sont : le mythe, la religion, l'art, la science, l'histoire. Chacune de ces « formes symboliques » informe le « monde » plutôt qu'elle ne l'imite. Le mérite de Cassirer est de s'être interrogé sur les *lois spécifiques qui régissent les systèmes symboliques*, et sur leur différence d'avec les règles de la logique : les sens multiples remplacent ici les concepts généraux; les figures représentatives, les classes; le renforcement des idées (par répétition, variation, etc.), la preuve... Reste qu'il s'agit dans le cas de Cassirer d'un projet philosophique, beaucoup plus que d'une contribution scientifique.

Quatrième source de la sémiotique moderne : la *logique*. Peirce lui-même avait été logicien ; mais ses idées en ce domaine n'avaient pas exercé grande influence à l'époque. On doit suivre plutôt une autre filiation, qui part de Frege (dont la distinction entre *Sinn* et *Bedeutung* [319] est capitale pour la sémiotique) et passe par Russel et Carnap : ce dernier construit un langage idéal, qui fera bientôt fonction de modèle pour la sémiotique. C'est le logicien et philosophe américain Charles Morris qui l'y introduit, dans les années 30 de ce siècle. Morris formule clairement une série de distinctions, par exemple entre *designatum* et *denotatum* : « Le *designatum* n'est pas une chose mais une espèce d'objets ou une classe d'objets ; or une classe peut avoir beaucoup d'éléments, ou un seul élément, ou aucun élément. Les *denotata* sont les éléments d'une classe. » Il distingue également entre les dimensions *sémantique*, *syntaxique* et *pragmatique* d'un signe : est sémantique la relation entre les signes et les designata ou les denotata ; syntaxique, la relation des signes entre eux ; pragmatique, la relation entre les signes et leurs utilisateurs. — Les autres suggestions de Morris n'ont pas joui de la même popularité.

Il faut noter un autre effort de construction de la sémiotique dans le livre d'Eric Buyssens *les Langages et le Discours* (1943) qui s'inspire des catégories saussuriennes. S'appuyant d'une part sur le langage verbal, d'autre part sur divers autres systèmes sémiologiques (signaux routiers, etc.), l'auteur établit un certain nombre de notions et de distinctions (*sème* et *acte sémique, sémies intrinsèques* et *extrinsèques, sémies directes* et *substitutives*) que nous n'exposons pas ici parce qu'elles n'ont pas été reprises. L'inspiration est résolument fonctionnaliste : un système est organisé par sa propre syntaxe. A la même époque, les écrits de tous les représentants principaux de ce qu'on appelle la « linguistique structurale » (Sapir, Troubetzkoy, Jakobson, Hjelmslev, Benveniste) tiennent compte de la perspective sémiologique et essaient de préciser la place du langage au sein des autres systèmes de signes.

Les arts et la littérature attirent particulièrement l'attention des premiers sémioticiens. Dans un essai intitulé « L'art comme fait sémiologique », Jan Mukařovskỳ, l'un des membres du Cercle linguistique de Prague [42], pose que l'étude des arts doit devenir l'une des parties de la sémiotique et essaie de définir la spécificité du signe esthétique : c'est un signe *autonome*, qui acquiert une importance en lui-même, et pas seulement comme médiateur de signification. Mais à côté de cette *fonction esthétique*, commune à tous les arts, il en existe une autre, que possèdent les arts « à sujet » (littérature, peinture, sculpture) et qui est celle du langage verbal : c'est la *fonction communicative*. « Toute œuvre d'art est un signe autonome. Les œuvres d'art « à sujet » (littérature, peinture, sculpture) ont encore une seconde fonction sémiologique, qui est communicative. » Ch. Morris définit le signe artistique à partir d'une opposition fondée sur l'icône : il existe « deux classes principales de signes : ceux qui sont comme ce qu'ils dénotent (c'est-à-dire possèdent des propriétés en commun avec leur dénoté) et ceux qui ne sont pas comme ce qu'ils dénotent. On peut les appeler *signes iconiques* et *signes non-iconiques* ». Les signes esthétiques sont habituellement des signes iconiques. Un philosophe américain, Suzanne Langer, suit une voie parallèle, en s'inspirant de Cassirer. Insistant sur la différence entre système linguistique et système des arts (bien que les deux soient des « formes symboliques »), elle la voit simultanément dans leurs propriétés formelles (« La musique n'est pas un langage parce qu'elle n'a pas de vocabulaire ») et dans la nature du signifié : « La musique est une forme de signifiance... qui, grâce à sa structure dramatique, peut exprimer des formes de l'expérience vitale pour lesquelles la langue est particulièrement inappropriée. Sa teneur (*import*) est constituée par les sentiments, la vie, le mouvement et l'émotion... »

Après la deuxième guerre mondiale, des efforts sont faits pour réunir et coordonner ces différentes traditions, particulièrement aux États-Unis, en Union soviétique et en France. En Amérique, la description des systèmes symboliques autres que le langage (les gestes, la « zoo-sémiotique ») suit habituellement les procédures de la linguistique descriptive [49 s.]. En U.R.S.S., c'est sous l'influence de la cybernétique et de la théorie de l'information que se développe, depuis les années 60, une intense activité sémiotique; les travaux sur les « systèmes *secondaires* » (fondés sur le langage mais non identiques à lui) sont particulièrement originaux.

En France, sous l'impulsion de Cl. Lévi-Strauss, R. Barthes et A. J. Greimas, la sémiologie s'est surtout tournée vers l'étude des formes sociales qui fonctionnent « à la manière d'un langage » (système de parenté, mythes, mode, etc.) et vers l'étude du langage littéraire. D'autre part s'est développée une certaine critique des notions les plus fondamentales de la sémiotique, critique du signe et des présupposés impliqués par cette notion, comme on le verra par ailleurs [448 s.].

Depuis 1969 paraît la revue *Semiotica*, organe de l'Association Internationale de Sémiotique.

→ Sources de la sémiotique moderne : Ch. S. Peirce, *Collected Papers*, Cambridge, 1932 et s.; Ch. S. Peirce, « Deux lettres à Lady Welby sur la phanéroscopie et la séméiologie », *Revue de métaphysique et de morale*, 1961, 4, p. 398-423; P. Weiss, A. Burks, « Peirce's Sixty-Six Signs », *The Journal of Philosophy*, 1945, p. 383-388; A. W. Burks, « Icon, Index, Symbol », *Philosophy and Phenomenological Research*, 1949, p. 673-689; J. Dewey, « Peirce's Theory of Linguistic Signs, Thought and Meaning », *The Journal of Philosophy*, 1946, 4, p. 85-95; F. de Saussure, *Cours de linguistique générale*, Paris, 1916; R. Godel, *Les Sources manuscrites du Cours de linguistique générale*, Genève, 1957; E. Cassirer, *Philosophie der symbolischen Formen*, 3 vol., Berlin, 1923 et s.; E. Cassirer, *An Essay on Man*, New Haven, 1944; E. Cassirer, « Le langage et la construction du monde des objets », in *Essais sur le langage*, Paris, 1969; Ch. Ogden, I. A. Richards, *The Meaning of Meaning*, Londres, 1923; R. Carnap, *The Logical Syntax of Language*, Londres-New York, 1937; Ch. W. Morris, *Foundations of the Theory of Signs*, Chicago, 1939; Ch. W. Morris, *Signs, Language, and Behavior*, New York, 1946; E. Buyssens, *Les Langages et le discours*, Bruxelles, 1943.
Sémiotique et art : J. Mukařovský, « Sémiologie et littérature », *Poétique*, 1970, 3; Ch. W. Morris, « Esthetics and the Theory of Signs », *The Journal of Unified Science*, 1939, 1-3; S. Langer, *Feeling and Form*, Londres, 1953.
La sémiotique en U.R.S.S. : *Simpozium po strukturnomu izučeniju znakovykh sistem*, Moscou, 1962; *Trudy po znakovym sistemam* (*Semeiotike*), Tartu : 2 (1965); 3 (1967), 4 (1969).
La sémiotique aux États-Unis : T. A. Sebeok et al. (éd), *Approaches to semiotics*, La Haye, 1964; T. A. Sebeok, « Animal Communication », *Science*, 147, 1965, 1006-1014; R. L. Birdwhistle, *Introduction to Kinesics*, Washington, 1952.
La sémiotique en France : R. Barthes, *Mythologies*, Paris, 1957; R. Bar-

thes, *Le Degré zéro de l'écriture*, Paris, 1965, « Éléments de sémiologie » ; R. Barthes, *Système de la mode*, Paris, 1967; A. J. Greimas (éd.),
Pratiques et langages gestuels (= *Langages*, 10), Paris, 1968; A. J. Greimas, *Du sens*, Paris, 1970; L. Prieto, *Messages et signaux*, Paris, 1966;
J. Kristeva, *Semeiotikè*, Paris, 1969. Sur sa critique philosophique,
cf. F. Wahl, « La philosophie entre l'avant et l'après du structuralisme »,
in O. Ducrot et al., *Qu'est-ce que le structuralisme?*, Paris, 1968.

CRITIQUE.

Malgré l'existence de ces travaux et de près d'un siècle d'histoire
(et de vingt siècles de préhistoire), la sémiotique reste plus un
projet qu'une science constituée, et les phrases prophétiques
de Saussure gardent leur valeur de souhait. La raison n'en est
pas seulement le rythme nécessairement lent d'une science à ses
débuts mais aussi une certaine incertitude quant aux principes
et concepts fondamentaux; en particulier celui même de signe,
linguistique et non-linguistique [131 s.]. La sémiotique est, d'une
certaine manière, écrasée par la linguistique. Ou bien *on part des
signes non-linguistiques* pour y trouver la place du langage (c'est
la voie de Peirce); mais ces signes se prêtent mal à une détermination précise ou, lorsqu'ils le font, se révèlent d'importance
mineure, ne pouvant en rien éclairer le statut du langage (ainsi
du code de la route); ou bien *on part du langage*, pour étudier
les autres systèmes de signes (c'est la voie de Saussure), mais
alors on risque d'imposer à des phénomènes différents le modèle
linguistique, l'activité sémiotique se réduisant dès lors à un acte
de dénomination (ou de renomination). Appeler des faits
sociaux bien connus « signifiant » ou « signifié », « syntagme »
ou « paradigme » n'avance en rien la connaissance.

On peut s'interroger sur les causes de cette difficulté. Elles
semblent liées essentiellement à la place particulière qu'occupe la
langue au sein du sémiotique, et à la nature même du signe [131 s.].
1) On peut parler, avec Benveniste, d'un « principe de non-redon-
dance » entre systèmes sémiotiques : « Deux systèmes sémiotiques
de type différent ne peuvent être mutuellement convertibles...
L'homme ne dispose pas de plusieurs systèmes distincts pour le
même rapport de signification. » Le signifié ne peut exister en
dehors du rapport avec son signifiant, et le signifié d'un système

n'est pas celui d'un autre. 2) D'autre part, le langage verbal est le seul à posséder la qualité de *secondarité* [137]. Comme l'avait déjà remarqué saint Augustin, le langage est le seul système sémiotique à l'aide duquel on peut parler d'autres systèmes, et de lui-même. Benveniste : « Une chose au moins est sûre : aucune sémiologie du son, de la couleur, de l'image ne se formulera en sons, en couleurs, en images. Toute sémiologie d'un système non-linguistique doit emprunter le truchement de la langue, ne peut donc exister que dans et par la sémiologie de la langue. » Ces deux principes, s'ils sont acceptés, rendent impossible l'existence de la sémiotique, telle qu'elle s'est habituellement pensée jusqu'à aujourd'hui.

Le malaise ne vient pas de l'absence d'un sens non-linguistique; celui-ci existe bien; mais de ce qu'on ne peut en parler qu'en termes linguistiques, qui sont pourtant incapables de saisir ce qu'il y a de spécifique dans le sens non-linguistique. Une sémiotique construite à partir du langage (et on n'en connaît pas d'autre, pour l'instant) doit renoncer à l'étude du problème central de tout système sémiotique, qui est celui de la signification : elle ne traitera jamais que de la signification linguistique, la substituant subrepticement à son véritable objet. La sémiotique du non-linguistique est court-circuitée non au niveau de son objet (qui existe bien), mais à celui de son discours qui vicie de verbal les résultats de son travail.

C'est pourquoi un déplacement s'est produit imperceptiblement dans les études sémiotiques récentes : plutôt que de parler (illusoirement) le rapport de signification, on s'attache au rapport de *symbolisation* [134], c'est-à-dire à cette relation seconde qui relie des entités homogènes, d'une manière non pas nécessaire (et indicible en dehors d'elle-même) comme fait le signe mais motivée — et par là même révélatrice des mécanismes en œuvre dans une société. Le domaine du symbolique, réservé habituellement à l'ethnologie, l'histoire des religions, la psychologie ou la psychanalyse, serait ainsi l'objet de la sémiotique. Quant à l'utilité de la linguistique (tout au moins, dans son état actuel), elle paraît ici problématique : les deux disciplines traitent d'objets différents et même si elles se rencontrent sur une même matière (par exemple la langue), elles l'envisagent dans des perspectives différentes. La langue est riche en procédés symboliques, mais ils ne relèvent pas du mécanisme proprement linguistique.

Encore moins justifiée semble l'assimilation à l'objet de la sémiotique, des codes non-symboliques [137]; par exemple la musique : le rapport de symbolisation (et d'un troisième côté, celui de signification) est suffisamment spécifique pour rendre nécessaire un champ d'étude propre.

On voit que la sémiotique — si l'on met à part les problèmes de l'écriture [249 s.] — reste pour l'instant un ensemble de propositions, plus qu'un corps de connaissances constitué.

→ R. Barthes, *Le Degré zéro de l'écriture*, Paris, 1965, « Éléments de sémiologie »; G. Klaus, *Semiotik und Erkenntnistheorie*, Berlin, 1963; M. Bense, *Semiotik*, Baden-Baden, 1967; A. A. Vertov, *Semiotika i ejo osnovnye problemy*, Moscou, 1968; É. Benveniste, « La sémiologie de la langue », *Semiotica*, 1969, 1-2. p. 1-12, p. 127-135; T. Todorov, « De la sémiologie à la rhétorique », *Annales*, 1967, 6, p. 1322-27; J. Kristeva, « La sémiologie comme science des idéologies », *Semiotica*, 1969, 2, p. 196-204; R. Jakobson, *Essais de linguistique générale II*, Paris, 1973, « Le langage en relation avec les autres systèmes de communication », p. 91-103.

Philosophie du langage

Deux sens au moins sont possibles pour l'expression **philosophie du langage**. Il peut s'agir d'abord d'une philosophie à propos du langage, c'est-à-dire d'une étude externe, qui considère le langage comme un objet déjà connu et cherche ses rapports avec d'autres objets censés, au moins au début de l'enquête, distincts de lui. On s'interrogera par exemple sur les rapports entre la pensée et la langue (l'une a-t-elle priorité sur l'autre ? Quelles sont leurs interactions ?). Tout un courant idéaliste, dans la philosophie française du début du XXᵉ siècle, essaie ainsi de montrer que la cristallisation du sens en mots figés est une des causes de l'illusion substantialiste, de la croyance à des choses données et à des états stables.

➡ La libération, pour cette pensée figée par les mots, vient, selon L. Brunschwicg (*Les Ages de l'intelligence*, Paris, 1947), de la science mathématique, et, selon H. Bergson, de l'intuition psychologique ou biologique (*Les Données immédiates de la conscience*, Paris, 1889 ; *L'Évolution créatrice*, Paris, 1907).

Une autre question, souvent débattue dans la philosophie allemande du XIXᵉ siècle, est celle du rôle de la langue dans l'histoire de l'humanité : les linguistes comparatistes [23] ayant cru constater une dégradation de la langue tout au long de l'histoire, des philosophes comme Hegel, ou des linguistes hégélianisants comme A. Schleicher, tentent d'expliquer ce prétendu fait en posant que l'homme historique tend à adopter vis-à-vis du langage une attitude d'utilisateur : le langage lui fournit la double possibilité d'agir sur autrui et de perpétuer le souvenir de cette action, possibilité qui est au fondement même de l'histoire. C'est seulement dans la préhistoire de l'humanité que l'homme a pu s'intéresser au langage pour lui-même, et l'amener ainsi à sa perfection intrinsèque.

➔ Schleicher présente sa philosophie du langage, et la relie à la pensée
de Hegel dans *Zur vergleichenden Sprachgeschichte*, Bonn, 1848.

Une autre attitude est cependant possible pour le philosophe
qui s'intéresse au langage, c'est de soumettre ce dernier à une étude
« interne », de le considérer lui-même comme un objet d'investigation. Dès ses origines la philosophie a été conduite à ce type de
recherches, dans la mesure où elle se présentait comme une
réflexion. Si en effet l'approche philosophique d'un problème
est d'abord l'élucidation des notions impliquées dans la formulation du problème, notions qui sont généralement représentées
par des mots du langage quotidien, le philosophe est conduit à
une analyse, qu'on peut appeler linguistique, du sens des mots.
Le début du dialogue *Lachès* de Platon est significatif. Deux interlocuteurs se disputent pour savoir si l'escrime rend ou ne rend pas
courageux; l'intervention de Socrate, en même temps qu'elle
donne au problème sa dimension philosophique, le transforme
en problème de langue : « Quel est le sens du mot *courage*? »,
demande Socrate. Et de chercher une signification générale d'où
l'on pourrait déduire tous les emplois particuliers du mot. Seulement, dans les dialogues de Platon, l'enquête linguistique
aboutit toujours à un échec, à une aporie, et ne sert qu'à préparer
le terrain pour une saisie directe, intuitive, de la notion (saisie
qui ne se produit d'ailleurs que dans certains dialogues, les dialogues « achevés »).

➔ Sur le rôle de l'enquête linguistique dans Platon : V. Goldschmidt,
Les Dialogues de Platon, Paris, 1947.

Présente à un certain degré dans toute philosophie qui se veut
réflexive, l'analyse linguistique a été pratiquée de façon systématique — et considérée souvent comme la seule recherche philosophique légitime — par la plupart des philosophes anglais de la
première moitié du xxe siècle, qui s'intitulent eux-mêmes « philosophes du langage », et appellent leur recherche philosophie
analytique. Développant certaines idées de logiciens néo-positivistes comme R. Carnap, et s'inspirant surtout des travaux de
G. E. Moore, B. Russell et L. Wittgenstein, ils soutiennent que la
plus grande partie de ce qui a été écrit en philosophie est non
pas faux, mais dépourvu de sens, et ne tire son apparente pro-

fondeur que d'une mauvaise utilisation du langage ordinaire. Les prétendus « problèmes philosophiques » disparaîtront donc dès qu'on aura soumis à l'analyse les termes dans lesquels ils sont posés. Ainsi les débats de la philosophie morale apparaîtront sans objet dès qu'on aura éclairci le sens que possèdent, dans le langage ordinaire, des mots comme « bon », « mauvais », « devoir », « valoir », etc.

A partir de cette attitude commune, des divergences apparaissent, à l'intérieur de l'école, quant à la valeur du langage. Pour certains, l'erreur des philosophes est due à une inconsistance propre au langage, et qui a été transférée sans critique dans la recherche philosophique. Elle tient à ce que le langage ordinaire est mal fait, et que les philosophes ne s'en sont pas aperçus. Comme le roi de Lewis Caroll prend *nobody* (« personne », « aucun ») pour le nom d'un être particulier pour cette simple raison que *nobody*, dans la grammaire anglaise, est un mot de même nature et de même fonction que *somebody* (« quelqu'un »), les philosophes auraient constamment conclu de la ressemblance grammaticale de deux expressions à leur ressemblance sémantique. Ils ont cru ainsi que la bonté est une qualité des objets ou des actions sous prétexte que l'on dit « Ce livre est bon » comme on dit « Ce livre est rouge ». Ou encore, pour prendre un exemple de Russell, ils n'ont pas vu que l'énoncé « Le roi de France est chauve » exprime un jugement existentiel (« il y a quelqu'un qui est roi de France et qui est chauve »), trompés qu'ils étaient par la forme grammaticale de cet énoncé, qui l'apparente à des propositions sujet-prédicat comme « Ceci est bleu » (N.B. Des remarques d'esprit analogues avaient été faites par le stoïcien Chrysippe, qui note, dans son traité *Sur l'anomalie*, que des qualités fondamentalement positives sont souvent désignées par des expressions grammaticalement négatives (« immortalité »), l'inverse étant aussi fréquent (« pauvreté »)). Accusant la langue d'avoir corrompu la philosophie, ces auteurs conçoivent donc l'analyse du langage comme étant d'abord une critique, et concluent parfois à la nécessité d'une reconstruction logique du langage.

→   Ces tendances se font jour dans le premier grand ouvrage de L. Wittgenstein, le *Tractatus logico-philosophicus*, traduit en français par

P. Klossowski, Paris, 1961. Elles sont partagées par les philosophes
qui se réclament directement du néo-positivisme de R. Carnap : cf.
Y. Bar Hillel, « Analysis of « correct » language », *Mind*, 1946, p. 328-
340.

La tendance dominante, dans l'école analytique, est cependant
inverse. C'est celle représentée par l'école d'Oxford dont les
partisans s'intitulent **philosophes du langage ordinaire**. On ne met
pas en cause le langage, mais la façon dont les philosophes l'utilisent. Les problèmes philosophiques naîtraient de ce que les mots
ordinaires sont employés hors de propos (il y a là une sorte de
Kantisme linguistique : pour Kant, les antinomies philosophiques
viennent de ce que les catégories de la pensée sont appliquées
hors des conditions qui, seules, leur donnent un sens objectif).
La thèse centrale des philosophes d'Oxford est exprimée par le
slogan *Meaning is Use* (« le sens, c'est l'emploi ») : décrire le sens
d'un mot, c'est donner son mode d'emploi, indiquer quels sont les
actes de langage qu'il permet d'accomplir (ainsi l'adjectif « bon »
aurait pour valeur fondamentale de rendre possible un acte de
langage particulier, celui de recommander. Dire « ceci est bon »
= dire « je te recommande ceci »). Et l'erreur de la philosophie
traditionnelle est justement d'avoir donné aux mots des fonctions
auxquelles le langage ordinaire ne les destine pas (d'employer
par exemple « ceci est bon » comme une description d'objet).
On ne doit par conséquent pas dire que la langue est illogique;
elle a une logique particulière, qui se rapproche plus de la logique
de l'action que de celle des mathématiques, et que les philosophes
n'ont pas discernée. On trouvera donc, dans les travaux de l'école
d'Oxford, d'une part une classification minutieuse des différents
emplois possibles du langage, et d'autre part, pour les expressions
particulières de telle ou telle langue, l'indication des types d'emploi
qui leur sont propres.

→   Cette deuxième tendance de la philosophie analytique se rattache aux
Investigations philosophiques de L. Wittgenstein (la traduction en est
annexée à celle du *Tractatus*). Son représentant le plus célèbre : J.-L. Austin (voir par exemple *Philosophical Papers*, Oxford, 1961). Elle domine
dans la revue *Analysis*, Oxford, et dans trois importants recueils :
Essays on Logic and Language, éd. par A Flew, Oxford (deux séries :
1951, et 1953), *La Philosophie analytique*, Paris, 1962, *Philosophy and
Ordinary Language*, éd. par C. E. Caton, Urbana, 1963.

La plupart des philosophes de l'école analytique tiennent à distinguer leur approche d'une étude proprement linguistique. Inversement, la plupart des linguistes, jusqu'à ces derniers temps, ne se sont pas sentis concernés par des recherches qui avaient le vice irrémédiable de se déclarer philosophiques. Cette séparation est due essentiellement à deux raisons — qui tendent à perdre de leur importance, vu l'évolution actuelle de la linguistique.

a) Ceux des philosophes analytiques qui se rattachent le plus directement au néo-positivisme ont le sentiment que leur recherche aboutit à une critique du langage, critique à coup sûr incompatible avec l'attitude descriptive des linguistes. Mais ce sentiment tient à ce qu'ils assimilent la réalité grammaticale d'une phrase à l'agencement apparent des mots, et qu'ils parlent d'illogisme dès que le même agencement recouvre des organisations sémantiques différentes (ainsi *somebody* et *nobody* auraient même nature grammaticale parce qu'ils peuvent être, l'un comme l'autre, sujet ou complément d'objet : la grammaire inciterait donc au sophisme qui consiste à les prendre tous les deux pour des désignations de choses existantes). Or le développement de la notion de transformation linguistique [310 s.] autorise une conception bien plus abstraite de la réalité grammaticale. Pour beaucoup de générativistes par exemple, les structures « profondes » des phrases contenant *nobody* et *somebody* sont certainement très différentes, malgré la ressemblance de leur organisation apparente. La langue, par conséquent, vue en profondeur, est peut-être moins illogique qu'il ne semble. Bien plus, la recherche des illogismes apparents peut, dans cette perspective, être intégrée à l'investigation linguistique : elle fournirait des indices, ou au moins des hypothèses, concernant les structures profondes.

b) Ceux des philosophes analytiques qui se consacrent à l'étude des actes de langage considèrent souvent cette recherche comme étrangère à la linguistique, sous prétexte que cette dernière étudie la langue (= le code) et non pas son emploi dans la parole. En fait certains linguistes, s'appuyant sur les travaux de E. Benveniste, essaient de réintégrer dans la langue les relations intersubjectives qui se réalisent à l'occasion de la parole. La langue ne saurait, selon eux, être décrite, sans qu'on prenne en considération certains au moins des effets de son emploi. Le linguiste aurait alors beaucoup à apprendre de l'actuelle « philosophie du langage ».

→ É. Benveniste a été un des premiers linguistes à s'intéresser aux recherches de la philosophie analytique (cf. *Problèmes de linguistique générale*, Paris, 1966, 5ᵉ partie). Pour une philosophie du langage très proche de son utilisation linguistique, voir J. R. Searle, *Speech Acts*, Cambridge, 1968. Sur les rapports entre la parole au sens de Saussure et l'emploi, au sens de la philosophie analytique, O. Ducrot, « Les actes de langage », *Sciences*, mai-juin 1969.

Les concepts méthodologiques

Signe

Le signe est la notion de base de toute science du langage; mais, en raison de cette importance même, c'est une des plus difficiles à définir. Cette difficulté augmente du fait qu'on essaie, dans les théories modernes du signe, de tenir compte non plus des seules entités linguistiques mais également des signes non verbaux.

Les définitions classiques du signe se révèlent souvent, à un examen attentif, ou bien tautologiques, ou bien incapables de saisir le concept dans sa spécificité propre. On pose que tous les signes renvoient nécessairement à une *relation* entre deux *relata*; mais à identifier simplement la signification avec la relation, on ne peut plus distinguer entre deux plans pourtant fort différents : d'un côté, le signe « mère » est nécessairement *lié* au signe « enfant », de l'autre, ce que « mère » désigne c'est *mère* et non *enfant*. Saint Augustin propose, en une des premières théories du signe : « Un signe est une chose qui, outre l'espèce ingérée par les sens, fait venir d'elle-même à la pensée quelque autre chose. » Mais *faire venir* (ou « évoquer ») est une catégorie à la fois trop étroite et trop large : on y présuppose, d'une part, que le sens existe en dehors du signe (pour qu'on puisse l'y faire venir), et, d'autre part, que l'évocation d'une chose par une autre se situe toujours sur le même plan : or, la sirène peut *signifier* le début d'un bombardement et *évoquer* la guerre, l'angoisse des habitants, etc. Dit-on que le signe est quelque chose qui *se substitue* à autre chose, ou le remplace? Ce serait une substitution bien particulière, en fait possible ni dans un sens ni dans l'autre : ni le « sens » ni le « référent », en tant que tels, ne pourraient s'insérer à l'intérieur d'une phrase, à la place du « mot ». Swift l'avait bien compris qui, après avoir supposé que l'on emportât avec soi les choses dont on voudrait parler (puisque les mots n'en sont que les substituts), devait arriver à cette conclusion : « Si les occupations d'un homme sont importantes, et de diverses sortes, il sera obligé en proportion de porter un plus grand paquet de choses sur son dos » — au risque d'être écrasé sous leur poids...

On définira donc, prudemment, le signe comme une entité qui 1) peut *devenir sensible*, et 2) *pour un groupe* défini d'usagers, *marque un manque* en elle-même. La part du signe qui peut devenir sensible s'appelle, depuis Saussure, signifiant, la part absente, signifié, et la relation qu'ils entretiennent, signification. Explicitons un à un les éléments de cette définition.

Un signe existe, certes, sans être perçu; pensons à tous les mots de la langue française, en un moment précis du temps : ils n'ont aucune existence perceptible. Néanmoins cette perception est toujours *possible*. Un K. Burke propose d'inverser l'ordre de la signification, et de considérer les choses comme des signes des mots (des idées); mais cette conception para-platonicienne suppose toujours que le signifiant peut devenir perceptible. Cette propriété, de même, n'est pas contredite par l'existence du phonème « derrière » les sons, ou du graphème « au-delà » des lettres.

Le signe est toujours institutionnel : en ce sens il n'existe que pour un groupe délimité d'usagers. Ce groupe peut se réduire à une seule personne (ainsi le nœud que je fais sur mon mouchoir). Mais en dehors d'une société, si réduite soit-elle, les signes n'existent pas. Il n'est pas juste de dire que la fumée est le signe « naturel » du feu; elle en est la conséquence, ou une des parties. Seule une communauté d'usagers peut l'instituer en signe.

Le point le plus litigieux de la théorie, concerne la nature du signifié. On l'a défini ici comme un manque, une absence dans l'objet perceptible, qui devient ainsi signifiant. Cette absence équivaut donc à la part non-sensible; qui dit signe doit accepter l'existence d'une différence radicale entre signifiant et signifié, entre sensible et non-sensible, entre présence et absence. Le signifié, dirons-nous tautologiquement, n'existe pas en dehors de sa relation avec le signifiant — ni avant, ni après, ni ailleurs; c'est le même geste qui crée le signifiant et le signifié, concepts qu'on ne peut pas penser l'un sans l'autre. Un signifiant sans signifié est simplement un objet, il *est* mais ne *signifie* pas; un signifié sans signifiant est l'indicible, l'impensable, l'inexistant même.

La relation de signification est, en un certain sens, contraire à l'identité à soi; le signe est à la fois marque et manque : originellement double.

On doit considérer deux aspects complémentaires de tout signifié. Le premier, en quelque sorte *vertical*, nous est révélé dans la relation nécessaire qu'entretient celui-ci avec le signifiant; cette relation marque le lieu du signifié, mais ne nous permet pas de l'identifier positivement : il est ce qui manque au signifiant. Le second, qu'on aimerait se représenter *horizontal*, consiste dans le rapport de ce signifié avec tous les autres, à l'intérieur d'un système de signes [32]. Cette détermination est également « négative » (comme dit Saussure, elle l'amène à « être ce que les autres ne sont pas »; il serait plus exact de l'appeler « relationnelle »), mais elle se fait à l'intérieur d'un continuum, constitué par l'ensemble des signifiés formant système (on n'explique pas la nature de ce continuum en le désignant par des noms comme « pensée », « concepts », « essence », etc. : ce que n'ont pas manqué de faire, pourtant, de nombreux philosophes et psychologues). Dans un cas comme dans l'autre, on accède au signifié par le signifiant : c'est bien là la difficulté majeure de tout discours sur le signe. Le sens n'est pas une substance quelconque qu'on pourrait examiner indépendamment des signes où on l'appréhende; il n'existe que par les relations dont il participe.

AUTOUR DU SIGNE.

Cette définition « étroite » du signe oblige à introduire d'autres concepts pour décrire des relations semblables et néanmoins différentes, qui sont habituellement confondues sous le nom de « signification » ou de « signe ». Ainsi, on distinguera soigneusement (comme d'ailleurs l'ont fait presque tous les théoriciens du signe) la signification de la fonction référentielle (parfois appelée *dénotation*) [317]. La dénotation se produit non entre un signifiant et un signifié mais entre le signe et le référent, c'est-à-dire, dans le cas le plus facile à imaginer, un objet réel : ce n'est plus la séquence sonore ou graphique « pomme » qui se lie au sens *pomme*, mais le mot (: le signe même) « pomme » aux pommes réelles. Il faut ajouter que la relation de dénotation concerne, d'une part, les signes-occurrences et non les signes-types (cf. infra);

et que, d'autre part, elle est beaucoup moins fréquente qu'on ne le croit : on parle des choses en leur absence plutôt qu'en leur présence; en même temps il est difficile de concevoir quel serait le « référent » de la plupart des signes. Peirce comme Saussure ont insisté sur le rôle marginal de la dénotation pour la définition du signe.

On doit également distinguer la signification de la représentation, qui est l'apparition d'une image mentale chez l'usager des signes. Celle-ci dépend du degré d'abstraction que possèdent les différentes couches du vocabulaire. Dans la perspective des parties du discours, cette gradation se fait depuis les noms propres jusqu'aux particules, conjonctions et pronoms. Dans une perspective sémantique, on peut également observer des degrés variés d'abstraction. La fiction [333] se sert beaucoup des propriétés représentatives des mots et un de ses idéaux a longtemps été le degré supérieur d' « évocation »; d'où l'habitude de parler de la littérature en termes d' « atmosphère », « action », « événements » etc.

Ces oppositions étaient repérées déjà par les Stoïciens qui distinguaient trois relations de la part perceptible du signe : avec la « chose réelle » (dénotation), l' « image psychique » (représentation) et le « dicible » (signification). En fait, dénotation et représentation sont des cas particuliers d'un usage plus *général* du signe que nous appellerons la **symbolisation**, opposant ainsi le signe au **symbole** (Hjelmslev traite de phénomènes voisins sous le nom de *connotation* mais ce dernier terme est habituellement pris en un sens plus étroit). La symbolisation est une association plus ou moins stable entre deux unités de même niveau (c'est-à-dire deux signifiants ou deux signifiés). Le mot « flamme » signifie *flamme* mais symbolise, dans certaines œuvres littéraires, l'*amour*; l'expression « t'es mon pote » signifie *t'es mon pote* mais elle symbolise la familiarité, etc. Les relations qui s'établissent dans ces derniers cas sont suffisamment spécifiques pour qu'il soit préférable de leur donner des noms distincts [328, 351 s.].

L'épreuve pratique qui permettra de distinguer entre un signe et un symbole est l'examen des deux éléments en relation. Dans le signe, ces éléments sont nécessairement de nature différente; dans le symbole, on vient de le voir, ils doivent être homogènes. Cette opposition permet d'éclairer le problème de l'*arbitraire*

du signe, remis à la mode en linguistique par Saussure. La relation
entre un signifiant et un signifié est nécessairement *immotivée* :
les deux sont de nature différente et il est impensable qu'une suite
graphique ou sonore ressemble à un sens. En même temps cette
relation est *nécessaire*, en ce sens que le signifié ne peut exister
sans le signifiant, et inversement. En revanche, dans le symbole,
la relation entre « symbolisant » et « symbolisé » est *non-nécessaire*
(ou « arbitraire ») puisque le « symbolisant » et parfois le « symbolisé » (les signifiés *flamme* et *amour*) existent indépendamment
l'un de l'autre; et pour cette raison même, la relation ne peut être
que *motivée* : autrement, rien ne pousserait à l'établir. Ces motivations sont habituellement classées en deux grands groupes,
tirés de la classification psychologique des associations : ressemblance et contiguïté. (Parfois on dit également *icône* et *indice*;
mais en un sens des termes différent de celui qui leur avait été
donné par Ch. S. Peirce [115].) Ajoutons que tout comme le rapport
de symbolisation, celui qui s'établit entre signe et référent, entre
signe et représentation, peut être motivé. Il y a une ressemblance
entre les sons « coucou » et le chant de l'oiseau (le référent ou la
représentation auditive), de même qu'il y en a une entre les sens
flamme et *amour*. Mais il ne peut pas y avoir de motivation entre
les sons « coucou » et le sens *coucou*, entre le mot « flamme » et le
sens *flamme*. L'apprentissage de la signification ne se fonde donc
pas sur des associations de ressemblance, participation, etc. : des rapports de cette nature ne sauraient exister entre signifiants et signifiés. Il faut noter que la communication verbale consiste en l'usage
de symboles, tout autant sinon davantage qu'en l'usage de signes.

Il faut enfin distinguer le signe de quelques voisins moins proches. Les linguistes américains de l'école de Bloomfield ont eu
tendance à réduire le signe à un signal. Le signal provoque une
certaine *réaction* mais ne comporte aucune relation de signification. La communication des animaux se réduit habituellement
à des signaux; dans le langage humain, la forme impérative peut
fonctionner à la manière d'un signal : mais il est possible de
comprendre la phrase « Fermez la porte! » sans pour autant
accomplir l'action indiquée : le signe a opéré, non le signal.

Une distinction dont l'utilité paraît problématique : celle entre
signe et symptôme, ou signe *naturel*. Le symptôme est, au vrai,

un signe qui est partie constituante du référent; par exemple la fièvre est symptôme de la maladie. En fait, la relation décrite ici n'est pas du type signifiant-signifié (la maladie, comme fait réel, n'est pas un sens à proprement parler) mais du type signe-référent (ou représentation). De plus, il semble que même ces signes « naturels » (et donc universels) le sont beaucoup moins qu'on ne le croit : on ne tousse pas de la même manière en France et en Nouvelle-Zélande. Le signe est toujours conventionnel.

➤ Ch. S. Peirce, *Collected Papers*, vol. II, Cambridge, 1932; F. de Saussure, *Cours de linguistique générale*, Paris, 1916; É. Benveniste, *Problèmes de linguistique générale*, Paris, 1966; W. Borgeaud, W. Bröcker, J. Lohmann, « De la nature du signe », *Acta linguistica*, 1942-1943, 1, 24-30; J. Piaget, *La Formation du symbole chez l'enfant*, Paris, 1945; H. Sprang-Hanssen, *Recent Theories on the Nature of the Language Sign*, Copenhague, 1954; R. Engler, *Théorie et Critique d'un principe saussurien, l'arbitraire du signe*, Genève, 1962; E. Ortigues, *Le Discours et le Symbole*, Paris, 1962; K. Burke, « What are the signs of what? », *Anthropological Linguistics*, 1962, 6, p. 1-23; F. Edeline, « Le symbole et l'image selon la théorie des codes », *Cahiers internationaux du symbolisme*, 1963, 2, p. 19-33; G. Durand, *L'Imagination symbolique*, Paris, 1964; R. Barthes, *Le Degré zéro de l'écriture*, 1965, « Éléments de sémiologie »; J. Derrida, « Sémiologie et grammatologie », *Information sur les sciences sociales*, 1968, 3, p. 135-148; T. Todorov, « Introduction à la symbolique », *Poétique*, 11, 1972, p. 273-308.

SIGNE VERBAL ET SIGNE NON-VERBAL.

Ainsi défini, le signe n'est pas forcément linguistique : le drapeau, la croix gammée, tel geste, les panneaux routiers sont également des signes. On doit chercher ailleurs la spécificité du **langage** verbal.

D'abord, ce langage — le langage — se caractérise par son aspect *systématique*. On ne peut pas parler de langage si l'on ne dispose que d'un signe isolé. Il est vrai que l'existence même d'un signe isolé est plus que problématique : d'abord, le signe s'oppose nécessairement à son absence; d'autre part, nous le mettons toujours en relation (même si ce n'est pas d'une manière constitutive) avec d'autres signes analogues : la croix gammée avec l'étoile, un drapeau avec un autre, etc. Toutefois, on entend habituellement par langage un système complexe.

Deuxièmement, le langage verbal présuppose l'*existence de la signification*, au sens étroit défini plus haut. C'est donc une analogie assez floue qui nous permet de parler de « langage » dans le cas d'un autre système symbolique

Troisièmement, le langage verbal est le seul à comporter certaines propriétés spécifiques, à savoir : *a*) on peut l'utiliser pour parler des mots mêmes qui le constituent et, à plus forte raison, d'autres systèmes de signes; *b*) on peut produire des phrases qui refusent aussi bien la dénotation, que la représentation : par exemple mensonges, périphrases, répétition de phrases antérieures; *c*) on peut utiliser les mots dans un sens qui n'est pas connu au préalable de la communauté linguistique, tout en se faisant comprendre grâce au contexte (c'est par exemple l'emploi des métaphores originales). Si l'on appelle **secondarité** ce qui permet au langage verbal d'assumer toutes ces fonctions, on dira que la secondarité en est un trait constitutif.

La secondarité semble propre au langage verbal humain comme une différence qualitative qui le sépare de tous les autres systèmes analogues. Quand les deux premières conditions seules sont présentes, on peut parler de système de signes, non de langage. Quand la première seule est présente, on parlera de code (pour autant que le système en question est analogue à celui du langage); le mot « code » signifie ici « système de contraintes ». Ainsi la musique est un code : tous les éléments d'une composition (hauteurs, intensités, timbres, etc.) sont en relation entre eux; mais ils ne signifient pas; et ils ne possèdent pas non plus la qualité de secondarité. La majorité des systèmes significatifs qui nous entourent sont mixtes : ils sont à la fois des codes, des systèmes de signes, et des systèmes symboliques; mais aucun d'entre eux ne possède toutes les trois propriétés du langage. La littérature illustre, quant à elle, l'imposition d'un second code sur un langage (par exemple les contraintes formelles de la poésie ou du récit); en même temps, les mots sont là utilisés, notamment dans les tropes, comme des symboles plutôt que comme des signes.

Du fait de son appartenance à un système, le signe acquiert des dimensions que l'on ne peut pas observer quand on le considère isolément. D'une part, le signe entre en rapports *paradigmatiques* [142 s.] avec d'autres signes; on peut constater que deux signes sont identiques ou différents, que l'un inclut ou exclut l'autre, que l'un implique ou présuppose l'autre, etc.; ce qui revient à dire que le vocabulaire d'une langue est organisé et que les signes d'une langue se définissent les uns par rapport aux autres. Peirce se réfère à cette propriété des signes verbaux sous le terme d'*interprétant*, ou de « connaissance collatérale »; ces relations paradigmatiques permettant l'interprétation font partie de ce que Saussure appelle *valeur*, et Hjelmslev, *forme du contenu*; appelons ici cet aspect du signe, avec Benveniste, l'**interprétance**.

Mais l'on a également observé depuis longtemps qu'il existe une différence notable entre le signe lui-même et l'usage individuel qu'on fait de lui; Peirce oppose ainsi le **signe-type** et le **signe-occurrence** (*type* et *token*, ou *legisign* et *sinsign*). Le nombre total de mots d'un texte nous donne le nombre des signes-occurrences; celui des mots différents, le nombre des signes-types.

Enfin, entrant *dans une phrase*, le signe-occurrence subit des modifications internes : il peut se combiner avec certains signes, et pas avec d'autres; de plus, ces combinaisons sont de nature différente. On peut appeler cet aspect du signe, qui lui permet d'entrer dans le discours et de se combiner avec d'autres signes, la **signifiance**.

Benveniste a remarqué que le langage verbal est le seul à posséder ces deux aspects simultanément. Les éléments constitutifs des autres codes, par exemple, sont dotés (d'un simulacre) de signifiance : ainsi les tons musicaux se combinent selon certaines règles précises; mais ils ne forment pas de paradigmes. Au contraire, les éléments constitutifs des systèmes de signes autres que le langage verbal entrent dans une relation d'interprétance mais non de signifiance : le rouge et le vert d'un feu de signalisation s'alternent sans vraiment se combiner. Ce serait là encore un trait spécifique du langage verbal humain.

➤ Ch. S. Peirce, *Collected Papers*, vol. II, Cambridge, 1932; É. Benveniste, *Problemes de linguistique générale*, Paris, 1966; E. Benveniste, « La sémiologie de la langue », *Semiotica*, 1969, 1-2, p. 1-12, p. 127-135; V. V. Ivanov, « Jazyk v sopostavlenii s drugimi sredstvami peredachi i khranenija informacii », *Prikladnaja lingvistika i mashinnyj perevod*, Kiev, 1962; J. Greenberg (éd.), *Universals of language*, Cambridge, 1963; U. Weinreich, « Semantics and Semiotics », in *International Encyclopedea of Social Sciences*, New York, 1967.

Syntagme et paradigme

Syntagme. Il n'y a guère d'énoncé, dans une langue, qui ne se
présente comme l'association de plusieurs unités (successives ou
simultanées), unités qui sont susceptibles d'apparaître aussi dans
d'autres énoncés. Au sens large du mot *syntagme*, l'énoncé *E*
contient le syntagme *uv* si, et seulement si, *u* et *v* sont deux unités,
pas forcément minimales, qui apparaissent l'une et l'autre dans *E*.
On dira de plus qu'il y a une **relation syntagmatique** entre *u* et *v*
(ou entre les classes d'unités *X* et *Y*) si l'on peut formuler une règle
générale déterminant les conditions d'apparition, dans les énoncés
de la langue, de syntagmes *uv* (ou de syntagmes constitués par un
élément de *X* et un élément de *Y*). D'où un deuxième sens, plus
étroit, pour le mot syntagme (c'est le sens le plus utilisé, et celui
qui sera maintenant utilisé ici) : *u* et *v* forment un syntagme
dans *E* si non seulement ils sont co-présents dans *E*, mais que,
de plus, on connaisse, ou que l'on croie pouvoir découvrir, une
relation syntagmatique conditionnant cette co-présence. Saussure
notamment a insisté sur la dépendance du syntagme par rapport
à la relation syntagmatique. Pour lui, on ne peut décrire le verbe
« défaire » comme un syntagme comprenant les deux éléments
« dé » et « faire » que parce qu'il existe en français un « type
syntagmatique » latent manifesté aussi par les verbes « dé-coller »,
« dé-voiler », « dé-baptiser », etc. Sinon, on n'aurait aucune raison
d'analyser « défaire » en deux unités (*Cours*, 2e partie, chap. VI, § 2).
Cette restriction en entraîne une autre. Étant donné que les relations syntagmatiques concernent d'habitude des unités de même
type, *u* et *v* ne formeront un syntagme que si elles sont de même
type. Ainsi, dans l'énoncé « Le vase est fêlé », l'article « le » et le
nom « vase » forment un syntagme, et de même les sons *v* et *a* de
« vase », ou encore les traits sémantiques « récipient » et « objet

mobilier » inhérents au mot « vase », mais pas l'article « le » et le son *v*, ni non plus l'article « le » et le trait sémantique « récipient ». (N.B. Pour simplifier l'exposé, il n'a été question que d'associations de deux unités, mais la plupart des linguistes admettent des syntagmes de plus de deux éléments.)

Syntagme et Relation syntagmatique. Il résulte des définitions précédentes que des théories linguistiques différentes peuvent amener à reconnaître ou à nier à un même segment le caractère de syntagme, selon le type de relations syntagmatiques sur lequel ces théories mettent l'accent. Ainsi Saussure ne voit dans plusieurs séquences distinctes la réalisation d'un même « type syntagmatique » que si, pour chacune d'elles, il y a le même rapport entre le sens de la séquence totale et celui de ses composants (« dé-faire » est à « faire », pour le sens, ce que « dé-coller » est à « coller », « dé-voiler » à « voiler », etc.). Il n'aurait donc pas reconnu le type syntagmatique précédent dans « déterminer » ni dans « dévider » et, faute de pouvoir en définir un autre, il n'aurait sans doute pas considéré ces verbes comme des syntagmes réunissant le préfixe *dé-* et un verbe simple — ce qui serait possible cependant avec une conception moins sémantique de la relation syntagmatique. A plus forte raison, un saussurien strict ne peut pas parler de syntagme lorsque les éléments reliés ne sont pas des signes, unités douées à la fois d'un signifiant et d'un signifié, mais simplement des sons (Saussure fait cependant exception à cette règle dans un texte, d'ailleurs controversé, cf. 2ᵉ partie, chap. VI, § 2, *in fine*). Au contraire, les phonologues [221] n'hésitent pas à présenter un groupe de phonèmes comme un syntagme, car il est important, pour eux, de découvrir des régularités dans la façon dont se combinent les phonèmes d'une langue.

Une autre divergence importante sur la nature des relations syntagmatiques, et, corrélativement, des syntagmes, concerne le problème de la linéarité. La parole se déroule dans le temps. Or le temps peut se représenter comme un espace à une dimension, comme une ligne : à chaque instant on fait correspondre un point, et à l'ordre d'apparition des instants, l'ordre de juxtaposition des points. D'où l'idée que l'ordre d'apparition des éléments du discours (qui est l'objet de l'étude syntagmatique) peut, lui aussi, se représenter par une ligne (ou, vu le caractère discontinu du discours, par une ligne de pointillés). Saussure pose comme un principe (1re partie, chap. i, § 3) que cette représentation, non seulement est possible (au moins en ce qui concerne les signifiants), mais qu'elle doit être à la base de la description linguistique. Deux conséquences en résultent :

a) Le linguiste ne reconnaît d'autre ordre que l'ordre de succession; les éléments qui seraient simultanés (les divers constituants phonétiques d'un même phonème, ou les traits sémantiques d'un mot) sont écrasés en un seul point de la représentation linéaire. On ne s'intéressera donc pas à chercher des régularités dans leur apparition (à savoir dans quelles conditions tel trait se combine avec tel autre), et, par suite, on ne considérera pas la coexistence de deux traits simultanés comme constituant un syntagme. (Ainsi Martinet refuse une étude syntagmatique des traits distinctifs [224] des phonèmes, étude qui est préconisée au contraire par Jakobson).

b) Décrire la façon dont différents éléments se combinent, c'est dire seulement quelles places respectives ils peuvent prendre dans l'enchaînement linéaire du discours. Ainsi, pour un distributionaliste [49 s.], l'étude syntagmatique d'un élément, c'est l'indication des différents **environnements** dont il est susceptible, c'està-dire des éléments qui peuvent le suivre et le précéder. Par suite, décrire un syntagme, c'est dire non seulement quelles unités le constituent, mais dans quel ordre de succession, et, si elles ne sont pas contiguës, à quelle distance elles se trouvent les unes des autres. Pour la glossématique [36 s.] en revanche, qui ne voit dans l'ordre linéaire qu'une manifestation substantielle et contingente, indépendante de la forme linguistique elle-même [38], la syntagmatique sera beaucoup plus abstraite : elle ne s'intéressera qu'aux conditions de co-occurrence des unités — indépendamment de leur arrangement linéaire. Ce qui impose une nouvelle formulation de la relation syntagmatique. Toute unité à peu près pouvant coexister avec toute unité à l'intérieur d'un énoncé, il faudra spécifier de façon plus précise le cadre de la coexistence et énoncer des règles comme : *u* peut (ou ne peut pas) coexister avec *v* dans une unité plus vaste de type *X*. D'où il résulte que, pour décrire un syntagme particulier, on devra dire non seulement quelles unités le constituent, mais à l'intérieur de quelle unité il se trouve.

Paradigme. Au sens large, on appelle paradigme toute classe d'éléments linguistiques, quel que soit le principe qui amène à réunir ces unités. En ce sens on considérera comme paradigmes les groupes associatifs dont parle Saussure (2ᵉ partie, chap. v, § 3), et dont les éléments ne sont guère reliés que par des associations d'idées. De même Jakobson semble parfois fonder la relation paradigmatique sur la simple similarité (p. 49-56), sur cette « association par ressemblance » dont parlait la psychologie associationniste (qui, comme Jakobson, y incluait l'association par contraste). Devant la multitude de critères divergents sur lesquels on pourrait fonder de tels paradigmes, beaucoup de linguistes modernes ont cherché à définir un principe de classement qui soit lié au seul rôle des unités à l'intérieur de la langue. Étant donné que les rapports syntagmatiques semblent, dans une large mesure, spécifiques à chaque langue particulière, on en est venu à fonder sur eux les paradigmes linguistiques : en ce sens, étroit, deux unités u et u' appartiennent à un même paradigme si, et seulement si, elles sont susceptibles de se remplacer l'une l'autre dans un même syntagme, autrement dit s'il existe deux syntagmes vuw et $vu'w$. D'où l'image devenue classique de deux bandes sécantes, l'horizontale représentant l'ordre syntagmatique des unités, la verticale, le paradigme de u, c'est-à-dire l'ensemble des unités qui auraient pu apparaître à sa place.

→ Les textes essentiels sont dans le *Cours de linguistique générale* de F. de Saussure, Paris, 1916, essentiellement dans les chapitres v et vi. N.B. Saussure n'emploie pas le terme « paradigme »; il parle de relations et de groupes « associatifs ».

Relations syntagmatiques et relations paradigmatiques. S'il y a un large consensus pour subordonner, dans la pratique, l'étude paradigmatique à l'étude syntagmatique, des divergences apparaissent sur le sens à donner à cette subordination. Selon les distributionalistes [49 s.] la découverte des relations syntagmatiques constitue l'objet fondamental de l'investigation linguistique : c'est que la langue est avant tout une combinatoire. L'établissement de paradigmes ne doit donc être compris que comme une commodité pour la formulation « compacte » des relations syntagmatiques. Plutôt que d'énoncer, pour chaque unité, ses possibilités de combinaison avec toutes les autres, il est plus économique de constituer des classes d'unités ayant, avec une certaine approximation, les mêmes possibilités combinatoires, quitte ensuite à y établir des sous-classes dont les unités auraient entre elles des analogies combinatoires plus fortes, et ainsi de suite, chaque subdivision nouvelle correspondant à un affinement de l'approximation.

La plupart des linguistes européens, au contraire, se sont efforcés de donner à l'organisation paradigmatique de la langue une raison d'être intrinsèque. Il est remarquable (et paradoxal) que cette tendance apparaisse même dans l'école glossématique pour qui, cependant, comme pour les distributionalistes, la réalité fondamentale de la langue, sa forme, est d'ordre purement combinatoire [58]. Hjelmslev par exemple construit deux combinatoires distinctes, l'une syntagmatique, l'autre paradigmatique. Les trois relations primitives qui sont à la base de la syntagmatique unissent avant tout des classes. La classe *A* **présuppose** (ou **sélectionne**) la classe *B* par rapport à la classe *C* si, dans tout élément de *C*, on ne peut trouver un élément de *A* sans un élément de *B*, l'inverse n'étant pas vrai (l'adjectif présuppose le nom dans le groupe-sujet en français). *A* et *B* sont **solidaires** par rapport à *C*, si l'on ne peut pas trouver, dans un élément de *C*, un élément de *A* sans un élément de *B*, et vice versa. Il s'agit donc d'une sorte de présupposition réciproque (il y a solidarité, par rapport à la classe des verbes, de la classe des temps et de celle des modes : on ne peut rencontrer, dans un verbe, un temps sans un mode, et réciproquement). Enfin *A* et *B* sont en **combinaison** par rapport à *C*, si l'on trouve, dans les éléments de *C*, tantôt un élément de *A* accompagné d'un élément de *B*, tantôt un élément de *A* sans représentant de *B*, tantôt enfin l'inverse (il y a combinaison entre le nom et l'adjectif dans le groupe-attribut en français). A ces relations syntagmatiques, fondées sur la coexistence *dans le texte*, et qui permettent de caractériser les classes par leurs rapports réciproques, Hjelmslev ajoute des relations paradigmatiques, qu'il appelle **corrélations**, et qui semblent destinées à caractériser les éléments individuels. Leur fondement est la coexistence des termes *à l'intérieur des classes précédemment définies*. Il y en a trois principales, parallèles aux relations syntagmatiques : *a* **spécifie** *b* si tout classe contenant *a* contient aussi *b*, l'inverse n'étant pas vrai; *a* et *b* sont complémentaires si toute classe contenant l'un contient l'autre (il s'agit donc d'une sorte de spécification réciproque); *a* et *b* sont autonomes si chacun d'eux appartient à certaines classes dont l'autre est absent et s'il leur arrive aussi d'appartenir à la même classe. Ainsi, bien que la découverte des relations syntagmatiques précède nécessairement celle des relations paradigmatiques, la paradigmatique ne se contente pas de réécrire la syntagmatique, mais lui ajoute des informations nouvelles. Il s'agit de deux combinatoires différentes.

→   Sur la combinatoire glossématique : L. Hjelmslev, *Prolégomènes à une théorie du langage*, trad. franç., Paris, 1968, chap. ix et xi. Pour une tentative de formalisation, L. Hjelmslev et H. J. Uldall, *Outline of Glossematics*, Copenhague, 1957.

L'importance propre des relations paradigmatiques sera à plus forte raison mise en évidence dans une linguistique fonctionnelle [42]. Ainsi, selon Martinet, la seule réalité linguistique, c'est ce qui, dans le discours, sert à la communication de la pensée, autrement dit, ce sont les choix que la langue rend possibles au sujet parlant. Qu'il décrive une unité distinctive (phonème [221]) ou une unité significative (monème [260]), le linguiste ne doit en retenir que ce qui, en elle, peut faire l'objet d'un choix. Or, pour savoir ce qui est choisi lorsqu'une unité *A* est employée à un moment donné du discours, il est indispensable de savoir quelles autres unités auraient été possibles à sa place. Ce qui est choisi, dans *A*, c'est seulement ce par quoi *A* se distingue de ces unités. Ainsi, pour comprendre la valeur de l'adjectif « bonne », utilisé, dans le langage diplomatique, pour qualifier l' « atmosphère » d'une négociation, il faut : 1) que la syntagmatique ait établi la liste des autres adjectifs possibles à cette place; 2) que la paradigmatique montre que « bonne » est, dans cette catégorie, l'adjectif le moins euphorique. L'étude syntagmatique n'a donc d'autre intérêt, pour Martinet, que de déterminer, à chaque moment du discours, quel est l'inventaire des possibles. Puis la paradigmatique, comparant les possibles entre eux, découvre ce qui est choisi lorsque l'un quelconque d'entre eux est choisi. Cette conception a trouvé une confirmation spectaculaire dans l'étude de l'évolution

phonétique des langues : souvent un changement ne concerne
ni un phonème pris isolément, ni même l'organisation générale
des phonèmes, mais un paradigme de phonèmes (Martinet parle
alors de **système**), c'est-à-dire l'ensemble des phonèmes apparaissant dans un contexte syntagmatique particulier, le changement
n'ayant lieu que dans ce contexte. Des faits de ce genre prouvent
que les paradigmes possèdent une sorte d'autonomie.

➡   Pour une paradigmatique fondée sur la notion de choix, voir A. Martinet, *passim*, et, notamment, *Économie des changements phonétiques*,
Berne, 1955, particulièrement 1ʳᵉ partie, chap. III.

Alors que le fonctionnalisme de Martinet fait de la syntagmatique un moyen, un simple préalable à la paradigmatique,
le fonctionnalisme de Jakobson donne à ces deux types de relations
une valeur indépendante (de même, mais en sens inverse, la combinatoire glossématique rétablit entre elles un équilibre nié par la
combinatoire distributionaliste). Pour Jakobson, l'interprétation
de toute unité linguistique met en œuvre à chaque instant deux
mécanismes intellectuels indépendants : comparaison avec les
unités semblables (= qui pourraient donc lui être substituées,
qui appartiennent au même paradigme), mise en rapport avec les
unités coexistentes (= qui appartiennent au même syntagme).
Ainsi le sens d'un mot est déterminé à la fois par l'influence de
ceux qui l'entourent dans le discours, et par le souvenir de ceux
qui auraient pu prendre sa place. Que les deux mécanismes soient
indépendants, Jakobson en voit la preuve dans les troubles du
langage, qui pourraient se répartir en deux catégories : impossibilité de lier les éléments les uns aux autres, de constituer des
syntagmes (l'énoncé est une suite discontinue), impossibilité
de lier les éléments utilisés aux autres éléments de leur paradigme
(les énoncés ne se réfèrent plus à un code). Cette dualité a, pour,
Jakobson, une grande généralité. Elle serait à la base des figures
de rhétorique les plus employées par « le langage littéraire »;
la métaphore (un objet est désigné par le nom d'un objet semblable), et la métonymie (un objet est désigné par le nom d'un objet
qui lui est associé dans l'expérience) relèveraient respectivement
de l'interprétation paradigmatique et syntagmatique, si bien que

Jakobson prend parfois pour synonymes *syntagmatique* et **méto-nymique**, *paradigmatique* et **métaphorique**.

→ Voir surtout *Essais de linguistique générale*, Paris, 1963, chap. II.
La difficulté de ce texte tient à ce que la relation constitutive du paradigme y apparaît tantôt comme la relation de sélection (et on a bien alors le « paradigme » au sens étroit des linguistes), tantôt comme la relation de similarité (et « paradigme » peut signifier alors « catégorie », en un sens extrêmement large).

Catégories linguistiques

Une **catégorie linguistique** (= un paradigme [142]) est généralement beaucoup plus qu'une collection d'éléments (ou ensemble,
au sens mathématique). Elle comporte d'habitude une organisation interne, et institue entre ses éléments des relations particulières. En comparant ces diverses organisations, on a cru découvrir
que certaines propriétés leur sont communes, ou, au moins, se
retrouvent fréquemment.

Neutralisation. Les phonologues ont souvent noté que beaucoup
d'oppositions de phonèmes [221], possibles dans certains contextes,
ne le sont plus dans d'autres. On dit alors que l'opposition est
neutralisée. Que l'on compare la voyelle de *fée* (notée phonétiquement *e*), et celle de *fait* (notée *ε*). Elles s'opposent en fin de
mot puisqu'en substituant l'une à l'autre on passe de la prononciation *fe* (avec le sens « fée »), à la prononciation *fε* (avec le sens
« fait »). Mais il y a des contextes où l'opposition est neutralisée.
Parfois, parce que la substitution n'introduit pas de différence
de sens. C'est le cas lorsque *e* et *ε* se trouvent dans des syllabes
ouvertes (= non terminées par une consonne) à l'intérieur d'un
mot : on obtient la même signification « pays », que l'on prononce
pe-i ou *pe-i*. Les deux sons sont alors en variation libre [222]. Parfois la neutralisation est due à l'impossibilité de trouver l'un quelconque des deux sons dans un certain contexte (ainsi on ne trouve
en français, sauf dans les noms propres, ni *e* ni *ε* après le son *a*).
Enfin la neutralisation peut tenir à ce que l'un seulement des deux
éléments est possible : dans une syllabe terminée par le son *r*,
on peut trouver *ε*, mais pas *e* (on a *fεr*, « fer », mais pas *fer*).

Marque. C'est ce dernier type de neutralisation qui a donné
naissance à la notion de marque. On appelle **non-marqué** l'élément
qui apparaît là où un seul des deux peut apparaître. Pour cette
raison on dit aussi quelquefois qu'il est **extensif** (l'autre, d'usage

plus limité, étant dit **intensif**, ou **marqué**). Dans les contextes
où seul l'élément non-marqué est possible, on dit qu'il représente
l'opposition tout entière, ou encore qu'il représente l'**archipho-
nème**, c'est-à-dire œ qui est commun aux deux phonèmes de
l'opposition. Aussi Troubetzkoy ne veut-il parler de marque que
lorsqu'il s'agit d'une opposition **privative**, où l'un des deux
termes seulement, le marqué, possède des traits distinctifs [224]
que n'a pas l'autre.

Découverte en phonologie, la notion de marque a été aussi
appliquée aux unités significatives [257 s.]. Dans ce domaine, pourtant, le critère de la neutralisation est moins utilisable. Rares en
effet sont les contextes où, de deux morphèmes opposés, l'un seul
est possible. On citera des tournures comme l'allemand *Wie alt
ist er?* (« Quel âge a-t-il? », littéralement « Combien vieux est-
il? ») où l'emploi de *jung* (« jeune ») à la place de *alt* est difficile;
le parallèle avec la phonologie se laisse poursuivre assez loin ici,
car on peut dire que *alt*, dans cet emploi, a la même valeur que
l'opposition *alt-jung* prise dans sa totalité, et qu'il est un **archimorphème** représentant la catégorie de l'âge. Il y a cependant
peu de cas aussi clairs. On pourrait songer à des contextes français comme « Ce livre est peu —, » où l'on trouve par exemple
« intéressant », mais pas « ennuyeux ». Le phénomène est cependant
plus compliqué, car la situation s'inverse avec « un peu » (on
trouve « Ce livre est un peu ennuyeux », mais guère « Ce livre
est un peu intéressant »). K. Togeby a proposé (p. 102-103) d'utiliser, pour distinguer morphèmes extensifs et intensifs, le phénomène de la défectivité. Supposons qu'aucun élément d'une classe *A*
ne puisse apparaître sans être combiné avec un élément d'une
classe *B* (dans un verbe français, on ne peut avoir un mode sans
qu'il soit accompagné d'un temps). Il y a **défectivité** si certains
éléments de *A* ne peuvent pas être combinés avec certains éléments
de *B* : le subjonctif ne peut pas se combiner, en français, avec le
futur. De ce que l'indicatif seul est possible avec le futur, Togeby
conclut que l'indicatif est le terme extensif de l'opposition indicatif-
subjonctif. On remarquera pourtant que le parallèle avec la phonologie est ici un peu forcé : il obligerait à dire que, dans la forme
« je viendrai », le mode est un archimorphème représentant ce
qui est commun à l'indicatif et au subjonctif.

Si, au lieu de considérer les unités significatives, on s'intéresse aux unités sémantiques elles-mêmes (c'est-à-dire aux éléments constitutifs de la signification), la notion de marque trouve un champ d'application incontestable, car elle permet de décrire une asymétrie très fréquente dans les catégories sémantiques. Soit les deux unités sémantiques : « homme » (en entendant par là « homme mâle » cf. le latin *vir*) et « femme », constituant la catégorie sémantique « humain ». L'élément « homme » sera dit non-marqué en français, parce qu'il existe un signifiant, le mot *homme*, qui désigne tantôt la notion « homme », tantôt la catégorie « humain ». Ou encore, dans la catégorie sémantique « intéressant »-« ennuyeux », le pôle « intéressant » sera dit non-marqué, puisque le même adjectif *intéressant*, qui est susceptible de le représenter (« ce livre est intéressant »), peut aussi représenter la catégorie entière. C'est ce qui se passe par exemple dans la comparaison : en disant « *A* est plus intéressant que *B* », on ne sous-entend pas que *A* et *B* méritent d'être dits intéressants, au sens fort de ce terme (en revanche l'expression « *A* est plus ennuyeux que *B* » donne à penser que *A* et *B* sont l'un et l'autre ennuyeux). La distinction des éléments sémantiques marqués et non-marqués est aussi utile pour comprendre le mécanisme de la négation. Certaines expressions (comme le français *ne... pas*) ont un effet particulier lorsqu'elles sont appliquées au mot représentant le terme non-marqué d'une catégorie : l'expression obtenue a tendance alors à représenter le pôle opposé (marqué). En revanche la même négation, appliquée au mot désignant le pôle marqué, ne reconduit pas jusqu'au pôle non-marqué, mais dans une région intermédiaire de la catégorie. Exemple (les flèches représentent l'effet de la négation).

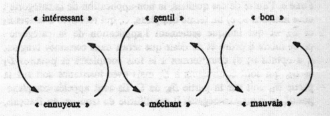

| « intéressant » | « gentil » | « bon » |
| « ennuyeux » | « méchant » | « mauvais » |

➡ Sur les notions de neutralisation et de marque : N. Troubetzkoy, *Principes de phonologie*, trad. franç., Paris, 1949, chap. « Diacritique », § 3 et 5; R. Jakobson, « Zur Struktur des russischen Verbums », in *Charisteria Mathesio*, Prague, 1932, p. 74-84; C. E. Bazell, « On the Neutralisation of Syntactic Oppositions », *Travaux du Cercle linguistique de Copenhague*, 1949; K. Togeby, *Structure immanente de la langue française*, Copenhague, 1951, cité ici d'après la 2ᵉ édition, Paris, 1965.

Participation. Hjelmslev et Brøndal interprètent l'asymétrie des catégories linguistiques révélée par le phénomène de la marque comme un cas particulier du « principe de participation » qui, selon L. Levy-Bruhl, caractériserait la mentalité primitive. Il permettrait de distinguer la logique du langage (que Hjelmslev appelle **sublogique**) de la logique des logiciens. Si, en effet, au lieu de dire que le mot *homme* désigne tantôt l'unité sémantique « homme mâle », tantôt la catégorie de l'humanité, on admet une seule unité sémantique correspondant à l'ensemble des significations d'*homme*, on devra dire qu'elle inclut l'unité sémantique « femme ». Il y aura alors, entre les deux unités, un recouvrement partiel (participation) qui semble incompatible avec la logique de la non-contradiction, où A et non-A sont exactement disjoints.

Hjelmslev et Brøndal croient même possible de définir, par un calcul *a priori*, les différents types possibles de catégories linguistiques, selon le mode de participation de leurs unités. Brøndal, par exemple, commence par déterminer ce que serait la catégorie maximale. Elle comprendrait : *a*) deux termes B_1 (positif) et B_2 (négatif), qui sont disjoints, et présentent donc deux qualités comme incompatibles : cf. « impératif » (idée d'ordre) et « subjonctif » (idée de désir); *b*) un terme **neutre**, A, qui indique l'absence de l'une et l'autre de ces qualités, la non-application de la catégorie : cf. « indicatif »; *c*) un terme **complexe**, C, qui recouvre à la fois B_1 et B_2, et qui indique seulement l'application de la catégorie : cf. ce mixte d'ordre et de désir que serait dans certaines langues, l' « optatif »; *d*) deux termes à la fois complexes et polaires D_1 et D_2, qui sont équivalents à C, mais avec insistance soit sur la partie B_1, soit sur la partie B_2, de C. Ils sont appelés **complexe-positif**, et **complexe-négatif**. Il est difficile de trouver, en français, des unités sémantiques illustrant D_1 et D_2, qui soient exprimées par des morphèmes simples. On pourrait cependant penser aux significations des expressions composées « à moitié plein » et « à moitié vide ». En retirant tel ou tel terme à cette catégorie maximale, on peut, selon Brøndal, envisager la possibilité de 14 autres catégories, un grand nombre de combinaisons, mathématiquement possibles, des 6 éléments de base étant linguistiquement inadmissibles (car il serait inacceptable qu'il y ait un positif sans un négatif, ou un complexe positif sans un complexe négatif, et inversement).

→ L. Hjelmslev, « La catégorie des cas », *Acta Jutlandica*, 1935 et 1937; V. Brøndal, *Essais de linguistique générale*, Copenhague, 1943, chap. III. Documentation sur d'autres systèmes analogues dans K. Togeby, *op. cit.*, p. 104-105.

Hexagone logique. La notion de participation est conçue par Hjelmslev et Brøndal comme pré-logique. Il est d'autant plus remarquable que le philosophe et logicien R. Blanché soit arrivé à définir, pour les catégories de la pensée « naturelle », un type d'organisation assez semblable, mais en se fondant sur les relations logiques les plus traditionnelles (le rapprochement entre Blanché et Brøndal est dû à A. J. Greimas, qui explique cette convergence par l'existence de « structures élémentaires de la signification »). Pour Blanché :

a) Les relations logiques constituant le carré d'Aristote n'unissent pas seulement les quatre formes traditionnelles de propositions. *A, E, I* et *O*, c'est-à-dire qu'elles ne se fondent pas seulement sur la quantité et sur le caractère positif ou négatif du jugement. Il est possible aussi de les retrouver dans des quaternes de propositions du type $P(a)$, $Q(a)$, $R(a)$, $S(a)$, où a est le nom d'un objet, et où P, Q, R et S sont des prédicats appartenant à la même catégorie de pensée. Soit par exemple pour P, Q, R, et S, les prédicats, « avare », « prodigue », « économe » et « libéral », on a le carré :

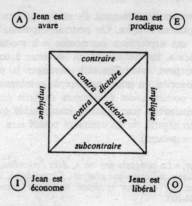

De même, dans la catégorie de la chaleur, on pourrait placer en *A* « chaud », en *E*, « froid », en I, « tiède », et en *O*, « frais ».

b) Une deuxième extension possible de la théorie d'Aristote serait de transformer le carré en hexagone, par adjonction de deux postes supplémentaires, *Y* (défini comme « ou *A* ou *E* »), et *U* (défini comme « à la fois I et *O* »). On aurait ainsi le schéma complet (pour simplifier nous n'indiquons, pour chaque poste, que le prédicat) :

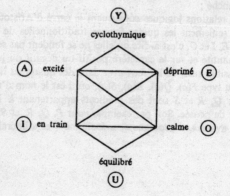

On notera la parenté entre le terme neutre de Brøndal et le *U* de Blanché, et aussi entre le terme complexe et le *Y*. Reste cependant cette différence, essentielle, que *Y* ne comporte, contrairement au complexe, aucune contradiction, ni même aucune participation : il signifie que l'un des deux termes contraires doit s'appliquer, sans préciser lequel, alors que le complexe unit en lui les deux contraires.

→   R. Blanché, *Les structures intellectuelles*, Paris, 1966.

Gradation. Un grand nombre de catégories sont **orientées** (ou **graduées**). On entendra par là qu'il existe entre leurs termes un ordre linéaire, d'une structure logique beaucoup plus simple que les relations étudiées par Blanché. Cet ordre se laisse définir par différents critères convergents. Pour orienter par exemple une catégorie d'adjectifs, les critères les plus commodes consistent à appliquer à ses termes des modificateurs quantitatifs comme *moins que, presque, seulement, plus que.* Chacun de ces modificateurs en effet n'a de sens que par rapport à l'orientation de la catégorie du terme modifié. Ils signifient, respectivement, « en dessous de », « très peu en dessous de », « pas au-dessus de », « au-dessus de ». Ainsi, sachant, par observation directe, que *seulement tiède* signifie « pas plus chaud que tiède », et sachant d'autre part que *seulement* = « pas au dessus », on peut conclure qu'il y a une catégorie où *chaud* est « au-dessus de » *tiède.* De même, *seulement frais* signifiant « pas plus froid que frais », *froid* doit se trouver « au-dessus de » *frais.* Ces conclusions — que l'on peut confirmer en se servant des autres modificateurs — impliquent qu'il existe deux catégories orientées :

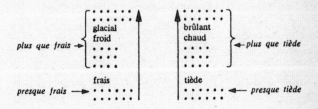

Un autre critère, qui converge avec les précédents, peut se tirer de l'application aux termes de ces catégories de la figure de rhétorique qu'est la litote [354]. Employé par litote, un mot a un sens plus fort que son sens normal. Mais l'idée de sens plus ou moins forts implique l'existence d'une gradation : « plus fort » = « au-dessus de, dans l'orientation de la catégorie ». Sachant d'autre part que l'expression *il fait frais*, lorsqu'elle est employée par litote, signifie « il fait froid », et que *il fait tiède* signifie « il fait chaud », on a confirmation du fait que *froid* est « au-dessus de » *frais*, et que *chaud* est « au-dessus de » *tiède*.

→ Sur ce problème peu défriché, voir surtout un article de Sapir, « Grading, a Study in Semantics », dont la traduction forme la 3ᵉ section de E. Sapir, *Linguistique*, Paris, 1968. Sur les rapports entre litote et orientation, O. Ducrot, « Présupposés et sous-entendus », *Langue française*, déc. 1969, p. 41-42.

Langue et parole

Une recherche empirique ne devient science, selon certains philosophes, que lorsqu'elle se décide à « construire » son objet; au lieu d'accueillir pêle-mêle tous les phénomènes observables dans un certain champ d'investigation, elle élabore elle-même les concepts à l'aide desquels elle interroge l'expérience. Saussure est sans doute un des premiers à avoir explicité, pour la linguistique, la nécessité d'accomplir ce que Kant appelle une « révolution copernicienne ». Il distingue en effet la **matière** de la linguistique, autrement dit le champ d'investigation du linguiste, qui comprend l'ensemble des phénomènes liés, de près ou de loin, à l'utilisation du langage, et son objet, c'est-à-dire le secteur, ou l'aspect, de ces phénomènes auquel le linguiste doit s'intéresser. Pourquoi opérer une telle séparation? Saussure lui assigne une double fonction. D'abord, l'objet doit constituer « un tout en soi », c'est-à-dire qu'il doit constituer un système fermé comportant une intelligibilité intrinsèque. Et, d'autre part, l'objet doit être un « principe de classification » : il doit servir de base à une meilleure compréhension de la matière (car Saussure voit la compréhension comme classification), il doit rendre intelligible le donné empirique. C'est le rôle de la linguistique générale, propédeutique aux études linguistiques particulières, de définir certains concepts qui permettent, lors de l'investigation empirique d'un langage donné, quel qu'il soit, de discerner l'objet dans la matière. L'objet, Saussure l'appelle la **langue**; la matière, ce sont les phénomènes de **parole**. Si la plupart des linguistes modernes sont d'accord sur la nécessité méthodologique d'une telle distinction, ils divergent quant aux critères permettant de reconnaître langue et parole.

Saussure indique d'ailleurs lui-même une série de critères assez différents :

1. La langue se définit comme un code, en entendant par là la mise en correspondance entre des « images auditives » et des « concepts ». La parole, c'est l'utilisation, la mise en œuvre de ce code par les sujets parlants.

2. La langue est une pure passivité. Sa possession met en jeu les seules facultés « réceptives » de l'esprit, avant tout la mémoire. Corrélativement, toute activité liée au langage appartient à la parole. Ajoutée à la précédente, cette caractérisation a deux conséquences :

a) Le code linguistique consiste seulement en une multitude de signes isolés (mots, morphèmes), dont chacun associe un son particulier à un sens particulier : Saussure parle ainsi de la langue comme d'un « trésor » où seraient emmagasinés les signes (il reconnaît, au plus, qu'une faculté de « coordination » est nécessaire pour classer ces signes). Quant à l'organisation des signes en phrases, et à la combinaison de leurs sens pour constituer le sens global de la phrase, il faudrait, dans la mesure où elles impliquent une activité intellectuelle, les attribuer à la parole, à l'emploi de la langue. Ainsi Saussure laisse entendre que la phrase relève de la parole (2e partie, chap. v, § 2).

b) Signifiants et signifiés, dans le code linguistique, sont purement statiques. L'acte même d'énonciation [405], le fait d'utiliser telle expression dans telle ou telle circonstance, ne sera donc pas considéré comme un signifiant de la langue, et, d'autre part, l'effet pratique produit par l'emploi de ces expressions, la façon dont elles transforment la situation respective des interlocuteurs, ne pourront jamais être introduits dans le code au titre de signifiés. N.B. La conséquence *a*) est incompatible avec la grammaire générative [58], la conséquence *b*), avec la philosophie analytique [124].

3. La langue est un phénomène social alors que la parole est individuelle. Pour que ce critère soit compatible avec le premier, il faut admettre que la société constitue totalement le code linguistique des individus. Ce qui impose de croire, par exemple, que les mécanismes d'interprétation des phrases, ou bien sont identiques pour tous les membres d'une collectivité linguistique, ou bien ne relèvent pas de la langue. Étant donné que l'on observe en fait une très grande variabilité dans l'interprétation que des

individus différents donnent d'une phrase — si celle-ci est tant soit peu complexe —, le critère 3 risque donc de mettre en question l'appartenance de la sémantique à la linguistique. Si d'autre part on rapproche la caractérisation de la parole comme individuelle et sa définition comme activité (critère 2), on est amené à nier que l'activité linguistique ait des normes sociales, que les conditions d'emploi du langage et son effet sur la situation des interlocuteurs puissent être régis non seulement par des habitudes, mais par des conventions. Il y a là une thèse empiriquement contestable, et qui est contestée notamment par la socio- et l'ethno-linguistique [84 s.].

Si les grandes doctrines linguistiques comportent presque toutes des critères pour séparer la matière et l'objet de la recherche, la plupart d'entre eux sont incompatibles avec ceux de Saussure, même lorsqu'ils sont formulés comme des explicitations de l'opposition langue-parole. Troubetzkoy, par exemple, oppose la phonétique et la phonologie comme étudiant, l'une, « les sons de la parole », l'autre, « les sons de la langue ». Le phonéticien décrit *tous* les phénomènes acoustiques liés à l'utilisation d'une langue, sans se permettre de privilégier certains par rapport aux autres : il étudie donc les sons de la parole. Le phonologue, au contraire, extrait de ce donné les seuls éléments qui jouent une fonction dans la communication, qui servent, d'une façon ou d'une autre, à la transmission de l'information : ceux-là seuls relèvent de la langue, ou, selon la terminologie habituelle, sont « linguistiquement pertinents » [221]. Soit à décrire la façon dont tel locuteur français a prononcé un *l*. Le phonologue n'en retiendra que les traits informatifs, permettant de distinguer ce *l* d'un autre phonème français. Il fera ainsi abstraction du fait que le *l* est ou n'est pas « sonore » (= accompagné de vibrations des cordes vocales), car ce trait est, en ce qui concerne le *l* français, automatiquement déterminé par le contexte (le *l* est sourd lorsqu'il est entouré de consonnes sourdes, sinon il est sonore). N.B. Cette conception de l'opposition langue-parole, si elle s'accorde avec le critère 1 de Saussure, est peu compatible avec le critère 3 : l'influence du contexte sur la prononciation du *l* est un phénomène éminemment social, propre à certaines collectivités linguistiques, de sorte que le critère 3 amènerait à le réintroduire dans la langue. C'est cette difficulté qui amène Coseriu à situer les variantes contextuelles [222] dans un lieu intermédiaire entre ce qu'il appelle « schéma » et « parole », à savoir la « norme » [164 s.].

→   La relation entre la phonologie et la notion de langue est présentée par N. Troubetzkoy dans ses *Principes de phonologie*, trad. franç., Paris, 1949, Introduction.

Aussi bien Chomsky que ses exégètes ont souvent assimilé à la distinction de la langue et de la parole, leur opposition de la compétence et de la performance linguistiques. La compétence d'un sujet parlant français — compétence qui doit être représentée dans la grammaire générative [58] du français —, c'est l'ensemble des possibilités qui lui sont données par le fait, et par le fait seulement, qu'il maîtrise le français : possibilité de construire et de reconnaître l'infinité des phrases grammaticalement correctes, d'interpréter celles d'entre elles (en nombre infini aussi) qui sont douées de sens, de déceler les phrases ambiguës, de sentir que certaines phrases, éventuellement très différentes par le son, ont cependant une forte similitude grammaticale, et que d'autres, proches phonétiquement, sont grammaticalement très dissemblables, etc. Ces possibilités — qui constituent, selon Chomsky, *la* compétence commune à tous les sujets parlant français et qui représentent à ce titre la « langue française » — se distinguent *a*) par excès et *b*) par défaut des performances dont sont susceptibles en fait les sujets parlants :

a) Les phrases françaises grammaticales sont en nombre infini, puisque l'on ne peut pas fixer de limite supérieure à leur longueur (si une phrase X est correcte, il suffit de lui ajouter une proposition relative pour obtenir une phrase Y plus longue que X, et aussi correcte). Or la finitude de la mémoire rend impossible de construire ou d'interpréter une phrase dépassant une certaine longueur (de sorte que le nombre de phrases effectivement réalisables est fini). Mais cette finitude des performances pratiques n'interdit pas de parler d'une compétence théoriquement infinie (au sens où les mathématiciens disent qu'une fonction est théoriquement calculable, même si la machine permettant de la calculer doit avoir plus d'électrons que n'en contient le système solaire, et est donc pratiquement impossible).

b) Bien des performances des sujets parlants (prévoir l'effet d'une phrase dans un contexte donné, l'abréger en se fiant à la situation de discours pour rendre le résultat intelligible, etc.) ne relèvent pas de la compétence linguistique, car elles mettent en jeu une connaissance du monde et d'autrui, ainsi qu'une pratique des relations humaines, qui peuvent sembler indépendantes de l'activité linguistique.

On notera que l'opposition chomskiste a exactement le même rôle que celle de Saussure : comme la langue doit pouvoir être étudiée indépendamment de la parole, mais non l'inverse, la compétence est censée à la fois pouvoir être étudiée avant la performance, et être le fondement nécessaire à l'étude de celle-ci (ce qu'on exprime en disant que la constitution d'une grammaire générative est préalable à toute psychologie du langage). D'autre part l'opposition de Chomsky coïncide à peu près avec le premier critère de Saussure, puisque les compétences, prises toutes ensemble, ne font que manifester la possibilité de donner une interprétation sémantique à des suites phoniques. En revanche, elle est incompatible avec le second — puisqu'une phrase n'est pas concevable sans une activité combinatoire —, et avec le troisième — puisque la compétence linguistique comporte, outre des connaissances particulières à chaque langue, une faculté universelle du langage [15] qui ne peut pas être considérée comme sociale.

Il existe enfin, chez certains linguistes, des oppositions qui, tout en jouant la même fonction épistémologique que celle de Saussure, et tout en lui étant explicitement assimilées, ne se rattachent nettement à aucun des trois critères précédents. Ainsi la glossématique [36 s.] distingue, dans tout langage, le schéma et l'usage. Le schéma a une nature purement formelle, « algébrique », c'est l'ensemble des relations (paradigmatiques et syntagmatiques [143 s.]) existant entre les éléments de la langue indépendamment de la façon dont ces éléments sont manifestés, c'est-à-dire indépendamment de leur sens et de leur réalisation phonique. Le fonctionnement du langage comme code, qui suppose que les unités linguistiques ont été sémantiquement et phoniquement définies, n'est donc pas inscrit dans le schéma linguistique, mais seulement dans ce que Hjelmslev appelle l'usage. C'est l'usage, en effet, qui fixe le mode de manifestation des unités. Dans sa description on indiquera donc à la fois les traits de manifestation qui sont, au sens phonologique, pertinents [221] (ils constituent ce que Hjelmslev appelle norme [164]), et ceux qui ne le sont pas, et aussi bien les traits imposés par des conventions sociales que ceux qui sont improvisés par l'individu. On voit que l'opposition saussurienne langue-parole, si l'on s'en tient aux critères explicites de Saussure, passe à l'intérieur de ce que Hjemslev appelle « usage ». Ce qui la rapproche de la distinction glossématique du schéma et de l'usage, c'est surtout leur fonction méthodologique commune.

→   Hjelmslev présente son opposition schéma-usage, en la déclarant analogue, pour l'essentiel, à la distinction langue-parole, dans « Langue et parole », *Cahiers Ferdinand de Saussure*, 1942, n° 2; article repris dans *Essais linguistiques*, Copenhague, 1959.

On en dira autant de l'utilisation par Guillaume des notions de langue et de parole. Elles lui servent essentiellement à distinguer ce qu'il appelle sens et effet de sens. A chaque mot, plus précisément à chaque unité significative minima, correspond, dans la langue, un et un seul sens, et cela, malgré l'infinité de significations (ou effets de sens) qu'il peut avoir en fait dans le discours, et dont chacune représente un point de vue partiel, une visée particulière sur le sens. Le sens d'un mot, en effet, ne peut pas se loger directement dans le discours, car il doit se décrire comme un mouvement de pensée, comme le développement progressif d'une notion (c'est pourquoi la langue est appelée une psychomécanique). Ainsi, le sens de l'article français *un*, c'est le mouvement intellectuel de particularisation, qui va du général au particulier, et le sens de *le*, c'est le mouvement inverse de généralisation. Lorsque les articles sont employés dans le discours, l'effet du contexte est d'arrêter ces mouvements, ou, si l'on veut, d'en prendre des images instantanées, qui n'en retiennent qu'un moment. On s'explique alors que, malgré la diversité de leurs sens, les deux articles puissent donner lieu à des effets de sens très semblables. Ce sera le cas, par exemple, des vues prises à l'origine du mouvement de généralisation, et à la fin de la particularisation — on obtient alors (a) *L'homme que tu as connu* et (b) *Un ami est venu* —, et aussi des vues prises à la fin de la généralisation et au début de la particularisation — cf. (c) *L'homme est faillible* et (d) *Un homme est faillible*.

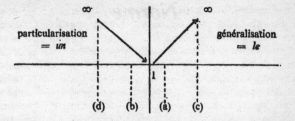

La flèche de gauche représente le sens de *un*, celle de droite, le sens de *le* ; en pointillés, les points de vues correspondant aux effets de sens (a), (b), (c) et (d).

Une fois de plus, ce qui rapproche Guillaume et Saussure, ce n'est guère le contenu de l'opposition utilisée, mais son existence, conçue comme fondement de toute recherche linguistique (la connaissance préalable du sens permet seule de comprendre les effets de sens).

→ Voir G. Guillaume, *Langage et Science du langage*, Paris, Québec, 1964 ; cf. surtout les chapitres « Observation et explication », et « Particularisation et généralisation ».

Si les successeurs de Saussure ont moins retenu de l'opposition langue-parole son contenu que sa fonction méthodologique, il faut, pour justifier telle ou telle forme de cette opposition, se demander si elle remplit en fait cette fonction. La construction d'un objet linguistique abstrait ne peut, par suite, se légitimer qu'au terme de la recherche, par l'intelligibilité propre qui se manifeste dans l'objet abstrait, et par celle qui est conférée au donné observable. Justifiable par ses seuls résultats, une présentation particulière de l'opposition ne saurait donc jamais être considérée comme douée d'une évidence intrinsèque, et comme un fondement possible pour la polémique : un linguiste qui reprocherait à un autre de prendre pour *langue* ce qui, « en réalité », est *parole*, présupposerait la linguistique achevée.

→ Pour un examen général de la distinction *langue-parole* : K. Heger, « La sémantique et la dichotomie de langue et de parole », *Travaux de linguistique et de littérature*, 1969, I, p. 47-111, surtout § 1.

Norme

Parmi les motivations qui ont pu conduire à décrire les langues, on relève fréquemment le souci de fixer avec précision un bon usage, une correction, en d'autres termes une norme linguistique, qui retiendrait seulement certaines des façons de parler effectivement utilisées, et qui rejetterait les autres comme relâchées, incorrectes, impures ou vulgaires (cette norme peut concerner la prononciation — on l'appelle alors « orthoépie » —, le choix du vocabulaire, la morphologie ou la syntaxe). Il est significatif à cet égard que la première description linguistique connue, celle du sanscrit classique par le grammairien hindou Panini (IVe siècle avant notre ère), soit apparue au moment où la langue sanscrite cultivée (*bhasha*), menacée par l'invasion des parlers populaires (*prakrits*), avait besoin d'être stabilisée — ne serait-ce que pour assurer la conservation littérale des textes sacrés et la prononciation exacte des formules de prière. Dans les sociétés occidentales, la distinction du bon et du mauvais langage n'est pas moins importante — puisque la possession du bon langage est une des marques des classes sociales dominantes (dans ses *Remarques sur la langue française*, publiées en 1647, Vaugelas définit le bon usage comme « composé de l'élite des voix. C'est la façon de parler de la plus saine partie de la cour »). Il n'est donc pas étonnant que la tradition linguistique occidentale ait donné un double rôle au grammairien : d'un côté, il prétend dire ce qu'est la langue, mais en même temps il privilégie certains usages, et dit ce que la langue doit être. Cette tradition survit dans la pratique pédagogique française, qui lie l'étude de la grammaire à l'apprentissage de la correction grammaticale (alors que la pédagogie anglo-saxonne actuelle croit pouvoir faire l'économie de l'enseignement de la grammaire). On justifie la conjonction du descriptif et du normatif par divers arguments. De différentes tournures possibles, la tournure correcte serait celle qui : *a*) s'accorde le mieux avec les habitudes générales de la langue (elle est commandée par l'analogie), ou *b*) est susceptible d'une justification « logique », ou *c*) a les racines les plus profondes dans l'histoire de la langue (« il faut savoir le latin pour bien parler le français »). Ces trois raisons concourent en effet à la conclusion que le bon usage est celui dont la description est la plus intéressante car c'est lui qui manifeste le plus d'ordre ou de rationalité.

→ On trouvera les trois sortes de considérations dans la *Grammaire des grammaires* de Girault-Duvivier (Paris, 1812), ouvrage de base de l'enseignement du français au xixᵉ siècle; cf. un commentaire détaillé de cet ouvrage par J. Levitt, *The Grammaire des Grammaires of Girault-Duvivier*, La Haye, 1968 (voir surtout chap. vii).

Le développement de la recherche linguistique au xixᵉ siècle a en revanche amené à séparer de plus en plus la connaissance scientifique de la langue et la détermination de sa norme. D'une part, la linguistique historique, lorsqu'elle a commencé à étudier dans le détail les transformations du langage, a montré que l'évolution de la langue a fréquemment son origine dans des façons de parler populaires, argotiques ou patoisantes : de sorte que la correction d'une époque ne fait souvent que consacrer les incorrections de l'époque précédente.

→ Nombreux exemples et références bibliographiques dans W. V. Warburg, *Problèmes et Méthodes de la linguistique*, chap. ii, Paris, 1946.

D'autre part il est apparu que les processus linguistiques fondamentaux sont à l'œuvre autant, et souvent même plus, dans les parlers dits « incorrects » (enfantins ou populaires) que dans les parlers conformes à la norme officielle. L'enfant qui conjugue « prendre — que je prende » sur le modèle de « rendre — que je rende » est guidé par cette tendance à l'analogie, par cette recherche des proportions (au sens mathématique) où H. Paul et F. de Saussure ont vu un des ressorts linguistiques les plus fondamentaux. Ainsi Saussure (§ 2) critique les linguistes du début du siècle, qui voyaient dans l'analogie une « irrégularité, une infraction à une norme idéale », alors qu'elle constitue le procédé par lequel les

langues « passent d'un état d'organisation à un autre ». D'une
façon encore plus systématique, H. Frei a essayé de montrer
que les prétendues « fautes » de langage sont produites par ces
mêmes mécanismes psychologiques qui permettent au langage
dit « correct » de remplir ses fonctions [47 s.].

→   Sur l'analogie : H. Paul, *Principien der Sprachgeschichte*, 2ᵉ éd.,
Halle, 1886, chap. 5, et F. de Saussure, *Cours de linguistique générale*,
2ᵉ partie, chap. 4. Pour une analyse « fonctionnelle » des fautes,
H. Frei, *La Grammaire des fautes*, Bellegarde, 1929.

Le rejet du point de vue normatif en linguistique a pu sembler,
dans la première partie du XXᵉ siècle, à ce point définitif que
certains linguistes ont cru possible de récupérer le mot « norme »,
et de l'utiliser dans un sens nouveau, où il ne sert plus à distinguer
un usage particulier de la langue. Pour Hjelmslev, le système
d'une langue (ou son schéma) est une réalité purement formelle ;
c'est l'ensemble de relations abstraites existant entre ses éléments,
indépendamment de toute caractérisation phonétique ou sémantique de ceux-ci (le *r* français se définit, dans le système, par la
façon dont il se combine, dans la syllabe, avec les autres phonèmes).
La norme, d'autre part, c'est l'ensemble de traits distinctifs [224]
qui, dans la manifestation concrète de ce système, permettent de
reconnaître les éléments les uns des autres. (Du point de vue de
la norme, le *r* se définit comme une consonne vibrante, car cela
suffit à le distinguer de tout autre phonème français.) L'usage,
maintenant, ce sont les phénomènes sémantico-phonétiques par
lesquels le système se manifeste en fait (*r* se caractérise alors par
la totalité des traits, même non-distinctifs, qui constituent sa
prononciation : c'est tantôt une vibrante sonore roulée alvéo-
laire, tantôt une constrictive sonore uvulaire). La norme représente donc une sorte d'abstraction opérée par rapport à l'usage.
E. Coseriu présente la même hiérarchie notionnelle, mais décalée
d'un cran, dans la mesure où le système, selon Coseriu, n'a pas
le caractère formel qu'il a pour Hjelmslev. Le système de Coseriu
est proche de la norme de Hjelmslev : c'est la part fonctionnelle
du langage. Ainsi la définition systématique d'un phonème indiquera essentiellement ses traits distinctifs. La norme, pour Coseriu,
correspond à une partie de ce que Hjelmslev englobe dans la

rubrique « usage ». Il s'agit de tout ce qui est socialement obligatoire dans l'utilisation du code linguistique. L'aspect normatif du
phonème, c'est alors l'ensemble de contraintes imposées, dans une
société donnée, pour sa ré lisation effective (en y incluant des traits
non distinctifs, et, par exemple, les variables contextuelles [222]).
C'est à un troisième niveau, celui de la parole, qu'il faut placer
toutes les variations (variantes libres [222]) que le sujet parlant
peut broder sur le canevas social. La notion de norme, pour
Hjelmslev et Coseriu, définit donc un certain niveau d'abstraction
dans l'analyse du donné, dans l'étude des emplois effectifs, et non
pas, comme c'était le cas auparavant, un certain type d'emploi.
Le schéma suivant résume les différences terminologiques entre
Hjelmslev et Coseriu :

	HJELMSLEV	COSERIU
relations formelles abstraites	système schéma	
traits concrets distinctifs	norme	système
traits concrets non distinctifs mais obligatoires	usage	norme
traits concrets ni distinctifs ni obligatoires		usage

➡ L. Hjelmslev présente l'idée de norme dans « Langue et parole »,
Cahiers Ferdinand de Saussure, 2, p. 29-44, article repris dans *Essais
linguistiques*, Copenhague, 1959. E. Coseriu utilise cette notion surtout
dans *Systema, Norma y Habla*, Montevideo, 1952; N.C.W. Spence
résume les principales thèses de Coseriu dans « Towards a new synthesis
in linguistics », *Archivum linguisticum*, 1960, p. 1-34.

L'évolution récente de la linguistique a conduit cependant à
réhabiliter dans une certaine mesure l'idée que tout n'est pas à
prendre dans le donné linguistique empirique, et que le linguiste ne

saurait mettre sur le même plan tous les usages qu'il observe dans une collectivité donnée. La linguistique générative [56 s.] admet par exemple que parmi les énoncés effectivement utilisés par les sujets parlants, certains sont **grammaticaux** et les autres, **agrammaticaux**. La distinction est si importante qu'une condition nécessaire d'adéquation pour une grammaire générative est d'engendrer les premiers et non pas les seconds. Étant donné que les grammaires traditionnelles se proposent aussi de rendre leurs lecteurs capables de construire les phrases correctes et d'éviter les phrases incorrectes, on a souvent reproché à Chomsky d'avoir ressuscité purement et simplement la vieille notion de normativité. Certaines précisions sont nécessaires pour faire apparaître l'injustice de ce reproche.

1. *Grammaticalité et agrammaticalité sont des catégories relatives au jugement et non à l'emploi.*

Ce qui assure le linguiste du caractère grammatical ou non d'un énoncé, ce n'est pas, pour Chomsky, la catégorie sociale des personnes qui ont tendance à l'employer, ni les circonstances dans lesquelles il est principalement employé. C'est un jugement intuitif que tous les membres d'une même collectivité linguistique portent sur lui (tout Français reconnaît « il fera beau » comme grammatical, et « il faire beau » comme agrammatical). La faculté de porter ce jugement fait partie, selon Chomsky, de la compétence linguistique [158 s.] des sujets parlants.

2. *Par suite, en parlant de grammaticalité, le linguiste n'entend pas formuler une appréciation, mais une observation.*

D'après ce qui précède, en effet, le grammairien ne se fonde pas sur l'usage d'une classe sociale particulière (les gens « cultivés »), mais sur un sentiment commun à toute une collectivité. Si, dans certains cas, il y a désaccord entre les sujets parlants, si, par exemple, certains Français trouvent grammatical « Qui c'est qui viendra ? », tournure rejetée par d'autres, il n'y a pas à considérer l'un des deux jugements comme le bon, mais à admettre que l'on est en présence de deux variétés différentes du français, dont chacune doit être décrite par une grammaire générative

particulière, ou par une variante particulière de la grammaire
décrivant le français en général.

3. *Des énoncés impossibles peuvent être grammaticaux.*

Dans la mesure où la grammaticalité n'a pas pour critère un
emploi mais un jugement, il est possible de s'interroger sur la
grammaticalité d'énoncés qui ne sont jamais utilisés effectivement.
Ainsi personne n'hésitera à juger grammatical l'énoncé « Cette
locomotive pèse un gramme », même si des raisons de vraisemblance rendent son emploi peu probable. Ou encore, imaginons
une phrase qui comporte plusieurs propositions relatives imbri-
quées, par exemple : « la souris que le chat que le voisin qui est
venu a acheté a mangée était empoisonnée ». Personne ne l'uti-
lisera. Sans doute serait-elle même impossible à comprendre.
Cependant, si une personne admet comme grammatical « Le chat
que mon voisin a acheté a mangé une souris », il est possible de
lui faire comprendre que les mêmes constructions sont en jeu dans
les deux cas, et que la grammaticalité du second énoncé entraîne
celle du premier (on notera que Descartes usait d'un argument
semblable pour prouver que tout homme porte en lui toutes les
mathématiques : qui sait reconnaître que $2 + 2 = 4$, peut être
amené à comprendre les théorèmes les plus compliqués, car ceux-
ci ne font pas intervenir de rapports mathématiques qui soient
d'un ordre différent). Cette possibilité de tenir pour grammaticaux des énoncés impossibles à utiliser en fait, interdit donc de
voir dans la complexité d'un énoncé une cause d'agrammaticalité : elle est indispensable pour comprendre l'affirmation
chomskiste que l'ensemble des phrases grammaticales est infini.

4. *Le jugement de grammaticalité est fondé sur des règles.*

Puisque le sujet parlant peut porter un jugement de grammaticalité (ou être amené à un tel jugement) sur un ensemble infini
de phrases, même s'il ne les a jamais entendues auparavant,
c'est que cette appréciation est fondée, non pas sur la mémoire
et sur l'expérience, mais sur un système de règles générales qui
ont été intériorisées au cours de l'apprentissage de la langue.
Donc, en construisant une grammaire générative qui engendre
les phrases grammaticales et elles seules, le linguiste formule

une hypothèse sur les mécanismes utilisés inconsciemment par le sujet parlant. A chaque type d'agrammaticalité va alors correspondre un composant de la grammaire [75 s.]. Ce sont les règles du composant syntaxique qui vont ainsi interdire l'énoncé syntaxiquement agrammatical « il faire beau », celles du composant phonologique élimineront les anomalies phonologiques, dues à des prononciations impossibles dans la langue décrite (celle par exemple d'un énoncé qui comprendrait dans une même syllabe la suite de consonnes *pfl*, impossible en français). Le composant sémantique, enfin, aura à interdire les anomalies sémantiques comme « L'acier pèse trois kilogs ».

→   Sur ce dernier thème, voir Katz et Fodor, « The structure of a semantic theory », *Language*, 1963, p. 170-210, trad. franç. dans les *Cahiers de lexicologie*, 8, 1966.

5. *La recherche et l'explication des anomalies devient une méthode linguistique essentielle.*

Si tout jugement d'agrammaticalité se fonde sur une règle de grammaire, la plupart du temps inconsciente, le linguiste devra chercher à faire un inventaire systématique des agrammaticalités. Ainsi de nombreuses recherches génératives auront pour point de départ des questions comme « Pourquoi est-on gêné par tel énoncé? »

→   Une étude des anomalies sémantiques relevées dans un corpus de poètes surréalistes, anomalies qui avaient été voulues telles par leurs auteurs, permet ainsi à T. Todorov d'établir *a contrario* certaines lois de la combinatoire sémantique du français (« Les anomalies sémantiques », *Langages*, mars 1966, p. 100-123).

La conception générativiste de l'agrammaticalité a cependant donné lieu à un certain nombre de critiques :

a) N'implique-t-elle pas un retour, honteux et caché, à la conception normative de la grammaire? Car peut-être les jugements d'agrammaticalité portés par les sujets parlants ne sont-ils que l'effet des règles apprises en classe, et qui se fondent, elles, sur une grammaire clairement normative.

b) Est-ce que ce sont les sujets parlants qui déterminent d'eux-mêmes les trois types d'agrammaticalités, ou bien cette distinction n'est-elle pas le simple reflet de la division de la grammaire générative en trois composants?

c) N'y a-t-il pas, entre les phrases grammaticales et agrammaticales, un vaste no man's land, à propos duquel personne ne peut se prononcer avec assurance? Comment expliquer alors ce phénomène dans le cadre d'une grammaire générative qui ne donne que deux possibilités pour un énoncé (être ou n'être pas engendré par la grammaire)? Les chomskistes répondent qu'il faut distinguer des degrés d'agrammaticalité, et faire en sorte que les phrases les moins agrammaticales soient interdites par les règles les plus marginales de la grammaire. Mais ces notions de degré d'agrammaticalité et de marginalité des règles restent actuellement très floues.

d) Le sentiment de bizarrerie, d'étrangeté, éprouvé devant un énoncé a-t-il toujours son origine dans le fait que cet énoncé outrepasse des règles? L'explication ne peut-elle pas être au contraire que l'énoncé pousse systématiquement l'utilisation des règles au-delà des limites habituelles? Dans ce cas, ce que les chomskistes appellent « agrammaticalité » ne témoignerait pas plus d'un écart par rapport aux règles que les « fautes » où H. Frei voit la manifestation la plus évidente de la vraie grammaire. L'anomalie sémantique « Et la hache maudit les hommes » (V. Hugo, *les Contemplations*, « Ce que dit la bouche d'ombre », 642) peut en effet être décrite de deux façons opposées. Ou bien il y a manquement à la règle selon laquelle *maudire* veut un sujet « humain », ou bien il y a une exploitation de cette règle qui aboutit à l'humanisation du sujet *hache* (ce qui est certainement l'intention de Hugo).

→ Cette deuxième possibilité est développée par U. Weinreich (« Explorations in semantic theory », dans le recueil *Current Trends in Linguistics*, 3, éd. T.A. Sebeok, La Haye, 1966, p. 429-432). Critiquant Katz et Fodor, Weinreich parle de **transfer features** : dans notre exemple le trait « humain » aurait été transféré de *maudire* à *hache*. Pour les écarts sur le plan stylistique, voir article *Figure*.

Arbitraire

Dès ses débuts, la réflexion sur le langage a cherché à savoir
si une langue est une réalité originale, imprévisible, irréductible
à toute réalité extra-linguistique, ou si au contraire elle peut,
partiellement ou totalement, être expliquée, voire justifiée, par
l'ordre naturel des choses ou de la pensée. La première thèse
est celle de l'**arbitraire linguistique**, la seconde, celle de la **motivation**. L'alternative se présente au moins à quatre niveaux, qui
sont assez largement indépendants les uns des autres.

RAPPORT SON-SENS.

C'est à propos de l'attribution des noms aux choses que les
sophistes posaient le problème. D'après le *Cratyle* de Platon,
deux écoles étaient aux prises. L'une, représentée par Cratyle,
et qui se rattache plus ou moins explicitement à Héraclite, soutient
qu'il y a un rapport naturel (φυσει) entre les noms et les choses
qu'ils désignent, ou au moins que, sans ce rapport, il n'est pas de
nom authentique. Le nom, imitation de la chose, a pour vertu
propre d'instruire. « Qui connaît les noms connaît aussi les choses »
(435 *d*). Pour montrer la sagesse cachée dans le vocabulaire, on
recourt d'abord à des **étymologies** : en ajoutant, supprimant ou
modifiant certaines lettres d'un nom apparemment arbitraire,
on fait apparaître à sa place un autre nom, ou une suite de noms,
qui, eux, décrivent correctement la chose désignée par le nom
initial (il ne s'agit donc pas d'une recherche historique, mais
d'un effort pour découvrir la vérité (ἐτυμον) des mots. En ce qui
concerne ensuite les **noms primitifs**, c'est-à-dire ceux sur lesquels
l'étymologie n'a plus prise, on cherche un rapport direct entre
leur sens et leur sonorité, en supposant aux sons élémentaires de
la langue une valeur représentative naturelle (*i* exprime la légèreté,

d et *t*, l'arrêt, etc.). L'idée que la parole est une obscure révélation du vrai, entre en conflit, dès le *Cratyle*, avec la thèse, inspirée par Démocrite, et liée à un courant de pensée relativiste (« L'homme est mesure de toute chose »), selon laquelle l'attribution des noms relève de l'arbitraire : c'est une affaire de loi (νομοι), d'institution (θησει), de convention (κατα συνθηκην). Quant à Platon, s'il reconnaît l'arbitraire qui règne dans les langues existantes (les étymologies qu'il donne sont intentionnellement fantaisistes), il refuse de trouver là une leçon de relativisme et une justification de fa rhétorique. Il conclut au contraire que la vérité est à chercher hors du langage, dans l'intuition des essences [124]. Seule leur saisie permettrait de créer un « langage idéal ». D'ailleurs, même dans ce langage, les noms ne seraient pas les images, mais seulement les « signes diacritiques », des essences (388 *b*).

➡ Cf. l'*Essai sur le Cratyle* de V. Goldschmidt, Paris, 1940; G. Genette, « L'éponymie du Nom », *Critique*, 1972, p. 1019-1044.

De nos jours, la thèse de l'arbitraire des dénominations linguistiques a été affirmée par Saussure en tête du *Cours de linguistique générale* (1re partie, chap. I). Elle est d'ailleurs implicite dans tous les travaux qui font apparaître pour l'aspect phonique de la langue une causalité indépendante de celle qui régit son aspect sémantique : cf. les lois phonétiques de la linguistique diachronique [22], l'opposition, chez Martinet, des deux « articulations » du langage [73], et le clivage établi par les grammaires génératives entre le composant phonologique, qui travaille sur la « structure superficielle » des énoncés, et le composant sémantique, qui exploite leur « structure profonde » [313]. Cette thèse est d'autre part liée, dans l'histoire de la linguistique, à l'idée que la langue forme un système, qu'elle possède une organisation interne. Si chaque signe, en effet, était une imitation de son objet, il serait explicable par lui-même, indépendamment des autres, et n'aurait pas de relation nécessaire avec le reste de la langue. C'est pourquoi, dès l'Antiquité, les grammairiens qui cherchaient une régularité — dite analogie — à l'intérieur du langage, prenaient parti pour l'arbitraire (à l'inverse, la plupart des étymologistes ne voulaient reconnaître dans la langue qu'irrégularité et désordre, ou, selon le mot consacré, anomalie, ce qui enlevait toute entrave

à la spéculation étymologique). On trouve dans Saussure une
démarche assez proche (2ᵉ partie, chap. VI). C'est parce que chaque
signe, pris à part, est absolument arbitraire, que le besoin humain
de motivation amène à créer des classes de signes où règne seulement un **arbitraire relatif** (*poirier* reçoit une espèce de motivation
secondaire du fait qu'il existe une classe ⟨*ceris-ier, mûr-ier, banan-
ier...*⟩ où le même type de dérivation s'accompagne d'un contenu
sémantique analogue. Ainsi l'organisation de la langue en catégories de signes est liée à l'arbitraire du signe isolé — qu'elle
permet de dépasser).

La recherche étymologique, et l'idée d'une sorte de vérité
naturelle du son, restent cependant présentes à toutes les époques
de la réflexion philosophique et linguistique. Les stoïciens furent
de grands chercheurs d'étymologies (et des anomalistes mili-
tants). Leibniz lui-même croit l'étymologie capable de nous
rapprocher de la langue primitive, langue qui aurait exploité
mieux que les nôtres la valeur expressive des sons. De nos jours
encore, certains linguistes cherchent à trouver des motivations
à la forme phonique des mots, tout en donnant à cette recherche
les garanties scientifiques qui lui ont souvent manqué : pour
cela ils tentent de fonder l'étymologie sur des dérivations historiquement vérifiables, et en même temps ils appuient sur des
observations psychologiques et acoustiques minutieuses leur étude
de la valeur expressive des sons.

⟶ Sur la recherche étymologique dans l'Antiquité : Varron, *De lingua
latina* (livres 5, 6 et 7) et J. Collart, *Varron, grammairien latin*, Paris,
1954. Sur les stoïciens plus particulièrement : K. Barwick, *Probleme
der stoischen Sprachlehre und Rhetorik*, Berlin, 1957. Comme exemple
de recherche étymologique moderne : P. Guiraud, *Structures étymologiques du lexique français*, Paris, 1967. Sur la valeur expressive des
sons dans la langue et le discours : R. Jakobson, « A la recherche de
l'essence du langage », in *Problèmes du langage*, Paris, 1966.

RAPPORT SIGNIFIANT-SIGNIFIÉ.

Saussure ayant enseigné à distinguer rigoureusement entre le
référent du signe (c'est-à-dire l'ensemble de choses auquel le signe
renvoie) et son signifié (c'est-à-dire le concept évoqué dans l'esprit
par son signifiant), la linguistique post-saussurienne s'est trouvée

devant la question des rapports entre le signifiant et le signifié, problème très différent du premier, puisqu'il s'agit maintenant d'une relation intérieure au signe [132]. Sur ce point la plupart des linguistes, à part quelques élèves de Saussure, maintiennent qu'on ne doit plus parler d'arbitraire, et que le signifié d'un signe, dans une langue donnée, ne peut pas être pensé indépendamment de son signifiant. Leur principal argument est que les signifiés de la langue n'ont aucun fondement logique ni psychologique : ils ne correspondent ni à des essences objectives ni à des intentions subjectives qui auraient des motivations en dehors de la langue. Constitués en même temps que la langue, contemporains de l'attribution qui leur est faite d'un signifiant phonique, ils n'ont aucune unité si ce n'est ce signifiant, et se dissolvent dès qu'on veut les en séparer (il n'y a pas d'idée générale qui serait ensuite étiquetée par le mot français « courage » : c'est l'emploi de ce mot qui rassemble et unifie une multitude d'attitudes morales différentes, qui n'ont sans doute aucune vocation à être subsumées sous un seul vocable ; de sorte que c'est un artefact de la réflexion linguistique qui fait imaginer une unité intellectuelle correspondant au mot « courage »). On notera qu'un argument de ce genre, s'il prouve bien la *nécessité* du lien signifiant-signifié intérieur à la langue, ne témoigne pas pour autant d'une motivation. D'autre part, il repose en fait sur le sentiment d'un arbitraire linguistique fondamental : il se fonde sur la croyance à une originalité irréductible de l'ordre créé par le langage par rapport à celui du monde ou de la pensée.

➡ Ch. Bally, élève direct de Saussure, a essayé de défendre l'arbitraire du rapport signifiant-signifié (*Le Français moderne*, 1940, p. 193-206). Le point de vue opposé est présenté par P. Naert (*Studia Linguistica*, 1947, p. 5-10) et par E. Benveniste (« Nature du signe linguistique », *Acta linguistica*, 1939, p. 23-29). Pour une étude d'ensemble : R. Engler, *Théorie et Critique d'un principe saussurien, l'arbitraire du signe*, Genève, 1962.

L'ORGANISATION SYNTAXIQUE.

Le problème de l'arbitraire linguistique déborde largement le cadre du signe isolé, et l'on peut chercher si les catégories et les règles syntaxiques mises en œuvre par une langue tendent à exprimer la structure même de la pensée, ou si elles constituent une création originale. La plupart des « Grammaires générales » du XVIIe et du XVIIIe siècle [15 s.] soutiennent qu'il y a deux parties dans la grammaire d'une langue. D'abord un ensemble de catégories et de règles qui sont communes à toutes les langues, car elles sont imposées par les exigences nécessaires et universelles de l'expression de la pensée logique. Ce serait le cas pour la distinction des principales parties du discours (adjectif, substantif, verbe), pour la règle qui prescrit la présence d'un verbe dans toute proposition, pour celle qui veut que le mot déterminé précède dans la phrase celui qui le détermine, etc. Mais, d'autre part l'aspect, spécifique de chaque langue serait dû à une série d'habitudes qui lui sont propres, soit qu'elles viennent compléter les règles universelles (en fixant la forme lexicale des mots, les détails de la déclinaison, certains mécanismes d'accord), soit qu'elles s'opposent après coup à ces règles (ainsi, lorsqu'elles autorisent ou prescrivent des « inversions » dans l'ordre naturel des mots, lorsqu'elles permettent de « sous-entendre » le verbe, lorsqu'elles donnent lieu à des idiotismes qui sont autant d'illogismes). Dans la mesure où la partie logique de la grammaire est considérée comme son niveau le plus profond et où les spécificités idiomatiques viennent seulement s'y greffer secondairement, la langue, dans l'optique des « Grammaires générales », peut être considérée comme essentiellement motivée, et arbitraire seulement par accident. Une formule de la *Grammaire de Port-Royal* tire la leçon de cette thèse : « La connaissance de ce qui se passe dans notre esprit est nécessaire pour comprendre les fondements de la grammaire » (2e partie, chap. I).

➡ Une critique méthodique du logicisme de Port-Royal a été présentée par Ch. Serrus, *Le Parallélisme logico-grammatical*, Paris, 1933.

La thèse de la motivation de la syntaxe réapparaît de nos jours, mais avec des différences notables, dans la linguistique générative [56 s.]

➡ Le rapprochement entre les grammaires générales et la grammaire générative a été présenté par N. Chomsky dans *Cartesian linguistics*, New York, 1966. Trad. franç., Paris, 1969.

Les transformationalistes pensent en effet que le constituant de base de la syntaxe doit être identique pour toutes les langues (ses règles constituent des universaux formels), et que les différences syntaxiques surgissent seulement sous l'effet des transformations. Mais alors que les grammairiens de Port-Royal déduisent l'universalité de la grammaire du postulat préalable selon lequel la langue est une représentation de la pensée logique, l'universalisme des chomskistes se donne comme une conclusion empirique de l'étude des langues, et ne se fonde donc pas sur une identification postulée de la syntaxe profonde et de la réalité logique. Si donc la thèse transformationaliste se révélait exacte, il en résulterait certes que la multitude des langues particulières a pour fondement commun l'universalité de la nature humaine (ce qui contredit en un sens la thèse de l'arbitraire); mais on pourrait se représenter ce fondement naturel des langues comme une faculté du langage ayant des caractères spécifiques par rapport aux autres facultés, et notamment par rapport à celles qui commandent la pensée logique. On entrevoit alors une conciliation possible entre l'affirmation du caractère naturel du langage et celle d'une originalité irréductible de l'ordre linguistique.

LES UNITÉS LINGUISTIQUES.

La façon la plus radicale d'affirmer l'arbitraire linguistique consiste à soutenir que les unités minimales mises en œuvre par une langue particulière ne sont pas susceptibles d'être définies indépendamment de cette langue. Cette thèse comporte elle-même au moins trois moments distincts :

a) Le premier est d'affirmer que les unités dont se servent les langues (phonèmes, traits distinctifs, sèmes, notions grammaticales) ne sont fondées sur rien d'autre que sur leur emploi linguistique : aucune contrainte physique ou physiologique ne prédispose la multitude de sons que l'on peut prononcer en français pour réaliser la voyelle *a* à constituer un seul et unique phonème. Et de même l'ensemble de nuances de couleurs désignées par le mot *vert* n'a, du point de vue de la réalité physique ou psychologique, aucune unité objective (cf. ce qui a été dit plus haut du mot *courage*). Ainsi le découpage de la réalité extra-linguistique en unités linguistiques ne serait pas dessiné en filigrane dans les choses, mais manifesterait le libre-arbitre de la langue.

→ Cette thèse de l'originalité du découpage linguistique est présentée dans le chapitre IV de la deuxième partie du *Cours de linguistique générale* de Saussure; elle a été reprise par la plupart des phonologues, et, en général, par toute l'école structuraliste : voir par exemple L. Hjelmslev, *Prolégomènes à une théorie du langage*, trad. franç. revue par A. M. Léonard, Paris, 1968, p. 73-82. Elle a été épargnée jusqu'ici par la réaction transformationaliste contre le structuralisme.

b) Un deuxième moment de la croyance à l'arbitraire consisterait à dire que le découpage effectué par le langage dans la réalité extra-linguistique varie de langue à langue : il n'est donc pas dû à une faculté générale du langage, mais à une libre décision des langues particulières. Pour tenter de le prouver on montre par exemple combien les phonèmes varient d'une langue à l'autre (A. Martinet, *Éléments de linguistique générale*, Paris, 1961, p. 53-54) ou que la même réalité sémantique est organisée différemment dans des parlers différents.

→ La méthode d'analyse des champs sémantiques élaborée par l'Allemand J. Trier permet de montrer que l'articulation d'une même région notionnelle peut varier selon les langues ou les états successifs d'une même langue (cf. *Der deutsche Wortschatz im Sinnbezirk des Verstandes*, Heidelberg, 1931). Plus nettement encore, l'Américain B. L. Whorf soutient que chaque langue — ou groupe de langues — est indissociablement lié à une certaine représentation du monde, représentation inconcevable en dehors de cette langue. Whorf a étudié notamment le concept du temps et du changement incorporé dans les parlers amérindiens, et qui serait très différent de la conception indo-européenne. Les principaux travaux de Whorf ont été rassemblés par J. B. Caroll sous le titre *Language, Thought and Reality*, Technology Press of M.I.T., 1956.

Les adversaires de cette thèse répondront que les variations alléguées tiennent à une analyse linguistique superficielle, et qu'une analyse approfondie ferait apparaître des universaux linguistiques qui témoignent d'une faculté naturelle du langage. Il y aurait ainsi un répertoire universel d'éléments sémantiques ou phonétiques dans lequel chaque langue choisirait les éléments de base de sa combinatoire. Cette thèse est actuellement défendue par la plupart des transformationalistes. Selon eux, chacun des deux composants, phonologique et sémantique, doit décrire les énoncés dans un métalangage universel dont les symboles désigneraient donc des **universaux substantiels** susceptibles de se retrouver dans les langues les plus différentes.

➡ Dans le domaine phonétique, les transformationalistes ont repris les idées de R. Jakobson : s'il est vrai que les phonèmes diffèrent de langue à langue, chaque phonème n'est lui-même qu'un groupement de traits distinctifs. Or ces traits distinctifs, dont le nombre est très limité, sont les mêmes pour toutes les langues (cf. R. Jakobson, C. Fant, M. Halle, *Preliminaries to Speech Analysis*, M.I.T. Press, Technical Report 13, 1952, ou bien N. Chomsky et M. Halle, *Sound Patterns of English*, New York, 1968). Dans le domaine sémantique — moins étudié jusqu'ici — les transformationalistes pensent aussi que, si les significations des mots ne sont pas identiques dans des langues différentes, elles sont cependant construites à partir d'éléments sémantiques minimaux qui, eux, sont universels. Consulter sur ce point les recueils *Universals of Language*, éd. par J. H. Greenberg, M.I.T. Press, 1966, et *Universals in Linguistic Theory*, éd. par Bach et Harms, New York, 1968.

c) Dans sa forme la plus aiguë, la croyance à l'arbitraire linguistique ne se fonde plus sur le découpage de la réalité phonique ou sémantique par les différentes langues, mais sur l'idée que la nature profonde des éléments linguistiques est purement formelle. Telle qu'elle a été élaborée par Hjelmslev — à partir de certaines indications de Saussure [38], — cette thèse consiste à affirmer que l'unité linguistique est constituée avant tout par les relations (syntagmatiques et paradigmatiques) qu'elle entretient avec les autres unités de la même langue. Dans cette perspective chaque unité ne peut se définir que par le système dont elle fait partie. Il devient alors contradictoire de retrouver dans des parlers différents des unités identiques, et de se représenter les diverses langues comme étant simplement des combinatoires différentes, constituées à partir d'un ensemble universel d'éléments donnés dans la faculté humaine du langage. Tout élément comportant, en son centre même, une référence au système linguistique dont il fait partie, l'originalité de chaque langue n'est plus un phénomène contingent, mais nécessaire, qui tient à la définition même de la réalité linguistique. Une langue ne peut plus, alors, être autre chose qu'arbitraire.

➜ A. Martinet (« Substance phonique et traits distinctifs », *Bulletin de la société de linguistique de Paris*, 1957, p. 72-85) discute l'idée jakobsonienne de traits distinctifs phonologiques universels, en utilisant des arguments assez proches de la perspective glossématique. Pour lui les traits distinctifs utilisés par une langue ne sauraient être décrits par une simple caractérisation phonétique, car ils ne se définissent que par leur rapport avec les autres traits distinctifs de la même langue. Par suite, la question de leur universalité ne se pose même pas. Sur l'application possible de la conception hjelmslevienne aux problèmes sémantiques, voir O. Ducrot, « La commutation en glossématique et en phonologie », *Word*, 1967, p. 116-120, et surtout J. Kristeva, « Pour une sémiologie des paragrammes », *Tel Quel*, 29, 1967, p. 53-75.

Synchronie et diachronie

Bien que les termes « synchronie » et « diachronie » ne soient entrés dans la terminologie linguistique usuelle que depuis F. de Saussure, on peut les définir indépendamment des thèses saussuriennes. Un phénomène de langage est dit synchronique, lorsque tous les éléments et facteurs qu'il met en jeu appartiennent à un seul et même moment d'une seule et même langue (= à un seul état). Il est diachronique lorsqu'il fait intervenir des éléments et facteurs appartenant à des états de développement différents d'une même langue. L'application de cette définition est triplement relative. Elle dépend de ce qu'on entend par « une même langue ». Est-ce la même langue qui est parlée à Paris, à Marseille et au Québec? Elle dépend ensuite de ce qu'on entend par « le même état ». Le français parlé en 1970 et celui qui était parlé en 1960 appartiennent-ils au même état de développement du français? Et celui de 1850? De proche en proche, pourquoi ne pas dire que le français et le latin appartiennent au même état de développement de la langue mère indo-européenne? Enfin, comme tout phénomène de langue est toujours lié à des facteurs historiques, les adjectifs « synchronique » et « diachronique » qualifient moins les phénomènes eux-mêmes, que le point de vue adopté par le linguiste. Il n'y a pas, en toute rigueur, de fait de synchronie, mais on peut décider de faire abstraction, lorsqu'on décrit ou explique un fait, de tout ce qui n'appartient pas à un état de langue déterminé. N.B. Bien que la terminologie américaine appelle descriptive linguistics, ce qui est appelé ici « linguistique synchronique », il n'est pas évident que le point de vue synchronique ne puisse pas être explicatif (voir article sur le fonctionnalisme [42]). Inversement, certaines recherches diachroniques (comme celles des comparatistes [23]) sont avant tout descriptives, car elles se contentent de constater — et de formuler aussi simplement que possible, en recourant à des « lois phonétiques » — les ressemblances et les différences des états de langue comparés.

La réflexion linguistique a été longue à distinguer clairement les points de vue synchronique et diachronique. Ainsi la recherche étymologique hésite constamment entre deux objectifs : *a)* mettre un mot en rapport avec un autre mot qui en donne la signification profonde et cachée (cf. l'étymologie dans le *Cratyle* [170]), *b)* mettre un mot en rapport avec un mot antérieur dont il « provient » (c'est l'étymologie historique [21]). On ne voit pas toujours clairement si les deux recherches sont considérées comme indépendantes, ou si on tient leur convergence pour leur commune justification. De même, si on a, depuis l'Antiquité, remarqué le rapport particulier existant entre certains sons (le *b* et le *p*, le *g* et le *k*, etc.), on donne souvent pêle-mêle, pour preuve de ce rapport, des arguments synchroniques et diachroniques. Ainsi Quintilien (cité par l'*Encyclopédie*, article *C*) illustre le rapport *g — k* (écrit *c*), simultanément par un fait synchronique (le verbe latin *agere* a pour participe *actum*), et par un fait diachronique (le grec *cuber-nètès* a donné en latin *gubernator*).

Quant à la linguistique historique du XIXe siècle, si elle a reconnu la spécificité des faits diachroniques, elle a été amenée progressivement à résorber la synchronie dans la diachronie. C'est le cas des comparatistes, qui concluent du déclin des langues au droit, voire à l'obligation, de retrouver dans l'état postérieur l'organisation de l'état antérieur [25]. C'est le cas aussi des néo-grammairiens [27], selon qui un concept de linguistique synchronique ne possède un sens que dans la mesure où il peut être interprété en termes diachroniques. Ainsi, pour H. Paul, dire qu'un mot est dérivé d'un autre (par exemple « travailleur » de « travailler »), ou cela n'a pas de sens précis (= ce n'est qu'une façon de signaler la ressemblance entre ces mots, et la complexité plus grande du second), ou cela signifie qu'à une certaine époque, la langue connaissait seulement le mot « source », et que le mot « dérivé » a été construit à une époque ultérieure.

L'absence de distinction nette, chez les comparatistes, entre synchronie et diachronie, apparaît encore à la façon dont ils traitent le problème de la classification des langues. Celle-ci peut être soit historique, génétique (= regroupant les langues de même origine), soit **typologique** (= regroupant les langues ayant des caractéristiques semblables du point de vue phonique, grammatical ou sémantique). Or les comparatistes admettent implicitement qu'une classification génétique, comportant par exemple une catégorie « langues indo-européennes », serait en même temps une typologie, en ce sens au moins que les langues génétiquement apparentées devraient nécessairement être typologiquement semblables : ainsi les langues indo-européennes sont de type flexionnel (voir ici-même, p. 26 la typologie établie par Schleicher, et admise, avec des variantes, par la plupart des linguistes du XIXᵉ siècle). Cette croyance s'explique d'ailleurs, puisque cette typologie était fondée sur un critère unique, l'organisation interne du mot, et que la méthode comparatiste implique que les langues entre lesquelles on établit des relations génétiques construisent les mots de la même façon (cette implication est développée ici-même, p. 21 s.). Depuis le début du XXᵉ siècle, beaucoup de linguistes ont essayé en revanche de rendre la typologie indépendante des préoccupations historiques, cette tentative allant de pair avec un élargissement des critères typologiques. Ainsi Sapir ne reconnaît au critère de la construction du mot qu'un rôle secondaire. Son critère essentiel est fondé sur la nature des concepts exprimés dans la langue. Si toutes les langues expriment les « concepts concrets », désignant des objets, des qualités ou des actions (ils sont exprimés par les radicaux [24] des noms et des verbes dans les langues indo-européennes), ainsi que les « concepts relationnels abstraits », établissant les principales relations syntaxiques, certaines n'ont pas de « concepts dérivationnels », modifiant le sens des concepts concrets (exprimés par exemple en français par les diminutifs, cf. *ette*, des préfixes comme *dé-*, *re-*, des désinences comme *eur* ou *ier* dans « menteur » ou « poirier »), ni de « concepts relationnels concrets » (cf. nombre, genre). Selon qu'elles n'expriment aucune, l'une ou l'autre, ou encore l'une et l'autre de ces dernières catégories notionnelles, on pourra grouper les langues en classes qui, vu la nature des critères utilisés, n'auront plus nécessairement de caractère génétique.

→ E. Sapir, *Language*, Londres, 1921, trad. franç., Paris, 1953, chap. VI. Une réflexion d'ensemble sur le problème de la typologie : E. Benveniste, *Problèmes de linguistique générale*, Paris, 1966, chap. IX.

Saussure est sans doute le premier à avoir revendiqué explicitement l'autonomie pour la recherche synchronique. Il utilise différents arguments :

1. Contrairement à ce que dit H. Paul, il est possible de définir les rapports synchroniques, d'une façon précise et exigeante, *sans aucun recours à l'histoire*. Un saussurien, par exemple, n'admet un rapport de **dérivation** entre deux termes que si le passage de l'un à l'autre se fait selon un procédé général dans la langue considérée, procédé qui, à l'aide de la même différence phonique, produit la même différence sémantique. Ce qui garantit la dérivation « travailler — travailleur », c'est qu'elle s'insère dans la série ⟨*manger — mangeur, lutter — lutteur*, etc.⟩, série particularisée par le fait que le verbe, dans chaque couple, est un verbe d'action. Autrement dit, ce qui fonde le rapport synchronique, c'est son intégration dans l'organisation d'ensemble, dans le système, de la langue. Or la langue, pour un saussurien, doit *nécessairement* se présenter, *à chaque moment de son existence*, comme un système [31 s.].

2. Non seulement les rapports synchroniques peuvent être fondés hors de toute considération diachronique, mais il arrive qu'ils soient en conflit avec les rapports diachroniques. D'abord certains rapports synchroniques sont diachroniquement injustifiés. En synchronie, on a le rapport « léguer — legs » (dont le *g* est, pour cette raison, souvent prononcé), rapport analogue à « donner — don », « jeter — jet », etc. Or il n'y a aucun rapport historique entre « léguer » et « legs » (qui est à relier à *laisser*) : leur rapprochement est une **étymologie populaire**, qui a été inventée par les sujets parlants parce qu'elle s'intégrait bien dans le système du français. Réciproquement, bien des rapports historiquement fondés n'ont aucune réalité synchronique — et cela, parce qu'ils ne peuvent plus être intégrés dans le système de la langue actuelle (conséquence : les sujets parlants les ont oubliés). Ainsi il n'y a pas de rapport, aujourd'hui, entre « bureau » et « bure » (bien que « bureau » ait été construit à partir de « bure » : c'était une table recouverte de bure).

3. S'il est vrai que les changements phonétiques modifient souvent l'expression des rapports grammaticaux, ils ne le font jamais qu'indirectement et par accident, sans avoir comme objet

cette modification. A une certaine époque de l'évolution du latin, « honneur » se disait *honos*, qui faisait, régulièrement, son génitif par l'addition de *is* : *honosis*. Puis une loi phonétique a transformé en *r*, dans tous les mots latins, le *s* pris entre deux voyelles, ce qui a produit *honoris*. S'il se trouve que le rapport nominatif-génitif a été ainsi atteint, c'est sans avoir été visé, car la loi concernait tout *s* placé dans la position en question. Étant donné donc que ce rapport n'a pas été visé, rien ne l'a empêché de se rétablir — et c'est ici qu'intervient l'analogie [27] : en prenant modèle sur la série des génitifs réguliers ⟨*labor — laboris, timor — timoris*⟩, les latins ont créé un nouveau nominatif *honor*, qui a peu à peu supplanté l'ancien, et permis la formation régulière *honor — honoris*. Ainsi le système avait une force suffisante pour produire un mot nouveau, et rétablir le schéma général. Non seulement, par conséquent, l'innovation analogique ne saurait modifier une organisation préexistante — qu'elle présuppose au contraire —, mais elle est un élément conservateur, qui répare les dégâts produits, accidentellement, par les lois phonétiques.

L'étude de l'évolution historique confirme donc les arguments tirés d'une réflexion sur les rapports synchroniques. La conclusion est que l'état d'une langue à un moment donné, dans la mesure où on considère son organisation systématique, n'est jamais rendu plus clair — qu'on veuille le décrire ou l'expliquer — par une référence à son passé. La recherche synchronique doit être menée hors de toute considération diachronique.

Cette thèse de l'indépendance de l'investigation synchronique est actuellement admise par presque tous les linguistes — aussi bien saussuriens que transformationalistes. Mais elle n'est pas toujours clairement distinguée, chez Saussure, de sa réciproque, c'est-à-dire de l'idée que la diachronie se laisse étudier hors de toute considération synchronique : certains arguments utilisés dans le *Cours* suggèrent même cette réciproque, puisqu'ils assimilent le changement historique à l'action des lois phonétiques sur les sons élémentaires du langage, et que ces lois — considérées, dans la tradition du XIXᵉ siècle, comme « aveugles » — sont censées ignorer l'organisation synchronique de la langue, son « système ». C'est justement cette thèse que beaucoup de linguistes actuels mettent en doute (pour des raisons qui ne sont d'ailleurs

pas toujours compatibles entre elles). Leur conclusion commune
est que l'évolution linguistique peut avoir, pour point de départ
et pour point d'arrivée, des systèmes, et qu'elle doit alors se décrire
comme la transformation d'une structure synchronique en une
autre structure synchronique. Tout en admettant donc que l'organisation synchronique d'un état de langue doit être établie indépendamment de toute recherche diachronique, on pense que
l'étude diachronique doit s'appuyer sur une connaissance préalable des organisations synchroniques.

Cette tendance est particulièrement nette dans la phonologie
diachronique, qui croit nécessaire, pour comprendre l'évolution
phonique d'une langue, de distinguer deux types de changements.
Les changements phonétiques sont ceux qui n'atteignent pas le
système phonologique de la langue — car ils modifient seulement
les variantes par lesquelles les phonèmes sont manifestés [222]
(exemple : transformation de la prononciation du *r* français
depuis le XVIIᵉ siècle). Les changements phonologiques, au
contraire, modifient le système phonologique :

Exemple 1. Suppression d'une opposition de phonèmes : en
français contemporain, même si une certaine différence de prononciation est maintenue entre « l'Ain » et « l'un », cette différence est de moins en moins utilisée à des fins distinctives, les deux
prononciations n'étant d'ailleurs plus guère *entendues* comme
différentes.

Exemple 2. Phonologisation d'une distinction qui était auparavant une variante combinatoire [222] imposée par le contexte.
Vers la fin du XVIᵉ siècle, en France, la différence entre les sons [ã]
(= la prononciation actuelle du mot *an*) et [a], représentait une
variante combinatoire, le *a* étant obligatoirement prononcé [ã]
devant [m] ou [n] (*an* et « Anne » étaient alors prononcés [ãn]
et [ãnə], leur distinction étant assurée par le *e* prononcé à la fin
de « Anne »); puis, à l'époque où le *e* final a cessé d'être prononcé,
« Anne » s'est prononcé [an], comme aujourd'hui (avec désanali-
sation du [ã] et chute du [ə]), alors que *an* prenait la prononciation
actuelle [ã] (avec chute du [n]), de sorte que [ã] est devenu un
phonème, doué de pouvoir distinctif (la différence entre les
prononciations [a] et [ã] permettant de distinguer *à* et *an*).

Exemple 3. Déplacement de toute une série de phonèmes :

lorsque le [kw] latin (cf. le relatif *qui*) a donné le son italien [k] (cf. le relatif italien *chi*), le [k] latin (cf. initiale de *civitas*) a donné l'italien [č] (cf. initiale de *città*), ce qui a permis de préserver toutes les distinctions de mots.

Dans les cas de changement phonologique, ce n'est pas seulement la réalité matérielle des phonèmes qui est en jeu, mais leurs rapports mutuels, c'est-à-dire, en termes saussuriens, leur valeur, leur caractère systématique [32]. Or on ne saurait comprendre l'évolution linguistique sans distinguer changement phonétique et changement phonologique. Les premiers ont des causes extra-linguistiques, soit physiologiques (minimalisation de l'effort), soit sociales (imitation d'un groupe par un autre). Le changement phonologique, au contraire, obéit à une causalité intra-linguistique. Ce qui le produit, c'est ou bien une sorte de déséquilibre dans le système antérieur, dont certains éléments (phonèmes ou traits distinctifs [224]), devenus marginaux, cessent d'être étayés par la pression des autres, ou bien, comme dit Martinet (à qui sont empruntés les exemples précédents), un phénomène global d'économie (il se trouve qu'une certaine opposition de phonèmes cesse d'être rentable *dans un état de langue donné* : la proportion entre son coût, en énergie articulatoire, et son rendement, en pouvoir distinctif, devient trop supérieure à celle que présentent les autres oppositions du même système, ou, simplement, à celle d'une autre opposition, jusque-là seulement possible, et qui va la remplacer). De toute façon, c'est l'organisation d'ensemble de l'état linguistique qui est en jeu dans la transformation. Ainsi les changements phoniques, qui, pour Saussure, ne concernent que les sons élémentaires, et ne peuvent pas, par suite, intéresser le système synchronique de la langue, se révèlent en fait fournir eux-mêmes des exemples de changement structural.

Sur la phonologie diachronique : R. Jakobson, « Principes de phonologie historique », appendice 1 des *Principes de phonologie* de N. S. Troubetzkoy, trad. franç., Paris, 1949; A. Martinet, *Économie des changements phonétiques*, Berne, 1955. Pour une application au français : G. Gougenheim, « Réflexions sur la phonologie historique du français », *Travaux du Cercle linguistique de Prague*, 1939, p. 262-269; A. G. Haudricourt, A. G. Juilland, *Essai pour une histoire structurale du phonétisme français*, Paris, 1949.

Les partisans de la grammaire générative tentent également, mais d'un point de vue fort différent, de réintroduire la considération des systèmes synchroniques dans l'étude du changement linguistique. Leurs recherches, encore peu développées, et qui concernent surtout l'aspect phonique du langage, font apparaître les thèmes suivants :

1. Les changements phonétiques, loin d'être « aveugles », prennent souvent en considération la structure grammaticale des mots auxquels ils s'appliquent : un phonème peut être modifié de façon différente lorsqu'il est utilisé dans des fonctions grammaticales différentes. Cette thèse, déjà soutenue aussi bien par les adversaires des néo-grammairiens que par ceux de Saussure — prend une importance particulière dans la théorie générative. En effet le « composant phonologique » [75] de la grammaire, composant à valeur purement synchronique, est amené, pour traduire la structure syntaxique superficielle des phrases en une représentation phonétique, à prendre en considération la fonction grammaticale des phonèmes : les lois qui le constituent ont souvent leur application conditionnée par le rôle syntaxique des unités qui leur sont soumises. D'où une première ressemblance entre les lois déterminant l'évolution du phonétisme et celles qui le constituent en synchronie.

2. Les lois constituant le composant phonétique sont ordonnées [300]. Soit A une structure syntaxique superficielle. Sa conversion en une représentation phonétique B n'est pas obtenue par la modification successive des différents éléments terminaux a_1, a_2, a_3, etc. de A, mais le balayage de A par une première loi (appliquée à tous ses éléments) donne une représentation A', puis une seconde, appliquée à A' donne une représentation A''... jusqu'à l'obtention finale de B. Le composant donne ainsi, de la phrase, une série de représentations différentes, de plus en plus éloignées de la structure abstraite A, et de plus en plus proches de la forme concrète B. Or, selon les transformationalistes, lorsqu'un changement phonétique survient dans un état donné, il modifie directement, non pas les éléments concrets, mais les lois par lesquelles ceux-ci sont introduits dans la représentation finale. Ce sur quoi porte donc le changement, c'est le système même de la langue, celui qui est décrit dans les lois de la grammaire synchronique.

3. Certains transformationalistes ont fait l'hypothèse que : (a) le changement phonétique se fait *surtout* par introduction de lois nouvelles dans le composant phonologique, et que (b), lorsqu'une loi est introduite, elle prend place, dans l'ordre d'application des lois, *à la suite* des lois préexistantes (grâce à quoi il n'y a pas, dans la prononciation, un changement qui rendrait impossible la compréhension). Il résulte de (a) et de (b) que l'ordre synchronique des lois dans le composant reproduit, partiellement au moins, l'histoire diachronique du phonétisme. N.B. Cette convergence n'est pas présentée comme un *principe théorique*, mais comme une *hypothèse*, à vérifier empiriquement (la vérification exige qu'il y ait des critères purement synchroniques pour choisir et pour ordonner les lois dans le composant phonologique, afin que la convergence soit significative).

➤ Sur l'application de la phonologie générative à l'histoire des langues, voir *Langages*, déc. 1967, notamment les articles de M. Halle (« Place de la phonologie dans la grammaire générative »), et de P. Kiparsky (« A propos de l'histoire de l'accentuation grecque »), ainsi que leur bibliographie. Voir aussi S. Saporta, « Ordered Rules, Dialect Differences and Historical Processes », *Language*, 1965, et P. Kiparsky, « Linguistic Universals and Linguistic Change », in E. Bach, et R. Harms, (éd.), *Universals in Linguistic Theory*, New York, 1969.

Dans les domaines linguistiques autres que la phonologie, les tentatives pour constituer une « histoire des systèmes » ont malheureusement beaucoup moins progressé, de sorte que la dichotomie absolue établie par Saussure entre synchronie et diachronie y reste triomphante. On notera cependant que l'analyse des champs sémantiques mise au point par J. Trier [176] a constitué dès l'origine une tentative d'histoire structurale, puisqu'elle montre comment, à une époque donnée, une réorganisation sémantique d'ensemble s'est opérée dans tout un secteur du lexique allemand.

➤ On trouvera des indications théoriques dans E. Coseriu, « Pour une sémantique structurale », *Travaux de linguistique et de littérature*, 1964, p. 139-186, et des exemples d'analyse tout au long de E. Benveniste, *Vocabulaire des institutions indo-européennes*, Paris, 1969. Voir aussi P. Guiraud, *Structures étymologiques du lexique français*, Paris, 1967

Histoire de la littérature

Pour dissiper quelques confusions fréquentes, nous définirons d'abord de manière négative le champ de l'histoire de la littérature :

1. L'objet de l'histoire littéraire n'est pas la genèse des œuvres. Tynianov écrit dès 1927 : « Le point de vue adopté détermine le type de l'étude. On en distingue deux principaux : l'étude de la *genèse* des phénomènes littéraires, et l'étude de la *variabilité* littéraire, c'est-à-dire de l'évolution de la série. » Nous poserons en une première approche que l'objet spécifique de l'histoire littéraire est cette **variabilité** de la littérature, et non la **genèse des** œuvres que d'aucuns continuent de considérer comme l'objet de l'histoire littéraire et qui, selon nous, relève en fait de la psychologie ou de la sociologie de la création.

2. Il faut distinguer clairement l'histoire de la *littérature* de l'histoire *sociale*. Substituer celle-ci à celle-là, c'est affirmer que l'on peut expliquer la variabilité littéraire par les changements de la société : la réponse est donnée avant même que l'on ait pu formuler la question. Ce qui ne veut pas dire que les deux séries sont indépendantes : distinguer ne signifie pas isoler; il s'agit plutôt d'établir un ordre hiérarchique dans l'objet de l'étude, ordre qui se répercute nécessairement sur la forme de l'étude elle-même.

3. L'histoire littéraire ne coïncide pas non plus avec l'étude immanente — qu'on l'appelle *lecture* ou *description* — qui cherche à reconstituer le système du texte. Ce dernier type d'étude — qui peut embrasser le système de toute une période littéraire — aborde son objet « en synchronie » pourrait-on dire. L'histoire doit s'attacher au *passage* d'un système à l'autre, c'est-à-dire à la diachronie [179 s.].

Il ne peut donc s'agir d'étudier des œuvres particulières qui sont des instances uniques. Elles ne sont affectées par le temps qu'en ce qu'elles subissent, selon les époques, des interprétations différentes. Ce dernier problème relève plutôt de l'histoire des idéologies. On dira, au contraire, que l'histoire littéraire doit étudier le *discours* littéraire et *non les œuvres*, en quoi elle se définit comme partie de la *poétique*.

OBJET.

La première question qui se pose à l'historien peut donc être ainsi formulée : qu'est-ce qui change exactement à l'intérieur du discours littéraire?

Au XIXᵉ siècle (Brunetière), la réponse était : ce sont les genres qui changent, le roman, la poésie, la tragédie. Cette conception trahit un glissement imperceptible et dangereux du concept au mot. Car déclarer que le roman a changé entre 1800 et 1900, c'est dire que le sens du mot « roman » a changé entre ces mêmes dates : le changement dans l'extension du concept a entraîné un changement dans sa compréhension. Mais rien ne nous autorise à postuler, que des traits communs apparentent deux livres séparés d'un siècle. Cette identité est purement nominale : elle réside dans le discours critique ou journalistique, nulle part ailleurs. Par conséquent, une étude sur la « vie des genres » n'est rien d'autre qu'une étude sur la vie des *noms* des genres, tâche peut-être intéressante, mais qui relève en fait de la sémantique historique. Les œuvres ne se transforment pas, elles ne sont que les signes des transformations. Les genres ne se transforment pas non plus : ils sont les produits des transformations, des trans-formes. Ce qui change a une nature plus abstraite encore, et se situe en quelque sorte « derrière » ou « au-delà » des genres.

Les Formalistes russes ont proposé cette réponse : ce qui change, ce sont les *procédés* littéraires. Tomachevski écrit : « Les procédés concrets et particuliers, leurs combinaisons, leur utilisation, et en partie leurs fonctions changent énormément au cours de l'histoire de la littérature. Chaque époque littéraire, chaque école est caractérisée par un système de procédés qui lui est propre et qui représente le style (au sens large) du genre ou du courant littéraire. » Mais ici, on se heurte à l'ambiguïté du terme « procédé » chez les Formalistes. Les exemples qu'en donne Tomachevski sont les suivants : la règle des unités, la fin heureuse ou malheureuse des comédies et des tragédies. On voit que le « procédé » en fait ne change pas : la fin est heureuse *ou* malheureuse, la règle des unités est présente *ou* absente.

La première réponse satisfaisante (même si elle n'est pas parfaite) nous est fournie par un autre Formaliste, Tynianov. Ce que Tomachevski appelle « procédés », il l'appelle, lui, *formes*, qu'il distingue des *fonctions* entendues comme des relations entre formes. Les fonctions sont de deux types : elles peuvent être définies soit par rapport à d'autres fonctions semblables susceptibles de les remplacer (c'est un rapport de substitution : le lexique d'un texte, par exemple, par rapport au lexique d'un autre texte); soit par rapport à des fonctions voisines, avec lesquelles elles entrent en combinaison (c'est un rapport d'intégration : le lexique d'un texte par rapport à la composition de ce même texte). Pour Tynianov, la variabilité littéraire consiste en la redistribution des formes et des fonctions. *La forme change de fonction, la fonction change de forme.* La tâche la plus urgente de l'histoire littéraire est d'étudier « la variabilité de la fonction de tel ou tel élément formel, l'apparition de telle ou telle fonction dans un élément formel, son association avec cette fonction ». Par exemple, tel mètre (forme) sert à introduire tantôt la poésie épique « élevée », tantôt l'épopée vulgaire (fonctions). Ce à quoi le schéma de Tynianov ne répond pas, c'est à la question de savoir s'il n'y a pas deux types différents de changements, dont l'un serait l'introduction de nouveaux éléments, et l'autre, leur redistribution.

Un des Formalistes marginaux, Vinogradov, pose une autre exigence : « Le dynamisme doit être présenté soit comme le remplacement d'un système par un autre, soit comme une transformation partielle d'un système unique, dont les fonctions centrales restent relativement stables. » Tynianov affirme aussi : « La notion fondamentale de l'histoire littéraire est celle de la substitution de *systèmes*. » Les changements dans le discours littéraire ne sont pas isolés; chacun d'entre eux affecte le système entier, provoquant ainsi la substitution d'un système par un autre.

On peut donc définir une *période* littéraire [196] comme le temps pendant lequel un certain *système* se maintient sans grand changement.

➡ F. Brunetière, *L'Évolution des genres dans l'histoire de la littérature*, Paris, 1890; G. Lanson, *Méthodes de l'histoire littéraire*, Paris, 1925; A. Veselovski, *Istoricheskaja poetika*, Leningrad, 1940; *Théorie de la littérature*, Paris, 1965; H. Cysarz, *Literaturgeschichte als Geisteswissenschaft*, Halle, 1926; M. Wehrli, « Zum Problem der Historie in der Literaturwissenschaft », *Trivium*, 1949; R. Wellek, *Concepts of Criticism*, New Haven, 1963, p. 37-53; G. Genette, *Figures III*, Paris, 1972, « Poétique et histoire »; *Geschichte-Ereignis und Erzählung*, Munich, 1973.

MODÈLES.

Les différents types de lois de transformation que l'on a cru identifier peuvent, pour plus de commodité, être chacun désigné par une métaphore.

Le premier, et le plus répandu, des modèles est celui de la *plante* : c'est un modèle organiciste. Les lois de variabilité sont celles de l'organisme vivant : comme lui, l'organisme littéraire naît, s'épanouit, vieillit, et finalement meurt. Aristote parle de la « maturité » de la tragédie; Friedrich Schlegel décrit comment la poésie grecque a poussé, proliféré, fleuri, mûri, s'est desséchée et est tombée en poussière; Brunetière parle de l'adolescence, de l'âge mûr et de la vieillesse de la tragédie française. A cette version classique de l'organicisme s'en est récemment substituée une autre, que l'on trouve d'abord chez les Formalistes, ensuite chez les théoriciens de l'information : le procédé, original au début, s'automatise, puis retombe en désuétude, ce qui le rend à nouveau improbable et par conséquent riche en information.

Le second modèle, répandu dans les études littéraires du XXe siècle, est celui du *kaléidoscope*. Il postule que les éléments constituant les textes littéraires sont donnés une fois pour toutes, et que le changement réside simplement dans une nouvelle combinaison des mêmes éléments. Cette conception repose sur l'idée que l'esprit humain est un et fondamentalement invariable. Pour Chklovski, le « travail des écoles littéraires consiste beaucoup plus en la disposition des images qu'en leur création ». Selon T. S. Eliot, « l'originalité poétique est en grande partie une façon originale d'assembler les matériaux les plus disparates et les plus dissemblants pour en faire un tout nouveau ». Et Northrop Frye : « Tout ce qui est nouveau en littérature est du vieux reforgé. »

Baptisons le troisième modèle de l'histoire littéraire *le jour et la nuit*. Ici, les changements sont perçus comme des mouvements d'opposition entre la littérature d'hier et celle d'aujourd'hui. Le prototype de toutes les versions de cette métaphore se trouve chez Hegel, dans la formule thèse-antithèse-synthèse. L'avantage incontestable de ce modèle par rapport au premier est qu'il permet de rendre compte non seulement de l' « évolution » mais aussi des « révolutions », c'est-à-dire des accélérations et des ralentissements dans le rythme de la variabilité.

Les Formalistes s'appuient souvent sur l'image hégélienne. Tynianov écrit à ce propos : « Quand on parle de la tradition ou de la succession littéraire, on imagine généralement une ligne droite qui relie les cadets d'une certaine branche littéraire à leurs aînés. Pourtant les choses sont beaucoup plus complexes. Ce n'est pas la ligne droite qui se prolonge mais on assiste plutôt à un départ qui s'organise d'un point de vue que l'on réfute. Toute succession littéraire est avant tout un combat. » Chklovski développe sa théorie de l'histoire littéraire en forgeant une autre métaphore : « L'héritage passe non du père au fils, mais de l'oncle au neveu. » L' « oncle » représente une tendance qui ne jouit pas de la première place : c'est souvent ce que l'on appelle aujourd'hui littérature de masses. La génération suivante reprendra et « canonisera » cette tendance secondaire, apparentée et opposée à la précédente : « Dostoievski élève au titre de norme littéraire les procédés du roman d'aventures. »

Ces modèles, on le voit tout de suite, ne sont ni très riches ni suffisamment élaborés. Pour avoir pendant trop longtemps confondu son objet avec celui de disciplines voisines, l'histoire littéraire, la branche la plus ancienne parmi les disciplines d'études littéraires, fait aujourd'hui figure de parent pauvre.

➡ *Théorie de la littérature*, Paris, 1965; T. S. Eliot, *Essais choisis*, Paris, 1960; E. R. Curtius *La littérature européenne et le Moyen Age latin*, Paris, 1956; N. Frye, *The Educated Imagination*, Bloomington, 1964; R. Wellek, *Concepts of Criticism*, New Haven, 1963, p. 37-53.

Genres littéraires

Le problème des genres est l'un des plus anciens de la poétique, et de l'Antiquité jusqu'à nos jours, la définition des genres, leur nombre, leurs relations mutuelles n'ont jamais cessé de prêter à discussion. On considère aujourd'hui que ce problème relève, de manière générale, de la typologie structurale des discours, dont le discours littéraire n'est qu'un cas particulier. Comme cependant cette typologie est — dans sa généralité — relativement peu élaborée, il est préférable d'en aborder l'étude par le biais des genres *littéraires*.

Il faut d'abord écarter un faux problème et cesser d'identifier les genres avec les noms des genres. Certaines appellations jouissent toujours d'une grande popularité (« tragédie », « comédie », « sonnet », « élégie », etc.). Il est évident toutefois que si le concept de genre doit avoir un rôle dans la théorie du langage littéraire, on ne peut le définir sur la seule base des dénominations : certains genres n'ont jamais reçu de nom; d'autres ont été confondus sous un nom unique malgré des différences de propriétés. L'étude des genres doit se faire à partir des caractéristiques structurales et non à partir de leurs noms.

Mais en écartant cette confusion première, on ne résout pas pour autant la question du rapport entre l'entité structurale et le phénomène historique. En effet, on observe deux approches radicalement différentes au long de l'histoire.

La première est inductive : elle *constate* l'existence des genres à partir de l'observation d'une période donnée. La seconde est déductive : elle *postule* l'existence des genres à partir d'une théorie du discours littéraire. Bien que certains aspects de l'une se retrouvent dans l'autre, chacune de ces approches possède ses propres méthodes, techniques, et concepts; à tel point qu'on peut se demander si l'objet même qu'elles visent peut être tenu pour unique, et s'il ne vaut pas mieux parler de genres, dans le premier cas, de types, dans le second.

Si, par exemple, l'on dit, à l'époque du classicisme en France, que la tragédie contemporaine se caractérise par le « sérieux de l'action » et par la « dignité des personnages », on pourra, à partir de là, entreprendre deux types d'études fondamentalement différentes.

Le premier consiste : 1) à établir que des *catégories* telles que « l'action » ou « les personnages » se justifient dans la description des textes littéraires; qu'elles sont présentes obligatoirement ou non; 2) à montrer que chacune de ces catégories peut être spécifiée par un nombre fini de propriétés qui s'organisent en structure : par exemple que les personnages peuvent être soit « dignes », soit « de basse condition »; 3) ensuite, à élucider les catégories ainsi dégagées et à étudier leur variété : on examinera *tous* les types de personnages (ou d'action, etc.); la présence de l'un ou de l'autre, dans telle ou telle combinaison, donnera les *types* littéraires. Ceux-ci n'ont pas obligatoirement de réalisation historique précise : parfois ils correspondent à des genres existants; d'autres fois, à des modèles d'écriture qui ont fonctionné à des époques différentes; d'autres fois encore, ils ne correspondent à rien : ils sont comme une case vide dans le système de Mendéléïev, qui ne pourrait être remplie que par une littérature à venir. Mais on s'aperçoit alors qu'il n'y a plus aucune différence entre cette étude typologique et la poétique en général (« typologique » devient ici le synonyme de « structural »); l'observation initiale sur le genre n'est rien d'autre qu'un point de départ commode pour l'exploration du discours littéraire.

Cependant, en partant de la même observation initiale touchant la tragédie classique, on peut suivre une tout autre voie. Dans un premier temps, on recense un certain nombre d'œuvres où se retrouvent les propriétés décrites : ce seront les œuvres représentatives de la « tragédie classique en France ». La notion de dominante, utilisée par les Formalistes russes, trouve ici son application : pour déclarer que telle œuvre est une tragédie, il faut que les éléments décrits soient non seulement présents mais aussi dominants (bien que, pour l'instant, on sache mal mesurer cette dominance).

A partir de là, on n'interroge plus les catégories du discours littéraire, mais un certain idéal littéraire de l'époque, que l'on peut retrouver aussi bien chez l'auteur — c'est un certain modèle d'écriture auquel il se réfère (même si c'est pour le transgresser) — que chez le lecteur; il s'agit, pour ce dernier, d'un « horizon d'attente », c'est-à-dire d'un ensemble de règles préexistantes qui oriente sa compréhension et lui permet une réception appréciative. Les *genres* forment, à l'intérieur de chaque période, un système; ils ne peuvent se définir que dans leurs relations mutuelles. Il n'y aura plus un genre « tragédie » unique : la tragédie se re-définira, à chaque moment de l'histoire littéraire, en rapport avec les autres genres coexistants. On quitte ici la poétique générale pour entrer dans l'histoire de la littérature [188 s.].

La différence entre type et genre reparaît lorsqu'on observe la relation de l'un et de l'autre à l'œuvre individuelle. On peut distinguer, en gros, trois cas.

Premier cas : l'œuvre individuelle se conforme entièrement au genre et au type; nous parlons alors de *littérature de masses* (ou de « romans populaires »). Le bon roman policier, par exemple, ne cherche pas à être « original » (le ferait-il, qu'il ne mériterait plus son nom) mais, précisément, à bien appliquer la recette.

Deuxième cas : l'œuvre n'obéit pas aux règles du genre. Il faut d'abord noter qu'une œuvre n'appartient pas obligatoirement à un genre : chaque époque est dominée par un système de genres, qui ne couvre pas forcément toutes les œuvres. D'autre part, une transgression (partielle) du genre est presque requise : sinon, l'œuvre manquera du minimum d'originalité nécessaire (cette exigence-là a beaucoup varié suivant les époques). L'infraction aux règles du genre n'atteint pas profondément le système littéraire. Si par exemple la tragédie implique que le héros meure à la fin, et que dans tel cas elle comporte un dénouement heureux, il s'agit d'une transgression du genre. Celle-ci sera habituellement expliquée par un mélange des genres (celui, par exemple, de la tragédie et de la comédie). L'idée de genre mélangé ou mixte est le résultat d'une confrontation entre deux systèmes de genres : le mélange n'existe que quand on se place dans les termes du plus ancien; vue du passé, toute évolution est une dégradation. Mais dès que ce « mélange » s'impose comme norme littéraire, on entre

dans un nouveau système où figure, par exemple, le genre de la
tragi-comédie.

Il existe enfin, bien que beaucoup plus rarement, une transgression du type. Dans la mesure où le système littéraire n'est
pas éternel, donné une fois pour toutes, mais où l'ensemble des
possibles littéraires lui-même se modifie, la transgression typologique est également possible. Dans l'exemple précédent, ce
serait l'invention d'une nouvelle catégorie, ni comique ni tragique,
qui deviendrait une telle transgression (« et X et non-X » serait
une transgression du genre; « ni X ni non-X », du type). Autrement dit, transgresser une règle de genre, c'est suivre une voie
déjà virtuellement présente dans le système littéraire synchronique (mais sans y être réalisée); en revanche, la transgression
typologique atteint ce système lui-même. Un roman comme *Ulysse*
n'enfreint pas seulement les règles du roman préexistant, mais
découvre de nouvelles possibilités pour l'écriture romanesque.

L'opposition du type et du genre peut être très éclairante; mais
il ne faut pas la considérer comme absolue. Il n'y a pas de l'un à
l'autre rupture entre système et histoire, mais plutôt différents
degrés d'inscription dans le temps. Cette inscription est plus
faible dans le cas du type; mais comme on vient de le voir, celui-ci
n'est pas non plus atemporel. Elle est plus forte dans le cas du
genre, qui, en principe, s'inscrit à l'intérieur d'une époque; néanmoins, certains traits du genre se conservent au-delà de l'époque
où ils ont été fixés : ainsi les règles de la tragédie au XVIIIe siècle.
Enfin, à l'autre extrême de ce continuum, se trouvent les périodes.
En effet, lorsqu'on parle de *romantisme*, ou de *symbolisme*, ou de
surréalisme, on suppose, tout comme dans le cas des genres, la
prédominance d'un certain groupe de traits, propres au discours
littéraire; la différence est que la période peut contenir plusieurs
genres; et que, d'autre part, elle ne peut d'aucune manière être
extraite de l'histoire : la période n'est habituellement pas une
notion purement littéraire, et relève aussi de l'histoire des idées,
de la culture, et de la société.

→   Bibliographies : I. Behrens, *Die Lehre von der Einteilung der Dicht-
kunst* (= *Beihefte zur Zeitschrift für romanische Philologie*, 92), Halle,
1940; W. V. Ruttkowski, *Die literarischen Gattungen*, Berne, 1968.
Discussions générales : G. Müller, « Bemerkungen zur Gattungspoetik »,

Philosophischer Anzeiger, 1929, p. 129-147; K. Vietor, « Probleme der literarischen Gattungsgeschichte », *Deutsche Vierteljahrschrift für Literaturwissenschaft und Geistesgeschichte*, 9, 1931, p. 425-447; *Théorie de la littérature*, Paris, 1965, p. 126-128, 302-307; J. J. Donohue, *The Theory of Literary Kinds : I. Ancient Classifications of Literature; II. The Ancient Classes of Poetry*, Dubuque, Iowa, 1943, 1949; P. van Tieghem, « La question des genres littéraires », *Hélicon*, 1, 1938, p. 95-101; J. Pommier, « L'idée de genre », *Publications de l'École normale supérieure, section des lettres*, 2, 1945, p. 47-81; E. Lämmert, *Bauformen des Erzählens*, Stuttgart, 1955, p. 9-18; H.-R. Jauss, « Littérature médiévale et théorie des genres », *Poétique*, 1, 1970, p. 79-101; T. Todorov, *Introduction à la littérature fantastique*, Paris, 1970, p. 7-27; K. W. Hempfer, *Gattungstheorie*, Munich, 1973. La revue polonaise *Zagadnenia rodzajow literackich* (en français, anglais et allemand) et la revue américaine *Genre* sont entièrement consacrées à l'étude des genres littéraires.

TYPOLOGIES.

Les classifications déjà proposées des genres sont en nombre infini; mais elles reposent rarement sur une idée claire et cohérente du statut du genre lui-même. Deux tendances sont particulièrement fréquentes : 1) confondre les genres et les types ou, plus exactement, décrire les genres (au sens défini plus haut) comme s'ils étaient des types; 2) réduire à des oppositions simples, entre une seule catégorie et son contraire, ce qui est en fait la conjonction de plusieurs catégories distinctes.

D'autre part, on n'a pas toujours pris soin de définir le niveau d'abstraction auquel on se place : il est évident que le genre peut être caractérisé par un plus ou moins grand nombre de propriétés et que, de ce fait, certains genres en englobent d'autres.

Nous passons ici en revue quelques-unes parmi les classifications les plus connues :

1. *Prose-poésie.*

Cette opposition, très courante, est cependant peu explicite; il existe même une certaine équivoque quant au sens du mot « prose » : il signifie aussi bien la prose littéraire que tout ce qui n'est pas littérature. Si l'on conserve le premier sens (car le second renvoie à une typologie fonctionnelle, et non structurale, cf. [89]), on s'aperçoit que le sens mis dans cette opposition ne peut se laisser réduire à une catégorie unique : s'agit-il de l'alternative *vers-prose*, c'est-à-dire de l'organisation rythmique du discours (et l'existence du *vers libre* ou du *poème en prose* pose alors un problème redoutable?) ou bien de celle entre poésie et fiction, c'est-à-dire d'une part un discours qui doit être lu au niveau de sa littéralité comme une pure configuration phonique, graphique et sémantique, et d'autre part un discours représentatif (« mimétique ») qui évoque un univers d'expérience? A cela s'ajoutent des prescriptions sur les *styles* verbaux utilisés : les styles émotif, figuré, personnel, etc. prédominent en « poésie » alors que la « fiction » se caractérise souvent par la prédominance du style référentiel [385 s.]. Il faut ajouter que la littérature contemporaine tend à lever cette opposition et que le « roman » contemporain exige une lecture « poétique » : non comme représentation d'un univers autre, mais comme construction sémantique.

→   K. Hamburger, *Die Logik der Dichtung*, Stuttgart, 1957 ; R. Jakobson, *Essais de linguistique générale*, Paris, 1963, p. 61-67.

2. *Lyrique-épique-dramatique.*

De Platon à Emil Staiger, en passant par Goethe et Jakobson, on a voulu voir dans ces trois catégories les formes fondamentales ou même « naturelles » de la littérature. On peut se demander cependant s'il ne s'agit pas là d'un système de genres propre à la littérature grecque antique, qu'on a voulu ériger indûment en système de types. L'effort des théoriciens s'est porté ici (contrairement au cas précédent) vers la découverte de catégories sous-jacentes aux « genres ».

Diomède, au IVe siècle, systématisant Platon, propose les définitions suivantes : lyrique = les œuvres où seul parle l'auteur; dramatique = les œuvres où seuls parlent les personnages; épique = les œuvres où auteur et personnages ont également droit à la parole. Cette classification a l'avantage de la clarté et de la rigueur, mais on peut se demander si le trait structurel choisi est suffisamment important pour servir de base à une articulation de cette portée.

Goethe distingue les « modes » poétiques (qui correspondent à peu près à nos *genres* : ce sont l'ode, la ballade, etc.) des « formes naturelles de la poésie » (analogues aux *types*), et affirme : « Il n'y a que trois authentiques *formes naturelles* de la poésie : celle qui raconte clairement; celle de l'émotion exaltée; et celle préoccupée du subjectif : épopée, poésie lyrique, drame. »

On peut interpréter cette formule comme se référant aux trois protagonistes de l'énonciation : *il* (épopée), *je* (poésie lyrique), *tu* (drame); un rapprochement semblable se trouve chez Jakobson pour qui « le point de départ et le thème conducteur de la poésie lyrique sont la première personne et le temps présent, alors que ceux de l'épopée sont la troisième personne et le temps passé ».

Dans un important ouvrage consacré aux trois « concepts fondamentaux » de la poétique, Emil Staiger donne une interprétation essentiellement temporelle aux genres, en postulant le rapport : lyrique-présent; épique-passé; dramatique-futur (cette correspondance a été établie en premier par le romantique allemand Jean Paul). En même temps, il leur fait correspondre des catégories comme le *saisissement* (lyrique), la *vue d'ensemble* (épique), la *tension* (dramatique). Il a également contribué à dissocier les types (désignés chez lui par des adjectifs) des genres (désignés par des substantifs, ainsi : poésie lyrique, épopée, drame). Les trois genres se trouvent donc fondés dans le langage sans être pour autant réductibles, comme chez Diomède, à un trait situé à la surface du texte. Mais à supposer même la pertinence de cette tripartition, il reste à prouver que les catégories la constituant occupent une place dominante dans la structure du texte (ce qui seul justifierait leur appellation de « concepts fondamentaux »).

→ W.V. Ruttkowski, *Die literarischen Gattungen*, Berne, 1968; R. Jakobson, « Notes marginales sur la prose du poète Pasternak, » *Poétique*, 7, 1971, p. 310-323 ; E. Staiger, *Grundbegriffe der Poetik*, Zurich, 1946.

3. Une autre classification très ancienne et très répandue, bien qu'elle n'ait pas l'universalité des précédentes, oppose *tragédie* et *comédie*. Il est encore plus évident ici qu'il est nécessaire de distinguer ces genres (historiques) des catégories générales du tragique et du comique. Aristote note l'opposition sans l'expliciter; dans le classicisme italien et français, on caractérise la tragédie par le sérieux de l'action, la dignité des personnages et la fin dans

le malheur; la comédie, par les actions quotidiennes, les personnages de basse condition et la fin heureuse. Cette définition est
clairement générique; Northrop Frye a cherché une définition
des types : le tragique désigne le passage de l'idéal au réel (au
sens très banal d'un passage du souhait à la déception, du monde
idéalisé à la discipline de la réalité); la comédie, celui du réel à
l'idéal. Par ailleurs, on a essayé de mettre sur le même plan d'autres
« catégories esthétiques » que le tragique ou le comique : ainsi
le sublime, le grotesque, le merveilleux, etc.

Notons ici que comédie et tragédie sont aussi des subdivisions
du dramatique; et qu'à leur tour, chacune de ces catégories peut se
subdiviser encore en *farce, vaudeville, burlesque*, etc. Il en va de
même pour le lyrique (*élégie, ode, sonnet*, etc.) ou pour l'épique
(*épopée, roman, nouvelle*, etc.). Ces subdivisions ultérieures peuvent se fonder aussi bien sur des propriétés thématiques (élégie,
satire, ode) que sur des caractéristiques rythmiques et graphiques
(rondeau, sonnet, triolet).

➤ R. Bray, *La Formation de la doctrine classique*, Paris, 1927; N. Frye,
Anatomie de la critique, Paris, 1969.

4. La théorie des trois styles, **élevé, moyen, bas**, remonte au
Moyen Age. Les œuvres de Virgile lui servent habituellement
d'illustration avec, respectivement, l'*Énéide, les Géorgiques* et
les Bucoliques. Il s'agit d'une part du choix dans le vocabulaire,
les constructions syntaxiques, etc.; d'autre part, de l'objet de la
description, c'est-à-dire du rang social des personnes représentées : guerriers, paysans, bergers. Cette distinction est donc à la
fois littéraire (linguistique) et sociologique; elle n'a plus cours
depuis le romantisme.

➤ E. Faral, *Les Arts poétiques du XII⁰ et du XIII⁰ siècle*, Paris, 1924.

5. André Jolles a tenté de fonder les genres-types « dans la
nature » c'est-à-dire dans la langue, en recensant toutes les **formes
simples** de la littérature. Les formes littéraires qu'on trouve dans
les œuvres contemporaines seraient dérivées des *formes linguistiques*; cette dérivation se produit non pas directement, mais par
l'intermédiaire d'une série de *formes simples* qu'on trouve, pour

la plupart, dans le folklore. Ces formes simples sont des extensions directes des formes linguistiques; elles-mêmes deviennent éléments de base dans les *œuvres* de la « grande » littérature. On peut résumer le système de Jolles dans le schéma suivant :

	INTERROGATION	ASSERTION	SILENCE	IMPÉRATIF	OPTATIF
réaliste	cas de conscience	geste	énigme	locution	fable
idéaliste	mythe	mémorable	trait d'esprit	légende	conte de fées

Même si la description de Jolles n'est pas suffisante, son souci de tenir compte de certaines formes verbales, comme le proverbe, l'énigme, etc., ouvre de nouvelles voies à l'étude typologique de la littérature. D'autre part, des genres aussi fixes que la fable, l'essai ou la légende ne se situent sans doute pas au même niveau; mais le principe pluri-dimensionnel de Jolles lui permet de tenir compte de cela, ce qui était impossible avec la triade lyrique-épique-dramatique.

➡ A. Jolles, *Formes simples*, Paris, 1972. Quelques exemples d'étude des « formes simples » : M. Nøjgaard, *La Fable antique*, 2 vol., Copenhague, 1964, 1967; A. J. Greimas, *Du sens*, Paris, 1970, p. 309-314; S. Meleuc, « Structure de la maxime », *Langages*, 13, 1969, p. 69-99; E. Köngäs-Maranda, « Structure des énigmes », *L'Homme*, 9 (1969), 3, p. 5-48.

Acquisition du langage

On distingue classiquement deux périodes dans le développement de l'activité langagière : la première, prélinguistique, recouvre les dix premiers mois de la vie environ. On distingue dans cette activité bucco-phonatoire des vagissements et des claquements qui sont des manifestations respiratoires; puis, vers le troisième mois, surviennent les lallations qui contiennent des possibilités d'expression sonores plus étendues que celles qui seront utilisées dans la langue. La seconde période linguistique commence vers la fin de la première année. L'enfant commence à manifester une certaine compréhension du comportement de communication de l'adulte à son égard (au début, les signes du langage de l'adulte ont sans doute un rôle aussi important que tous les autres signaux expressifs qui accompagnent la conduite de l'adulte). C'est au cours de cette deuxième année que se constitue une activité indiscutablement langagière. L'acquisition d'une partie du langage est donc un phénomène très rapide.

Constatant que tout enfant, quel que soit le milieu linguistique où il se trouve, apprend spontanément à parler, alors que les enfants sourds ou vivant uniquement avec des parents muets n'apprennent pas à parler, on a conclu un peu rapidement que l'enfant acquiert sa langue maternelle par simple imitation de l'adulte. On pensait que parmi les sons qu'il produit spontanément, l'enfant reconnaît ceux produits par l'adulte et est ainsi amené à ne produire finalement que ces derniers. L'apprentissage de la langue était alors représenté comme une suite de tentatives d'imitations, renforcées lorsqu'elles sont semblables aux productions adultes, éliminées lorsqu'elles en diffèrent. Par discriminations successives et par associations entre patterns sonores et situations ou objets, puis par associations entre patterns sonores, l'apprentissage du langage trouvait une explication conforme aux premières théories psychologiques du comportement fondées sur la notion d'habitudes [93]. Ces habitudes pouvant être plus ou moins complexes, avaient pour schéma représentatif général celui du réflexe conditionné.

Des analyses plus fines des productions vocaliques, des productions langagières à différents âges, et des conditions nécessaires de l'acquisition, enfin et surtout, la prise en considération par les psychologues des études linguistiques sur la structure du langage, ont amené à réviser complètement la problématique concernant le développement des coordinations intralinguistiques comme celui des relations entre pensée et langage. Le problème devenait celui de rendre compte de l'acquisition de la possibilité de « produire » des phrases, aussi bien au codage qu'au décodage.

L'ASPECT AUDITIVO-MOTEUR DU LANGAGE.

L'analyse des productions vocaliques des bébés a montré, contrairement à ce qu'on croyait, que pendant les six premiers mois de la vie, les vocalisations sont les mêmes, que les enfants soient sourds ou non et quel que soit l'entourage linguistique. E. H. Lenneberg a décrit les traits acoustiques caractéristiques de ces vocalisations qui diffèrent considérablement des sons produits dans la deuxième année. Vers le troisième mois apparaissent le début de la modulation laryngée et le contrôle de la phonation, mais la structure des *formants* [259] est mal définie, il y a absence de *résonance* des voyelles, d'*arrêt glottique* avant les sons vocaliques, de formant identifiable à une voyelle et présence de certains *traits* [224] n'appartenant pas à la langue d'environnement. Ce n'est que progressivement qu'apparaît ensuite la production de sons de la langue. A ce moment la voix, l'intonation et une grande partie du répertoire phonétique de l'enfant sourd se distinguent de ceux de l'enfant normal. Il faut bien voir que les processus qui vont amener à la possibilité des réalisations phonétiques de la langue sont d'une grande complexité : il faut tenir compte du fait que le *phonème* [221] n'est pas une certaine réalisation acoustique, mais qu'il est susceptible d'être réalisé de façons différentes;

l'enfant doit apprendre à identifier des classes et non des éléments distincts.

Liberman a émis l'hypothèse, pour rendre compte de cet apprentissage, que la médiation proprioceptive des *points* et des *modes d'articulation* jouerait un rôle décisif. Le fait qu'un enfant anarthrique de naissance (paralysie des organes de la phonation) puisse cependant développer une compréhension normale du langage, qui passe donc nécessairement par l'identification des phonèmes, n'est pas un argument définitif contre cette thèse; mais il exige de préciser le niveau indispensable auquel auraient lieu les coordinations auditivo-motrices.

Quoi qu'il en soit, l'étude des coordinations motrices au cours de la production d'un mot ou d'une phrase chez l'adulte montre que la formation des sons est programmée dans les commandes motrices bien avant leur émission et que la possibilité de la commande de cet enchevêtrement de coordinations est une acquisition progressive.

→ R. Jakobson *Essais de linguistique générale*, Paris, 1963; E. H. Lenneberg, *Biological Foundations of Language*, New York, 1967; M. Studdert-Kennedy, A.M. Liberman et al., « Motor theory of speech perception : a reply to Lane's critical review », *Psychological Review*, 1970, 77, 3.

SYNTAXE ET SÉMANTIQUE.

P. Guillaume faisait remarquer en 1927 déjà, que l'enfant commet des erreurs qui témoignent de l'application de règles (création de verbes par exemple). Ceci pose le problème de savoir ce que l'enfant imite ou apprend du langage adulte. On sait par ailleurs que la répétition pure et simple d'une phrase, n'est possible que si la forme de cette phrase correspond à ce que l'enfant est capable de produire spontanément; sinon la répétition est incorrecte. Cependant si l'énoncé donné comme modèle est compris ou fait l'objet d'une interprétation, l'enfant le répète en le transformant pour donner une phrase dans une forme qu'il sait produire spontanément. Vers deux ans par exemple, la répétition préserve les noms, les verbes, les adjectifs et certains pronoms, mais omet les articles, les prépositions, les verbes auxiliaires et les flexions. La répétition prend donc le même aspect « télégraphique » que la production (on fera remarquer que le style télégraphique adulte conserve les flexions). De plus la longueur de la phrase répétable est limitée comme celle de la phrase spontanée (un mot, puis deux, trois, etc.), alors même que l'enfant connaît plusieurs dizaines ou centaines de mots.

Enfin l'ordre d'acquisition d'un certain nombre de règles d'utilisation très générales est le même pour les enfants d'un même groupe linguistique; la vitesse d'acquisition est identique pour toutes les langues; ces régularités ont d'ailleurs permis de constituer des tests globaux de niveaux de développement du langage fondés sur la longueur des phrases et l'ordre d'acquisition des parties du discours.

Ces faits ont amené à considérer l'apprentissage du langage comme acquisition d'un ensemble de règles et à tenter de construire des grammaires enfantines à partir de corpus spontanés et provoqués (R. Brown, C. Fraser et U. Bellugi, 1964; W. Miller et S. Ervin, 1964; M. D. S. Braine, 1963). R. Brown a depuis critiqué aussi bien la caractérisation du langage enfantin en termes de lacunes (comparaison avec le style télégraphique) qu'en termes des grammaires qui restent trop près des faits directement observés; ces grammaires prétendent ne pas tenir compte de ce que l'enfant veut dire; or, en fait, pour les constituer l'observateur interprète les énoncés par rapport à la situation. Le problème serait alors de chercher s'il existe différentes relations grammaticales (en termes de structure de phrase) pour différentes structures sémantiques. Si on peut montrer qu'il existe une structure profonde pour chaque phrase, plus complexe que la structure de surface décrite par ces grammaires, on pourra probablement mieux comprendre cette période pendant laquelle l'enfant semble saisir des relations grammaticales complexes qu'il ne sait cependant pas exprimer.

Mais le problème principal demeure celui de savoir comment rendre compte de façon cohérente de la progression des acquisitions et de leur ordre. F. Bresson fait l'hypothèse qui semble se vérifier sur des systèmes locaux, d'un très petit nombre d'opérateurs simples qui se composeraient et permettraient de rendre compte de l'organisation du système à chaque étape du développement et du passage d'une étape à l'autre.

DÉVELOPPEMENT DU LANGAGE ET DÉVELOPPEMENT DE LA PENSÉE.

En fait ces considérations sur la genèse des systèmes linguistiques chez l'enfant posent le problème des relations entre développement de la pensée et du langage. C'est une question qui recommence à être envisagée. On l'avait plus ou moins écartée en abandonnant la conception selon laquelle le langage n'avait d'intérêt que comme outil de pensée.

Les études génétiques de J. Piaget et B. Inhelder ont montré depuis longtemps comment la formation de la pensée est liée à l'acquisition de la fonction symbolique (ou sémiotique) en général et non à l'acquisition du langage comme tel. P. Oléron a mis en évidence le développement d'une pensée symbolique chez les sourds-muets, sans écart chronologique considérable par rapport aux enfants normaux. Ceci ne signifie pas du tout que la fonction sémiotique se développe indépendamment du langage; B. Inhelder a montré les relations complexes entre les troubles de l'acquisition du langage et les troubles du développement intellectuel dans la formation des symboles figuratifs. De plus les descriptions que des enfants donnent de situations simples, révèlent le lien intime entre la forme des énoncés et la compréhension de la situation (H. Sinclair, 1967). Mais on ne sait encore rien dire des processus qui font passer l'enfant du mot-phrase à l'*énoncé* [375 s].

L'autre face du problème concerne la question de savoir si le langage dans son apprentissage et son utilisation implique des conduites du type logique. La comparaison entre les étapes du développement de la pensée logique et celles de l'acquisition de règles syntaxiques montre que dans les deux cas on a bien affaire à l'acquisition de systèmes qui ne peuvent être le fruit d'une copie passive d'un modèle mais qui nécessitent la mise en jeu, de la part de l'enfant, d'une activité complexe de décodage des réalisations; or l'acquisition des règles syntaxiques est très précoce. Autrement dit on est amené à poser la question de savoir quelles hypothèses on peut faire sur les systèmes dont l'enfant est muni au départ. Diverses hypothèses sont possibles, plus ou moins innéistes, c'est-à-dire dotant l'enfant de systèmes préconstruits plus ou moins forts.

➡ Textes représentatifs : U. Bellugi et R. Brown (éd.), *The Acquisition of Language, Monogr. of the Soc. for Research in Child Development*, 1964, 1; F. Bresson, « Langage et logique : le problème de l'apprentissage de la syntaxe », in *Psychologie et Épistémologie génétiques, Thèmes piagétiens*, Paris, 1966 (ouvrage collectif); M. Coyaud, « Le problème des grammaires du langage enfantin », *La Linguistique*, 1967; H. Sinclair de Zwaart, *Acquisition du langage et Développement de la pensée : sous-systèmes linguistiques et opérations concrètes*, Paris, 1967; D. McNeill, « On theories of language acquisition », in T. R. Dixon et D.L. Horton (éd.), *Verbal Behavior and General Behavior Theory*, Englewood Cliffs, N. J., 1968; N. Chomsky, *Le Langage et la Pensée*, Paris, 1970 (trad. franç. de *Language and Mind*, New York, 1969): F. Bresson, « Acquisition des langues vivantes », *Langue française*, 1970; R. Brown, « Semantic and grammatical relations », in *A First Language*, New York, 1971. Revues de questions et bibliographies : Avant-guerre : D. McCarthy, « Developpement du langage chez l'enfant », in L. Carmichael (éd.), *Manuel de psychologie de l'enfant*, t. II, Paris, 1952, (trad. franç.). — De 1958 à 1965 : S. M. Ervin-Tripp et D. I. Slobin, « Psycholinguistics », *Annual Review of Psychology*, 1966, 17. — Après 1965 : B. de Boysson-de-Bardies et J. Mehler, « Psycholinguistique, messages et codage verbal. 1. L'acquisition du langage », *L'Année psychologique*, 1969, 2.

Pathologie du langage

Depuis le milieu du XIXᵉ siècle une différenciation progressive
des troubles du langage s'est opérée, reflétant l'évolution des
conceptions psychologiques et linguistiques sur le comportement
verbal d'une part et l'évolution des conceptions anatomo-cliniques
sur les relations entre lésions cérébrales et troubles du comportement, d'autre part.

On a ainsi été amené à l'heure actuelle à distinguer provisoirement trois grands types de troubles du comportement de communication verbale. Cette classification repose sur des critères linguistiques et extra-linguistiques :

1. Les **troubles de la parole** correspondant à des troubles des
organes périphériques d'émission (dysfonctionnement dans la
synergie des organes moteurs) ou à des troubles des organes
périphériques de réception (élévation des seuils de perception, etc.).
On peut classer dans cette catégorie les troubles du type **bégaiement**
et **dyslexie**; mais certaines seulement de ces dernières perturbations
ont une origine auditivo-motrice confirmée.

2. Les **troubles du langage** correspondant à des lésions cérébrales focalisées (**aphasies**) ou diffuses (**aphasie des déments**).

3. Les **troubles de l'énonciation** qui seraient la manifestation,
observée dans les énoncés, de modifications générales du comportement du sujet vis-à-vis du monde; dans certains cas (psychotiques), il s'agirait d'une perturbation du *schéma* de *communication*
lui-même, portant aussi bien sur les rapports locuteur-allocutaire
que sur les rapports locuteur-référent. Dans d'autres cas (névro-
tiques) il n'y a pas destruction du schéma de communication,
mais systématisation fonctionnelle de ce schéma, spécifique

selon qu'il s'agit du discours hystérique ou obsessionnel par exemple.

La première catégorie de troubles, lorsqu'elle se présente chez de jeunes enfants, intéresse directement l'étude des conditions d'acquisition du langage. En fait il faut bien voir qu'on ne sait pas encore à l'heure actuelle identifier clairement le niveau des troubles de la communication verbale lorsqu'ils se présentent chez de jeunes enfants : ainsi le terme de dysphasie recouvre une très grande variété de déficits dont on sait seulement exclure les troubles dus essentiellement à la composante articulatoire (dysarthrie ou anarthrie). La troisième catégorie de troubles est encore relativement peu étudiée. Les aphasies sont en revanche l'objet d'études nombreuses et systématiques dans la mesure où l'on pense pouvoir y trouver des éléments d'information sur le fonctionnement du langage. Diverses applications des méthodes linguistiques ont fait récemment leur apparition (en particulier à la suite de R. Jakobson, 1941, 1955), précédées de quelques tentatives plus anciennes comme celles d'Alajouanine et Ombredane (1939), de K. Goldstein (1933) et de A. Luria (1947).

LES DIFFÉRENTS TROUBLES DU LANGAGE OU « APHASIES ».

Cette catégorie de troubles, survenant chez des sujets maîtrisant déjà une ou plusieurs langues, trouve son unité dans une référence anatomique; de plus dans les syndromes associés à ces lésions cérébrales focalisées (généralement l'hémisphère gauche pour les droitiers), les troubles de la production et/ou de la compréhension verbales peuvent être considérés comme dominants par rapport à d'autres troubles de performance du sujet. J. Baillarger (1865) puis H. Jackson (1868) furent les premiers à considérer les aphasies comme un trouble du langage propositionnel.

Il existe également des troubles du type aphasique chez des sujets atteints de lésions cérébrales diffuses : la désorganisation n'apparaît pas alors comme dominante mais comme un élément dans la totalité des troubles du comportement manifestée par ces malades (aphasie des déments).

En fait, malgré cette apparente unité et quel que soit le type d'analyse auquel on procède et les critères de classification adoptés, les variétés de troubles sont très nombreuses. La classification qui suit, empruntée à H. Hécaen et R. Angelergues (1965), utilise des critères anatomo-cliniques et psychologiques d'abord et linguistiques ensuite. On distingue :

1. **Les aphasies d'expression** où le trouble porte sur l'expression orale et écrite :

a) **L'aphasie de programmation phonique** (ou aphasie motrice et graphique). Les déficits portent sur la réalisation des phonèmes. La compréhension du message verbal oral ou écrit est intacte ou quasi intacte. L'écriture sous dictée est perturbée, parfois plus nettement à la dictée de *logatomes* (suites inintelligibles) qu'à celle d'unités significatives.

b) **L'aphasie agrammatique** (terme introduit par A. Pick, 1913) où se manifestent des difficultés dans le développement des phrases : le langage spontané est fait de mots isolés parfaitement prononcés et présente l'aspect du style télégraphique. L'écriture spontanée ou sous dictée est similaire à celle de l'aphasique de programmation phonique.

c) **L'aphasie de programmation phrastique** (dite aussi **aphasie de conduction**) où la compréhension est également conservée. La concaténation des éléments réalisés y est perturbée. Ces difficultés augmentent avec la longueur et la complexité des mots et des phrases; mais la manipulation du code grammatical reste intacte dans son ensemble et les malades savent repérer les erreurs dans des phrases agrammaticales. Le langage écrit est perturbé de la même manière. Il semble qu'il y ait également une difficulté de compréhension du message écrit.

2. **Les aphasies de réception** (ou aphasies·sensorielles) où la réception des signes verbaux est altérée : on parle de **surdité verbale** pour désigner cette « surdité » élective, plus ou moins totale, aux sons du langage, alors que la reconnaissance des airs musicaux ou des bruits est le plus souvent intacte. Les troubles de l'émission sont nécessairement associés : le mot n'est pas toujours déformé mais remplacé par une autre forme qui rend incompréhensible le sens de l'énoncé (**paraphasies**) ou encore les déformations et substitutions sont entremêlées de phrases stéréo-

typées (jargonophasies). Les troubles apparents de la syntaxe pourraient être dus au fait que les paraphasies entraînent un changement des schémas des phrases avant leur achèvement. Si la lecture à haute voix est intacte, la compréhension du texte lu est nulle ou presque. L'expression écrite ressemble à l'expression orale (agraphie : déformation, substitutiton de mots, etc.). Parmi ces aphasiques on distingue souvent deux groupes: les aphasiques dont le trouble de la réception est moins prononcé et qui sont inconscients de leur déficit; les malades chez qui la surdité verbale prédomine et qui sont conscients de leurs troubles.

3. L'aphasie amnésique, ainsi nommée parce que tout se passe comme si le malade avait oublié les mots. Il remplace alors souvent le mot recherché par une périphrase (par l'usage de l'objet par exemple) ou par un terme du genre « machin » ou encore par des gestes. Cette forme d'aphasie peut se trouver associée aux types précédemment décrits ou sous une forme isolée. On y rencontre également des troubles de l'orthographe (dysorthographie) mais peu de troubles de la lecture.

4. On rencontre des troubles aphasiques chez des sujets atteints de démence avec lésions cérébrales diffuses. Ces malades présentent un déficit intellectuel général. Cette catégorie de troubles du langage a souvent été classée soit avec les aphasies décrites ci-dessus, soit avec les troubles psychotiques. Ils se caractérisent par l'incohérence de l'énoncé : soit inadéquation des réponses verbales à la situation, soit inadéquation des liaisons logiques de la phrase et de l'énoncé. Ces dyslogies peuvent aboutir par moment à des ensembles de mots sans lien entre eux. De plus on constate des automatismes de réponses, un appauvrissement du stock lexical, une difficulté de compréhension et une inconscience des troubles présentés. Des études linguistiques récentes, réalisées dans une perspective *générative* et *transformationnelle* [58 a.] (constitution d'un message à partir d'une phrase minimale subissant des *règles d'interprétation phonémique et sémantique* [75]) ont révélé des différences fondamentales entre cette forme d'aphasie et les précédentes. Le trouble démentiel refléterait alors une perturbation concernant le *composant sémantique* [75]. Dans cette optique linguistique, l'aphasie motrice concernerait l'interprétation phonémique et les autres aphasies concerneraient la

syntaxe, soit dans la constitution de la phrase minimale, soit dans les transformations.

On peut enfin constater des désorganisations du code écrit sans troubles du langage parlé :

a) L'alexie pure qui désigne soit l'impossibilité de lire un mot (**alexie verbale**), soit l'impossibilité de reconnaître une lettre (**alexie littérale**), alors que les malades peuvent reconnaître tout autre type de dessin; c'est pourquoi on appelle aussi ce trouble « cécité verbale ». L'alexie ne s'accompagne pas de troubles agraphiques notables.

b) Les *agraphies* où le trouble porterait sur le schéma moteur de la lettre ou des mots; mais il ne s'agit pas seulement de trouble de la réalisation motrice effective puisque l'agraphie se manifeste également dans l'écriture avec des lettres toutes faites.

A l'exception des aphasies de déments, le niveau d'intégrité des processus intellectuels des aphasiques est très variable. On remarquera simplement que même dans des cas graves d'aphasie de réception, d'émission ou amnésique, on peut parfois constater l'intégrité des possibilités de résoudre des problèmes logiques complexes présentés sous diverses formes. Mais cette intégrité n'exclut pas la présence de troubles gnosiques ou praxiques.

Il convient enfin de faire remarquer la stabilité de la forme des troubles chez un même malade; même lorsqu'il y a régression des déficits, il n'y a pas changement de forme.

TROUBLES DU LANGAGE ET
ANALYSE LINGUISTIQUE.

Les classifications des troubles aphasiques ont pour but à long terme de répondre à deux questions : « Qu'est-ce qui est perturbé? Qu'est-ce qui est susceptible d'être perturbé dans l'activité du langage? » La description des troubles n'est jamais neutre; elle dépend du modèle d'analyse choisi. Pour le linguiste le premier choix théorique est celui du niveau d'analyse auquel il estime devoir se placer : à celui des performances verbales ou à celui des fonctionnements; la distinction est importante car l'identité des *performances* n'implique pas l'identité des fonctionnements ou dysfonctionnements. La thèse selon laquelle les troubles aphasiques reproduiraient les phases de l'apprentissage du langage par l'enfant repose sur cette confusion.

Il s'agit ensuite de déterminer le type d'analyse à faire : peut-on faire des grammaires d'aphasiques ou non ? Récemment, on donnait encore une réponse positive à cette question. Cette procédure est à rapprocher de celle qui consiste à faire des grammaires enfantines à partir des réalisations du langage des jeunes enfants. La régularité de l'emploi de certaines règles déviantes chez l'enfant comme chez l'aphasique incitait à chercher les grammaires susceptibles de rendre compte de ces règles. Mais d'un point de vue théorique, c'est préjuger déjà de la nature des troubles que d'adopter cette procédure ; le problème de l'acquisition et celui des aphasies ne se présentent pas de la même manière : l'adulte aphasique avait, avant l'apparition des perturbations, un langage normal ; l'enfant est en train de le constituer. Dans la mesure où on ignore si les performances d'un aphasique correspondent à une langue et à quel niveau se situent les troubles, on voit mal comment justifier l'élaboration d'une grammaire d'aphasique.

A l'heure actuelle, l'étude des aphasies se présente comme une recherche des règles de déviance. En ce sens, le linguiste procède comme l'anatomo-clinicien. à une recherche de symptômes décrivant de façon cohérente les troubles envisagés. Le contrôle de la cohérence des descriptions se trouve dans la possibilité de prédire, à partir d'un ensemble de symptômes anatomo-cliniques, les symptômes « linguistiques » correspondant et vice versa d'une part, et, à partir d'une partie de corpus pathologique, une autre partie présentant les mêmes particularités, d'autre part.

Par ailleurs la classification anatomo-clinique fournit au linguiste un cadre de référence qui lui permet d'étudier la relation entre systèmes linguistiques et formes des troubles : on peut ainsi comparer les troubles aphasiques dans des langues différentes. On peut également comparer les désorganisations des langues parlées par des aphasiques polyglottes. Mais la question est délicate en ce sens qu'il semble bien que l'attitude du malade à l'égard des langues qu'il parle, les particularités de l'acquisition de chacune d'elles, sont des facteurs qui obscurcissent le rôle joué par la structure linguistique elle-même.

Enfin la classification pluridisciplinaire des troubles permet un troisième type de comparaison : l'*analyse diachronique* d'un malade [179 s.]; on a pu ainsi montrer que la désorganisation reste définissable de la même manière au cours des réadaptations du système déficitaire.

Cette première étape symptomatologique de l'analyse linguistique est loin de satisfaire encore au critère de prédiction. Ceci vient du fait que tout en considérant généralement les troubles aphasiques comme des *troubles de la performance* [158 s.], on ne dispose cependant pas de modèle des processus de production et de compréhension, mais seulement de modèles de fonctionnement du langage, modèles construits sur des langues naturelles et qui mettent toutes les règles sur un même plan. Il faut bien voir qu'il subsiste une certaine ambiguïté dans ce qu'on entend par fonctionnement du langage : cette notion étant parfois assimilée à un modèle de processus de production et de compréhension. Le fait de pouvoir décrire certains troubles en parlant de perturbation de « l'opération de concaténation » ou de « substitution » par exemple, a incité à croire que du même coup on pourrait décrire les processus de production et de compréhension par les mêmes opérations. En fait les processus qui réalisent la concaténation et la substitution peuvent être multiples. Or la connaissance de ces processus est pour l'instant bien maigre et la pathologie du langage ne peut seule y contribuer pour la raison suivante : deux dysfonctionnements différents dans un ensemble de mécanismes, peuvent donner, pour un certain niveau d'analyse, le même type de troubles observés. Sans hypothèse sur le fonctionnement normal de ces mécanismes il ne peut y avoir « détection de panne ». Contrairement à une idée qui a longtemps prévalu, la pathologie d'un système n'est pas une expérimentation naturelle : il n'y a pas d'interprétation possible de troubles d'un système sans connaissance de son fonctionnement normal. Ceci explique l'extrême complexité, en particulier, de l'étude des troubles du développement du langage.

Histoire de l'aphasie : A. L. Benton et R. J. Joynt, « Early descriptions in aphasia », *Archives of Neurology*, 1960, 3. Textes anciens republiés : H. Hécaen et J. Dubois, *La Naissance de la neuropsychologie du langage (1825-1865)*, Paris, 1969.
Traité : H. Hécaen et R. Angelergues, *Pathologie du langage*, Paris, 1965.

Articles originaux : J. de Ajuriaguerra et al., « Organisation psychologique et troubles du développement du langage, étude d'un groupe d'enfants dysphasiques », in J. de Ajuriaguerra et al., *Problèmes de psycholinguistique*, Paris, 1963; J. Dubois et al., *Pathologie du langage (Langages, 5)*, 1967 (articles sur l'approche linguistique des aphasies et des troubles de l'énonciation, bibliographie commentée); W. Penfield et L. Roberts, *Speech and Brain Mechanisms*, Princeton, 1959; A.V.S. de Reuck et M. O'Connor (éd.), *Disorders of Language*, Londres, 1964 (articles linguistiques et psycholinguistiques).

Réédition d'articles représentatifs : R. C. Oldfield et J. C. Marshall, (éd.), *Language*, Harmondsworth, 1968 (Penguin Books).

Les concepts descriptifs

Unités non significatives

Inventer l'écriture [249 s.], qui permet de noter les paroles prononcées (et non pas seulement leur sens), et une écriture alphabétique (qui les note son par son, et non pas signe par signe), c'était,
pour l'humanité, découvrir que les mots et signes utilisés dans la
langue orale sont tous obtenus par combinaison d'un petit nombre
de sons élémentaires — dont chacun est, en principe, représenté
par une lettre de l'alphabet. Découverte passée ensuite dans les
ouvrages de linguistique, dont la plupart comportent une description des sons élémentaires du langage. En découvrant les lois
phonétiques [22], c'est-à-dire en découvrant que le changement
phonétique se fait de son à son, et non pas de mot à mot, la linguistique historique a semblé consacrer définitivement cette
méthode d'analyse, qui se voyait ainsi conférer une valeur explicative.

> Sur l'analyse phonétique du langage dans la linguistique pré-scienti-
fique, on pourra consulter les articles consacrés par la *Grande Encyclopédie* aux différentes lettres de l'alphabet.

L'IDÉE D'UNITÉ DISTINCTIVE.

Un paradoxe de l'histoire de la linguistique moderne est que
son initiateur, Saussure, a à la fois condamné l'analyse en sons,
et formulé les principes qui ont permis sa renaissance. Il la
condamne — ou plutôt la rejette hors de la linguistique — dans
la mesure où il semble admettre comme allant de soi que les sons
élémentaires sont identiques pour toutes les langues (chacune
pouvant seulement ne pas utiliser tel ou tel d'entre eux), alors

qu'il demande à la description linguistique de découvrir les spécificités des différentes langues. Aussi, pour lui, l'abstraction déli-
mitant l'objet linguistique (distinguant donc la langue de la
parole [155 s.]) doit être fondée sur la notion de signe : le linguiste
n'a à étudier que les signes et les rapports entre signes. Mais,
en même temps, Saussure ouvre la voie à une nouvelle étude des
unités non-significatives. Car, réfléchissant sur le signe, il lui
attribue une nature particulière, l'oppositivité [34], nature que la
linguistique ultérieure (la phonologie [42] notamment) reconnaîtra
encore plus dans certains éléments du discours qui ne sont pas
des signes. Prenant alors l'oppositivité elle-même comme critère
d'abstraction, les successeurs de Saussure ont été amenés à étendre
l'investigation linguistique à autre chose qu'aux signes.

→   Saussure ne considère l'étude des sons du langage que comme un
préalable à l'enquête linguistique proprement dite : *Cours de linguistique
générale*, Paris, 1916, Appendice à l'introduction. Mais il se trouve
que cette étude, présentée comme pré-linguistique, Saussure l'appelle
phonologie (et phonétique, lorsqu'elle est faite d'un point de vue historique). Ses successeurs appellent *phonologie* une étude proprement
linguistique — que Saussure croyait impossible. N.B. Un passage, isolé,
du *Cours* suggère cependant une phonologie au sens moderne : 2° partie,
chap. IV, § 3.

En disant qu'un signe est oppositif, Saussure veut dire que
l'important, aussi bien dans sa signification (signifié) que dans sa
réalité phonique (signifiant), c'est ce qui permet de le distinguer
des autres signes de la langue, de l'opposer à eux. Soit à décrire
l'aspect phonique du mot français « dit ». On signalera, par
exemple, ce qui distingue ses prononciations de celles de « du »
ou de « pie », mais non pas l'absence d'aspiration du *d*, puisqu'il
n'y a pas de mots, en français, qui se distinguent par l'aspiration
ou l'absence d'aspiration du *d*. Appliquée en toute rigueur,
cependant, cette méthode compliquerait la description d'une
façon peu acceptable : il faudrait laisser de côté le caractère
sonore du *d* de « dit », sous prétexte qu'aucun signe n'est distingué
de « dit » par l'absence de cette sonorité (puisqu'aucun ne se
prononce *ti*). En revanche cette sonorité serait retenue pour le *d*
de « doux », puisqu'elle distingue ce mot de « tout ». On éviterait
de telles anomalies si on appliquait le principe d'oppositivité

non pas directement aux signifiants des signes (« dit » ou « doux »), mais aux sons élémentaires composant ces signifiants, par exemple à *d*. On ne retiendrait alors de chacun que ce qui, en lui, peut être utilisé pour distinguer un signe d'un autre (le *d* français serait « sonore », puisque cette sonorité permet de distinguer « doux » de « tout », mais non pas « non-aspiré », puisqu'il n'y a aucun signe qui soit distingué d'un autre par la non-aspiration du *d*. Dans cette approche nouvelle, les sons élémentaires ne risquent plus d'apparaître comme des universaux (ce qui, pour Saussure, les exclurait de la linguistique à proprement parler), car ils vont, en règle générale, différer de langue à langue. Il devient impossible par exemple qu'aucune voyelle française soit assimilée à une voyelle allemande, car, dans le français actuel, la longueur de la voyelle n'a pas de valeur oppositive (bien que le *i* soit tantôt long, cf. « vide », tantôt court, cf. « vite », cette différence n'est jamais le moyen de distinguer deux mots) : une voyelle française ne sera donc décrite ni comme courte ni comme longue, alors qu'en allemand toute voyelle sera ou longue ou courte, car cette dichotomie est constamment employée pour distinguer des mots. Les unités non-significatives peuvent ainsi être récupérées dans une linguistique d'inspiration saussurienne, mais à condition d'être considérées comme des unités distinctives — et décrites en fonction seulement de leur pouvoir distinctif.

LES PHONÈMES.

Ce sont les premières unités distinctives à avoir été définies par les phonologues. Un phonème est un segment phonique qui : (a) a une fonction distinctive, (b) est impossible à décomposer en une succession de segments dont chacun possède une telle fonction, (c) n'est défini que par les caractères qui, en lui, ont valeur distinctive, caractères que les phonologues appellent **pertinents** (en allemand : *relevant*; les anglais parlent de *distinctive features*). Quelques exemples pour montrer combien les phonèmes, en vertu de cette définition, se distinguent des sons, qui sont objet de la **phonétique** (en anglais **phonetics**), non de la phonologie (**phonemics**).

1. En allemand tout mot commençant par une voyelle est précédé par une fermeture des cordes vocales (ce qui interdit notamment de faire une liaison entre cette voyelle et la consonne terminale du mot précédent). Du fait que cette « attaque dure » est nécessaire, elle ne peut avoir valeur distinctive et, en vertu de (a), elle ne sera pas considérée comme un phonème. On ne comptera pas non plus comme phonème, en anglais et en allemand, l'aspiration qui, dans ces langues, suit régulièrement le *p*, le *t* et le *k*. Mais cette même aspiration, lorsqu'elle apparaît devant une voyelle, constitue le phonème *h* qui distingue par exemple, en allemand, les mots *Hund* (« chien ») et *und* (« et »).

2. En espagnol le segment phonique représenté dans l'orthographe par *ch* (cf. *mucho*, où le *ch* se prononce à peu près comme, en français, *tch*, phonétiquement *tš*) est composé de deux sons distincts; mais *š* n'apparaissant, en espagnol, qu'après *t*, le *t* de *tš* n'a pas de fonction distinctive, et, en vertu de (b), le groupe phonique espagnol *tš* constitue un seul phonème (exemple donné par Martinet).

3. Les sons *i* de « vide » et de « vite », phonétiquement fort différents, constituent, en vertu de (c), un seul phonème, puisque les traits par lesquels ils diffèrent ne sont pas pertinents (ce que les phonologues expriment en disant que ces deux sons ne commutent pas : la substitution de l'un à l'autre ne peut pas changer un signe en un autre). Dans la mesure où c'est la présence, respectivement, de *d* et de *t*, qui entraîne la longueur ou la brièveté du *i*, on dit que les deux sons sont des **variantes contextuelles** (ou combinatoires, ou encore déterminées) du même phonème.

4. Le *r* français se prononce, selon les régions, ou même selon les individus, soit roulé, soit grasseyé. Mais les deux sons ne commutent pas (alors qu'ils commutent en arabe). On dira donc, en vertu de (c), qu'il y a un seul phonème français *r* : ses deux manifestations, roulée ou grasseyée, n'étant pas déterminées par l'entourage, sont appelées des **variantes libres**.

Pour rendre sensible la différence du son et du phonème, on est convenu de représenter une **transcription phonétique** (= en sons élémentaires) entre crochets carrés, et une **transcription phonologique** (= en phonèmes), entre barres obliques. On a donc, pour « vide » et « vite », les transcriptions phonétiques [vi:d] (où :

représente l'allongement du *l*) et [vit], et les transcriptions phonologiques /vid/ et /vit/.

→ Sur le phonème : N. S. Troubetzkoy, *Principes de phonologie*, trad. franç., 1957. surtout p. 33-46; W. F. Twadell, «On defining the phoneme», *Language Monographs*, Baltimore, 1935; A. Martinet, *Éléments de linguistique générale*, Paris, 1961, 3.5-3.17; M. Halle, R. Jakobson, *Fundamentals of Language*, La Haye, 1956, 1re partie (avec, au chap. II, une revue critique des principales conceptions du phonème). Pour une critique de la commutation, comme moyen d'identifier les différentes occurrences d'un même phonème : N. Chomsky, *Structures syntaxiques*, trad. franç., Paris, 1969, § 9.2.

N.B. L'école distributionaliste [49 s.], qui s'interdit d'utiliser la commutation [43] (dans la mesure où celle-ci comporte un recours au sens) a cherché une procédure purement distributionnelle pour découvrir les phonèmes. Cette méthode constituerait alors une définition non-mentaliste du concept de phonème, c'est-à-dire, selon la terminologie néo-positiviste, une « réduction empirique » de ce concept. On fait d'abord l'hypothèse qu'une description phonétique permettrait déjà de regrouper l'infinité des occurrences phoniques (les sons effectivement prononcés, *hic et nunc*) en un nombre fini de classes, dont chacune correspondrait à un son phonétique élémentaire. Un phonème est alors défini comme une classe de sons phonétiques : deux sons appartiennent au même phonème et sont dits allophones, si, ou bien ils ont exactement la même distribution (= apparaissent dans les mêmes contextes : ce sont alors des variantes libres) ou bien ils ont des distributions complémentaires (= n'apparaissent jamais dans le même contexte : ce sont alors des variantes combinatoires).

→ B. Bloch, « A set of Postulates for phonemic Analysis », *Language*, 1948, p. 3-46 (article complété dans *Language*, 1953, p. 59-61).

LES TRAITS DISTINCTIFS.

La définition du phonème implique (condition 2) l'impossibilité de le diviser en unités distinctives *successives*. Mais cela n'empêche pas de l'analyser en unités distinctives *simultanées*. Or il se trouve que les caractères qui permettent à un phonème de remplir sa

fonction distinctive sont en petit nombre pour chaque phonème
(ainsi le /d/ français a le trait « sonore » qui le distingue de /t/,
le trait « oral » qui le distingue de la consonne « nasale » /n/,
le trait « dental », qui le distingue de /b/ et de /g/). Bien plus, ils
sont en petit nombre dans la langue elle-même, et c'est, au maximum, une dizaine de traits que l'on retrouve, diversement combinés, dans la trentaine de phonèmes que possède une langue.
D'où l'intérêt de considérer le phonème comme un ensemble
d'unités plus élémentaires, les traits distinctifs (ou traits pertinents,
en anglais, distinctive features; Benveniste parle de mérismes).

S'il y a accord entre les phonologues sur le principe d'une
analyse du phonème, il y a, quant à la nature des traits distinctifs,
une controverse, opposant notamment les points de vue de Martinet et de Jakobson. Deux questions sont particulièrement
débattues :

1. Les traits sont-ils binaires? Peut-on donc les grouper en paires
de traits opposés, dont chacune représente pour ainsi dire une
dimension phonétique — ce qui impliquerait que tout phonème,
s'il utilise cette dimension à des fins distinctives, doit posséder
un des termes de la paire? Le groupement par paires semble
s'imposer pour certains traits comme « sonorité » et « sourdité »
(= présence ou absence de vibrations des cordes vocales) : le
premier se trouve, en français, dans /b/, /d/, /g/, le second, dans
/p/, /t/, /k/. (En ce qui concerne /l/, « sonorité » et « sourdité »
ne sont pas distinctives, mais déterminent seulement des variantes
combinatoires.) Pour d'autres dimensions phonétiques en revanche,
par exemple le point d'articulation dans la cavité buccale, il semble
naturel, au premier abord, d'envisager des séries de plus de deux
termes (ainsi /b/, /d/, /g/ se distinguent entre eux par le fait que
leur articulation est, respectivement, labiale, dentale, ou palatale).
Alors que Martinet admet à la fois des traits binaires et des traits
ternaires, quaternaires, etc., Jakobson pense que tout trait distinctif
est binaire. Il arrive à rendre cette thèse compatible avec l'expérience en utilisant, pour caractériser les phonèmes et rechercher
leurs traits distinctifs, non pas une description articulatoire,
comme celle utilisée ici, mais une description acoustique (fondée
sur les propriétés de l'onde sonore), qui permet plus facilement
de dégager des propriétés distinctives binaires.

2. Les traits ont-ils une réalité phonique assignable? Pour Jakobson chaque trait correspond à une propriété précise de l'onde acoustique — propriété qui peut être déterminée avec exactitude sur les enregistrements (il admet cependant que puisse jouer, mais d'une façon accidentelle, un phénomène de suppléance, et que des propriétés normalement non-distinctives, dites traits redondants, soient utilisées par le locuteur ou par l'auditeur lorsque les caractères normalement distinctifs sont brouillés, soit à l'émission, soit à la réception). Jakobson peut par suite faire l'hypothèse — à vérifier empiriquement — que les traits distinctifs sont identiques pour toutes les langues (les langues ne diffèrent que par la façon dont elles combinent ces traits en phonèmes) : il y aurait donc des universaux phonologiques. Martinet au contraire croit fondamentalement impossible une détermination physique rigoureuse des traits distinctifs. Pour lui, l'existence en français, d'un trait « sonorité », qui caractérise /b/, /d/, /g/, et d'un trait « sourdité », qui caractérise /p/, /t/, /k/, n'implique pas qu'il y ait un élément commun à toutes les occurrences des trois premiers, qui serait absent des occurrences des trois autres. Elle signifie seulement que, dans un contexte c_1, la différence d_1 entre /p/ et /b/ est identique à celle existant entre /t/ et /d/ ou entre /k/ et /g/, et qu'il en est de même de leurs différences d_2, d_3, d_4, dans les contextes c_2, c_3 c_4,... Mais il reste possible que les différences d_1, d_2, d_3, d_4... ne soient pas identiques l'une à l'autre. On ne peut donc pas donner une description physique de la distinction *sonore-sourd* en français. Certes on peut parler de la vibration des cordes vocales, qui est sa manifestation la plus fréquente, mais ce n'est là qu'une commodité d'expression. La réalité linguistique est simplement la corrélation entre la façon dont varient, selon les contextes, les phonèmes de la série sourde et ceux de la série sonore. D'où il résulte que l'hypothèse de traits distinctifs universels est *a fortiori* inadmissible, les traits distinctifs d'une langue donnée ne pouvant être définis sans référence aux conditions d'emploi des phonèmes dans cette langue.

→ A. Martinet précise sa position par rapport à la phonologie jakobsonienne dans « Substance phonique et traits distinctifs », *Bulletin de la Société de linguistique de Paris*, 1957-1958, p. 72-85.

CRITIQUE DE LA DISTINCTIVITÉ.

Tout en se refusant le recours à la commutation [43], le distributionalisme essayait de retrouver, par une autre méthode, ces mêmes unités distinctives que fait apparaître la commutation. C'est au contraire l'importance même de la distinctivité qui est mise en question par la linguistique générative [56 s.]. La phonologie générative nie que, dans la description d'une langue, il faille toujours faire un sort particulier aux unités et aux propriétés distinctives. Le composant phonologique d'une grammaire générative [75] est chargé de convertir chaque suite de morphèmes engendrée par la syntaxe (suite accompagnée de l'arbre qui représente son organisation interne, sa construction) en une représentation phonétique qui décrit la prononciation « standard » de la phrase correspondante. Or il n'y a aucune étape de ce processus où apparaisse une représentation de la phrase analogue à ce que serait sa description phonologique (= une description qui ne retiendrait que les traits distinctifs).

a) Le point de départ n'est pas phonologique en ce sens qu'il représente avant tout la décomposition de la phrase en morphèmes (il est probable par exemple que l'adjectif « grand » y serait représenté avec un *d* final qui n'a souvent aucune existence ni phonétique ni phonologique, cf. « grand garçon »), puisque ce *d* semble appartenir au morphème, comme en témoignent les dérivés (« grandeur », « grandir »). N.B. Cela n'empêche pas Chomsky d'utiliser, pour représenter les morphèmes, les traits distinctifs binaires définis par Jakobson (chaque morphème est représenté comme une succession de phonèmes, eux-mêmes représentés comme ensembles de traits). Mais c'est seulement parce que cette notation apparaît économique et non pas par une volonté de représenter les morphèmes par ce qui est distinctif lors de leur réalisation dans la parole.

b) Le point d'arrivée n'est pas non plus phonologique, en ce sens qu'il représente la prononciation elle-même. Ainsi le *l* de *alpe* y serait représenté comme sourd, au même titre que le *t* de « ton ». Or, dans le premier cas, il s'agit d'une variante combinatoire, déterminée par le voisinage de *p* (par un phénomène d'assimilation, le caractère sonore ou sourd d'une consonne est transmis aux sons qui l'environnent); dans le second au contraire, le caractère sourd est distinctif, et oppose « ton » à « don ».

c) Chomsky croit pouvoir enfin montrer qu'au cours du fonctionnement du composant phonologique, on n'obtiendra à aucune étape une représentation des phrases correspondant à leur description par les phonologues : ou bien alors, il faudrait compliquer délibérément le composant, et, ce qui est plus grave, s'interdire de représenter dans toute leur généralité certaines règles (comme celle d'assimilation) dont l'existence semble incontestable. N.B. Cette critique montre moins l'inadéquation de la représentation phonologique, que son incompatibilité avec le modèle génératif. Elle pourrait donc être retournée contre ce modèle si la description selon la distinctivité s'avérait par ailleurs nécessaire. On en retiendra cependant que cette description — et l'abstraction considérable qu'elle implique — n'ont pas de légitimité intrinsèque, mais doivent être justifiées par leur pouvoir explicatif (explicatif par exemple des mécanismes d'apprentissage, du fonctionnement poétique, ou encore de l'évolution historique du langage [184 s.]).

→ Sur la phonologie générative, N. Chomsky, *Current Issues in Linguistic Theory*, La Haye, 1964, et *Topics in the Theory of Generative Grammar*, La Haye, 1966, chap. IV. Voir aussi *Langages*, déc. 1967, qui contient une abondante bibliographie.

Prosodie linguistique

A partir du sens traditionnel du mot *prosodie* (« ensemble des règles relatives à la métrique »), un sens spécialisé s'est développé avec la naissance de la linguistique moderne. On classe dans la prosodie tous les faits phoniques qui échappent à l'analyse en phonèmes et en traits distinctifs. Ce glissement de sens peut assez aisément s'expliquer : la prosodie (métrique) grecque et latine, reposait sur l'étude de la durée, de la hauteur et éventuellement de l'intensité, qui font aujourd'hui l'objet des études linguistiques de prosodie.

De la sorte, on oppose, dans la plupart des écoles linguistiques, des éléments **phonématiques** (phonèmes [221] et traits [224]) à des éléments **prosodiques** (terminologie de Martinet et de l'école phonologique), ou bien des éléments **segmentaux** à des éléments **suprasegmentaux** (terminologie américaine). Souvent cette opposition est renforcée par l'idée que les caractères prosodiques sont non-discrets, c'est-à-dire qu'ils sont susceptibles de varier d'une façon continue. (C'est d'ailleurs la notion de « discrétion » qui a permis le découpage segmental de la communication orale : découpage en phonèmes, puis en traits distinctifs.) En refusant ce caractère discret aux traits prosodiques, rapidement on les a assimilés à des phénomènes marginaux, et cela d'autant plus que, si toutes les langues ont des phonèmes, l'utilisation des différentes possibilités prosodiques est beaucoup moins générale et beaucoup moins systématique. Alors que l'enchaînement phonématique semble une base indispensable de la communication linguistique, on ne laisse qu'une fonction de suppléance aux phénomènes prosodiques, et on ne leur accorde un rôle pertinent [221] que si l'on n'a pu trouver aucun autre moyen de « désambiguïser » la forme phonétique (message) émise par un locuteur à l'adresse d'un interlocuteur : les missionnaires ou les descripteurs de langues africaines, bien souvent, ne se sont préoccupés des variations de hauteur que lorsque cela devenait indispensable si l'on ne voulait pas enregistrer des homonymes trop nombreux. Maintenant encore, l'étude de l'accent apparaît utile surtout dans la mesure où elle aide à découper l'énoncé en signes élémentaires. On ne lui reconnaît de caractère distinctif que dans de très rares cas (langues dites à accent libre). Quant à l'intonation, elle est considérée le plus souvent comme redondante : on ne lui attribue un caractère « pertinent » que lorsque la « syntaxe » s'est montrée impuissante à expliquer, sans avoir recours à elle, les valeurs grammaticales différentes que l'on peut donner à deux chaînes d'unités significatives autrement identiques.

→ A. Martinet, *Éléments de linguistique générale*, Paris, 1961, § 3.24 s. Sur le caractère pertinent des traits prosodiques : E. Coseriu, « Détermination et entourage », in *Teoria del Lenguaje y Lingüística general*, Madrid, 1962.

LES PHÉNOMÈNES PROSODIQUES ENVISAGÉS SOUS LEUR ASPECT PHYSIQUE.

Pourrait-on expliquer par leurs manifestations phonétiques que les traits prosodiques soient considérés comme marginaux ?

Le timbre, la hauteur, l'intensité et la durée sont les composantes généralement reconnues dans l'étude des sons du langage.

Le timbre d'un son est ce qui oppose, par exemple [a] à [i]. Il s'explique, acoustiquement, par les hauteurs des zones d'harmoniques renforcées, ou formants, et le rapport entre ces zones (rapport de fréquence et d'intensité). Physiologiquement, il dépend de la résonance des cavités intervenant dans la phonation.

La hauteur d'un son s'explique par la fréquence des vibrations du fondamental de ce son. Physiologiquement, elle a sa cause dans les dimensions et la tension des cordes vocales, ce qui explique que la hauteur d'un son varie avec le sexe, l'âge, la taille d'un individu, etc., et varie au cours du discours.

L'intensité d'un son est due à l'amplitude du mouvement vibratoire de la source : pour une plus grande amplitude, on a généralement une plus grande tension des cordes, ce qui explique

que, dans la plupart des langues, intensité et hauteur soient liées, un accent d'intensité étant aussi manifesté par une « élévation de la voix ».

La durée d'un son est la perception que l'on a de son temps d'émission. En ce qui concerne les sons de la parole, une tension constante est difficilement obtenue des organes de la phonation, et on assiste généralement à une modification de la qualité d'un son prolongé (modification du timbre, cf. phénomènes de diphtongaison, par exemple).

Ainsi définis, les caractères prosodiques sont liés nécessairement à toute activité phonique, ce qui explique que leur étude puisse être considérée comme marginale ou secondaire du point de vue linguistique. Martinet note ainsi (*Éléments*, § 3. 24) que les faits prosodiques sont des « faits phoniques nécessairement présents dans tout énoncé parlé : que l'*énergie* avec laquelle on articule soit considérable ou limitée, elle est toujours là, à un degré quelconque; dès que la voix se fait entendre, il faut bien que les vibrations de la glotte aient une fréquence, ce qui donne à chaque instant, aussi longtemps que la voix est perçue, une *hauteur mélodique* déterminée; un autre trait susceptible d'utilisation prosodique est la *durée* qui, bien entendu, est un aspect physique inéluctable de la parole puisque les énoncés se développent dans le temps. On comprendra, dans ces conditions, que linguistiquement ces faits ne puissent guère valoir par leur présence ou leur absence en un point, mais plutôt par leurs modalités variables d'une partie à une autre d'un énoncé ».

FONCTIONS DES FAITS PROSODIQUES.

De même que l'on abstrait un phonème de l'ensemble de ses manifestations phonétiques, on peut envisager de poser des **prosodèmes**, indépendamment des manifestations dans lesquelles ils s'incarnent, mais en analysant les diverses fonctions des traits prosodiques.

Depuis Troubetzkoy il est usuel de distinguer trois fonctions que remplissent, en se les partageant différemment selon les langues, les faits prosodiques et les faits phonématiques : la fonction distinctive, la fonction démarcative et la fonction culminative.

Un élément phonique a une fonction distinctive (fonction que les phonologues tendent à croire principale) dans la mesure où il permet de différencier l'une de l'autre deux unités significatives. Ainsi il y a des langues où deux mots peuvent être distingués selon que l'on a un /l/ prononcé avec ton montant ou /i/ avec ton descendant.

Un élément phonique a une fonction démarcative, ou délimitative, lorsqu'il permet de reconnaître les limites d'un mot, ou, plus généralement, d'une unité linguistique quelconque. Cet élément peut être phonématique (exemple : phonèmes qui n'apparaissent qu'à des places fixes de l'énoncé tel /h/ anglais, toujours en initiale de morphème), ou prosodique (accent dans les langues à accent fixe : en tchèque, l'accent, apparaissant toujours sur la première syllabe du mot, permet de découper un énoncé en mots).

La fonction culminative est la fonction remplie par un élément phonique qui permet de « noter la présence dans l'énoncé d'un certain nombre d'articulations importantes; il facilite ainsi l'analyse du message ». (A. Martinet, *Éléments*, 3. 33.) Exemple : l'accent dans les langues « à accent libre ».

→ A propos de ces fonctions, se reporter à Troubetzkoy, *Principes de phonologie*, trad. franç., Paris, 1957, p. 31-32 et 290-314. Également à Martinet, chap. « Accents et Tons », in *La Linguistique synchronique*, Paris, 1965.

A partir de ces fonctions, il est possible de définir *tons*, *intonation* et *accents*, leur aspect physique n'étant envisagé que comme manifestation accidentelle d'une *fonction*.

Les tons. On appelle tons, l'utilisation qui est faite dans certaines langues d'oppositions de hauteur comme unités distinctives : elles peuvent permettre de différencier deux phonèmes, tous les traits pertinents étant identiques d'un phonème à l'autre, à l'exclusion de la hauteur sur laquelle ils sont prononcés. Ainsi, en chinois, on opposera /lì/ (châtaigne) prononcé avec un ton descendant à /lǐ/ (poire) prononcé avec un ton montant. La hauteur sur laquelle est prononcé un élément intoné importe peu : un homme et une femme, avec des voix dont les hauteurs fondamentales diffèrent, respectent tous deux les oppositions tonales dans une langue donnée.

Dans les langues utilisant les tons comme traits de différenciation, les possibilités et les réalisations sont multiples : à côté de
tons ponctuels dans lesquels seul compte pour l'identification
un point de la courbe mélòdique (point le plus haut ou le plus bas,
ou point moyen), on a des tons mélodiques dans lesquels intervient
la pente de la courbe tonale : tons montants, tons descendants,
tons montants-descendants, etc.; on distinguera aussi des tons
montant à partir d'un niveau bas, des tons montant à partir
d'un niveau moyen, etc. Le système de tons d'une langue peut
être parfois très complexe : certains dialectes vietnamiens ne
comporteraient pas moins de neuf tons.

→   A propos des tons, outre les textes de Martinet déjà cités, on trouvera une analyse d'ensemble dans K. L. Pike, *Tone Languages*, Ann
Arbor, 1948.

L'intonation. Les variations de hauteur ne sont pas toujours
attachées à des unités distinctives comme les phonèmes; elles
peuvent être attachées à des unités appartenant à un autre niveau
(par exemple, à des groupes syntaxiques, à des phrases). On parle
alors d'*intonation*. Un même phénomène physique, relatif à la
hauteur par exemple, peut être la manifestation simultanée d'un
ton (niveau phonologique) et d'une intonation (niveau syntaxique),
ce qui rend l'analyse délicate et exige le recours à des critères
fonctionnels. Kratochvil, par exemple, a montré (cf. *The Chinese
Language To-Day*) qu'en chinois, accents, tons et intonation,
ayant des fonctions différentes, se combinaient sans s'exclure.

Cette intonation, qui existe dans tout discours et qui est due
à la tension plus ou moins grande des organes articulatoires,
n'a pas toujours une valeur linguistique pertinente : dans toute
phrase énonciative, le schème ＼ normal, sera simplement la
manifestation du relâchement des organes en fin d'énoncé — ce qui
permet un premier découpage d'une langue encore inanalysée.
Cependant, l'intonation peut être utilisée comme moyen linguistique significatif : l'intonation signifie, à partir du moment
où il y a modification de la courbe intonative « normale ».

L'intonation, qui peut être seulement redondante [43] dans
un énoncé, quand ce qu'elle exprime se trouve déjà exprimé
autrement, peut devenir pertinente par suppression d'un mor-

phème grammatical de l'énoncé. Ainsi, en français, l'intonation montante, redondante dans

viens-tu? (puisque l'ordre des mots constitue une sorte de morphème qui exprime l'interrogation)

devient pertinente dans :

tu viens? (ici l'ordre des mots est commun à l'affirmation et à l'interrogation).

On peut avoir intérêt, dans l'analyse, à regrouper avec les phénomènes d'intonation, les pauses significatives dans l'énoncé, et les phénomènes dits d'accentuation « expressive ». Comme exemple de pauses significatives, on peut citer l'énoncé suivant :

/kabylanolaklanolakabylo/

qui ne prend un sens qu'à partir du moment où on le pro-nonce :

ka'by ≠ 'lan ≠ o'lak ≠ 'lan. ≠ o'lák ≠ aby'lo
(= qu'a bu   l'âne   au lac?   L'âne   au lac   a bu l'eau.)

L'intonation sera aussi pertinente pour marquer l'opposition grammaticale qui existe en français entre relative déterminative et relative explicative (spécificatrice) :

« Les enfants qui ont travaillé seront récompensés » (parmi la classe des enfants, seuls *ceux qui ont travaillé* seront récompensés) et « Les enfants, qui ont travaillé, seront récompensés » (considé-rant quelques enfants particuliers, on affirme que, *parce qu'ils ont travaillé*, ils seront récompensés).

Cette opposition est manifestée graphiquement par la ponctua-tion (virgules), et, phoniquement, par une pause après *enfants* dans le second cas.

→   Cf. Pierre Delattre, « L'intonation par les oppositions », *Le Français dans le monde*, avril-mai 1969.

Quant aux phénomènes de mise en relief ou d'emphase par l'accent dit « d'expressivité », ils permettent de donner, dans un énoncé, une information supplémentaire : comparer en anglais la simple phrase énonciative :

« I will go »

aux phrases accentuées :

« *I* will go » { *moi* et non pas *toi*

« I *will* go » { action *à faire*, comme projet, comme manifestation d'une volonté, par opposition à une action *déjà accomplie*, par exemple.

« I will *go* » { action *d'aller* et non par exemple de *revenir*, ou de *rester*, etc.

En français, de même, on aura : « Je ne parle pas d'*im*pression mais d'*ex*pression. »

Ces phénomènes modifient sensiblement la courbe intonative dite normale. On peut avoir intérêt à les intégrer parmi les phénomènes intonatifs et à effectuer ensuite l'analyse de la courbe résultante en unités discrètes d'intonation.

➜   Pour une analyse systématique de ces faits : K. L. Pike, *The Intonation of American English*, Ann Arbor, 1945, p. 21 ; et surtout Z. S. Harris, *Structural Linguistics*, Chicago, 1951, en particulier chap. vi. Cf. également R. S. Wells, « The Pitch Phonemes of English », *Language*, 1945. Sur l'intonation en français, consulter Zwanenburg, *Recherches sur la prosodie de la phrase française*, Leiden, 1965.

Les accents. Sous ce terme unique, on regroupe des phénomènes divers qui varient avec les langues. Aucune langue n'est dépourvue d'accentuation, mais plusieurs sortes d'accents sont concevables. On entend par accent une manifestation d'intensité, de hauteur et/ou de durée qui, portant sur une syllabe ou une more (on appelle more tout segment de syllabe, phonème [221] par exemple, qui peut porter l'accent, notion utile dans certaines langues comme le grec ancien), la met en relief par rapport à ses voisines. L'accent d'expressivité dont il a été question plus haut et qui a été rapproché de l'intonation, met en relief un *signe* [132], c'est-à-dire une unité à double face. L'accent, traditionnellement dit « tonique », dont nous traitons maintenant, frappant physiquement une syllabe comme le précédent, met en relief cette syllabe comme figure [339] et non pas comme signe.

La fonction de base de l'accent est la fonction culminative. Mais on peut distinguer entre deux types de langues, du point de vue de l'accent, selon que l'on a comme fonction supplémentaire la fonction démarcative (langues à accent fixe, comme le français ou le tchèque : choix de critères phonétiques) ou la fonction distinctive (langues à accent libre, comme l'anglais ou l'allemand : critères morphologiques).

L'accent, malgré les fonctions différentes qu'il peut remplir, porte obligatoirement sur une unité non significative, complexe ou simple (syllabe ou more).

P. Garde précise les perspectives de l'accentologie :
— Une taxinomie traitera des « unités accentuelles » dans les langues.
— Une syntaxe fonctionnelle du langage déterminera ce qui est « accentogène », ce qui appelle syntaxiquement l'accent.
— Une phonosyntaxe précisera le point où se réalise l'accent, c'est-à-dire l' « unité accentuée ».
— La phonologie détermine l' « unité accentuable » dans chaque langue.

Par « unité accentogène », on entend l'unité qui exige la présence d'un accent. L'unité accentuelle est le morphème, ou groupe de morphèmes, qui englobe un élément accentogène. L'accent peut tomber sur une syllabe ou une more : il faut donc savoir quelle est l'unité accentuable dans une langue donnée. L'unité accentuée (ou accentophore) porte l'expression physique de l'accent. Ce n'est pas nécessairement l'unité accentogène : ce peut être une unité qui, pour une raison différente, se trouve occuper la place qui est celle de la réalisation de l'accent. Ainsi, en français, où l'unité accentuable est la syllabe, l'unité accentuelle *Prends-le*, comporte une unité accentogène *Prends* (*le* étant non-accentogène, « atone »). Mais *le* sera en fait le support physique de l'accent, et donc l'unité accentuée, dans la mesure où il occupe la place de la réalisation de l'accent (en français : fin de groupe).

➤ Pour toutes ces questions, cf. P. Garde, *L'Accent*, Paris, 1968. Pour la notion de niveaux d'analyse, voir J. P. Rona, « Las « Partes del Discurso » como nivel jerárquico del lenguaje », *Litterae hispanae et lusitanae*, p. 433-453, Munich.

On peut préciser les niveaux d'analyse qui seront communs aux éléments supra-segmentaux et segmentaux en résumant en un tableau les principales distinctions à effectuer :

NIVEAUX	SEGMENTAL	SUPRA-SEGMENTAL
1er niveau : phonèmes (opposition)	Phonologie	Tonologie
2e niveau : morphèmes (contraste)	Morphologie	Accentologie
3e niveau : propositions (opposition)	Syntaxe	Analyse de l'intonation
4e niveau : ? (contraste)	Stylistique	Analyse des connotations expressives

Bien que les traits prosodiques soient d'abord des phénomènes **contrastifs** (: qui tiennent à la différence existant entre des éléments successifs de la chaîne parlée), situés donc sur l'axe syntagmatique, ils permettent de constituer des paradigmes [142] d'unités de niveaux différents (unités en opposition sur l'axe paradigmatique), tout paradigme se définissant par une base commune plus un élément variable (cet élément peut être Ø) : $< Ax, Ay, Az, A\emptyset$, etc.$>$. De même que $\langle Domin\text{-}us, Domin\text{-}e, Domin\text{-}um$, etc.$\rangle$ forment un paradigme, on pourra déterminer, par un élément variable « prosodique » sur une base phonématique commune, des paradigmes d'unités aux différents niveaux établis ci-dessus. Par exemple :

       tu viens   (interrogation)

       tu viens   (affirmation)

forment un paradigme constitué d'unités du niveau « phrase ».

➡ Cf. L. Prieto, « Traits oppositionnels et traits contrastifs », *Word*, 1954.

Syntaxe et Prosodie. A l'appui de l'idée qu'on ne peut séparer syntaxe et intonation (cf. tableau ci-dessus), on notera que le problème de l'intonation s'est posé dès le début de la théorie des grammaires génératives [56 s.]. En 1957, Chomsky formule les premiers postulats de la théorie et, dès 1960, R. P. Stockwell étudie « La place de l'intonation dans une grammaire générative de l'anglais ».

Ce dernier, dans un article paru dans la revue *Language* (vol. 36, n° 3, 1960), pose l'intonation comme Constituant Immédiat [51] (C.I.), et formule la règle syntagmatique [293 s.]

$$S \rightarrow Nuc + IP \text{ (Intonation Pattern)}$$

(c'est-à-dire Phrase → Noyau + Modèle de l'Intonation).

Ainsi il envisage de traiter l'intonation au niveau de la phrase globale et non séparément pour chaque C.I. En conséquence, il précise que l' « Intonation Pattern », intervient au niveau terminal.

Il se propose alors d'étudier ce constituant « Intonation ». Il pose :

$$IP \rightarrow C + JP$$

c'est-à-dire « Contour » + « Juncture Point » (Point de Jonction = fin du morphème « Contour »). Il définit le *JP* comme étant inchangé par certaines transformations [310 s.] qui vont être appliquées à *IP*, alors que *C* pourra être modifié par ces mêmes transformations. En définissant les constituants de *IP*, il définit par conséquent, en même temps, les transformations qu'il va leur appliquer (bien que ceci ne soit pas explicité, on retrouve sous-jacente l'opposition « transformations singulières »/« transformations généralisées » : les transformations singulières étant celles qui ne modifient pas le *JP* mais peuvent modifier le *C*). Le *C* va à son tour être analysé selon deux fonctions essentielles de l'intonation : enchaînement et rupture. Ce qui implique que soit dressé, pour une langue donnée, l'inventaire des contours de rupture et des contours d'enchaînement.

Une fois effectuée cette description taxinomique des contours intonatifs, un *IP* « neutre » (« colorless ») est posé, *IP* de base, de même que, dans la composante grammaticale, on pose une « phrase-noyau » [312] (ou, du moins, le faisait-on à une certaine étape des théories génératives, celle de l'article envisagé). Une fois ce *IP* de base choisi, on formule des transformations au niveau de la composante intonative. Ces transformations sont formulées en fonction du jeu d'éléments tels que les accents, etc. — ce qui présuppose une définition de ces éléments aussi dans le choix de l'intonation de base.

A partir du moment où l'on pose des transformations généralisées, c'est-à-dire la combinaison de deux ou plusieurs *IP* de base en un seul *IP* résultant, l'analyse devient excessivement complexe : c'est alors que le *JP* peut aussi se trouver modifié, et que la rencontre entre composante grammaticale et composante intonative, évitée jusqu'alors, devient nécessaire.

La prise en considération de l'intonation comme constituant de la phrase avec ses contraintes propres, mène à une nouvelle définition des transformations ; c'est dire que la théorie se trouve très profondément modifiée par l'addition de ce nouveau C.I. Ceci est une conséquence logique du fait que, dans une syntaxe générative, tout élément est défini en fonction des autres et que la modification de l'un entraîne une modification de l'autre.

La définition des transformations qui est présupposée par la règle de réécriture : *IP* $\rightarrow$ *C* + *JP*, avec la restriction que *JP* est inchangé pour certaines transformations, présuppose aussi une définition du *contour*, lequel est fonction des phrases obtenues au niveau terminal dans la syntaxe et donc de la partition préalable effectuée dans la composante grammaticale entre phrases de base et phrases transformées.

L'étude de Stockwell, comme toutes les études de l'intonation en grammaire générative, porte sur une langue particulière : on n'a pas encore une théorie générale systématique de l'intonation. Mais, dans ce domaine plus que dans tout autre (en raison de la négligence avec laquelle on a considéré longtemps les faits prosodiques), des études particulières nombreuses sont nécessaires avant que puisse être formulée la théorie générale.

L'intérêt croissant qui est porté par les linguistes actuels aux traits prosodiques doit vraisemblablement avoir des conséquences profondes : au niveau méthodologique, certes, mais aussi au niveau théorique : l'introduction de données supplémentaires aussi importantes implique une modification de l'objet de la théorie, à savoir le concept de langue lui-même. Après une étape « forma-liste », la langue semble bien ne plus devoir être seulement analysée comme système formel, mais dans sa fonction de *communication*. Ce retour à une notion ancienne montre quelles difficultés il y a à abstraire l'objet « langue » de l'ensemble des processus d'énonciation.

Sur l'analyse générative de l'intonation anglaise se reporter à Stockwell (art. cité). Plus généralement, voir les travaux de Schane et de Liberman : « Intonation and the Syntactic Processing of Speech », in *Proceedings of the Symposium on Models for Perception of Speech and Visual Form*, Boston, November 11-14, 1964, et *Intonation, Perception and Language*, M.I.T. Press, 1967.

Versification

Par *versification* on entend l'ensemble des phénomènes qui définissent la spécificité du *vers*. On ne s'occupera donc pas ici d'un autre de ses sens, à savoir « l'ensemble des règles qui enseignent comment écrire des vers ». Un synonyme de notre « versification » serait *prosodie*; mais ce terme a pris aujourd'hui en linguistique un autre sens [228].

On divise habituellement les faits de versification en trois grands groupes, liés aux concepts de *mètre*, *rime* et *formes fixes*. Mais tous trois relèvent d'un même principe, qui permet de distinguer les vers de la prose et qui a reçu, à des époques différentes, des noms divers : rythme, périodicité, parallélisme, ou simplement répétition. On peut dire, de manière très générale, que le **parallélisme** constitutif du vers exige qu'un rapport d'éléments de la chaîne parlée réapparaisse à un point ultérieur de celle-ci; cette notion présuppose donc les notions d'identité, de succession temporelle, et de phonie. On parlera plutôt de **symétrie** lorsque la disposition spatiale, et la graphie, sont en jeu. Suivant la nature des éléments qui se répètent, on distingue précisément les trois groupes de problèmes signalés ci-dessus.

Cette distinction ne signifie pas, bien entendu, l'indépendance du mètre, de la rime et des formes fixes; bien au contraire, on ne peut les définir les uns sans les autres. Cette interdépendance se retrouve dans les rapports qu'entretiennent les faits de versification avec les autres propriétés linguistiques d'un énoncé : la versification ne fonctionne pas isolément de la signification. Une théorie, populaire au début du XXe siècle (Saran, Verrier), voulait que l'on étudiât le vers en se mettant à la place d'un étranger, c'est-à-dire en faisant abstraction de son sens, pour pouvoir mieux observer ses propriétés formelles. L'échec de cette théorie devant les problèmes réels de la versification est une preuve de l'erreur contenue dans son postulat.

Aujourd'hui les études de versification n'essaient pas de faire abstraction de la nature significative de l'énoncé. Mais malgré l'existence d'une littérature très abondante (qui s'étale sur deux mille ans), les notions essentielles dans le domaine de la versification n'ont pas encore de définition rigoureuse. Les découvertes de la linguistique moderne, et plus particulièrement de la phonologie, ont rendu caduques nombre de règles et de lois anciennes, sans les avoir toujours remplacées par de nouvelles.

Lorsque l'élément qui se répète est lié à l'accent [234 s.] ou à la quantité, on parle de mètre. Le mètre peut donc reposer sur trois faits linguistiques : la syllabe, l'accent et la quantité. La syllabe est un groupe phonémique constitué d'un phonème appelé *syllabique* et, facultativement, d'autres phonèmes non-syllabiques. Le premier constitue le sommet de la syllabe, alors que les autres en forment les marges. La syllabe n'a de réalité linguistique que dans une lecture particulière, que l'on appelle scansion. En français ce sont les voyelles qui jouent le rôle de phonèmes syllabiques. Quant à l'accent, c'est une emphase touchant à la durée, la hauteur ou l'intensité d'un phonème syllabique et qui le différencie de ses voisins. La quantité, enfin, correspond aux différences de durée phonémique, qui assument, dans certaines langues, une fonction distinctive.

En conséquence, on distingue couramment trois types de mètre : syllabique, accentuel et quantitatif, chacun étant fondé, respectivement, sur la répétition régulière du nombre des syllabes, des accents, ou des quantités. Contrairement à une opinion répandue, le vers n'illustre pas habituellement un seul de ces trois principes, mais deux ou même trois à la fois (ainsi du vers français, par exemple). On propose parfois de distinguer un quatrième type de mètre, le tonématique, utilisé dans les langues à tons; mais le plus souvent on se contente de la tripartition ci-dessus.

Une suite métrique de syllabes forme un vers. Le vers est délimité par l'achèvement d'une figure métrique, qui se manifeste par une pause métrique; parfois il est également marqué par la rime. Graphiquement, le vers est signalé par un blanc qui le sépare (chez nous) de la marge droite de la page; mais si l'on définit le vers comme une entité métrique, on ne manque pas de s'apercevoir qu'un vers graphique contient parfois deux ou plusieurs vers métriques, et inversement.

On dit qu'un vers a autant de mesures (ou « pieds ») que de syllabes comportant l'élément répété. Par conséquent, un vers purement syllabique rendrait impossible la distinction entre mesure et vers. Dans le cas des vers accentuel et quantitatif, le nombre des mesures égale le nombre des syllabes accentuées ou longues. La versification antique avait codé les mesures quantitatives les plus fréquentes par des noms qui ont eu une large extension, et qui étaient aussi appliqués aux mesures accentuelles (avec une assimilation de la longueur et de l'accent). En notant par — une syllabe longue et par *U* une syllabe brève, on définit ainsi les principales mesures : iambe : *U-*; trochée : *-U*; anapeste : *UU-*; amphibraque : *U-U*; dactyle : *-UU*; spondée : ⌐⌐; tribraque : *UUU*.

Une pause qui sépare le vers en deux hémistiches s'appelle césure. Comme cependant la définition du vers implique aussi l'existence d'une pause métrique, il est en fait impossible de distinguer rigoureusement entre césure et pause finale, et, par conséquent, entre hémistiche et vers (à moins qu'on ne se fonde sur la graphie). L'existence de cette pause n'est pas contredite par le phénomène fréquent d'enjambement, c'est-à-dire de non-coïncidence entre pause métrique et pause verbale (grammaticale ou sémantique); plus même, l'enjambement ne pourrait exister si toutes les pauses étaient de même nature. Cette non-coïncidence permet deux lectures des vers comportant des enjambements : l'une, *métrique*, se fait au détriment du sens; l'autre, *sémantique*, au détriment du mètre.

On a voulu souvent distinguer mètre et rythme, le premier étant la succession parfaitement régulière des syllabes accentuées et non-accentuées, longues et brèves, alors que le second, la réalisation de ce schème dans la langue. Il est cependant évident que la différence ici n'est que dans le degré d'abstraction. Il n'est pas nécessaire de réduire le mètre, par exemple, aux mesures canonisées par les Anciens, et exiger leur répétition régulière : cela n'arrive jamais. La description métrique d'un poème, ou d'une période, ou même d'une littérature nationale peut être beaucoup plus raffinée. Ainsi récemment M. Halle et S. Keyser ont donné une nouvelle description du mètre anglais classique, qui permet de rendre compte de la quasi-totalité des vers considérés auparavant comme « irréguliers ». Les descriptions antérieures ont donc été des approximations par trop grossières, non des descriptions d'un phénomène autre : dans les deux cas, on décrit le même processus métrique.

La théorie du mètre a souffert de nombreux malentendus à cause d'une confusion entre le mètre du vers et ce même mètre tel qu'il apparaît au cours d'une récitation particulière. R. Jakobson, dénonçant cette confusion, introduit même quatre termes distincts. Il oppose d'une part l'exemple de vers, c'est-à-dire la structure métrique d'un vers isolé, du modèle de vers, qui est la résultante statistique de tous les exemples de vers à l'intérieur d'un poème, de l'œuvre d'un poète, à l'intérieur d'un courant littéraire, etc. D'autre part, il distingue l'exemple de vers de l'exemple d'exécution, tel qu'il se réalise au cours d'une lecture particulière. On peut enfin chercher le dénominateur commun de diverses lectures, assumées par la même personne, ou par la même école de récitation, etc., et c'est ce qui nous donnera le modèle d'exécution. Cette distinction, entre vers et exécution du vers, montre déjà les limites de toute approche acoustique de la versification.

Il ne faut pas confondre non plus les variantes individuelles dans la récitation des vers avec les éléments facultatifs de la versification. « Facultatif » ne veut pas dire « inutile » ou « dépourvu de signification »; mais désigne ici un élément qui n'est pas nécessaire pour que le phénomène « vers » se produise. Certaines écoles poétiques, certains poètes peuvent rendre obligatoires précisément ces traits facultatifs. Quant à la nature de ceux-ci, ils peuvent être liés à tous les autres aspects de l'énoncé verbal. Ainsi, pour citer quelques faits étudiés, R. Jakobson a montré le rôle que peut jouer la distribution de la chaîne verbale en mots, à l'intérieur du schème métrique : en russe, un iambe de quatre mesures n'est pas perçu de la même manière suivant que l'accent tombe au début ou à la fin des mots. B. Eikhenbaum a été le premier à étudier, dans son livre *la Mélodique du vers lyrique russe* (1922) la distribution des intonations en poésie, et à proposer une typologie des organisations intonationnelles.

On situe à la limite du vers métrique le **vers libre**, qui, selon certains, n'obéirait pas à des schémas métriques; mais cette notion est, on le voit, contradictoire en elle-même. Ou bien il n'existe aucun mètre, et alors il s'agit, probablement, d'une *prose lyrique*, où l'impression de « poésie » est produite par des éléments sémantiques ou grammaticaux; ou bien, une organisation métrique existe mais le mot « libre » indique qu'elle ne se laisse pas décrire à l'aide des termes comme « ïambe » et « trochée »; on a vu cependant que l'imprécision des outils n'est pas une raison suffisante pour conclure à l'existence d'un phénomène différent. « Vers libre » est le synonyme alors de **prose métrique**.

Les principes mêmes de la description du mètre ont beaucoup varié depuis un siècle. L'antique méthode de description, qu'on pourrait appeler *graphique*, s'est surtout conservée dans les écoles. La méthode *musicale* a représenté un effort de rénovation : les accents et les quantités sont marqués à l'aide de signes musicaux; l'objectif de cette méthode est d'aboutir à une science unifiée de la métrique, qui traiterait aussi bien de la musique que de la poésie. Mais la spécificité du mètre linguistique semble beaucoup trop forte pour qu'une telle entreprise soit justifiée, et il n'est possible à aucun moment de mettre entre parenthèses, dans l'analyse métrique, les problèmes de relation avec le sens ou avec la grammaire. Pour la même raison se trouvent déçus les espoirs qu'on avait mis dans la méthode *acoustique*, qui utilise des spectrographes, permettant une représentation visuelle détaillée du flot de paroles (**visible speech**), et d'autres instruments d'enregistrement : on retrouve ici la confusion entre vers et exécution du vers. Avec les travaux des Formalistes russes (Jakobson, Tomachevski, Eikhenbaum, Jirmounski) [110], on peut parler de l'introduction d'une méthode *structurale* dans l'étude de la versification : on commence à étudier les composantes linguistiques du vers en rapport aussi bien avec les autres éléments du poème, qu'avec la structure générale de la langue. Enfin, le linguiste bulgare M. Janakiev a été le premier à formuler une théorie axiomatique de la versification.

➤   G. M. Hopkins, *The Journals and Papers*, Londres, 1959 (un précurseur important des études modernes de la versification); E. Sievers, *Rhythmisch-melodische Studien*, Heidelberg, 1912; M. Grammont, *Le Vers français*,

Paris, 1913 (les deux promoteurs les plus marquants des études sur la versification au début de ce siècle); V. Jirmounski, *Introduction to Metrics, the Theory of Verse*, La Haye, 1966 (édition russe en 1925); B. Tomachevski, *O stikhe*, Leningrad, 1929 (cf. des extraits traduits en français dans *Théorie de la littérature*, Paris, 1965); W. L. Schramm, *Approaches to a Science of English Verse*, Iowa City, 1935 (présente l'approche acoustique); W. K. Wimsatt, M. C. Beardsley, « The Concept of Meter : an Exercise in Abstraction », *PMLA*, 1959, p. 585-598; M. Janakiev, *Bulgarsko stikhoznanie*, Sofia, 1960; R. Jakobson, *Essais de linguistique générale*, Paris, 1963 : « Linguistique et poétique »; A. Kibedi Varga, *Les Constantes du poème*, La Haye, 1963; S. Chatman, *A Theory of Meter*, La Haye, 1965; M. Halle, S. J. Keyser, « Chaucer and the Study of Prosody », *College English*, dec. 1966, p. 187-219; J. Thomson, « La structure linguistique et le vers », *La Poétique; la Mémoire*, Paris, 1970, p. 22-31; J. Roubaud, « Mètre et vers », *Poétique*, 7, 1971, p. 354-375; W. K. Wimsatt (éd.), *Versification. Major Language Types*, New York, 1972.

La rime n'est qu'un cas particulier de répétition sonore, phénomène très répandu dans le vers mais aussi, quoique de manière moins systématique, en prose. L'étude systématique des répétitions sonores a été entreprise par l'un des Formalistes russes, O. Brik, qui a distingué les facteurs suivants : nombre de sons répétés, nombre des répétitions, ordre des sons dans chacun des groupes répétés, place du son répété dans l'unité métrique. En prenant un tout autre point de départ, F. de Saussure a également étudié, dans des travaux restés inédits jusqu'en 1964, les répétitions des sons en poésie, qui, selon lui, obéissent au principe des anagrammes : les sons ou les lettres composant un nom propre se trouveraient disséminés dans l'ensemble du poème.

Ce rôle structural (et structurant) des sons doit être distingué de celui qu'on leur a traditionnellement attribué en étudiant le *symbolisme phonétique* [326]. Dans ce dernier cas, on cherche une signification intrinsèque aux sons, ou une correspondance directe entre le sens des mots et la nature des sons qui les composent. Une telle relation existe mais plutôt dans les textes individuels que dans la langue en général; et dans un rapport proportionnel plutôt que direct. En dehors de ces correspondances locales on ne peut établir que des régularités extrêmement générales et donc vagues.

La rime est une répétition sonore survenant à la fin du vers.

La notion de rime implique par conséquent celle de vers; mais en même temps, on l'a vu, la rime sert le vers, en marquant de manière particulièrement frappante sa fin. Il existe cependant des vers sans rimes, les **vers blancs**, alors que l'inverse n'est pas vrai.

On a distingué plusieurs variables dans la rime, ce qui a permis des classifications nombreuses. Voici les principales :

1. Selon le degré de ressemblance entre les deux suites phoniques, on distingue : les **assonances**, où seule la voyelle accentuée est identique, par exemple *âme/âge*; les **rimes pauvres**, où seule la voyelle accentuée est identique mais elle n'est suivie d'aucune consonne, par exemple *moi/roi*; les **rimes suffisantes**, où la voyelle accentuée et les consonnes la suivant sont identiques, par exemple *cheval/égal*; les **rimes riches** où, en plus de l'identité présente dans la rime suffisante, on observe l'identité de la (ou des) consonnes qui précèdent, par exemple *cheval/rival*; les **rimes léonines**, lorsque la voyelle précédente est également identique, par exemple *ressentir/repentir*, etc. On parle de **rime visuelle** lorsque ce sont les lettres mais non les sons qui se répètent.

2. Selon la place de l'accent, on distingue les **rimes masculines** (ou oxytoniques), où l'accent tombe sur la dernière voyelle; les **rimes féminines** (ou paroxytoniques), lorsqu'il tombe sur l'avant-dernière; les **rimes dactyliques** (ou proparoxytoniques) sur l'avant-avant-dernière; **hyperdactyliques**, sur la quatrième à partir de la fin, etc.

3. Selon les types de combinaison entre les rimes dans la strophe (ou, plus exactement, dans le quatrain), on distingue : les **rimes plates**, qui se suivent dans l'ordre *aabb*; les **rimes embrassées**, *abba*; les **rimes croisées**, *abab*. Les autres combinaisons, par exemple dans le *quintil*, n'ont pas de noms établis.

4. Selon le rapport qu'elles entretiennent avec les autres éléments de l'énoncé, on oppose les **rimes grammaticales**, c'est-à-dire celles où riment des formes grammaticales identiques, aux **rimes anti-grammaticales**; ou encore les **rimes sémantiques**, où le rapprochement sonore provoque l'impression d'une proximité sémantique, aux **rimes antisémantiques**, où le même rapprochement provoque la mise en évidence du contraste. D'une manière générale, la répétition sonore provoque toujours l'apparition d'un rapport sémantique.

5. A certaines époques, les raffinements de la rime sont poussés très loin (ainsi en France aux XIVe et XVe siècles); on distingue en conséquence un grand nombre de rimes particulières, qui sont, la plupart du temps, des combinaisons des cas précédents. Citons en exemple la **rime équivoque**, qui implique l'identité du mot phonique et la différence des sens, par exemple *le soir tombe/vers la tombe*.

→ O. Brik, « Zvukovye povtory », *Michigan Slavic Materials*, 5 (= O.M. Brik, *Two Essays on Poetic Language*), Ann Arbor, 1964; J. Starobinski, *Les mots sous les mots, les anagrammes de F. de Saussure*, Paris, 1971; V. Jirmounski, *Rifma, ejo istorija i teorija*, Leningrad, 1923; W. K. Wimsatt, « One Relation of Rhyme to Reason », *The Verbal Icon*, Lexington, 1954, p. 153-166; P. Delbouille, *Poésie et Sonorités*, Bruxelles, 1961.

On appelle **strophe** la succession de plusieurs vers (à partir de deux; la limite supérieure n'est pas fixée mais il semble qu'on n'emploie plus ce terme au-delà de quatorze vers). En un certain sens, la strophe est au vers ce que le vers est à la mesure : elle exige aussi la répétition d'une certaine figure pour pouvoir être considérée comme achevée. Les strophes d'un poème possèdent souvent la même figure de rimes et de mètres, ou alternent deux figures, etc. Si le texte entier (le poème) est composé d'une seule strophe, on ne peut plus parler d'organisation strophique. On dit qu'une strophe est **isométrique** si les vers qui la composent ont le même nombre de mesures; dans le cas inverse on l'appelle **hétérométrique**. D'autre part, selon le nombre de vers qui composent la strophe on distingue le **distique**, le **tercet**, le **quatrain**, etc. Si une strophe identique revient à plusieurs reprises dans le poème, on parle de **refrain**.

La combinaison des strophes entre elles a également été codée, ce qui a produit les **formes fixes** de la versification. Parmi les plus connues sont : le **rondeau**, construit sur deux rimes, le refrain étant repris au milieu et à la fin; le **triolet**, toujours isomètre, de huit vers, rimé dans l'ordre suivant (les majuscules désignent les vers répétés, c'est-à-dire le refrain) : *ABaAabAB*; la **ballade**, composée de trois strophes homorimes et isométriques, et d'un *envoi*; le plus souvent, les strophes comportent autant de vers qu'il y a de syllabes dans chaque vers; l'envoi en comporte la moitié. La plus connue enfin : le sonnet, composé de quatorze vers, divisés en 4 + 4 + 3 + 3 ou encore 4 + 4 + 4 + 2 (sonnet shakespearien), etc., avec de nombreuses variantes dans la disposition des rimes. Ces formes, très vivantes dans la poésie médiévale et classique, sont plus rares aujourd'hui.

➜ Quelques traités de versification française : M. Grammont, *Petit Traité de versification française*, Paris, 1960; J. Suberville, *Histoire et Théorie de versification française*, Paris, 1956; W. T. Elwert, *Traité de versification française*, Paris, 1965. Bibliographie : J. Mazaleyrat, *Pour une étude rythmique du vers français moderne. Notes bibliographiques*, Paris, 1963.

Ecriture

Est **écriture**, au sens large, tout système sémiotique [136 s.] visuel et spatial; au sens étroit, c'est un système graphique de notation du langage. Plus précisément, on va distinguer dans l'écriture prise au sens large, la *mythographie* et la *logographie*, qui coexistent aujourd'hui, mais à propos desquelles on est souvent tenté de poser la question de l'antériorité historique.

La **mythographie** est un système dans lequel la notation graphique ne se réfère pas au langage (verbal) mais forme une *relation symbolique indépendante*. Si l'on divise les systèmes sémiotiques d'après la nature du sens requis pour la réception des signes : vision, ouïe, toucher (le goût et l'odorat n'ayant pas produit de systèmes sémiotiques élaborés), et, d'autre part, suivant que les signes ont un caractère *ponctuel* ou *duratif*, la mythographie réunit des systèmes de signes à caractère duratif qui s'adressent à la vision ou au toucher.

La mythographie se réalise sous plusieurs formes. On citera la représentation par objets (utilisés comme des tropes [351] de ce qu'ils signifient) : ainsi du fameux message adressé aux Perses et composé d'une souris, une grenouille, un oiseau et cinq flèches. Ce type de communication semble universellement répandu : à Sumatra, les Loutsou déclarent la guerre en envoyant un morceau de bois marqué d'encoches, accompagné d'une plume, d'un bout de tison, et d'un poisson; ce qui signifie qu'ils attaqueront avec autant de centaines (ou de milliers) d'hommes qu'il y a d'encoches, seront aussi rapides que l'oiseau (la plume), dévasteront tout (le tison), noieront leurs ennemis (le poisson).

Dans la région du Haut-Nil, les Niam-Niam mettent sur la route, lorsqu'un ennemi entre sur leur territoire, un épi de maïs et une plume de poule, et, sur le mât d'une maison, une flèche; ce qui signifie : si vous touchez à notre maïs et à nos volailles, vous serez tués.

Une autre forme de mythographie est la notation par nœuds sur une ficelle ou un ruban, utilisée surtout dans les comptes; notre « nœud sur le mouchoir » en est un exemple. Une autre encore : toutes les entailles et coches dont la fonction est soit le compte (par exemple les jours d'une année) soit la marque d'appartenance (les marques sur le bétail). Des signes « naturels » comme les traces d'animaux ou d'humains peuvent être repris par la mythographie.

La part la plus importante de la mythographie est formée par la **pictographie** : c'est-à-dire des dessins figuratifs, utilisés avec une fonction communicative. Un système relativement élaboré de pictogrammes se rencontre chez les Esquimaux d'Alaska qui, lorsqu'ils quittent leur maison, laissent sur la porte un message dessiné, indiquant la direction qu'ils ont prise et le genre d'activité auquel ils se livrent. L'attachement d'une signification précise à un dessin est considéré comme établi dès l'instant où ce dessin tend à devenir schématique et stylisé; dès l'instant aussi où c'est le type d'événements, beaucoup plus que l'événement individuel, qui se trouve représenté. La place historique de la pictographie reste fortement discutée.

On peut encore grouper les systèmes mythographiques, non plus d'après leur *substance* — comme on vient de le faire —, mais d'après le *type de signification* qu'ils instaurent. On trouvera alors les mêmes fonctions dominantes que dans le langage verbal : la *dénomination*, permettant d'identifier un objet singulier (cf. les marques et entailles) et la *description* (cf. les dessins et objets représentatifs). Mais il faut noter qu'en aucun cas, la relation avec le langage verbal n'est nécessaire; plus même, très souvent elle n'est pas possible. Il n'y a pas de mots précis et uniques qu'on doive attacher à tel dessin ou à tel objet; c'est pourquoi il faut rejeter la théorie selon laquelle les pictogrammes correspondent à des phrases (à la différence d'autres signes qui désignent les mots ou les sons) : les phrases comme les mots sont des unités linguistiques; la mythographie est un système sémiotique autonome.

Malgré son extension universelle, la mythographie n'a jamais eu un rôle aussi important que le langage. Les systèmes mythographiques ne couvrent jamais que des secteurs assez limités de l'expérience, alors que le langage a une visée totalisante. Probablement parce que les pictogrammes forment des séries ouvertes et non-organisées, tandis que le langage se laisse concevoir comme une combinatoire : un nombre réduit de sons produit un nombre très élevé de mots; ceux-ci, à leur tour, produisant un nombre infini de phrases.

Aujourd'hui, le langage (verbal) coexiste avec des systèmes mythographiques; et il n'y a aucune raison de vouloir réduire l'un à l'autre dans la préhistoire de l'humanité. Cependant, il semble bien que ce soit, pour l'essentiel, à partir de la mythographie que s'est développée la **logographie**, *système graphique de notation du langage*. L'autre source de la logographie serait, d'après Van Ginneken, le langage gestuel. Toutes les écritures, au sens restreint du mot, sont incluses dans la logographie.

Il existe plusieurs principes logographiques, qui régissent, de manière complémentaire, les différentes écritures. Aucune écriture, d'aucun peuple, n'obéit à un principe unique; il faut donc, dans le cadre d'une typologie générale, classer des principes et non des écritures.

I. Premier grand principe : ce qu'on peut appeler la **morphémographie**; le signe graphique dénote une *unité linguistique signifiante*. On doit employer ce terme de morphémographie à la place de ceux, déroutant, d'idéographie et d'**idéogramme** : en aucun cas les signes graphiques ne dénotent directement les « idées » (ce serait de la mythographie); ils dénotent les morphèmes ou, comme dans le cas du chinois classique où les deux coïncident, les mots. La preuve en est que les synonymes ne sont pas représentés, dans ces systèmes, par des signes semblables. Le système morphémographique, comme tout système logographique, dénote *le langage*, non la « pensée » ou l' « expérience ».

II. Second grand principe : la **phonographie**, où le signe graphique dénote une *unité linguistique non-signifiante*, un son ou un

groupe de sons. Dans le premier cas, on parle d'**alphabets,** dans le
second de **syllabaires.** Historiquement, les deux formes semblent
bien liées : on rencontre d'abord les syllabaires sémitiques; ensuite,
une forme intermédiaire, les **alphabets consonantiques** (dont le
phénicien est historiquement le plus important) : dans les langues
sémitiques et hamitiques, la non-notation des voyelles est « naturelle », celles-ci correspondant à nos désinences, et le « squelette
consonantique » étant le pendant du radical. Ce sont les Grecs
qui commencent à noter systématiquement tous les sons, y compris
les voyelles (en se servant pour cela de lettres phéniciennes à valeur
de consonne) et forment ainsi l'alphabet, au sens étroit du mot.
Les alphabets les plus répandus du monde, et en particulier le
latin et le cyrillique, sont dérivés de l'alphabet grec.

Le principe phonographique s'articule historiquement au
principe morphémographique. Voici comment : les morphémo-
grammes purs (qu'on appelait anciennement — nous l'avons
vu — idéogrammes, ou encore **hiéroglyphes**), tout en fonctionnant
comme signifiants d'un morphème, unité du langage, sont
construits comme une image schématique de l'objet ou de l'acte,
désigné par ce morphème; ou encore du geste, « naturel » ou
conventionnel, accompagnant telle ou telle activité. (Il ne faut
exagérer, bien entendu, ni la ressemblance de l'image avec l'objet :
très rapidement, le dessin se stylise; ni le caractère « naturel »
et « universel » des signes : rien de commun entre les hiéroglyphes
sumériens, chinois, égyptiens et hittites pour un même objet.)
Même processus pour ce qu'on appelle les **aggrégats logiques,**
signes formés de deux unités déjà signifiantes (comme dans notre
mot « gratte-ciel » : ainsi en chinois on désigne le mot « querelle »
par le signe deux fois répété de « femme »; en sumérien, le mot
« manger », par le signe de « pain » à l'intérieur de celui de « bouche ». On peut observer encore la présence du type de symbolisation qu'on appelle métaphorique, où le signe de « soleil » désigne
aussi « brillant »; il s'agit en fait ici d'une synecdoque).

Or, c'est l'impossibilité de généraliser ce principe de représentation qui a introduit, même dans les écritures fondamentalement
morphémographiques comme la chinoise, l'égyptienne ou la
sumérienne, le principe phonographique. On peut presque dire
que toute logographie naît de l'impossibilité d'une représentation

iconique généralisée; ce sont les noms propres et les notions abstraites (y compris les flexions) qui seront alors notés phonétiquement.

Cette introduction du phonographisme a pris plusieurs voies :

1. Par rébus, procédé qui semble avoir joué le rôle le plus important, et qui consiste à noter un mot en usant du signe d'un autre, parce que les deux sont homophones. Par exemple, en sumérien, le signe de « flèche », qui se dit *ti*, servira pour désigner aussi « vie », qui se dit également *ti*. Ce principe du rébus n'implique pas l'identité parfaite; par exemple en égyptien « maître » se dit *nb* et on le note à l'aide du même signe que celui de « corbeille » qui se dit *nb. t*, le *t* étant le signe du féminin. Une fois le rapport homographique établi, le locuteur ressent aussi (probablement) une ressemblance dans le sens : si en chinois on désigne par *won* le sorcier et le menteur, on oublie que c'est là un rébus, pour y voir une parenté, selon le principe bien connu de l'étymologie populaire [182]. Dans les noms propres on combine, pour leur valeur phonétique, plusieurs hiéroglyphes, toujours selon le principe du rébus : par exemple chez les Aztèques, le nom propre *Quauhnawac*, signifiant « près de la forêt » (*quauh*, « forêt »; *nawac*, « près »), se note par les signes de « forêt » et de « parole », parce que ce dernier mot se dit *naua-tl* (l'à peu près joue encore ici). Il est curieux de noter que ce procédé a influencé même les systèmes mythographiques : si dans une langue on désigne par le même mot « anneau » et « retour », un anneau est envoyé à un exilé pour le rappeler chez lui.

2. Par *emprunt* à des langues étrangères. Sachant que tel hiéroglyphe se prononce de telle manière dans une langue voisine, on peut l'utiliser dans sa propre langue pour noter les mêmes sons, tout en lui donnant un sens différent. C'est ainsi que des Akkadiens ont emprunté des signes sumériens.

3. Par acrophonie. Chaque hiéroglyphe prend ici la valeur du *son initial du mot qu'il désigne.* Ainsi l'hiéroglyphe pour « bœuf » commence à être lu comme *a*, première lettre du mot *aleph* qui signifie « bœuf » (ce qui expliquerait les noms donnés aux lettres en hébreu, grec, etc.). La généralité de ce procédé a été souvent contestée, et il semble qu'il s'agit, ici encore, d'une « étymologie populaire » : le nom de la lettre est souvent un moyen mnémo-

technique (comme les prénoms qui nous servent pour épeler au téléphone) auquel on cherche, après coup, une motivation.

III. Un procédé largement répandu dans les écritures à dominante morphémographique est ce que les historiens de l'écriture appellent les **déterminatifs sémantiques** (ou clés). Ce sont des signes graphiques ajoutés à l'hiéroglyphe élémentaire, qui permettent de distinguer les homonymes et de préciser le sens du mot (dans nos langues, ce sont les suffixes qui assument cette seconde fonction : ainsi « travail*eur* » se distingue de « travail*er* », en comportant la même « idée » de travail). En sumérien le même signe de « charrue » signifie, avec comme déterminatif le signe de « bois », l'instrument lui-même ; avec comme déterminatif le signe d' « homme », celui qui s'en sert. Cette analyse est particulièrement poussée dans l'écriture chinoise, où l'on dispose de 214 déterminatifs qui répartissent les mots en classes, à la manière des catégories sémantiques comme animé-inanimé, etc. ; les déterminatifs ne se prononcent pas. Une telle catégorisation présuppose évidemment une analyse logique de la langue, ce qui justifie cette remarque de Meillet : « les hommes qui ont inventé et perfectionné l'écriture ont été de grands linguistes et ce sont eux qui ont créé la linguistique ». L'alphabet, de son côté, présuppose l'équivalent d'une analyse phonologique de la langue.

Aucune écriture nationale n'est l'incarnation pure d'un principe ou d'un procédé d'écriture. Contrairement à ce qui s'affirme dans de nombreuses spéculations sur l'écriture chinoise, celle-ci n'est pas exclusivement morphémographique (« idéographique ») ; plus même, la grande majorité des signes chinois sont utilisés pour leur valeur phonétique. De même, le déchiffrement des hiéroglyphes égyptiens a-t-il piétiné tant que Champollion n'eut pas découvert que certains d'entre eux avaient une valeur phonétique. Inversement, les alphabets occidentaux ne sont pas, comme on le croit facilement, entièrement phonétiques : une même lettre désigne plusieurs sons, et un même son est désigné par plusieurs lettres ; certains éléments phoniques (par exemple l'intonation) n'ont pas d'équivalent graphique, certains éléments graphiques (par exemple la virgule) n'ont pas d'équivalent phonique ; certains signes graphiques (comme les chiffres) fonctionnent à la manière des hiéroglyphes, etc.

→ Ouvrages fondamentaux : H. Jensen, *Die Schrift in Vergangenheit und Gegenwart*, 2ᵉ, Berlin, 1958; J. Février, *Histoire de l'écriture*, 2ᵉ, Paris, 1959; I. J. Gelb, *A Study of writing*, 2ᵉ, Chicago, 1963; *L'Écriture et la Psychologie des peuples* (Actes d'un colloque), Paris, 1963; A. Leroi-Gourhan, *Le Geste et la Parole*, Paris, 1964-1965. Bibliographie : M. Cohen, *La Grande Invention de l'écriture*, 2ᵉ vol. : « Documentation et index », Paris, 1958. Sur l'origine de l'écriture dans le langage gestuel : Tchang Tcheng Ming, *L'Écriture chinoise et le Geste humain*, Paris, 1937; J. Van Ginneken, *La Reconstruction typologique des langues archaïques de l'humanité*, Amsterdam, 1939. Études sur l'écriture dans le cadre de la linguistique structurale : J. Vachek, « Zum Problem der geschriebenen Sprache », *Travaux du Cercle linguistique de Prague*, 8, 1939; H. J. Uldall, « Speech and writing », *Acta linguistica*, 1944; D. Bollinger, « Visual Morphemes », *Language*, 1946.

VERS UNE GRAMMATOLOGIE.

Les études concernant l'écriture ont presque toujours pris la forme d'une *histoire* — à moins qu'elles ne soient consacrées aux problèmes du déchiffrement : plus d'une écriture (par exemple celle des Mayas, de l'île de Pâques, etc.) nous est encore incompréhensible. Ce projet, écrire « l'histoire de l'écriture », est aux limites du possible puisque l'histoire présuppose l'écriture, au sens large : elle est impensable sans l'existence de signes « duratifs ».

Malheureusement, toutes les histoires de l'écriture acceptent jusqu'ici comme postulats certaines affirmations que la linguistique contemporaine ou même le simple bon sens rendent suspectes. Ainsi l'évolution du langage et de l'écriture est toujours envisagée comme un mouvement du concret vers l'abstrait : ce qui est pour le moins problématique. Il suffit de penser aux nombres, toujours attestés dès les documents les plus anciens. Ou encore, on postule l'existence d'un mouvement téléologique : de la mythographie vers la logographie, de la morphémographie vers la phonographie, au nom du principe peu explicité d'efficacité. Mais la mythographie continue d'exister de nos jours, et l'écriture chinoise n'est pas aujourd'hui plus phonétique qu'elle ne l'était il y a mille ans. Ces postulats sont le fruit d'une vision ethnocentrique, non d'une observation des faits.

L'étape historique de l'accumulation des faits devrait être dépassée par l'élaboration d'une **grammatologie**, ou *science de* *l'écriture*. La découverte des lois de l'évolution ne sera qu'une des tâches de la grammatologie, à côté d'une définition du fait même de l'écriture, au sein des autres activités sémiotiques, et d'une typologie des principes et techniques graphiques. La seule ébauche de cette science positive se trouve pour l'instant dans le livre de I. J. Gelb *A study of writing, the foundations of grammatology* (1952). En France, cette étude a été poussée dans le sens d'une critique philosophique des concepts fondamentaux de l'écriture et du langage ensemble [435 s.].

Il va de soi qu'il faut envisager l'étude de l'écriture dans une perspective aussi ethnologique. L'écriture, plus encore que la parole, semble liée à la magie, à la religion, à la mystique.

Études philosophiques : M. V. David, *Le Débat sur les écritures et l'hiéroglyphe aux XVIIe et XVIIIe siècles*, Paris, 1965.; J. Derrida, *De la grammatologie*, Paris, 1967. Études ethnologiques : F. Dornseiff, *Das Alphabet in Mystik und Magie*, 2e, Berlin, 1925; A. Bertholet, *Die Macht der Schrift in Glauben und Aberglauben*, Berlin, 1949.

Unités significatives

Jusqu'à la fin du XVIIIᵉ siècle, la plupart des linguistes occidentaux s'accordent tacitement à penser que l'unité linguistique la plus petite qui, à la fois ait une réalité dans la chaîne parlée, et soit porteuse de signification, est le **mot** : la phrase est faite de propositions, faites elles-mêmes de mots. Si l'on décompose le mot, c'est en unités non-significatives (les syllabes, les lettres). La définition du mot reste d'ailleurs généralement implicite. C'est que le découpage de l'énoncé en mots semble jouir d'une sorte d'évidence, qui dispense de toute détermination explicite. Ce découpage s'appuie en effet non seulement sur une tradition graphique solidement établie depuis la Renaissance, mais sur des phénomènes de prononciation incontestables : le mot est l'unité d'accentuation [234 s.] (les langues à accent n'attribuent en général qu'un accent, ou au moins qu'un accent fort à chaque mot); de plus certaines modifications ne se produisent qu'aux frontières du mot (par exemple, en allemand, la distinction des sons *d* et *t* est annulée en fin de mot et là seulement).

C'est l'avènement de la linguistique comparative qui a imposé une dissociation du mot en unités significatives plus élémentaires. En effet la comparaison de deux langues différentes en vue d'établir leur parenté ne peut pas se faire de mot à mot, mais de partie de mot à partie de mot.

→ Turgot signale déjà (article « Étymologie » de l'*Encyclopédie*, p. 99, col. 1) que l'étymologiste doit, si le mot est un dérivé, « le rappeler à sa racine en le dépouillant de cet appareil de terminaisons et d'inflexions grammaticales qui le déguisent; si c'est un composé, il faut en séparer les différentes parties ». Dans le même esprit Adelung (*Mithridates*, note p. XII, Berlin, 1806) se moque des personnes qui rapprochent l'allemand *packen* (« prendre ») du grec ἀπαγω « enlever »), et ne s'aperçoivent pas qu'une fois le deuxième mot analysé ἀπ-αγω, ni l'un ni l'autre de ses éléments n'a plus rien de semblable avec le verbe allemand.

A été déterminante aussi la découverte de la parenté entre la plupart des langues indo-européennes actuelles et le sanscrit. en sanscrit, en effet, l'organisation interne du mot est particulièrement frappante, les différents éléments étant souvent juxtaposés les uns aux autres de façon évidente, ce qui a parfois donné à penser que leur moindre distinction dans les langues actuelles n'est qu'un accident dû aux hasards de l'évolution phonétique. La plupart des comparatistes sont alors amenés à distinguer à l'intérieur du mot deux types de composants : les éléments désignant des notions ou catégories relatives à la réalité (« mange » dans « mangeront »), et les marques grammaticales désignant les catégories de pensée, les points de vue intellectuels imposés par l'esprit à la réalité. Les premiers sont appelés en allemand **Bedeutungslaute** et, dans la tradition grammaticale française, **sémantèmes** (ou **radicaux**); les seconds, **Beziehungslaute** et **morphèmes**. Pour certains grammairiens philosophes, l'union de ces deux éléments dans le mot refléterait cette association d'un contenu empirique et d'une forme *a priori* qui, selon la tradition kantienne, caractérise tout acte de l'entendement. En ce qui concerne les morphèmes eux-mêmes, il est devenu habituel aussi de distinguer, parmi les morphèmes, les **flexions** — qui entrent dans des systèmes de conjugaison ou de déclinaison — et les **affixes** — qui sont plus indépendants les uns des autres : dans « insonoriseront », où *sonor* est le sémantème, *r* et *ont* sont des flexions, et *in* et *is*, des affixes. De plus, selon que l'affixe apparaît avant ou après le sémantème, on le considère soit comme **préfixe** (*in-*), soit comme **suffixe** (*-is*).

Tout en retenant l'idée d'une nécessaire décomposition du mot, la plupart des linguistes modernes refusent la classification précédente, en alléguant qu'elle est valable au mieux pour les langues de l'antiquité classique, qu'elle est introduite dans les langues indo-européennes modernes par la projection du passé dans le présent (ce qui est contraire au principe d'une description purement synchronique [183]), et enfin qu'elle n'a guère de sens dans la plupart des langues non indo-européennes. Aussi est-il devenu habituel d'appeler du même nom tous les composants significatifs du mot : les linguistes américains emploient en ce sens les termes **morphème** et **formative**. Les européens parlent soit de **morphèmes**, soit de **formants**. La détermination des morphèmes, unités significatives minimales, se heurte, dans la pratique, à cette difficulté que le morphème doit être à la fois un élément matériel — un segment de la chaîne parlée — et le support d'une signification. Or il arrive souvent que des segments matériellement distincts supportent de façon évidente la même signification (ainsi le *i* de « ira » et le *all*, phonétiquement [al], de *allons*, qui tous deux désignent le concept « aller », et dont le choix est automatiquement déterminé par la personne et le temps du verbe, ou encore les deux formes *peux* et *puis* du présent du verbe « pouvoir »). D'autre part il est fréquent qu'un élément phonique inanalysable soit chargé à la fois de plusieurs significations clairement distinctes (ainsi le *a* du latin *bona*, « bonne », qui indique en même temps que l'adjectif est au genre « féminin », au cas « nominatif », et au nombre « singulier »). Cette divergence entre le côté phonique et le côté sémantique du morphème a conduit certains américains à une modification de leur terminologie. Ils appellent **morphe** tout élément phonique à valeur significative, et qui ne saurait être analysé en éléments phoniques significatifs plus petits (ainsi *i*, *al*, *a*, dans les exemples précédents, sont des morphes). On redéfinit alors le morphème comme une classe de morphes : intuitivement, il s'agit de morphes donnant la même information sémantique, identité que l'on définit formellement par le fait que leur substitution, ou bien n'est jamais possible dans un même contexte, ou bien est possible dans tout contexte. On appellera **allomorphes** les morphes appartenant au même morphème (c'est le cas pour *i* et *al* qui ne sont jamais substituables, puisqu'ils sont imposés par la personne et le temps du verbe, et c'est le cas aussi pour *peux* et *puis*, qui sont toujours substituables). Quant au morphe qui est chargé à la fois de plusieurs informations, tout en étant inanalysable en éléments significatifs plus petits, on le considère comme membre de plusieurs morphèmes différents (il est devenu traditionnel de l'appeler **morphe-portemanteau**).

➤ Sur la notion de morphème dans la linguistique américaine, consulter Ch. F. Hockett *A course in Modern Linguistics*, New York, 1958, chap.

XXXII, ainsi que E. P. Hamp, *A Glossary of American Technical Linguistic Usage 1925-1950*, Utrecht, 1966. Des méthodes de détermination des morphèmes sont données par Z. S. Harris, *Structural Linguistics,* Chicago, 1951 (réédité ensuite sous le titre *Structural Linguistics*), chap. XII à XIX. On notera que Harris appelle **morphemic segment** ce qui a été ici désigné comme *morphe*, et **morpheme alternant**, ce qui est appelé ici *allomorphe*. Il faut distinguer soigneusement de tous les usages du mot *morphème* qui viennent d'être présentés, celui qu'en fait L. Hjelmslev (*Essais linguistiques*, Copenhague, 1959, p. 152-164, « Essai d'une théorie des morphèmes »). Les **morphèmes** de Hjelmslev sont des éléments de la signification, des unités de contenu (le terme *formant* est réservé pour désigner leur expression matérielle). De plus, comme les morphèmes de la tradition française, ce sont des unités à valeur essentiellement grammaticale, et qui s'opposent aux unités à valeur lexicale (ces dernières étant des plérèmes). Enfin, morphèmes et plérèmes appartiennent, pour Hjelmslev, à la forme de la langue [38] : ils ne sont donc définis que par les relations les unissant aux autres. Le trait caractéristique des morphèmes, par opposition aux plérèmes, est ainsi que leur présence peut déterminer (ou être déterminée par) la présence d'autres morphèmes en dehors du syntagme dont ils font directement partie (en latin, une préposition peut déterminer la présence d'un certain cas dans tel ou tel mot ultérieur).

Certains linguistes européens ont trouvé quelque gratuité — et quelque artifice — dans l'effort de la linguistique américaine pour maintenir que le morphème est une unité phonique, tout en s'arrangeant pour qu'il satisfasse à des critères d'ordre sémantique. C'est la raison pour laquelle A. Martinet a élaboré la notion de **monème**. Le monème n'est ni d'ordre phonique, ni d'ordre sémantique : il représente un certain type de choix opéré par le sujet parlant au cours d'un acte d'énonciation. Le monème constitue, parmi les *choix* qui sont *déterminés directement par le contenu* du message à communiquer, le choix *élémentaire* (inanalysable en choix plus simples). Ainsi le *a* de *la* dans « La soupe est bonne » ne correspond pas à un monème puisqu'il n'est pas *choisi*, mais imposé par le genre du mot « soupe ». Il en est de même du *s* de « soupe », puisqu'il n'est pas *directement déterminé par le contenu* : s'il a été choisi, c'est pour produire le mot « soupe » plutôt que « loupe » ou « coupe », et c'est seulement par l'intermédiaire de ce mot qu'il participe à l'intention de communication. Le choix de « la soupe », enfin, n'est pas un monème, puisqu'il est analysable, puisqu'il se laisse comprendre à partir des choix de l'article défini « la » et de « soupe ». D'une façon positive maintenant, il y aurait dans notre exemple cinq monèmes, correspondant au choix 1) de l'article défini, 2) du nom « soupe », 3) du verbe « être », 4) du temps « présent de l'indicatif », 5) de l'adjectif « bon » (on pourrait aussi, mais la question est plus débattue, envisager un sixième monème, représentant le choix du nombre « singulier »).

La définition du monème comme unité de choix permet aussi de décrire sans difficulté les phénomènes pour lesquels les Américains ont créé les concepts d'allomorphe et de morphe-portemanteau. Car rien n'empêche d'admettre que le même choix puisse être représenté par des segments différents de la chaîne parlée, selon les contextes dans lesquels il apparaît : ainsi le même monème « article défini » sera manifesté soit par *le*, soit par *la*, selon le genre du nom qui suit, ou encore le choix correspondant à la signification « aller » se réalisera phoniquement tantôt comme [i], tantôt comme [al]. Rien n'empêche non plus que deux choix distincts aient pour résultat un segment inanalysable de la chaîne parlée : on dit alors que les deux monèmes sont **amalgamés** (cf. les monèmes « verbe être » et « présent de l'indicatif » amalgamés dans le segment *est*). Martinet arrive d'autre part à récupérer la différence entre les sémantèmes et les morphèmes de la tradition grammaticale française. Il distingue en effet deux types de monèmes :

a) Les **monèmes grammaticaux** (comme « présent de l'indicatif » ou « article défini ») qui « appartiennent à des inventaires clos », en ce sens que l'apparition d'un nouvel article ou d'un nouveau temps *amènerait nécessairement* à modifier la valeur des articles ou des temps existants.

b) Les **monèmes lexicaux**, « qui appartiennent à des inventaires ouverts » (l'apparition d'un nouveau nom d'aliment *n'amènerait pas nécessairement* une modification de la valeur de « soupe »).

Même sous la forme très souple donnée par Martinet à la notion d'unité significative minima, l'utilité de cette notion est actuellement mise en question par certains linguistes.

Pour les transformationalistes, les monèmes, malgré leur abstraction, sont encore beaucoup trop proches de la structure

superficielle des énoncés. Si on admet que les véritables choix
sémantiques des sujets parlants se situent au niveau de la structure
profonde [313], leur rapport avec la structure superficielle est
encore beaucoup plus indirect et complexe que cette relation
de manifestation qui, selon Martinet, rattache les monèmes à la
chaîne parlée.

D'autre part, une fois admise la possibilité d'amalgames (plusieurs unités significatives sont manifestées par un seul segment
phonique), comment distinguer nettement l'unité significative
minimale des éléments sémantiques minimaux (sèmes) dont parlent
des sémanticiens comme B. Pottier ou A. J. Greimas [339]?
Pourquoi ne pas dire que le segment phonique « soupe », manifeste
en les amalgamant, les choix sémantiques « aliment », « liquide »,
« salé », etc.? Bref la grande difficulté qu'on rencontre en opérant
une analyse en unités significatives minimales, est d'expliquer
pourquoi, à un moment donné, on arrête l'analyse.

➡️ Sur l'analyse en monèmes voir notamment le chap. IV des *Éléments
de linguistique générale* de A. Martinet, Paris, 1960. L'idée que cette
analyse est fondée sur la notion de « choix » est présentée de façon
explicite dans « Les choix du locuteur », *Revue philosophique*, 1966,
p. 271-282. On trouvera une critique transformationaliste de la linguistique de Martinet, et notamment de la notion de monème, dans
le compte rendu par P. M. Postal des *Éléments de linguistique générale*
(*Foundations of Language*, 1966, p. 151-186).

Parties du discours

La recherche d'un ordre régulier à l'intérieur d'une langue semble très souvent impliquer, entre autres tâches, la classification des éléments de cette langue. Si l'on considère le mot comme l'élément linguistique fondamental, un des premiers devoirs du linguiste doit être alors d'établir une classification des mots. Les grammairiens grecs et latins appelaient **parties du discours** (μερη του λογου, *partes orationis*) les principales classes de mots qu'ils ètaient amenés à distinguer. La détermination et la définition de ces classes ont fait l'objet de nombreuses discussions pendant l'Antiquité, les distinctions qui semblent aujourd'hui les plus claires n'ayant été perçues et élaborées que de façon très progressive.

➙ A cette élaboration semblent avoir participé notamment Aristote (*Poétique*, 1457 *a*), le philosophe stoïcien Chrysippe, le grammairien alexandrin Aristarque (cf., pour ces deux derniers, Quintilien, I, 4, 18, s.), Apollonios Dyscolos (dont on trouve des fragments traduits en latin tout au long des *Institutiones grammaticae* de Priscien), Varron (*De Lingua Latina*, VI, 36, VIII, 44-45), etc. On consultera, sur l'histoire de la théorie des parties du discours, V. Brøndal, *Les Parties du discours*, Copenhague, 1948 (introduction), ainsi que le résumé de cette histoire avant Varron, donné, sous forme de tableau, par J. Collart dans *Varron, grammairien latin*, p. 158 *bis*.

Finalement, le grammairien latin Aelius Donatus (ɪvᵉ siècle) a établi, dans son traité *De octo orationis partibus*, une liste qui n'a plus subi, pendant quinze siècles, que des retouches de détail : elle est, à peu de choses près, utilisée par la *Grammaire de Port-Royal* et servait de base, il y a peu de temps encore, à beaucoup de grammaires françaises scolaires. Elle contient les huit classes suivantes : nom, pronom, verbe, participe, conjonction, adverbe, préposition, interjection. Plutôt que de discuter dans le détail cette classification, il peut être intéressant de faire apparaître, à son propos, la difficulté générale soulevée par toute théorie des parties du discours, et qui concerne ses conditions de validité. Qu'est-ce qui garantit qu'une liste des parties du discours est la bonne, ou même qu'elle vaut mieux qu'une autre?

a) Une première réponse possible serait de dire qu'une théorie des parties du discours, pour être valide, doit être universelle, que ses catégories doivent être représentées dans toutes les langues. Il est significatif que les grammairiens anciens n'aient pas explicitement posé cette question de l'universalité. C'est qu'il allait de soi pour eux, semble-t-il, que leur classification avait valeur universelle : ils se la représentaient comme le cadre nécessaire de toute description linguistique possible (dans la terminologie d'aujourd'hui, on dirait que leur classification leur apparaissait comme un principe de *linguistique générale*, comme un élément de la *théorie linguistique*). Or une certaine dose d'artifice était nécessaire pour défendre cette thèse, même en s'en tenant à la comparaison du grec et du latin, langues relativement proches. Ainsi, le latin ne possédant pas d'articles, les grammairiens latins ont dû faire entrer de force dans leur catégorie du pronom les deux classes de l'article (ἄρθρον) et du pronom (ἀντωνυμια) que les grecs comme Aristarque distinguaient soigneusement. A plus forte raison, la considération de langues « barbares » aurait rendu très difficile de soutenir l'universalité de la classification. On voit mal d'ailleurs comment il pourrait en être autrement : si une classification a été établie à partir de langues particulières, il faudrait beaucoup de chance pour qu'elle puisse ensuite être adaptée de façon naturelle à toutes les langues. Mais comment d'autre part définir des parties du discours, si ce n'est en étudiant des langues particulières?

C'est pour éviter ce dilemme que le linguiste danois V. Brøndal renonce, dans sa recherche d'une théorie des parties du discours à valeur universelle, à utiliser une démarche inductive. Il propose une méthode inverse, qui consiste à construire une classification intrinsèquement justifiable, et dont l'applicabilité aux langues réelles serait ainsi nécessaire *a priori*. Brøndal part de l'idée que les langues ont toutes un fondement logique, fondement qui, vu l'universalité de la logique, doit être identique pour toutes. Mais, pour être compatible avec l'expérience, cette thèse demande certaines restrictions. Elle n'implique, selon Brøndal, ni que toutes les parties du discours, ni même que certaines d'entre elles, se retrouvent effectivement dans toutes les langues. Il s'agit plutôt de définir par raisonnement un inventaire de toutes les parties du discours possibles, et de montrer ensuite que les langues réelles choisissent toujours leurs parties du discours à l'intérieur de cet inventaire : une analyse des opérations intellectuelles faisant apparaître quatre catégories fondamentales (la relation, l'objet, la quantité et la qualité), chacune de ces catégories prise isolément, et d'autre part toutes les combinaisons logiquement cohérentes de plusieurs d'entre elles, permettent de définir les catégories du discours possibles (elles sont 15 selon Brøndal); et les catégories réellement représentées dans les langues ne seront jamais que des manifestations de ces possibles : ainsi la classe des prépositions du français manifeste la catégorie de la relation, celle des pronoms, la combinaison de la catégorie de l'objet et de celle de la quantité (puisque le pronom représente un objet indéterminé, caractérisé seulement comme quantifiable). On notera que la difficulté soulevée par la classification de Brøndal est exactement inverse de celle que suscite la classification traditionnelle; l'applicabilité aux langues particulières risque d'être non pas trop difficile, mais plutôt trop facile, étant donné le niveau de généralité où se situent les définitions des catégories.

b) Supposons qu'une classification des parties du discours abandonne la prétention à l'universalité, et se limite à la description d'une langue donnée. A quels critères alors reconnaître sa validité? Comment être sûr que le découpage proposé révèle quelques traits intrinsèques de la langue décrite? Une confirmation intéressante serait que la classification établie se laisse justifier de plusieurs points de vue différents, et, par exemple, que des considérations sémantiques, morphologiques, syntaxiques, convergent pour imposer la même répartition des mots en classes. Pour que ce test, cependant, ait une valeur indiscutable, il faudrait que la répartition puisse être effectuée selon chacun de ces points de vue indépendamment des autres, auquel cas leur accord, impossible à prévoir *a priori*, prouverait que cette répartition correspond à une sorte d'articulation naturelle de la langue. En réalité, malheureusement, la classification traditionnelle des parties du discours est obligée d'avoir recours *simultanément* à des points de vue différents; faisant intervenir de façon *complémentaire* des critères hétérogènes, elle n'est plus susceptible de recevoir cette espèce de confirmation que donnerait l'accord de critères indépendants.

Il arrive ainsi que les critères utilisés soient de type morphologique [71] : Varron distingue le nom du verbe par le fait que l'un se décline (est susceptible de recevoir des cas) alors que l'autre se conjugue (reçoit des temps). C'est sans doute la raison qui amène à considérer le participe comme une partie du discours autonome et non comme une des formes du verbe : le participe, en latin et en grec, est susceptible de recevoir à la fois des cas et des temps. Mais des critères distributionnels [50] sont en même temps utilisés : on prend en considération la façon dont les mots se disposent les uns par rapport aux autres à l'intérieur de la phrase. Ainsi la préposition est définie par le fait qu'elle précède le nom. Intervient à d'autres moments la fonction syntaxique : c'est le cas pour les conjonctions, dont le propre est de servir de lien entre deux phrases, deux propositions ou deux mots, sans que ce rôle, qui leur est commun, implique une position commune dans l'agencement du discours. Des critères proprement sémantiques sont aussi utilisés. Si le Moyen Age a élaboré la notion d'adjectif, inconnue de l'Antiquité classique, c'est essentiellement pour mettre en valeur le fait que la plupart des adjectifs désignent des qualités, et la plupart des substantifs, des objets. Mais les critères morphologiques ne distinguant pas en latin et en grec substantif et adjectif (ils se déclinent l'un comme l'autre), et les critères syntaxiques faisant aussi défaut (en latin au moins, où l'adjectif peut fonctionner comme sujet d'un verbe), on a cherché un compromis en faisant d'eux deux sous-classes de la catégorie du nom. Il est significatif de cette constante hésitation sur les critères, que l'une des premières distinctions établies, celle du nom (ὄνομα) et du verbe (ρημα) semble avoir été fondée à l'origine sur le rôle différent joué par ces deux classes dans l'activité d'énonciation (l'une sert à désigner des objets, l'autre à affirmer quelque chose de ces objets). C'est à peu près la distinction du sujet et du prédicat [344] des logiciens modernes, mais, si l'on est cohérent, on ne peut plus alors maintenir que les deux classes soient des classes de mots, qu'elles soient donc des parties du discours, car la fonction du ρημα peut être accomplie de bien d'autres façons que par l'utilisation d'un verbe au sens grammatical. Et c'est pourquoi Platon (*Cratyle*, 399, b) présente l'expression Διι φιλος (« ami de Dieu ») comme un ρημα bien qu'elle ne comporte pas de verbe.

Reste la question de savoir si cette hétérogénéité des critères est propre à la seule classification traditionnelle, ou si elle est liée au projet même d'établir des parties du discours, c'est-à-dire une classification de mots. La plupart des linguistes actuels opteraient pour la deuxième hypothèse. Pour eux les mots sont des unités d'une nature beaucoup trop composite pour que tous les mots d'une langue puissent être classés selon un seul et même critère, à plus forte raison selon plusieurs critères indépendants et convergents. Cette nature composite semble interdire notamment l'utilisation du critère sémantique. Si par exemple on analyse le mot en morphèmes — comme c'est devenu habituel depuis la fin du XVIIIᵉ siècle [257] — c'est peut-être seulement parmi les morphèmes que l'on peut établir une classification sémantiquement intéressante. Ainsi certains comparatistes, comme Fr. Bopp (*Grammaire comparée des langues indo-européennes*, trad. franç., Paris, 1885, t. I, p. 221-222) croient avoir établi que les racines indo-européennes (c'est-à-dire les morphèmes de la langue-mère indo-européenne) se répartissent en deux classes opposées, les racines nominales (qui ont constitué dans les langues postérieures les radicaux des noms, verbes et adjectifs) et les racines pronominales, qui ont constitué dans ces langues, d'une part, les marques grammaticales des verbes, noms et adjectifs, et, d'autre part, les mots grammaticaux indépendants (pronoms, conjonctions, prépositions...). Dans cette perspective, une classification sémantique des mots ne pourra jamais être cohérente, puisqu'elle devra mettre sur le même plan des mots grammaticalement simples comme une préposition (qui exprime une signification grammaticale à l'état pur), et des mots sémantiquement composites comme un verbe (qui exprime un mixte de signification grammaticale et de signification lexicale).

Non seulement la présence de marques grammaticales à l'intérieur de certains mots, mais aussi celle de dérivations, rend très

difficile une classification sémantique des mots. Ainsi la grammaire
de Port-Royal cherche à opposer pour le sens adjectifs et substantifs, et propose de considérer les premiers comme l'expression
de propriétés (cf. *blanc*), et les seconds comme désignant des classes
d'objets, de substances (cf. *homme*). La distinction semble d'autant
plus solide qu'il y a une correspondance entre la nature de la
propriété (qui est toujours propriété de quelque chose) et le comportement syntaxique de l'adjectif (qui doit toujours être rapporté
à un substantif, comme épithète ou attribut). Mais tout de suite
se présente le contre-exemple des substantifs comme *blancheur*
(qui désigne évidemment une propriété) et des adjectifs comme
humain (qui n'a pas moins trait à des substances que le substantif
homme). La solution de Port-Royal est de considérer *blancheur*
et *humain* comme des substantifs et adjectifs dérivés, qui ne peuvent
donc prétendre aux caractéristiques sémantiques que possèdent
des substantifs et adjectifs fondamentaux comme *homme* et *blanc*.
La situation est d'ailleurs plus compliquée encore, car, Port-
Royal le note, la création par la langue du substantif *blancheur*
amène à présenter la qualité du blanc comme une espèce de
substance, et, de même, l'adjectif *humain* tend à faire apparaître
comme une sorte de propriété le fait d'être homme. Ainsi on n'a
même pas la solution de consi érer les substantifs et adjectifs
dérivés comme de faux substantifs et adjectifs. La caractérisation
sémantique d'une classe de mots comme l'adjectif devient alors une
gageure.

→   *Grammaire de Port-Royal*, 2ᵉ partie, chap. ɪɪ. On trouvera un
commentaire de ce texte dans le chapitre « Linguistique » du *Pano-
rama des sciences humaines*, Gallimard, 1971.

La grammaire transformationnelle amène de même à désespérer
de toute classification sémantique, et même syntaxique, des mots.
De nombreux mots sont considérés en effet par elle comme le résidu
en structure superficielle de configurations profondes très différentes. C'est le cas, par exemple, lorsqu'une transformation de
nominalisation a produit en structure de surface un groupe nominal
à partir d'un énoncé entier de la structure profonde [313]. Supposons ainsi que « La construction de la maison progresse » ait pour
origine « la maison est construite » et « cela progresse ». Il n'y

aurait pas grand sens alors à mettre dans une même catégorie le nom « construction », qui correspond à un verbe de la structure profonde, et le nom « maison », qui est déjà nom en structure profonde. Ils ne peuvent pas avoir même valeur sémantique — puisque celle-ci, selon Chomsky, se lit dans la structure profonde. Et leurs propriétés syntaxiques, elles aussi, différeront — puisqu'elles sont liées largement à la configuration de l'énoncé sous-jacent (ainsi « construction », venant d'un verbe passif, pourra avoir un complément d'agent « par les hommes », ce qui n'est pas le cas pour « maison »).

On trouvera une discussion détaillée de la transformation de nominalisation et des propriétés syntaxiques et sémantiques des noms qui en sont issus dans P. Chapin, *On the Syntax of Word Derivation in English*, M.I.T. Phil. Dissertation, 1967. Une position plus nuancée est présentée par Chomsky dans son cours de 1967, *Remarks on Nominalization*. Sur la nominalisation en français, nombreuses indications dans J. Dubois, *Grammaire structurale du français, la phrase*, Paris, 1969.

Fonctions syntaxiques

Dans la terminologie actuellement utilisée par les grammaires scolaires françaises, faire l'analyse d'une proposition (analyse qualifiée de *grammaticale*), c'est indiquer les fonctions jouées par les mots ou groupes de mots dans cette proposition (déterminer ce qui est sujet, complément d'objet, etc.). De même, faire l'analyse d'une phrase (analyse dite *logique*; on notera que Port-Royal en parle dans la *Logique*, 2e partie, et non dans la *Grammaire*), c'est indiquer les fonctions jouées par les proposition de la phrase. Les deux exercices présupposent l'un et l'autre que les constituants d'un énoncé possèdent des fonctions syntaxiques différentes, idée qui comporte elle-même plusieurs thèses sous-jacentes :

1. Du point de vue syntaxique, la totalité que constitue la phrase n'est pas un pur agglomérat d'éléments, un ensemble (au sens mathématique). Dans un ensemble, si on ne lui ajoute aucune structure particulière, le rapport de l'élément à l'ensemble est identique pour tous les éléments. Au contraire la syntaxe définit certaines relations entre les éléments de la phrase et la totalité de la phrase, relations telles que deux éléments distincts se trouvent la plupart du temps dans une relation différente vis-à-vis de la phrase totale (l'un est sujet, par exemple, l'autre est complément).

2. Cette relation particulière qui unit un constituant à la phrase totale peut être décrite en termes finalistes, comme un rôle : on admet que la phrase, prise globalement, a une finalité, et que chaque constituant se distingue des autres par la part qu'il prend à l'accomplissement de cette finalité. Comme dans un organisme biologique ou social, chaque membre de la phrase est censé apporter sa

contribution spécifique à la réalisation de la tâche collective.

3. La fonction d'un élément n'est pas directement déterminée par sa nature : deux éléments de nature différente peuvent avoir même fonction (par exemple deux mots appartenant à des parties du discours différentes peuvent jouer le même rôle : un substantif et un adjectif peuvent être attributs). Inversement des constituants de même nature peuvent avoir des fonctions différentes (un substantif peut être soit sujet, soit complément). Ces deux types de phénomènes semblent attester la réalité et l'autonomie de la fonction syntaxique, comme la réalité de la fonction est attestée, en biologie, par la polyvalence des organes et par la possibilité que l'un supplée l'autre dans une même fonction. L'étude des fonctions syntaxiques serait alors à l'étude des parties du discours ce que la physiologie est à l'anatomie.

→ Sur la distinction entre l'étude des parties du discours et celle des fonctions : L. Tesnière, *Éléments de syntaxe structurale*, Paris, 1965, chap. 49, ou encore O. Jespersen, *Philosophy of Grammar*, Londres, New York, 1924, p. 96 s., et *Analytic Syntax*, Copenhague, 1937, chap. 31.

4. Pour soutenir enfin que les fonctions syntaxiques relèvent de la langue, et pour les distinguer des intentions indéfiniment variables des sujets parlants, il faut admettre que, pour une langue donnée (ou, éventuellement, pour toutes les langues), il y a un inventaire bien déterminé des fonctions syntaxiques, et que les mêmes peuvent apparaître dans les énoncés les plus différents.

Dès l'Antiquité, deux fonctions ont été dégagées, celle du **sujet** (indiquer l'objet dont on parle) et celle du **prédicat** (en affirmer quelque chose), et Port-Royal reprend cette distinction fondamentale (2e partie, chap. i). Mais dans la mesure où l'analyse d'une phrase en sujet et prédicat ne laisse pas de résidu (une partie de l'énoncé fait fonction de sujet, et tout le reste, de prédicat), cette distinction a été longtemps un obstacle à la découverte d'autres fonctions.

Ce sont les articles « Régime » et « Construction » de l'*Ency-*

clopédie qui semblent avoir inauguré une analyse fonctionnelle allant au-delà de la distinction du sujet et du prédicat — et cela, en introduisant la notion de **complément**. Jusque-là, les problèmes de l'organisation interne de la phrase semblent se réduire surtout aux problèmes de **construction** (en entendant par là la disposition linéaire des mots), assimilés par Port-Royal à la syntaxe sous prétexte que « syntaxe » signifie, étymologiquement, « mise ensemble », et aux problèmes de rection (un mot « régit » un autre lorsqu'il lui impose une certaine forme, par exemple un cas ou un genre). La notion de fonction syntaxique a donc dû, pour être utilisée systématiquement, être distinguée : *a)* de la notion de rection (la fonction « complément d'objet » reste identique, que ce complément prenne un cas particulier, comme en latin, ou n'en prenne pas, comme en français); *b)* de la notion de construction (cette distinction est bien marquée dans l'article « Construction » de l'*Encyclopédie*; Dumarsais y défend l'idée que les énoncés latins *Accepi litteras tuas* et *Tuas accepi litteras*, bien qu'ayant des constructions différentes, puisque l'ordre des mots est différent, ont même syntaxe, puisque les rapports des mots entre eux sont les mêmes). D'une façon positive maintenant, quelles fonctions les éléments d'une proposition peuvent-ils jouer, mises à part celles de prédicat et de sujet? Beauzée répond, dans l'article « Régime » de l'*Encyclopédie*, en utilisant la notion de complément, notion due à Dumarsais. Les mots sont reliés les uns aux autres dans la mesure où certains sont là pour « compléter » le sens, en lui-même lacunaire, de certains autres. D'où la distinction de deux sortes de compléments : **compléments de relation**, lorsque le mot complété enferme en lui l'idée d'une relation, et que le mot complément désigne l'objet de cette relation (« l'auteur du Misanthrope », « la mère de Coriolan », « nécessaire à la vie »), **compléments de détermination**, lorsque le complément précise seulement ce qui, dans le complété, est laissé indéterminé : si quelqu'un mange, il mange quelque chose, en un certain temps, en un certain lieu, etc., et chaque type de détermination de ce genre rend possible un type particulier de complément (d'objet, de lieu, de temps, etc.).

→ Sur l'élaboration de la notion de fonction syntaxique au XVIIe et au XVIIIe siècle, voir J. C. Chevalier, *Histoire de la syntaxe*, Genève, 1968.

Chevalier montre que le développement de la grammaire française à cette époque se présente comme une lente maturation du concept de compléments.

Cet élargissement de la notion de fonction à la suite des travaux de Dumarsais et de Beauzée ne sera plus guère remis en question par la linguistique ultérieure, malgré certaines différences de présentation. La notion apparaît d'ailleurs indispensable pour la description de nombreuses langues, car elle fonde le concept de **coordination syntaxique** : deux segments d'un énoncé sont coordonnés lorsqu'ils ont même fonction (c'est le cas pour « le soir » et « avant déjeuner » dans « Téléphonez-moi le soir ou avant déjeuner »). Or on ne peut se passer de la coordination si l'on veut décrire certaines conjonctions comme le *et* et le *ou* du français, qui ne peuvent relier que des segments coordonnés : on ne peut pas dire, sans effet de style particulier, « Il travaille le soir et son examen », ni « Il travaille le soir et à Paris ».

Ce qui, en revanche, va faire difficulté, dans la théorie de Beauzée, c'est la juxtaposition de deux types de fonctions tout à fait hétérogènes : d'une part les fonctions « sujet » et « prédicat » — qui semblent liées à la nature même de l'acte de jugement (on juge toujours quelque chose de quelque chose) —, et d'autre part les fonctions de complémentation, qui ont un fondement d'un autre ordre, à savoir l'impossibilité pour un mot d'exprimer une idée complète. Tesnière par exemple tentera de supprimer cette hétérogénéité : pour lui l'opposition du sujet et du prédicat ne se justifie que du point de vue « logique », point de vue qui n'est pas recevable en linguistique. Dans toute fonction il verra donc une complémentation, ou encore, si l'on convient de dire que le complément « dépend » du complété, une relation de **dépendance**. Décrire les fonctions syntaxiques réalisées dans un énoncé, c'est donc indiquer les dépendances existant entre les éléments de cet énoncé. Étant donné qu'un terme n'est jamais à la fois complété et complément d'un même terme, étant donné d'autre part que l'unité de la phrase se manifeste par l'existence d'un élément qui n'est lui-même complément de rien, Tesnière peut représenter le réseau de dépendances organisant un énoncé par une espèce d'arbre, qu'il appelle **stemma**, où le complément est toujours placé au dessous du terme complété, et relié à lui par un trait.

Voici par exemple ce que serait le stemma de « Aujourd'hui
Pierre achète à son fils un train électrique ».

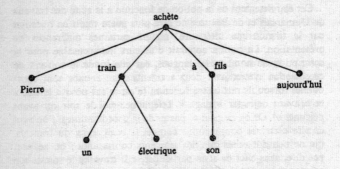

Le terme supérieur, qui n'est complément de rien, et sert de
clef de voûte à la phrase, est le prédicat (c'est généralement un
verbe dans les langues qui possèdent cette partie du discours).
On notera à ce propos qu'ayant défini la fonction par la dépendance, on ne peut plus, en toute rigueur, parler de fonction « prédicat », puisque le prédicat ne dépend d'aucun autre terme.
D'autre part le prédicat, pour Tesnière, est un mot particulier,
alors que pour Port-Royal c'est un segment bien plus long de
l'énoncé (c'est tout ce qui n'est pas le sujet).

Une fois constitué le stemma, il faut indiquer la nature des
relations de dépendance réalisées dans l'énoncé. Tesnière distingue
d'abord les relations du premier niveau (entre le prédicat et ses
dépendants directs) et les relations des niveaux suivants. Dans le
deuxième groupe, il ne fait pas de classification explicite, mais,
dans le premier, il établit plusieurs subdivisions. C'est que la
phrase représente, pour lui, une sorte de « petit drame », où le
prédicat représente l'action (au sens théâtral), ou encore le « procès », les dépendants du prédicat étant les principaux éléments
de cette action. Ils sont de deux sortes : les **actants** (désignant les
personnages), et les **circonstants** (désignant la situation). Alors
que les circonstants peuvent être en nombre quelconque (dans
notre exemple il y en a un seul, « aujourd'hui », mais on pourrait

en ajouter autant qu'on veut pour donner sur le procès des indications de lieu, de but, de cause, etc.), il ne peut, selon Tesnière, y avoir que trois actants : l'actant 1 est le sujet (ici « Pierre ») l'actant 2 est l'objet des verbes actifs (« train ») ou l'agent du passif, et l'actant 3 est le bénéficiaire (« fils »). En même temps donc que Tesnière réduit le prédicat à n'être qu'un élément de la phrase (et non plus la totalité de ce qui est dit du sujet), il enlève au sujet l'espèce de privilège dont il jouissait jusqu'ici : ce n'est plus qu'un des actants. Ainsi l'utilisation systématique de la notion de complément a fait éclater l'analyse traditionnelle fondée sur l'opposition du sujet et du prédicat.

A. Martinet tente une sorte de synthèse entre les deux conceptions : *a)* Le prédicat, pour lui comme pour Tesnière, est un élément particulier de l'énoncé, celui vers lequel convergent toutes les relations de dépendance; dans cette mesure, il n'a pas de fonction à proprement parler, car la fonction d'un élément se définit toujours par le type de rapport qui le relie au prédicat, directement — si c'est un constituant primaire (actant ou circonstant selon Tesnière) — ou indirectement — s'il dépend d'abord d'un autre constituant. *b)* Mais, en même temps, Martinet essaie de rendre justice à cette espèce de prééminence depuis longtemps reconnue au sujet — et cela sans recourir à une analyse du jugement, qui ferait sortir du domaine linguistique. La solution est donnée par la théorie de l'**expansion**. Est expansion dans un énoncé tout terme ou groupe de termes que l'on peut extraire sans que l'énoncé cesse d'être un énoncé, et sans que soient modifiés les rapports mutuels des termes restants. Après l'ablation de toutes les expansions, l'énoncé résiduel est appelé « énoncé minimum », ou **noyau** (dans notre exemple le noyau est « Pierre achète »). Or il se trouve que dans certaines langues (le français, mais pas le basque) le noyau a toujours au moins deux termes. L'un est le prédicat, centre de toutes les relations de la phrase; quant à l'autre, Martinet l'appelle le **sujet**. Dire qu'une langue comporte la fonction sujet, c'est donc dire qu'il y a dans cette langue un complément « obligatoire ». Ce caractère d'obligation permet ainsi d'opposer le sujet à tous les autres compléments, et cela, sans recourir aux critères « logiques » de la tradition grammaticale.

La notion d'expansion qui permet à Martinet de récupérer le sujet, permet aux distributionalistes [49 s.] américains de retrouver, parfois involontairement, les notions de fonction et de dépendance. L'espèce de finalité impliquée par l'idée de fonction, semble tout à fait incompatible avec l'attitude « antimentaliste » de cette école. Aussi le mot n'apparaît-il guère dans leurs ouvrages (bien que Bloomfield s'en serve parfois, cf. *Language*, New York, 1933, p. 169). Ils préfèrent, comme Hockett, parler de **construction**. Supposons que l'on ait réussi à segmenter en constituants immédiats [51] tous les énoncés d'une langue, et que, de plus, on ait regroupé en classes tous les constituants immédiats ayant (à peu près) même distribution. On parlera d'une construction [*A*, *B*; *C*] si l'on a établi qu'en joignant d'une certaine façon un élément de la classe *A* à un élément de la classe *B*, on obtient un élément de la classe *C*. Ainsi on peut parler d'une construction [groupe nominal, prédicat; proposition].

Mais la dualité traditionnelle entre les fonctions du type sujet ou prédicat, et les fonctions de complémentation (verbe — compléments verbaux, nom — épithète) réapparaît d'une certaine façon à l'intérieur de l'étude des constructions. Elle constitue en effet un cas particulier de la distinction entre deux espèces de constructions : les constructions **exocentriques** où *A* et *B* sont l'une et l'autre différentes de *C* (c'est le cas pour la construction qui assemble sujet et prédicat), et les constructions **endocentriques** où l'une des deux classes constituantes est identique à la résultante. Ainsi la construction [nominal, adjectif; nominal] est endocentrique : « bon pain » est un nominal au même titre que « pain ». On appellera *centre* (les Américains disent souvent *head*) de la construction endocentrique le terme qui est à la fois constituant et résultat : « nominal » est centre de la construction précédente. Une telle construction correspond assez bien à la notion intuitive de dépendance (*bon* dépend du centre *pain*). De même, on peut redéfinir en termes de construction la notion de coordination (relation entre mots de même fonction). Il s'agit d'une construction endocentrique où *A* = *B* = *C* : ainsi les trois segments « mon cousin », « ma cousine » et « mon cousin et ma cousine » appartiennent à la même classe « groupe nominal ».

La théorie des constructions soulève les mêmes problèmes que le distributionalisme en général. Ne suppose-t-elle pas, pour être appliquée de façon raisonnable, un recours, explicite ou non, à la signification? Est-il possible de voir deux constructions différentes dans « Il mange le soir » et « Il mange le bifteck » si l'on n'exige pas, pour que deux segments représentent la même construction, que l'effet de sens produit par la conjonction des termes dans l'un et dans l'autre soit identique? Mais cet effet de sens propre à un certain mode de combinaison syntaxique, est-il bien différent de la fonction, au sens traditionnel?

Un des objectifs de la grammaire générative étant de donner une formulation précise aux concepts des grammaires traditionnelles, Chomsky a dû se préoccuper d'**exprimer la notion de fonction en terme de grammaire générative**, et ceci, bien que l'arbre décrivant une phrase représente avant tout son découpage en constituants immédiats. Étant donné l'arbre correspondant à une phrase, comment en déduire les fonctions reliant les mots ou morphèmes de la phrase? Soit l'arbre suivant, correspondant (à peu près) à la phrase (1) « Pierre achète un livre » :

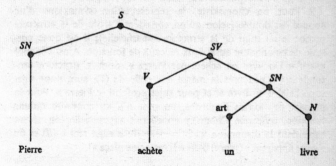

Comment y lire que « Pierre » est sujet, et « livre », complément d'objet de « achète », sans addition d'informations étrangères à celles contenues dans les règles qui ont engendré la phrase? Il suffit par exemple de poser en définition qu'un segment X est sujet d'une phrase s'il est dominé par un nœud *SN* immédiatement dominé par le nœud *S* qui domine la phrase. « Pierre » est donc sujet de (1). On définira de façon analogue la relation « être verbe principal d'une phrase », et la simple considération de l'arbre montrera que « achète » est verbe principal de (1). Il suffit de poser maintenant que si X est sujet d'une phrase, et que Y est le verbe principal de cette phrase, alors X est sujet de Y, pour obtenir le résultat cherché : « Pierre » est sujet de « achète ».

La grammaire générative se trouve ainsi réintégrer explicitement cette notion de fonction que les distributionalistes ne retrouvent souvent qu'implicitement. Des différences subsistent pourtant avec le concept traditionnel.

1. Pour Beauzée, Tesnière ou Martinet, la notion de fonction est à la base de la syntaxe; dans la perspective de Chomsky au contraire, c'est une notion dérivée. La divergence reflète deux conceptions assez différentes de l'organisation de la phrase : pour les premiers, cette organisation résulte d'une espèce d'attraction que les éléments exercent les uns sur les autres. Pour Chomsky, en revanche, elle manifeste un ensemble de schémas abstraits résumés dans les règles de la grammaire, et qui sont indépendants des mots ou morphèmes qui viendront les remplir.

2. Pour un chomskiste, la représentation syntaxique d'un énoncé est double (selon qu'on considère l'arbre de la structure profonde ou celui de la structure superficielle); il est donc possible de reconnaître aussi deux niveaux de fonction. Ainsi l'énoncé passif « Un livre est acheté par Pierre », dont la structure profonde est à peu près la même que celle de (1), aura pour sujet superficiel « un livre », et pour sujet profond, « Pierre ». Pour la plupart des autres linguistes, un mot n'a au contraire qu'une fonction, celle que Chomsky appellerait superficielle (on notera cependant la distinction traditionnelle du « sujet réel » (*il*) et du « sujet apparent » (*place*) dans « Il reste une place »).

⟶ Sur l'idée de fonction syntaxique dans la linguistique moderne, on pourra consulter par exemple : L. Tesnière, *Éléments de syntaxe structurale*, Paris, 1965, 1re partie; N. Chomsky, *Aspects of the Theory of Syntax*, The M.I.T. Press, 1965, chap. II, § 2; A. Martinet *Éléments de linguistique générale*, Paris, 1960, chap. IV, et *La Linguistique synchronique*, Paris, 1965, p. 206-229. Sur la notion assez voisine de

« construction », telle que l'emploient les disciples de Bloomfield, voir C. F. Hockett, *A Course in Modern Linguistics*, New York, 1958, § 21 et 22, et R. S. Wells, « Immediate Constituents », *Language*, 1947, p. 93-98. La « tagmémique », théorie mise au point par l'Américain K. L. Pike réalise une sorte de conciliation entre le distributionalisme et une théorie traditionnelle des fonctions. Comme introduction à la tagmémique on peut consulter R. E. Longacre, *Some Fundamental Insights of Tagmemics*, La Haye, 1965.

Motif

La recherche de *la plus petite unité signifiante d'un texte* révèle, plus directement que toute autre démarche, le choix de postulats initiaux, lui-même fondé sur des présupposés philosophiques. Dans les études actuelles du discours (et tout particulièrement du discours littéraire), on peut distinguer deux attitudes fondamentales. L'une consiste à considérer le texte comme une présence pleine, irremplaçable par essence ; elle essaie de découvrir une organisation *dans le texte même*, en se préoccupant des formes linguistiques qui le constituent. L'autre postule que l'organisation du texte se situe *en dehors de lui*, qu'elle se place à un niveau d'élaboration abstraite, et que le texte est la manifestation d'une structure inaccessible à l'observation directe.

La première attitude, à la fois plus empiriste et plus respectueuse de la littéralité du discours, s'est en revanche peu souciée de décrire ses instruments de travail, et partant ses unités de base. Plutôt que la *phrase* ou le *mot*, unités linguistiques dont la pertinence discursive est incertaine, on s'orientera vers la *lexie*, unité de lecture qui, comme l'écrit R. Barthes, « comprendra tantôt peu de mots, tantôt quelques phrases » ; elle est définie comme « le meilleur espace possible où l'on puisse observer les sens ». Les dimensions de la lexie seront donc fonction du type de lecture adopté. L'analyse *lexique* s'apparente d'une part à celle de la *sonorité*, du *rythme*, des structures *grammaticales* ou *stylistiques*, dans la mesure où elle s'attache à l'aspect verbal du texte, aux formes linguistiques présentes ; d'autre part, elle touche à l'analyse *narrative* et *thématique*, puisqu'elle a trait au sens [376].

L'autre attitude, celle de l'abstraction, a été beaucoup plus fréquemment adoptée : on a, toujours, cherché à découper l'ensemble d'un texte en unités plus petites et plus intelligibles; et ce découpage a suivi, la plupart du temps, les divisions linguistiques (aussi bien sur le plan du signifié que sur celui du signifiant). Ainsi : un roman se divise en chapitres — ou en épisodes; un poème, en strophes et en phrases; mû par le souci d'obtenir des unités simples et indivisibles, on cherche à pousser l'analyse de plus en plus loin : Tomachevski allait jusqu'à la *proposition* (« chaque proposition possède son propre motif », c'est-à-dire ce qui est la « plus petite particule du matériau thématique »); Propp montrait que, à l'intérieur d'une proposition, chaque *mot* pouvait correspondre à un motif différent; Greimas a poussé l'analyse jusqu'aux *sèmes*, c'est-à-dire aux catégories sémantiques dont la *conjonction* forme le sens du mot.

On peut accepter que le sème soit l'atome sémantique du texte, tout comme il l'est à l'intérieur de la phrase linguistique. Mais pour être applicable à l'analyse discursive, cette notion demande à être spécifiée.

Dans la mesure où le sème est le résultat d'une analyse, il ne suffit pas de vouloir aboutir à des éléments indécomposables; il faut également préciser la perspective où l'analyse s'est placée. Quand on observe les relations de contiguïté et d'enchaînement qui s'établissent entre unités de sens, on se place dans une perspective *syntaxique* et on cherche à dresser une liste de prédicats. Quand, en revanche, on ne tient pas compte des relations de contiguïté et de causalité immédiate, mais s'attache à relever celles de ressemblance (et donc d'opposition) entre des unités souvent très distantes, la perspective est *sémantique*, et on obtient, résultat de l'analyse, des *motifs*. Les mêmes mots, les mêmes phrases seront donc décrits à l'aide de sèmes différents, suivant le type d'observation adopté.

→ B. Tomachevski, « Thématique », in *Théorie de la littérature*, Paris, 1966; A.-J. Greimas, *Sémantique structurale*, Paris, 1966; E. Falk, *Types of Thematic Structure*, Chicago, 1967; R. Barthes, *S/Z*, Paris, 1970.

La décomposition *syntaxique* est un thème fréquent dans les travaux des Formalistes russes. Ainsi, Tomachevski s'attache à l'étude de la plus petite unité syntaxique (encore qu'il l'appelle

« motif » et la fasse coïncider avec la proposition); et il propose une première subdivision des prédicats « classant les motifs suivant l'action objective qu'ils décrivent » : « Les motifs qui changent la situation s'appellent des motifs *dynamiques*, ceux qui ne la changent pas, des motifs *statiques*. » Greimas reprendra cette opposition : « On doit introduire la division de la classe de prédicats, en postulant une nouvelle catégorie classématique, celle qui réalise l'opposition *statisme* vs *dynamisme*. Suivant qu'ils comportent le sème *statisme* ou le sème *dynamisme*, les sémèmes prédicatifs sont capables de fournir des renseignements soit sur les états soit sur les procès concernant les actants. » Cette dichotomie explicite l'opposition grammaticale entre adjectif et verbe (la troisième partie lexicale du discours — le substantif — étant assimilée ici à l'adjectif). Ajoutons que le prédicat adjectival est donné comme *antérieur* au procès de dénomination, alors que le prédicat verbal est *contemporain* de ce même procès; comme dira Sapir, le premier est un « existant », le second, un « occurrent ».

La notion de prédicat narratif s'applique ainsi à tous les lexèmes d'une phrase; lui reste seul extérieur le sujet de la proposition narrative (c'est-à-dire, dans le cas le plus simple, le nom du personnage) [286 s.]. On peut spécifier davantage les sous-classes de prédicats à ce niveau mettant en évidence les relations de transformations discursives qui existent entre elles [368 s.].

Cet examen des prédicats a pour limite le cadre de la proposition. Or il est possible de se placer dans le cadre de l'unité narrative supérieure : la *séquence*, et de classer les prédicats selon le rôle qu'y jouent les propositions qui les contiennent. Tomachevski propose, ici encore, une dichotomie : « Les motifs d'une œuvre sont hétérogènes. Un simple exposé de la fable nous révèle que certains motifs peuvent être omis sans pour autant détruire la succession de la narration, alors que d'autres ne peuvent l'être sans que soit altéré le lien de causalité qui unit les événements. Les motifs que l'on ne peut exclure sont appelés motifs *associés*; ceux que l'on peut écarter sans déroger à la succession chronologique et causale des événements, sont des motifs *libres*. »

R. Barthes a repris cette opposition, dénommant les motifs associés de Tomachevski, des *fonctions*, et les motifs libres, des *indices*; ces derniers ne sont pas « libres » au sens où ils pourraient être absents; simplement, ils ne participent pas à l'enchaînement causal immédiat et se relient à des points plus ou moins éloignés du texte; c'est pourquoi Barthes parle d'unités distributionnelles dans le cas des indices et d'unités intégratives, dans celui des fonctions. Il subdivise encore en deux chacune de ces classes; les fonctions sont des *noyaux* ou des *catalyses* : les uns « constituent de véritables charnières du récit (ou d'un fragment du récit) »; les autres « ne font que « remplir » l'espace narratif qui sépare les fonctions-charnières ». Les indices, à leur tour, sont « *indices* proprement dits, renvoyant à un caractère, à un sentiment, à une atmosphère, à une philosophie », ou « *informations* qui servent à identifier, à situer dans le temps et dans l'espace ».

Un prédicat peut être chargé de plusieurs rôles, être, par exemple, fonction (c'est-à-dire signifier une action en rapport causal immédiat avec la suite) *et* indice (caractériser un personnage) : la polysémie des unités syntaxiques est plutôt la règle que l'exception.

On peut classer les prédicats à partir d'autres points de vue, par exemple celui d'un genre; on établira alors la liste des prédicats *constants* et *variables*; c'est la voie suivie par J. Bedier et Propp.

→ B. Tomachevski, « Thématique », in *Théorie de la littérature*, Paris, 1966; V. Propp, *Morphologie du conte*, Paris, 1970; A.-J. Greimas, *Sémantique structurale*, Paris, 1966; R. Barthes, « Introduction à l'analyse structurale des récits », *Communications*, 8, 1966; T. Todorov, *Grammaire du Décaméron*, La Haye, 1969.

La description des unités de l'analyse *thématique* est peu élaborée pour l'instant. Le terme de *motif* est emprunté à l'étude du folklore où il est employé cependant avec un sens différent (cf. *infra*); il désignera ici l'unité thématique minimale. La plupart du temps, le motif coïncide avec un mot présent dans le texte; mais il peut parfois correspondre à une partie (du sens) du mot, c'est-à-dire à un *sème*; d'autres fois, à un syntagme ou à une phrase, où le mot par lequel nous désignons le motif ne figure pas.

On distinguera le motif du thème. Cette dernière notion désigne une catégorie sémantique qui peut être présente tout au long du texte, ou même dans l'ensemble de la littérature (le « thème de la mort »); motif et thème se distinguent donc avant tout par leur

degré d'abstraction et partant, leur puissance de dénotation.
Par exemple les lunettes sont un motif dans *la Princesse Brambilla*
de Hoffmann; le regard en est un des thèmes. Il est possible, mais
non nécessaire, que le thème soit aussi présenté par un mot dans
le texte.

Lorsque le motif revient souvent au cours d'une œuvre, et y
assume un rôle précis, on parlera par analogie avec la musique de
leitmotiv (par exemple la petite phrase de Vinteuil, dans *la Recherche du temps perdu*). Si *plusieurs motifs forment une configuration* stable, qui revient souvent dans la littérature (sans être
forcément importante à l'intérieur d'*un* texte), on la désigne
comme un *topos*; c'est justement ce qu'on appelle *motif* dans les
études du folklore. Certains topoi caractérisent toute la littérature
occidentale, comme l'a montré E. R. Curtius (le monde renversé,
l'enfant vieillard, etc.), d'autres sont propres à un courant littéraire (ceux du Romantisme sont particulièrement connus). La
présence d'un même topos (ou d'un motif en général) dans deux
œuvres ne signifie pas, bien entendu, qu'un même *thème* est
également présent de part et d'autre : les motifs sont polyvalents,
et on ne peut reconnaître valablement la présence d'un thème
qu'après une analyse du texte dans sa totalité.

Face à cet appareil conceptuel pauvre, nombreuses sont les
tentatives de description substantielle, et non formelle, des unités
thématiques. Mais ici l'analyse littéraire touche à une de ses plus
grandes difficultés : comment parler des thèmes ou des idées en
littérature sans réduire la spécificité de celle-ci, sans faire de la
littérature un système de traduction? A l'époque contemporaine,
presque tous les systèmes thématiques s'inspirent de l'une ou
l'autre tendance psychanalytique : la théorie des archétypes de
Jung; celle des composantes matérielles de l'imagination (les
quatre éléments), de Bachelard; celle des cycles naturels (les quatre
saisons; les heures...), de Frye; celle des mythes occidentaux
(Narcisse, Œdipe...), de Gilbert Durand. Ces constructions, aussi
ingénieuses que fragiles, sont sans cesse menacées de faire dis-
paraître la spécificité littéraire : voulant englober toute la littérature, elles englobent toujours plus que la littérature; d'autre
part, refuser de reconnaître l'existence d'éléments thématiques
dans le texte littéraire, ne résout pas le problème non plus. Il

faut parvenir à montrer la ressemblance entre la littérature et les autres systèmes de signes en même temps que son originalité spécifique; ce travail reste à faire.

➤   W. Kayser, *Das sprachliche Kunstwerk*, Berne, 1948; E. R. Curtius, *La Littérature européenne et le Moyen Age latin*, Paris, 1956; G. Bache-lard, *La Poétique de l'espace*, Paris, 1957; N. Frye, *Anatomie de la critique*, Paris, 1969; G. Durand, *Le Décor mythique de la « Chartreuse de Parme »*, contribution à l'esthétique du romanesque, Paris, 1961; R. Girard, *Mensonge romantique et Vérité romanesque*, Paris, 1961; T. Todorov, *Introduction à la littérature fantastique*, Paris, 1970.

Personnage

CRITIQUE. DÉFINITION.

La catégorie du personnage est, paradoxalement, restée l'une des plus obscures de la poétique. Une des raisons en est sans doute le peu d'intérêt qu'écrivains et critiques accordent aujourd'hui à cette notion, en réaction contre la soumission totale au « personnage », qui fut la règle à la fin du XIXe siècle. (Arnold Bennett : « La base de la bonne prose est la peinture des caractères, et rien d'autre. »)

Une autre raison de cet état des choses est la présence, dans la notion de personnage, de plusieurs catégories différentes. Le personnage ne se réduit à aucune d'entre elles, mais participe de chacune. Énumérons les principales :

1. *Personnage et personne.*

Une lecture naïve des livres de fiction confond personnages et personnes vivantes. On a même pu écrire des « biographies » de personnages, explorant jusqu'aux parties de leur vie absentes du livre (« Que faisait Hamlet pendant ses années d'études? »). On oublie alors que le problème du personnage est avant tout linguistique, qu'il n'existe pas en dehors des mots, qu'il est un « être de papier ». Cependant, refuser toute relation entre personnage et personne serait absurde : les personnages *représentent* des personnes, selon des modalités propres à la fiction.

2. *Personnage et vision.*

La critique du XXe siècle a voulu réduire le problème du personnage à celui de la vision [411 s.] ou du point de vue. Confusion d'autant plus facile que, depuis Dostoïevski et Henry James, les personnages sont moins des êtres « objectifs » que des consciences des « subjectivités » : à la place de l'univers stable de la fiction classique, on trouve une série de visions, toutes également incertaines, qui nous renseignent bien plus sur la faculté de percevoir et de comprendre, que sur une prétendue « réalité ». Il n'en reste pas moins que le personnage ne se laisse pas réduire à la vision qu'il a lui-même de son entourage, et que de nombreux autres procédés lui sont nécessairement liés, même dans les romans modernes.

3. *Personnage et attributs.*

Dans une perspective structurale, on a tendance à mettre un signe d'identité entre le personnage et les attributs; c'est-à-dire ceux des prédicats qui se caractérisent par leur statisme [282]. Encore une fois, la relation entre les deux est incontestable; cependant il faut d'abord observer la parenté des attributs avec tous les autres prédicats (les actions), et souligner d'autre part que les personnages s'ils sont *dotés* d'attributs, n'en sont pas eux-mêmes.

4. *Personnage et psychologie.*

La réduction du personnage à la « psychologie » est particulièrement injustifiée; or, c'est elle qui a provoqué le « refus » du personnage chez les écrivains du xxe siècle. Pour mesurer l'arbitraire de cette identification, qu'on songe aux personnages de la littérature ancienne, médiévale, ou de la Renaissance : pense-t-on « psychologie » quand on dit « Pánurge »? La « psychologie » n'est pas dans les personnages, ni même dans les prédicats (attributs ou actions); elle est l'effet produit par un certain type de relations entre propositions. Un déterminisme psychique (qui varie avec le temps) fait postuler au lecteur des relations de cause à effet entre les différentes propositions, par exemple « *X* est jaloux de *Y* » *c'est pourquoi* « *X* nuit à *Y* ». C'est l'explicitation de ce rapport interpropositionnel qui caractérise le « roman psychologique »; le même rapport peut être présent sans être explicite. Mais le personnage n'implique pas forcément une intervention de la « psychologie ».

Quelle définition doit-on donner du personnage, si l'on veut que ce terme garde une valeur de catégorie descriptive et structurale? Il faut, pour répondre à cette question, se placer à l'intérieur d'un cadre : *l'analyse propositionnelle du récit* [377]; on pourra alors décrire le **personnage** à plusieurs niveaux successifs. Ainsi :

1. Le personnage est le sujet de la proposition narrative. En tant que tel, il se réduit à une pure fonction syntaxique, sans aucun contenu sémantique. Les attributs, aussi bien que les actions, jouent le rôle de prédicat dans une proposition, et ne sont que provisoirement liés à un sujet. Il sera commode d'identifier ce sujet au nom propre, qui le manifeste dans la plupart des cas, dans la mesure où le nom ne fait qu'identifier une unité spatio-temporelle sans en décrire les propriétés (on met entre parenthèses, lors d'une telle identification, les valeurs descriptives du nom propre, cf. *infra*). Certains théoriciens du récit voient plus d'une fonction syntaxique dans la proposition narrative; on aurait alors, à côté du sujet, des fonctions comme « objet », « bénéficiaire », etc. (cf. *infra*).

2. En un sens plus particulier, on peut appeler personnage *l'ensemble des attributs qui ont été prédiqués au sujet* au cours d'un récit. Cet ensemble peut être organisé ou non; dans le premier cas, plusieurs types d'organisation se laissent observer. Les attributs se combinent de manière différente chez Boccace, chez Balzac, ou chez Dostoïevski. D'autre part, cette organisation peut faire l'objet soit d'indications explicites de l'auteur (le « portrait »), soit d'une série d'indications adressées au lecteur qui devra accomplir le travail de reconstruction; enfin, elle peut être imposée par le lecteur même, sans être présente dans le texte : ainsi se fait la réinterprétation de certaines œuvres en fonction des codes culturels dominants d'une époque ultérieure.

3. Dans tout texte représentatif, le lecteur « croit » que le personnage est une personne; cette interprétation se fait selon certaines règles qui se trouvent inscrites dans le texte. Une règle (variable selon les époques) vient des conceptions courantes touchant la « structure de la personnalité ». Une autre implique un certain équilibre des ressemblances et des différences entre les attributs prédiqués : les actions d'un même personnage doivent être suffisamment différentes pour que leur mention se justifie; et suffisamment ressemblantes, pour qu'on reconnaisse le per-

sonnage; autrement dit, la ressemblance est le coût du personnage, la différence, sa valeur. Il est naturellement possible de transgresser cet équilibre dans un sens ou dans l'autre : un Sindbad est toujours différent, un personnage de Beckett, toujours ressemblant.

→ W. J. Harvey, *Character and the Novel*, Ithaca & Londres, 1965; T. Todorov, *Grammaire du Décaméron*, La Haye, 1969; Ph. Hamon, « Pour un statut sémiologique du personnage », *Littérature*, 6, 1972, p. 86-110.

TYPOLOGIES.

On a essayé de constituer des typologies des personnages. On peut distinguer parmi ces tentatives, celles qui s'appuient sur des relations purement formelles et celles qui postulent l'existence de personnages *exemplaires* se retrouvant tout au long de l'histoire littéraire.

1. *Typologies formelles.*

a) On oppose les personnages qui restent inchangés tout au long d'un récit (*statiques*) à ceux qui changent (*dynamiques*). Il ne faut pas croire que les premiers sont caractéristiques d'une forme de récit plus primitif que les seconds : on les rencontre souvent dans les mêmes œuvres. Un cas particulier de personnage statique : ce qu'on appelle les **types** : non seulement les attributs en restent identiques mais ils sont extrêmement peu nombreux et représentent souvent le degré supérieur d'une qualité ou d'un défaut (par exemple l'avare qui n'est qu'avare, etc.).

b) Suivant l'importance du rôle qu'ils assument dans le récit, les personnages peuvent être soit *principaux* (les **héros**, ou *protagonistes*) soit *secondaires*, se contentant d'une fonction épisodique. Ce ne sont là que deux extrêmes, bien sûr, et il existe de nombreux cas intermédiaires.

c) Suivant leur degré de complexité, on oppose les personnages **plats** aux personnages **épais**. E. M. Forster, qui a insisté sur cette opposition, les définit ainsi : « Le critère pour juger si un personnage est « épais » réside dans son aptitude à nous surprendre d'une manière convaincante. S'il ne nous surprend jamais, il est « plat ». » Une telle définition se réfère, on le voit, aux opinions du lecteur touchant la psychologie humaine « normale »; un

lecteur « sophistiqué » se laissera surprendre moins facilement.
On devrait plutôt définir les personnages « épais » par la coexistence d'attributs contradictoires; en cela, ils ressemblent aux personnages « dynamiques »; avec cette différence toutefois que chez ces derniers, de tels attributs s'inscrivent dans le temps .

d) Selon le rapport entretenu par les propositions avec l'*intrigue*, on peut distinguer entre les personnages soumis à l'intrigue et ceux qui, au contraire, sont servis par elle. H. James appelle *ficelle* ceux du premier type : ils n'apparaissent que pour assumer une fonction dans l'enchaînement causal des actions. Les seconds sont propres au « récit psychologique » : les épisodes ont pour but principal de préciser les propriétés d'un personnage (on en trouve des exemples assez purs chez Tchekhov).

2. *Typologies substantielles.*

La plus célèbre de ces typologies se trouve dans la *commedia dell'arte* : les rôles et les caractères des personnages (c'est-à-dire les attributs) sont fixés une fois pour toutes (ainsi que leurs noms : Arlequin, Pantalone, Colombine), seules changent les actions selon l'occasion. La même constellation de rôles, qui vient de la comédie latine, se retrouve en France à l'époque du classicisme. Plus tard, dans le théâtre de boulevard se crée une nouvelle typologie : le jeune premier, l'ingénue, la soubrette, le père noble, le cocu; ce sont des emplois dont on retrouve les traces jusqu'à aujourd'hui.

Cette typologie spontanée accède pour la première fois au théorique avec Propp : en partant de l'analyse du conte de fées russe, il aboutit à la délimitation de sept « sphères d'actions » : l'*agresseur*, le *donateur*, l'*auxiliaire* de la *princesse* et de *son père*, le *mandateur*, le *héros* et le *faux héros*. Ces sphères d'action réunissent, chacune, un nombre précis de prédicats; elles correspondent, autrement dit, à des rôles. Les rôles ne coïncident pas forcément avec un personnage (un nom propre); Propp énumère les trois cas possibles : un rôle, plusieurs personnages; un rôle, un personnage; plusieurs rôles, un personnage.

Un travail similaire a été accompli (quelque vingt ans plus tard) par É. Souriau, à partir du théâtre cette fois-ci. Souriau distingue les personnages des rôles (qu'il appelle « fonctions dramatiques ») et entrevoit la possibilité d'une répartition irrégulière des deux classes. Ses rôles sont les suivants : « la *Force thématique orientée*, le *Représentant du bien souhaité*, de la valeur orientante; l'*Obtcneur virtuel de ce bien* (celui pour lequel travaille la Force thématique orientée); l'*Opposant;* l'*Arbitre*, attributeur du bien; la *Rescousse*, redoublement d'une des forces précédentes ».

A.-J. Greimas a repris les deux analyses précédentes, en essayant d'en faire la synthèse; d'autre part, il a tenté un rapprochement entre cet inventaire de rôles et les fonctions syntaxiques dans la langue [270 s.], et, à la suite de Tesnière, a introduit la notion d'**actant**. Les actants de Greimas sont : *Sujet, Objet, Destinateur, Destinataire, Opposant, Adjuvant*; les relations qu'ils entretiennent forment un *modèle actantiel*. La structure du récit et la syntaxe des langues (qui retient certaines de ces fonctions) deviennent ainsi deux manifestations d'un modèle unique. Les actants de Greimas mettent en lumière une différence dans la conception des rôles chez Souriau et chez Propp. Ce dernier identifie chaque rôle à une série de *prédicats*; Souriau et Greimas, en revanche, le conçoivent en dehors de toute relation avec un prédicat. Par là même on se trouve amené, chez Greimas, à opposer les rôles (au sens de Propp) et les actants, qui sont de pures fonctions *syntaxiques* (comme le terme « sujet » dans notre première définition, *supra*)

➤ W. J. Harvey, *Character and the Novel*, Ithaca & Londres, 1965; E. M. Forster, *Aspects of the Novel*, New York 1927; B. Tomachevski, « Thématique », in *Théorie de la littérature*, Paris, 1965; V. Propp, *Morphologie du conte*, Paris, 1970; E. Souriau, *Les 200 000 situations dramatiques*, Paris, 1950; A.-J. Greimas, *Sémantique structurale*, Paris, 1966.

Le personnage se manifeste de plusieurs manières. La première est dans le *nom* du personnage qui annonce déjà les propriétés qui lui seront attribuées (car le nom propre n'est qu'idéalement non-descriptif). On doit distinguer ici les noms allégoriques des comédies, les évocations par milieu, l'effet du symbolisme phonétique, etc. [326]. D'autre part, ces noms peuvent soit entretenir avec le caractère du personnage des rapports purement paradigmatiques (le nom désigne le caractère, tel Noirceuil de Sade),

soit se trouver impliqués dans la causalité syntagmatique du récit
(l'action se détermine par la signification du nom, ainsi chez
Raymond Roussel).

La caractérisation du personnage suit, à partir de là, deux voies
possibles : elle est directe ou indirecte. Elle est *directe*, lorsque
le narrateur nous dit que X est courageux, généreux, etc. ; ou lorsque
c'est un autre personnage qui le fait ; ou lorsque c'est le héros
lui-même qui se décrit. Elle est *indirecte* lorsqu'il incombe au
lecteur de tirer les conclusions, de nommer les qualités : soit à
partir des actions dans lesquelles ce personnage est impliqué ;
soit de la manière dont ce même personnage (qui peut être le
narrateur) perçoit les autres. Flaubert a rendu systématique ce
procédé : caractériser un personnage à travers un détail matériel
le concernant (caractéristique par synecdoque).

Un procédé particulier de caractérisation est l'usage de l'em-
blème : un objet appartenant au personnage, une façon de s'habil-
ler ou de parler, le lieu où il vit, sont évoqués chaque fois qu'on
mentionne le personnage, assumant ainsi le rôle de marque distinctive. C'est un exemple d'utilisation métaphorique des méto-
nymies : chacun de ces détails acquiert une valeur symbolique.

➤ B. Tomachevski, « Thématique », in *Théorie de la littérature*, Paris,
1965 ; R. Scholes et R. Kellog, *The Nature of Narrative*, New York,
1966 ; W. J. Harvey, *Character and the Novel*, Ithaca & Londres, 1965 ;
sur l'usage des noms propres, cf. E. Berend, « Die Namengebung
bei Jean Paul », *PMLA*, 1942, p. 820-850 ; E. H. Gordon, « The
Naming of Characters in the Works of Dickens », *University of Nebraska
Studies in Language*, 1917 ; Chr. Veschambre, « Sur les *Impressions
d'Afrique* », *Poétique*, 1, 1970, p. 64-78.

Règles génératives

Dans la perspective de l'école chomskiste, la description totale d'une langue (= sa grammaire) comporte un composant génératif, chargé d'engendrer toutes les phrases (suites de morphèmes, au sens « américain » de ce terme) jugées acceptables dans cette langue. (Pour Chomsky, ce composant génératif est la « syntaxe ». Quant à la phonologie et à la sémantique, elles sont « interprétatives », elles ne font que convertir les suites de morphèmes engendrées par la syntaxe en une représentation, phonétique dans un cas, sémantique dans l'autre.)

Pour engendrer l'ensemble des suites constituant une langue, on se donne : a) un ensemble fini de symboles, l'alphabet, comprenant, notamment, tous les morphèmes de la langue ; b) à l'intérieur de cet ensemble, un symbole de départ, l'axiome (conventionnellement on choisit la lettre S) ; c) un ensemble de règles, appelées encore productions ; chaque règle décrit une certaine manipulation qu'on se donne le droit d'effectuer sur toute suite de symboles. La première partie de la règle indique sur quelles suites la manipulation peut être effectuée, la seconde, quel est le résultat obtenu.

On dit qu'une suite A de symboles a été engendrée si :

1. Aucune règle ne permet plus d'agir sur A (A est dit alors suite terminale).

2. On peut construire une série $\langle x_o, x_1, ..., x_n \rangle$, telle que : a) chaque x_i est une suite de symboles de l'alphabet ; b) $x_o = S$, c) $x_n = A$; d) pour tout couple (x_i, x_{i+1}) il existe une règle permettant d'aller de x_i à x_{i+1}.

On peut distinguer, parmi la multitude des règles possibles, deux types particulièrement importants :

1. Les règles syntagmatiques (ou PS, par abréviation de l'anglais Phrase structure ; dites aussi règles de réécriture). Elles sont du type $VXW \rightarrow VYW$, où X est un symbole unique de l'alphabet, où V, Y, et W peuvent être des suites de plusieurs symboles,

(*V* et *W* pouvant éventuellement être nulles). La manipulation permise par une règle de ce type consiste, étant donné une suite contenant le symbole *X*, entouré de *V* et de *W*, à remplacer *X* par *Y*. Soit par exemple une règle *efag* → *efbcg* (où *ef* correspond au *V* de la formule générale, *a* à *X*, *g* à *W*, *bc* à *Y*); elle permet notamment de constituer, à partir de la suite *mnefago*, la suite *mnefbcgo*.

Les règles *PS* se classent en deux sous-catégories. D'une part les règles context sensitive (« sensibles au contexte », ou encore « dépendantes du contexte »), définies par cette condition que *V* et *W* ne sont pas toutes les deux nulles : elles posent donc que la substitution de *Y* à *X* ne peut se faire que dans un certain contexte. D'autre part les règles context free (par abréviation CF), « règles indépendantes du contexte », dans lesquelles *V* et *W* sont nuls. Ces règles donnent donc le droit de remplacer *X* par *Y* dans n'importe quelle suite où l'on rencontre *X*. Chomsky a montré que la description distributionnelle d'une langue, si elle était rigoureuse, pourrait être traduite par une grammaire générative *CF*, qui engendrerait toutes les phrases de la langue et elles seules.

Si une grammaire ne contient que des règles *PS* (*CF* ou non), la **dérivation** d'une suite (c'est-à-dire la chaîne $\langle x_1, x_2, ..., x_n \rangle$ qui la relie à *S*) peut être représentée par un type particulier de graphe mathématique, nommé **arbre**. Soit par exemple l'ensemble de règles suivant (où chaque expression, *SN*, *SV*, *mange*, *le*, *foin*, *cheval* doit être considérée comme un symbole unique) :

$$S \longrightarrow SN \quad SV$$
$$SN \longrightarrow A \quad N$$
$$SV \longrightarrow V \quad SN$$
$$V \longrightarrow mange$$
$$A \longrightarrow le$$
$$N \longrightarrow cheval$$
$$N \longrightarrow foin$$

Ces règles, qui peuvent être considérées comme une fraction de grammaire générative du français, permettent d'engendrer la suite terminale « Le cheval mange le foin », en construisant la dérivation :

$$\langle S, SN\,SV, A\,N\,SV, A\,N\,V\,SN, A\,N\,V\,A\,N,$$

« le » *N V A N*, « le cheval » *V A N*,…, « Le cheval mange le foin »).
On peut représenter cette dérivation par la figure suivante — qui
constitue un arbre —, si l'on inscrit sous chaque symbole ceux
qui lui sont substitués par application d'une règle, en les reliant
à lui par un trait :

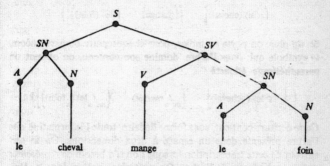

[Cette représentation arborescente permet de voir l'interprétation linguistique à donner aux symboles utilisés dans les règles et
dans les dérivations. Ainsi *S*, l'axiome, se trouvant à la première
étape de toute dérivation, et, donc, au sommet de tout arbre, domine
nécessairement l'ensemble de la suite engendrée : aussi
doit-il être interprété comme « phrase » (c'est pourquoi on a
choisi l'initiale de l'anglais *sentence*). Pour le symbole *SN*, les
deux lettres choisies rappellent qu'il se trouve toujours dominer,
dans l'arbre, ce que les linguistes appellent un « syntagme nominal » (= nom + satellites du nom). Et, pour *SV*, qui domine le
prédicat de la phrase, au sens traditionnel du terme [271], l'interprétation est « syntagme verbal ». On aura reconnu de même
A = « article », *N* = « nom », *V* = « verbe ». Il est essentiel de
voir, cependant, que ces interprétations, qui ne sont pas des définitions, n'interviennent en rien dans le mécanisme, purement
formel, de l'engendrement des phrases. A coup sûr, le mécanisme
a été choisi en vue de l'interprétation linguistique, mais, une
fois qu'il a été choisi, son application est entièrement indépendante
de cette interprétation.]

On peut aussi représenter une dérivation par une série de **paren-**

thèses emboîtées, en écrivant à l'intérieur de chaque couple de parenthèses un segment de la suite terminale dont tous les éléments sont rattachés, directement ou indirectement, à un même symbole de l'arbre (on dit qu'ils sont dominés par un même nœud). On obtiendrait, pour l'arbre précédent :

$$\Big(\big[\big((\text{le}) (\text{cheval}\big]\quad\big[\big(\text{mange}\big)\quad\big((\text{le}) (\text{foin})\big)\big]\big)$$

Si, de plus, on porte en indice, pour chaque paire de parenthèses, le symbole qui, dans l'arbre, domine son contenu, on obtient un **parenthétisage étiqueté** ·

$$\Big(_S\big[_{SN}(_A\text{le}) (_N\text{cheval}\big]\quad\big[_{SV}(_V\text{mange})\quad\big(_{SN}(_A\text{le}) (_N\text{foin})\big)\big]\big)$$

Cette écriture contient, sous forme linéaire, toute l'information que l'arbre présente dans un espace à deux dimensions. On se sert surtout de cette transcription lorsque l'on n'a besoin de représenter qu'un seul niveau de l'arbre. On peut ainsi opérer dans la dérivation une sorte de section transversale :

$$\Big(\big[_{SN}\text{le cheval}\big]\quad\big[_{SV}\text{mange le foin}\big]\big)$$

Un cas particulier de règles *CF* est constitué par les règles de type $X \rightarrow Y$, où X est un symbole unique, et où Y est ou bien : *a)* un **symbole terminal** (ie : qui n'est l'élément de gauche d'aucune règle), ou bien *b)* une suite constituée d'un terminal et d'un non-terminal. Si les règles d'une grammaire sont toutes de ce type, et que de plus, dans toutes celles qui répondent à la condition *b)*, l'ordre de succession du terminal et du non-terminal est identique, la grammaire est appelée **régulière, grammaire de Kleene,** ou **grammaire à nombre fini d'états** (*finite state grammar*), ou encore *automate fini.* Les arbres ont alors une forme caractéristique. Soit la grammaire régulière :

$$S \longrightarrow aX$$
$$X \longrightarrow bY$$
$$Y \longrightarrow cZ$$
$$Z \longrightarrow d$$

Elle permet d'engendrer la suite *abcd* **selon l'arbre :**

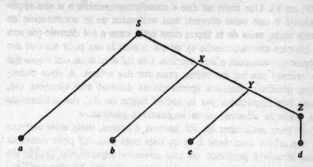

Chaque application d'une règle a amené à écrire un symbole de la suite terminale, et cela, selon l'ordre linéaire de la suite (la première application a écrit le symbole le plus à gauche, la seconde, le suivant, etc. (la suite aurait été écrite de droite à gauche, si, dans les règles, le terminal avait été à droite et non à gauche du non-terminal). Chomsky a montré qu'il existe en anglais (et dans bien d'autres langues) certains types de phrases qui ne peuvent pas être engendrées par cette sorte de grammaire.

Pour qu'une grammaire *PS*, tout en ne comprenant qu'un nombre fini de règles, puisse engendrer une infinité de phrases, il est mathématiquement nécessaire que, dans les arbres correspondant aux dérivations, certains symboles puissent se dominer eux-mêmes, que l'on puisse avoir par exemple des branches du type ci-contre.

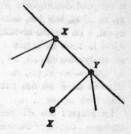

On appelle ces symboles — ici *X* — **récursifs**. Pour la plupart des générulistes, si un symbole récursif est autre que *S* (« phrase »), il doit y avoir un *S* intercalé entre ses deux occurrences. La complexité syntaxique a donc pour cause essentielle l'enchâssement de phrases subordonnées (dites **constituantes**) à l'intérieur d'une phrase principale (dite **matrice**).

2. Les règles transformationnelles (par abréviation fréquente *RT*, ou *T*). Une règle est dite « transformationnelle » si son applicabilité à une suite dépend, non seulement de la constitution de cette suite, mais de la façon dont cette suite a été dérivée (de son « histoire dérivationnelle »), ce qui n'était le cas pour aucune des règles qui viennent d'être décrites. Les *RT* sont donc des règles qui n'opèrent pas sur des suites, mais sur des arbres. A cette définition générale quelques spécifications doivent être ajoutées, qui, sans être impliquées par la notion même de *RT*, ressortissent de la pratique effective de la linguistique générative.

a) Non seulement les *RT* partent d'arbres, mais elles arrivent à des arbres (ceci tient à ce qu'elles sont utilisées pour convertir une *structure* profonde en une *structure* superficielle [313]). En termes mathématiques, une *RT* est une relation binaire sur l'ensemble des arbres.

b) Le plus souvent, l'applicabilité d'une *RT* à une suite dépend non pas de la totalité de la dérivation de la suite, mais d'une seule étape. L'énoncé de la *RT* n'a donc pas toujours à spécifier l'arbre total des suites de départ, mais seulement un niveau particulier d'un arbre. Il est alors commode, pour formuler une *RT*, de recourir à la notion d'*analysabilité*. Une suite X est dite analysable en $(a_1, a_2,..., a_n)$, où $a_1, a_2,..., a_n$ sont des symboles non-terminaux, si on peut décomposer X en une série de n segments successifs $x_1, x_2,..., x_n$, tels que, dans l'arbre représentant la dérivation de X, x_1 est, à un certain niveau, dominé par a_1, x_2 par a_2,..., x_n par a_n. Ainsi la suite terminale « Le cheval mange le foin » (cf. p. 295) est analysable en (SN, SV) ou en (A, N, V, SN). On voit que, si X est analysable en $(a_1, a_2,..., a_n)$, il doit y avoir un parenthétisage étiqueté de X où des paires de parenthèses non emboîtées sont étiquetées $a_1, a_2,..., a_n$.

La plupart des *RT* peuvent alors être formulées de la façon suivante : convertir chaque suite $x_1,..., x_n$, analysable en $(a_1,..., a_n)$, en une suite $y_1,..., y_m$, analysable en $(b_1,..., b_m)$. N.B. Il est possible que $n = m$.

c) On utilise souvent, pour noter l'analyse des suites auxquelles la *RT* s'applique, l'écriture :

$$a_1, \quad a_2,..., \quad a_n$$
$$1 \quad\quad 2 \quad\quad\quad n$$

où a_1, a_2,..., a_n sont les symboles non-terminaux qui doivent dominer les 1er, 2e,..., *énième* segments de la suite.

d) Si certains segments peuvent être dominés indifféremment par n'importe quel nœud, et, éventuellement même, être nuls, on écrit, au-dessus du nombre qui les représente, des variables *X*, *Y*, etc. Ainsi la formule (1) :

X	SN	V	SN	Y
1	2	3	4	5

indique que la *RT* s'applique à toute suite dont l'analyse comporte un syntagme nominal suivi d'un verbe, suivi lui-même d'un syntagme nominal, indépendamment de ce qui précède le premier syntagme nominal et de ce qui suit le second.

e) On omet souvent d'indiquer l'analyse de la suite d'arrivée, soit qu'elle apparaisse évidente, soit qu'elle puisse être déduite de lois générales indiquées ailleurs dans la grammaire, et on indique seulement de quels segments elle doit être formée. Ceux de ces segments qui appartenaient déjà à la suite de départ sont représentés par les numéros qu'ils y portaient; pour les autres, on indique de quels morphèmes ils sont constitués. Supposons que le point de départ d'une *RT* soit donné par la formule (1), son point d'arrivée pourrait être par exemple (2) :

$$1 \quad 2 \quad se \quad 3 \quad 5.$$

Cela signifie que les deux premiers segments de la suite de départ sont à reproduire tels quels, que l'on doit ensuite insérer le morphème *se*, reproduire le 3e, détruire le 4e, et reproduire le 5e. Les formules (1) et (2) constituent ainsi (de façon très approximative) une description de la *RT* de réflexivisation. Elles permettent en effet de passer de :

    Quelquefois Voltaire contredit Voltaire à deux lignes d'intervalle
         1   2   3   4   5

à :

    Quelquefois Voltaire se contredit à deux lignes d'intervalle
         1   2   3   5

f) Comme le montre l'exemple précédent, il est parfois nécessaire d'ajouter à l'analyse des suites de départ une condition, concernant notamment la forme lexicale des morphèmes. Pour la *RT* de réflexivisation, il faut que les deux groupes nominaux soient lexicalement identiques. On peut écrire cette condition :

$2 = 4$ (en fait, pour éviter d'obtenir « un auteur se contredit »
à partir de « un auteur contredit un auteur », on exige souvent
que 2 et 4 se réfèrent au même objet, ce qui soulève des difficultés :
peut-on dire, à proprement parler que l'expression « un
auteur » se réfère à quoi que ce soit ?)

Les universaux transformationnels. La définition de la RT étant
très peu restrictive, il peut sembler évident d'emblée que toute
langue se laissera décrire à l'aide de RT, ce qui interdirait de présenter le modèle transformationnel comme une hypothèse, empiriquement contrôlable, sur la structure du langage humain. Pour
pallier cet inconvénient, les générativistes ont cherché à renforcer

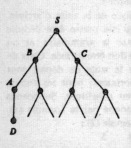

le modèle, en formulant des hypothèses plus précises sur la façon dont
opèrent les RT (en quelque langue
que ce soit). Voici, à titre d'échantillon, la règle d'élagage (« tree-
pruning »). Si, à la suite de l'application d'une RT, il se trouve qu'un
nœud A ne domine plus qu'un seul
nœud, A doit être effacé. Ainsi, dans
l'arbre schématisé ci-contre, A doit
être effacé, et D, être directement
rattaché à B.

L'ordre des règles. Qu'il s'agisse de règles PS ou de RT, une
grammaire générative doit indiquer si les règles peuvent être appliquées dans n'importe quel ordre, ou si un ordre particulier est
requis. Dans la pratique de la grammaire générative, certains
principes semblent se dégager :

a) Les règles PS sont appliquées avant les RT, ces dernières
opérant sur des suites qui, du point de vue des règles PS, sont
terminales. Cela implique : 1) que les RT portent sur des suites
correspondant déjà à des phrases complètes, 2) que la mise en
œuvre des règles PS et celle des RT appartiennent à deux niveaux
différents de la grammaire, niveaux qui sont interprétés comme
donnant, respectivement, la structure profonde et la structure
superficielle [313] des énoncés.

b) Il est fréquent qu'aucun ordre ne soit imposé aux règles PS.

c) Très généralement il y a un ordre pour les RT.

d) Beaucoup d'auteurs, actuellement, classent les *RT* en deux groupes, dont chacun est ordonné, et qui opèrent l'un après l'autre.

e) Le premier groupe constitue un **cycle transformationnel.** Supposons par exemple qu'il soit constitué des trois *RT A, B* et *C* (ordonnées de cette façon). Supposons

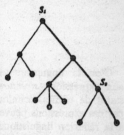

d'autre part que l'application des règles *PS* ait produit l'arbre schématisé ci-contre, où une phrase secondaire S_2 est emboîtée à l'intérieur de la phrase principale S_1 (les numéros affectés aux *S* n'apparaîtraient pas dans la grammaire elle-même : ils servent seulement à simplifier l'exposé qui suit). Si *A, B* et *C* forment un cycle, on doit les appliquer d'abord toutes les trois à S_2 (on fait donc opérer *A* sur S_2, puis *B* sur le produit de cette application, puis *C* sur le résultat, puis de nouveau *A*..., jusqu'à ce que S_2 ne donne plus matière à aucune de ces transformations. Ensuite *A, B* et *C* sont appliquées de la même façon à S_1. Les *RT* d'un cycle sont donc d'abord toutes appliquées l'une après l'autre au niveau inférieur de l'arbre, puis au niveau immédiatement supérieur, et ainsi de suite en remontant.

f) Le deuxième groupe de *RT* a un mode d'application **linéaire.** Si *A, B* et *C* forment un tel groupe, on applique pour commencer *A* à S_2 puis à S_1, ensuite de la même façon *B*, et enfin *C*. Les *RT* d'un groupe non-cyclique opèrent donc l'une à la suite de l'autre, selon leur ordre propre, chacune épuisant, au moment où elle est en action, toutes les possibilités d'application que la phrase lui offre. On a pu montrer que des résultats très différents sont obtenus selon que les mêmes transformations opèrent cycliquement ou linéairement.

⮕ Sur l'appareil technique de la grammaire générative : N. Chomsky, « Three Models for the Description of Language », texte de 1956, repris et remanié in R. D. Luce, R. R. Busch, E. Galanter (éd.) *Readings in Mathematical Psychology*, vol. II, New York, 1965; M. Gross et A. Lentin, *Notions sur les grammaires formelles*, Paris, 1967. La loi d'élagage est proposée par J. R. Ross, *A proposed rule of tree-pruning*, Harvard Computation Laboratory N.S.F., report 17, 1966.

Structures superficielles
et structures profondes

C'est la linguistique générative qui, la première, a donné aux expressions *structure superficielle* et *structure profonde* le statut de termes techniques. Cependant les notions recouvertes par ces expressions peuvent être considérées comme coextensives à la réflexion linguistique. Elles sont liées en effet au sentiment — on pourrait dire à l'étonnement — où cette réflexion prend sa source, sentiment qu'il n'y a pas correspondance entre la forme perceptible des énoncés et leur fonction réelle: des énoncés apparemment fort analogues peuvent être en réalité très différents, et inversement. D'où l'idée que la fonction profonde des énoncés ne peut pas se lire dans leur constitution apparente, mais seulement dans une organisation sous-jacente : l'apparent n'est que superficiel.

SYNONYMIE ET HOMONYMIE.

Les phénomènes d'homonymie et de synonymie constituent les formes les plus spectaculaires de cette divergence. Deux expressions (mots, groupes de mots, énoncés) sont dites synonymes si elles ont même sens, tout en étant matériellement différentes. A coup sûr, l'imprécision de la notion de sens empêche actuellement (et risque d'empêcher toujours) la synonymie d'être rigoureusement définie. Y a-t-il synonymie entre « pédiatre » et « médecin d'enfants », entre « Je viendrai après ton départ » et « Tu partiras avant ma venue », entre « Va-t-en! » et « Débarrasse! », la question n'est pas près d'être tranchée (voir ici-même p. 365 s.). Cependant ces incertitudes laissent intact le fait que l'on sent entre certaines phrases une proximité sémantique qui n'existe pas entre d'autres, et que cette proximité est rarement marquée dans la constitution matérielle de ces phrases. Pour qu'ils la sentent, il faut donc que les sujets parlants possèdent une représentation des phrases tout à fait différente de celle qui constitue leur apparence perceptible. Que les expressions « pédiatre » et « médecin d'enfants » soient synonymes ou non, ce qui est sûr, c'est qu'à un certain moment de leur interprétation interviennent des éléments identiques — qui n'ont pas de contrepartie dans la matérialité même des mots.

Un paradoxe analogue apparaît avec les phénomènes d'**ambiguïté** ou d'**homonymie** : à une même réalité phonique peuvent correspondre des significations radicalement différentes (« cousins » peut désigner des parents ou des insectes, « J'ai fait lire Pierre » peut signifier qu'on a contraint Pierre à lire, ou qu'on a contraint quelqu'un à le lire, etc.). Pour dégager ce qui peut faire problème dans l'homonymie, il faut la distinguer de phénomènes semblables, mais d'une autre nature. Par exemple, de la **détermination contextuelle**, qui tient à ce que les situations où une expression est employée peuvent infléchir sa signification dans des directions différentes : « Ce magasin ouvre le lundi » sera interprété comme « ouvre même le lundi », si le lundi est jour habituel de fermeture (dans d'autres situations on comprendra plutôt « ouvre seulement le lundi »). On ne parlera pas d'homonymie ici, car il y a un noyau commun aux différentes significations (= « le lundi, le magasin est ouvert »), noyau auquel la situation ajoute une surdétermination. On parlera d'autre part de **polysémie** plutôt que d'ambiguïté lorsque des lois relativement générales font passer d'une signification à l'autre, et permettent donc de prévoir la variation. Ainsi une figure de rhétorique, la métonymie [354], fait comprendre que le mot « violon » désigne tantôt l'instrument de musique, tantôt le musicien. (N.B. Il y a, dans la pratique, des cas-limites : la figure qui relie les significations peut n'être pas, ou n'être plus, sentie comme telle. Est-ce homonymie ou polysémie si « bureau » désigne à la fois un meuble et une administration?) L'ambiguïté doit être encore distinguée de l'**extension sémantique** : la plupart des expressions ont une signification très générale, qui leur permet de décrire des situations très différentes. Mais on ne considère pas le mot « véhicule » comme ambigu sous prétexte qu'il peut se dire d'une bicyclette comme d'un camion, ni non plus « aimer »,

sous prétexte que l'on peut aimer son père et aimer la confiture.
Dans ces exemples, en effet, une signification générale semble
commune à tous les emplois de la même expression : seulement
c'est une signification très large et abstraite. On en dira autant
lorsque cette abstraction devient **indétermination** (les philosophes
anglais parlent de **vagueness**). Beaucoup d'expressions, non seulement décrivent des situations très différentes, mais laissent indéterminé, dans certains cas, si elles doivent ou non être employées :
il y a une infinité de cas-limites où on ne saurait ni nier, ni affirmer
que quelqu'un est chauve, qu'il est heureux ou qu'il réussit. Mais
cette indécidabilité dans les cas-limites n'empêche pas l'existence
de cas clairs qui permettent de donner à l'expression — à l'intérieur d'un certain domaine — une caractérisation univoque.

➡   Sur la notion de *vagueness*, voir M. Black, *Language and Philosophy*,
Cornell Univ. Press, 1949, « Vagueness : an exercise in logical analysis ». Y. Gentilhomme a défini mathématiquement la notion
d'ensemble flou, permettant de décrire la zone d'application de ces
notions vagues : cf. « Les ensembles flous en linguistique », *Cahiers de
linguistique théorique et appliquée*, Bucarest, 1968, p. 47-65.

Pour clore cette liste de pseudo-ambiguïtés, signalons enfin
ce qu'on pourrait appeler la **signification oppositionnelle**. Étant
donné qu'il y a de petits éléphants comme de petits microbes, on
pourrait déclarer « petit » ambigu. Mais on ne le fera pas, si l'on
admet, avec Saussure, que la réalité linguistique n'est pas le terme
mais l'opposition de termes [34], et si l'on remarque que l'opposition « petit éléphant » — « grand éléphant » est analogue à
l'opposition « petit microbe » — « grand microbe ». Ce qui intéresse le linguiste, c'est l'opposition *petit-grand*, et elle n'est pas
ambiguë.

➡   Un problème analogue est traité par P. T. Geach, « Good and Evil »,
Analysis, janvier 1967.

A l'inverse des situations qui viennent d'être signalées, l'homonymie, ou ambiguïté, authentique suppose qu'il n'y a, entre les différentes significations de la même expression, ni noyau commun,
ni même continuité, ce qui rend impossible à la fois de les expli-

quer les unes par les autres, et de les dériver toutes d'une signification fondamentale. Par suite, si une expression ambiguë a les
deux sens *a* et *b*, son emploi dans le sens *a* et son emploi dans le
sens *b* répondent à deux choix absolument distincts, aussi distincts
que s'il s'agissait de deux expressions différentes. Ce qui rend
d'autant plus flagrante la divergence entre l'apparence et la réalité
de la langue. Des choix qui, en réalité, n'ont rien de commun,
amènent, en surface, à choisir la même expression.

NIVEAU DESCRIPTIF.

Le sentiment de cette divergence est sans doute à l'origine de la
croyance, aussi ancienne que la linguistique, qu'il faut se placer
successivement, pour décrire un énoncé, à différents **niveaux**
(anglais, **level**; allemand, **Ebene**). Autrement dit, on pense que
le linguiste doit donner, pour chaque énoncé, plusieurs représentations distinctes, et que ces représentations doivent être hiérar-
chisées selon leur plus ou moins grande profondeur. Cette idée
reçoit une sorte d'institutionnalisation dans le fait qu'on distingue divers composants [71 s.] à l'intérieur de la description
linguistique, chacun étant chargé de fournir les représentations
des énoncés à un niveau déterminé.

Il est possible en effet de justifier l'existence et l'indépendance
des différents niveaux à partir du phénomène de l'ambiguïté.
Supposons qu'à un niveau N_1 on ait une seule représentation pour
un énoncé E_1 senti comme ambigu; on peut voir là la preuve qu'il
faut construire un autre niveau N_2, donnant autant de représentations à cet énoncé qu'il a de sens. Et s'il se trouve que ni les
règles de N_1, ni celles de N_2 n'attribuent à un autre énoncé E_2
autant de représentations qu'il a de sens, on construira N_3,
etc.

Prenons pour N_1 une représentation phonétique, c'est-à-dire
une représentation qui fait correspondre à chaque énoncé une
suite de symboles phonétiques : il ne donnera qu'une seule représentation pour E_1, « La belle porte le voile ». D'où la nécessité
de construire N_2, qui représente l'énoncé comme une suite de mots
(ou morphèmes), en indiquant la partie du discours à laquelle
appartiennent les mots (ou la nature des morphèmes). A ce niveau,

E_1 aura donc deux représentations distinctes. Soit maintenant E_2 : « Je fais lire Pierre ». Son ambiguïté n'est pas représentable dans N_2, puisque, quel que soit son sens, E_2 est toujours composé des mêmes mots (ou morphèmes). Il faut donc imaginer N_3, qui prend en considération les fonctions syntaxiques [270 s.], et donne deux représentations pour E_2, l'une où « Pierre » est sujet de « lire », l'autre où il est complément. Pour justifier maintenant l'existence d'un niveau supplémentaire N_4, il suffit de penser à une conversation comme : « Jacques aime sa femme » — « Moi aussi ». L'ambiguïté de « Moi aussi » ne semble pas pouvoir être attribuée à une différence dans les fonctions syntaxiques. Elle a plutôt sa source dans l'organisation logico-sémantique de l'énoncé « Jacques aime sa femme », qui est double, selon qu'on attribue à Jacques la propriété « aimer la femme de Jacques », ou la propriété « aimer sa propre femme ». Non seulement donc, le phénomène de l'homonymie impose de distinguer la valeur apparente et la valeur réelle des énoncés, mais elle impose d'instituer entre ces deux extrêmes toute une série de paliers intermédiaires (les quatre précédents ne sont que des exemples).

L'IDÉE DE TRANSFORMATION SYNTAXIQUE.

Est-il nécessaire de distinguer, à l'intérieur même de ce type de description que l'on considère généralement comme syntaxique, des niveaux différents? Autrement dit, un énoncé doit-il recevoir plusieurs représentations *syntaxiques* superposées? A cette question beaucoup de linguistes donnent une réponse affirmative, en partant souvent de préoccupations très dissemblables. On trouvera par exemple cette réponse chez certains grammairiens préoccupés de définir les fonctions syntaxiques possibles à l'intérieur de l'énoncé. Que l'on compare « la maison paternelle », « la maison du père », « la maison qui appartient au père ». Malgré leurs différences patentes, les expressions « paternelle », « du père », « qui appartient au père » semblent bien jouer dans la phrase le même rôle — qui est de déterminer le substantif « maison ». C'est pour représenter l'analogie fonctionnelle possible d'expressions très différentes par ailleurs, que Bally a défini la notion d'échange fonctionnel ou de transposition, et Tesnière, celle, très proche,

de translation : il s'agit de procédés qui « changent la nature syntaxique » de mots ou de groupes de mots. Ainsi, pour Tesnière, ce serait une translation qui donne la fonction adjectivale (symbolisée par un *A*) à la proposition « elle appartient au père ». L'analogie profonde entre « paternelle » et « qui appartient au père », et en même temps leur différence superficielle, seraient ainsi à représenter par des schémas (stemmes [273 s.]) comme :

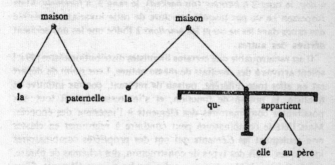

Le T du schéma de droite indique qu'il y a eu une translation, et que, dans celle-ci, on doit distinguer *elle appartient au père*, qui est le **transférende**, et *qu-*, qui est le **translatif**. Bien que les schémas utilisés par Tesnière représentent à la fois les dépendances syntaxiques fondamentales et les translations, les deux concepts ont pour lui un statut tout à fait différent, et correspondent à deux niveaux descriptifs. Cette dualité apparaît dans l'organisation même du livre de Tesnière, qui traite d'abord des fonctions syntaxiques élémentaires, définies indépendamment du fait qu'elles sont remplies par des mots simples ou par des expressions complexes transférées, et, ensuite, des différents types possibles de translation.

→ L. Tesnière, *Éléments de syntaxe structurale*, Paris, 1965, livre 3. Sur la conception, voisine, de Bally, *Linguistique générale et Linguistique française*, Berne, 1932, rééd. 1965, § 179-196.

On trouverait chez O. Jespersen (*Analytic syntax*, Copenhague, 1935, chap. 35) une conception analogue — mais plus prudente.

Comparant les groupes de mots, qu'il appelle junctions (par exemple : *the furiously barking dog*), et les énoncés, qu'il appelle nexus (par exemple : *the dog barked furiously*), il note qu'on peut trouver la même hiérarchie dans les uns et dans les autres : dans les deux exemples précédents, *dog* est toujours le terme principal, dont dépend *barking* (ou *barked*), dont dépend à son tour *furiously*, ce que Jespersen exprime en donnant, dans les deux cas, le rang 1 à *dog*, le rang 2 à *barking* (ou *barked*), le rang 3, à *furiously*. Mais Jespersen ne va pas jusqu'à conclure de cette invariance possible des rangs dans les *nexus* et les *junctions* à l'idée que les uns seraient dérivés des autres.

Il est remarquable que certains linguistes distributionalistes [49 s.] soient arrivés à des résultats de même nature. Leur point de départ est en effet tout différent, puisqu'ils refusent, comme intuitive et finaliste, la notion de fonction, et s'intéressent avant tout aux possibilités combinatoires des éléments à l'intérieur des énoncés. Mais l'étude combinatoire peut conduire à regrouper en classes non seulement les éléments qui ont des propriétés combinatoires identiques, mais des types de construction, des schémas de phrase, qui sont susceptibles d'être remplis par les mêmes éléments. C'est pourquoi Z. S. Harris, dont les premiers travaux relèvent d'un distributionalisme qu'on pourrait appeler atomiste (car il a pour objet les éléments de la langue), est arrivé à un distributionalisme des constructions, qui l'a amené à la notion de **transformation**. Soit par exemple les deux schémas de phrase : a) *Nom$_1$ Verbe Nom$_2$* et (b) *Nom$_2$ est Verbe par Nom$_1$*. On peut construire une phrase tout à fait acceptable (« Le loup mange l'agneau ») à partir de (a), en remplaçant *Nom$_1$* par *le loup*, *Verbe* par *mange*, et *Nom$_2$* par *l'agneau*. Or, si on fait les mêmes substitutions dans (b), on obtient encore une phrase acceptable (moyennant quelques ajustements de détail) : « L'agneau est mangé par le loup ». Faisons maintenant, dans (a), une substitution telle que la phrase obtenue soit beaucoup moins acceptable (par exemple « La table respecte Pierre »). Le résultat de cette même substitution dans (b) sera aussi peu acceptable (« Pierre est respecté par la table »). Plus généralement même, si une substitution S_1, opérée dans (a), donne un résultat plus acceptable qu'une autre substitution S_2, le résultat de S_1 dans (b) sera également plus acceptable que celui de S_2.

C'est cette équivalence de deux constructions en ce qui concerne le degré d'acceptabilité des substitutions, qui définit, pour Harris, la transformation entre constructions. On dira maintenant que deux phrases sont transformées l'une de l'autre, si 1) leurs constructions sous-jacentes sont transformées l'une de l'autre, et si 2) elles sont obtenues par la même substitution. Ainsi il y a transformation entre un énoncé à l'actif et l'énoncé passif correspondant, entre une phrase et ses nominalisations [268], etc. (N. B. La translation qui a servi d'exemple dans la présentation de Tesnière serait décrite par Harris comme une transformation, ou plutôt comme un amalgame de plusieurs transformations.) On voit quelle fonction remplit la notion de transformation. Elle permet de représenter, à partir de considérations strictement distributionnelles, l'idée que des constructions syntaxiques au premier abord fort différentes peuvent avoir une parenté profonde. De ce fait la linguistique devient utilisable pour l'analyse du contenu. Celle-ci vise en effet à définir des procédés mécaniques, ou mécanisables, permettant de découvrir l'organisation de textes relativement larges, ce qui exige que l'on sache reconnaître les diverses occurrences d'une même idée sous des formes différentes. En permettant au linguiste de dépasser l'apparence littérale du texte, la notion de transformation le rend moins démuni devant cette tâche.

→ Harris définit la transformation dans « Co-occurrence and Transformation in Linguistic Structure », *Language*, 1957, p. 283-340. Pour une formalisation de cette notion, voir H. Hiz, « Congrammaticality, Batteries of Transformations, and Grammatical Categories », in *Structure of Language and its Mathematical Aspects*, R. Jakobson, (éd.) Providence, 1961. M. Gross utilise la *transformation*, au sens de Harris, dans *Grammaire transformationnelle du français*, Paris 1968. Dans *String Analysis*, La Haye, 1962, Harris présente explicitement l'analyse transformationnelle comme la découverte d'un *niveau* syntaxique, qui se superpose notamment au niveau distributionnel (§ 1.3).

LES TRANSFORMATIONS DANS
LA GRAMMAIRE GÉNÉRATIVE.

(N. B. Dans ce qui suit, on entendra par *phrase*, non pas une suite de sons, de phonèmes ou de lettres, mais une suite d'unités significatives analogues aux monèmes de Martinet [260] ou aux

morphèmes de la linguistique américaine [259], abstraction faite
de la manifestation perceptible de ces unités. On considérera donc
comme phrase, la suite ⟨*article défini — maison — être — présent — beau*⟩, qui correspond à *la maison est belle.*)

Pour comprendre le rôle des notions de transformation et de
structure syntaxique profonde dans la grammaire générative, telle
qu'elle est actuellement, il faut les replacer dans l'évolution de
cette théorie. Le premier ouvrage de Chomsky (*Syntactic
Structures*), tout en introduisant les transformations, ne parle pas
encore de structure profonde. Il distingue deux moments dans la
génération syntaxique d'une phrase :

Dans le premier interviennent des « règles syntagmatiques »,
ou règles *PS* [294], qui, par dérivations successives, engendrent
à partir du symbole initial *S*, une suite de morphèmes dite **suite
de base**. A cette suite est associé l'arbre [294 s.] représentant le
processus selon lequel elle a été engendrée, ce qui permet de la
décomposer en sous-suites emboîtées les unes dans les autres,
et de lui attribuer ainsi une structure en constituants immédiats [51]. Cependant les suites ainsi engendrées ne sont pas des
phrases de la langue décrite (même au sens déjà abstrait où
« phrase » est pris ici). Chomsky a cru pouvoir montrer, en effet,
qu'il y aurait de graves inconvénients à engendrer directement
par des règles *PS*, les phrases d'une langue, en supposant même
que ce soit possible :

1. La grammaire générative obtenue n'arriverait pas à représenter la parenté profonde entre des phrases organisées apparemment de façon très dissemblable (par exemple entre ⟨*Pierre —
aimer — présent — Paul*⟩ et ⟨*Paul — être — présent — aimer —
participe passé — par — Pierre*⟩). En effet, si l'on avait seulement
des règles *PS*, les processus génératifs aboutissant à ces phrases
seraient nettement différents : ils n'auraient guère en commun
que leur première étape, et divergeraient dès la seconde. (N.B.
Conclure de ce fait qu'une grammaire *PS* ne pourrait pas représenter la proximité existant entre ces phrases, c'est supposer que la
proximité de deux phrases a pour *seule* représentation possible
dans une grammaire générative, le fait que leurs dérivations soient,
au départ et pendant un certain nombre d'étapes, identiques,
autrement dit, qu'il y ait recouvrement partiel de leurs arbres;

hypothèse forte, car on peut, à première vue, imaginer bien d'autres modes de représentation.) Inversement beaucoup d'expressions ambiguës, telles que *la peur du gendarme*, ne pourraient, selon Chomsky, être engendrées que d'une seule façon dans une grammaire entièrement *PS*.

2. Corollaire de cette première insuffisance, une grammaire *PS* serait inutilement redondante. Si, par exemple, la phrase active et la phrase passive correspondante sont engendrées de façon indépendante, on doit énoncer deux règles distinctes pour dire *a*) qu'un nom d'être inanimé ne peut pas être sujet du verbe actif *voir*, et *b*) qu'il ne peut pas être complément d'agent du verbe passif *être vu*. Or on sent qu'il s'agit là d'un phénomène unique. (N.B. Cet argument suppose que l'on décrive *dans la syntaxe* les restrictions distributionnelles en question : or il s'agit là d'une décision, peut-être juste, mais qui doit être justifiée.)

Pour pallier ces inconvénients d'une grammaire qui serait seulement *PS*, Chomsky distingue un deuxième moment dans la génération des phrases, c'est-à-dire un deuxième niveau syntaxique dans la grammaire générative. Après les règles *PS* (qui n'engendrent pas des phrases, mais des « suites de base »), interviennent des règles d'un tout autre type, dites transformationnelles [298 s.], qui, agissant sur ces suites, les transforment en phrases. On peut concevoir alors que la même suite de base, soumise à deux transformations différentes, donne soit la phrase active, soit la passive, ce qui permet d'une part de représenter leur proximité, et d'autre part de formuler en une seule fois (au moment où on engendre les suites de base) les restrictions distributionnelles qui valent à la fois pour l'actif et le passif. On est alors amené à considérer deux types de transformations : 1) Les transformations obligatoires, auxquelles toute suite de base doit être soumise pour devenir une phrase grammaticalement acceptable (ainsi une transformation de réflexivation fabrique, à partir de la suite de base (*Pierre — détester — présent — Pierre*), la phrase (*Pierre — se détester — présent*). 2) Les transformations facultatives, qui ne sont pas nécessaires pour obtenir une phrase, et qui correspondent donc à un choix du locuteur : la plupart d'entre elles ajoutent des indications sémantiques non contenues dans la suite de base. Elles se répartissent elles-mêmes en deux classes, les transformations

singulières qui ont toujours pour point de départ une suite unique
(cf. la passivation, les transformations qui introduisent l'interrogation ou la négation, etc.), et les **transformations généralisées,**
amalgamant en une seule plusieurs suites de base (cf. la nominalisation [268], qui, partant de deux suites, transforme l'une en
un nom, qui est introduit ensuite, à titre de sujet ou de complément,
dans la seconde).N. B.Les phrases qui n'ont pas subi de transformations facultatives sont dites **phrases-noyaux.**

Dès le deuxième grand ouvrage de Chomsky (*Aspects of the
Theory of Syntax*, M.I.T. Press, 1965), une modification considérable a été apportée dans l'économie de la doctrine, modification
liée à l'idée de structure profonde. A la suite notamment des
travaux de E. S. Klima (« Negation in English », in J. A. Fodor,
J. J. Katz, (éd.) *The Structure of Language*, Prentice Hall, 1964), il
est apparu utile d'abandonner nombre de transformations facultatives. Ainsi on donnera deux suites de base différentes pour une
phrase active et sa correspondante passive — en s'arrangeant pour
que la différence soit beaucoup moins marquée que dans l'organisation apparente de ces phrases, et se réduise à la présence d'un
symbole particulier à l'intérieur de la suite correspondant au passif. Puis des transformations obligatoires, agissant sur ces deux
suites, qui sont différentes tout en étant analogues, produiraient
deux phrases d'organisation nettement distincte. De même des symboles d'interrogation et de négation seraient introduits dès les suites
de base. On fait aussi l'économie des transformations facultatives
généralisées. Prenons par exemple une nominalisation (« La venue
de Pierre me satisfait »). Elle n'aura qu'une seule suite de base
(approximativement : ⟨cela — *Pierre* — *venir* — *passé composé* —
satisfaire — *présent* — *moi*⟩). Sa génération selon les règles *PS*
sera donc un processus unique, représentable par un seul arbre
(qui comprendra, à titre de sous-arbre, l'arbre correspondant à
⟨*Pierre* — *venir* — *passé composé*⟩. Les transformations n'inter-
viendront donc que pour fabriquer l'expression ⟨*article défini* —
venue — *de* — *Pierre*⟩ à partir des premiers éléments (⟨*cela* —
Pierre — *venir* — *passé composé*⟩) de la suite de base.

Cette réduction des transformations facultatives, qui étaient les
seules transformations à contenu sémantique, va entraîner à son
tour un remaniement d'ensemble de la doctrine. Les transforma-

tions étant désormais sémantiquement neutres, les éléments à valeur sémantique seront introduits lors de la génération des phrases par les règles *PS*. Si deux phrases sont identiques au niveau de ces règles, elles devront être synonymes, et si une phrase est ambiguë, c'est au niveau de ces règles qu'elle devra avoir deux générations différentes (peut-être même deux suites de base différentes). On pourra donc dire que la suite de base, et l'arbre représentant sa génération, constituent, pour chaque phrase, sa **structure profonde**, et que les transformations, réduites à une simple « machinerie », ne produisent qu'une **structure superficielle**. (Si on fait, en outre, l'hypothèse que les règles *PS* sont identiques pour toutes les langues, qui ne diffèrent que par le lexique et les transformations, on arrive à l'idée que la structure profonde des langues manifeste une faculté du langage innée à l'homme.) Les deux structures produites par le composant syntaxique vont en effet avoir une fonction tout à fait différente : la structure profonde sert d'entrée au composant sémantique [75] qui en tire une description sémantique de la phrase, la structure superficielle nourrit au contraire le composant phonologique [75], qui lui fait correspondre une description phonétique. D'où le schéma :

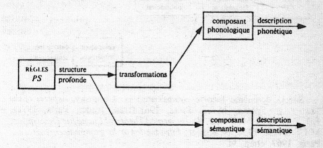

Ce schéma est à comparer à celui qui représenterait la première théorie de Chomsky, et qui devait être double — selon que la génération de la phrase passe ou non par les transformations facultatives. Ce qui donnerait :

1. Pour les phrases-noyaux

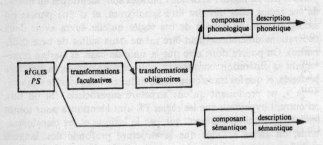

2. Pour les phrases complexes

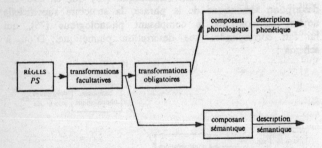

Sur la deuxième théorie chomskiste : N. Chomsky, *Aspects of the Theory of Syntax*, M.I.T. Press, 1965 (trad. franc., Paris, 1971); J. J. Katz et P. M. Postal, *An Integrated Theory of Linguistic Description*, M.I.T. Press, 1964; N. Ruwet, *Introduction à la grammaire générative*, Paris, 1967, chap. VI.

Cette construction harmonieuse est cependant très vite apparue incompatible avec pas mal de faits (signalés, et quelquefois découverts, par les chomskistes eux-mêmes). Il s'est notamment avéré que certains modes d'expression, tout en ayant une valeur séman-

tique incontestable, semblent devoir être introduits par des transformations (c'est le cas de l'intonation, qui peut donner à la
phrase « Je ne serai pas le premier président à perdre une guerre »
deux significations bien différentes, et qui, cependant, semble
typiquement un phénomène transformationnel : il en est de même
pour l'ordre des mots, qui, comme l'intonation, a souvent une
importance décisive pour la détermination des présupposés [347]
d'un énoncé (cf. la différence entre « J'ai rencontré Pierre » et
« C'est Pierre que j'ai rencontré »). Devant des faits de ce genre,
trois solutions sont possibles :

a) Dire que les différences sémantiques en question concernent,
non pas la signification véritable, mais la valeur pragmatique [423].
Ce qui suppose une dichotomie entre la signification d'un énoncé
et les actes de parole qu'il permet d'accomplir.

b) Admettre que les transformations peuvent modifier le sens
(c'est la solution vers laquelle tend actuellement Chomsky). Mais
alors l'expression « structure profonde » perd une partie de son
contenu intuitif (où *profond = sémantique*).

c) Décider d'introduire dans le constituant de base (règles *PS*
et lexique) tout ce qui a une implication sémantique, même si on
n'a pour cela aucune justification d'ordre syntaxique (c'est ce
que font les tenants de la sémantique générative [77]).

Si on choisit *c*), on est amené, non certes à abandonner l'idée
— liée à toute recherche linguistique — qu'il y a dans la langue, et même dans la syntaxe, du plus profond et du plus
superficiel, mais à relativiser cette séparation, en admettant
éventuellement qu'elle se déplace selon les utilisations de la
langue, selon ses modes de fonctionnement. Car les frontières
entre structure superficielle et structure profonde risquent désormais de tenir largement au point de vue choisi par le descripteur,
ce qui est profond d'un point de vue pouvant être superficiel d'un
autre. La sémantique générative rejoindrait donc certaines recherches d'analyse du contenu, qui visent à constituer un métalangage
sémantique où pourraient être traduites toutes les significations
véhiculées par les langues : la structure profonde d'une phrase
serait alors sa traduction dans ce métalangage : et le problème
se pose de savoir si on peut constituer un métalangage unique, où
s'il en faut plusieurs, dont chacun serait consacré à un aspect

particulier de la signification (un pour l'expression des relations logiques, un autre pour l'expression des valeurs affectives, etc.).

➔ Sur le passage de la syntaxe profonde à la traduction sémantique : I. Bellert, « A semantic approach to grammar construction », in *To honor Roman Jakobson*, La Haye, 1967. Sur l'analyse du contenu, M. Pécheux, *Vers l'analyse automatique du discours*, Paris, 1969.

Référence

La communication linguistique ayant souvent pour objet la réalité extra-linguistique, les locuteurs doivent pouvoir désigner les objets qui la constituent : c'est la **fonction référentielle** du langage (le ou les objets désignés par une expression forment son référent). Cette réalité n'est cependant pas nécessairement *la* réalité, *le* monde. Les langues naturelles ont en effet ce pouvoir de construire l'univers auquel elles se réfèrent; elles peuvent donc se donner un **univers de discours** imaginaire. L'île au trésor est un objet de référence possible aussi bien que la gare de Lyon.

Philosophes, linguistes et logiciens ont souvent insisté sur la nécessité de distinguer le **référent** d'un signe et son **signifié** (ou sens). Ainsi le *Cours de linguistique générale* de F. de Saussure (1re partie, chap. I, § 1) souligne que le signe unit « non une chose et un nom, mais un concept et une image acoustique ». Le signifié de *cheval* n'est donc ni un cheval ni l'ensemble des chevaux, mais le concept « cheval ». Il est même précisé un peu plus loin que ces concepts qui constituent les signifiés sont « purement différentiels, définis non pas positivement par leur contenu, mais négativement par leurs rapports avec les autres termes du système. Leur plus exacte caractéristique est d'être ce que les autres ne sont pas » (*ibid.*, chap. IV, § 2). Dans le signifié d'un signe on trouve donc, et on trouve seulement, les traits distinctifs qui le caractérisent par rapport aux autres signes de la langue, et non pas une description complète des objets qu'il désigne. Ainsi le signifié de *cabot* comportera un trait « péjoratif » (grâce auquel *cabot* s'oppose à *chien*), bien que ce trait n'ait pas d'existence dans le référent lui-même. Inversement, bien des propriétés du référent n'ont pas place dans le signifié, car ils n'interviennent pas dans les

classifications inhérentes à la langue : ainsi, pour prendre l'exemple
aristotélicien, le signifié de *homme* ne comporte sans doute pas
le trait « sans plumes », car il se trouve que la classification naturelle incorporée au français n'oppose pas *homme* et *oiseau* à
l'intérieur d'une catégorie *bipède*, mais *homme* et *bête* à l'intérieur
d'une catégorie *animal*.

C'est à la même conclusion que sont arrivés, mais pour des raisons
différentes, des « philosophes du langage » comme P. F. Strawson.
Ils notent par exemple que sens et référence ne peuvent même pas,
en toute rigueur, être attribués à la même réalité linguistique.
Quand on parle d'un signe, il faut toujours préciser en effet si on
parle d'une occurrence particulière de ce signe, c'est-à-dire de
l'événement unique que fut son emploi par telle personne, à tel
point de l'espace et du temps (en anglais sign-token), ou bien du
signe considéré en lui-même, indépendamment du fait qu'il est ou
n'est pas utilisé (sign-type). Or le signe, pris en lui-même, n'a
généralement pas de référent assignable. (A quoi réfèrent « je »
« tu », « ce garçon », « Jean », « la voiture qui remonte la rue » ?)
C'est seulement, sauf exceptions, l'occurrence d'un signe, qui a
valeur référentielle, son emploi par un locuteur déterminé dans des
circonstances déterminées. Quant au signe lui-même, on ne peut
lui reconnaître qu'un « sens ». Qu'est-ce, maintenant, que comprendre le sens d'un signe ? C'est posséder une méthode pour
déterminer, à chaque occurrence de ce signe, à quoi réfère cette
occurrence (connaître le sens de *Je*, c'est être capable de savoir,
lorsqu'une personne dit *Je*, à qui elle réfère). On voit la parenté
entre cette définition du sens comme le mode de détermination
du référent, et la définition saussurienne du signifié, qui considère
celui-ci comme un ensemble de traits distinctifs, c'est-à-dire,
finalement, comme le système de critères retenus par la langue
pour reconnaître un certain type d'objets parmi tous les êtres
de la réalité.

L'opposition saussurienne du signifié et du référent rappelle
également certaines distinctions dont les logiciens ont fait usage
à différentes époques. Dès le Moyen Age, par exemple, l'école
« terministe » (Pierre d'Espagne, Albert de Saxe, entre autres)
distingue radicalement deux rapports possibles entre le mot et la
réalité non-linguistique :

a) Il y a un rapport de *signification* (**significatio**) entre les mots et les représentations intellectuelles (latin : *res*) qui leur correspondent : ainsi « blanc » ou « homme » signifient l'idée de blancheur ou d'humanité.

b) On appelle d'autre part *supposition* (**suppositio**) le rapport qui unit le mot avec l'objet extérieur (latin *aliquid*) qu'il sert à désigner. Aussi la possibilité de supposition n'appartient-elle qu'à certains mots seulement, les substantifs (« Socrate », « homme »), à l'exclusion des adjectifs et des verbes — et cela, bien que les uns et les autres possèdent une signification.

L'analogie avec Saussure apparaît nettement lorsque certains auteurs précisent (cf. Pierre d'Espagne, *Traité des suppositions*, lignes 30-35) que la signification est antérieure à la supposition, et que ce n'est jamais la réalité matérielle du mot (*vox*) qui possède une supposition, mais le terme, c'est-à-dire l'ensemble constitué par la *vox* et ce qu'elle signifie.

Environ 600 ans plus tard, le logicien allemand G. Frege établira une distinction analogue entre le référent d'un signe (**Bedeutung**) et son sens (**Sinn**). Le problème initial de Frege est le suivant. Selon la définition même de l'identité, si deux objets sont identiques, tout ce qui est vrai de l'un, est vrai de l'autre. Ainsi, si Molière a écrit *les Fourberies de Scapin*, il doit être vrai aussi que l'auteur du *Misanthrope* a écrit *les Fourberies de Scapin*. Ou encore, si l'étoile du matin est moins grosse que la terre, il doit être vrai aussi que l'étoile du soir est moins grosse que la terre, puisque l'étoile du matin et celle du soir ne constituent qu'un objet, la planète Vénus. Mais il existe certains contextes (dits « obliques » et que le logicien Quine appellera plus tard « opaques ») où on ne peut substituer « étoile du soir » à « étoile du matin » sans risquer de modifier la valeur de vérité de la proposition. Ainsi « Pierre sait que Vénus est l'étoile du matin » peut être vrai alors que « Pierre sait que Vénus est l'étoile du soir » est faux. Pour résoudre ce paradoxe, Frege distingue le référent d'une expression, à savoir l'objet qu'elle désigne, et son sens, à savoir la façon dont elle désigne cet objet, les informations qu'elle donne sur lui pour permettre de le repérer. « Étoile du matin », « étoile du soir » et « Vénus » ont donc même référent, mais sens différent : on peut alors définir les **contextes obliques** (ou **opaques**) : ce sont ceux où

la substitution de deux termes de référent identique et de sens
différent peut entraîner un changement dans la valeur de vérité,
et cela parce que, dans ces contextes, il est question du sens des
expressions et non de leur référent. La parenté de l'opposition
sens-référent et de l'opposition saussurienne *signifié-référent*
devient frappante lorsqu'on sait que, pour Frege, la connaissance
du sens d'une expression fait partie de la connaissance de la langue
(ce qui n'est pas le cas pour la connaissance du référent). N.B.
L'opposition *sens-référent* ne recouvre pas l'opposition *compré-
hension-extension* de la logique formelle. L'extension d'un terme,
c'est l'ensemble des objets qu'il désigne, sa compréhension, l'ensemble des traits communs à tous ces objets. Le *sens* fregien ou le
signifié saussurien ne retiennent de la compréhension que ceux
des traits qui, *dans la langue utilisée*, servent conventionnellement
au repérage du référent.

➡   Sur l'opposition du sens et du référent, voir P.F. Strawson, « On
Referring », *Mind*, 1950, p. 320-344, et G. Frege, « Sinn und Bedeutung »,
Zeitschrift für Philosophie und philosophische Kritik, 1892, p. 25-50;
la théorie médiévale de la supposition est présentée par exemple par
P. Böhner, *Medieval Logic*, Manchester, Chicago, Toronto, 1952 (2e par-
tie, chap. II).

   Quels moyens une langue offre-t-elle pour référer à des objets?

Les descriptions définies. On entend par là, depuis B. Russell,
les expressions comportant un nominal (nom, nom + adjectif,
nom + relative, nom + complément, etc.) accompagné d'un
article défini (« le livre, le livre que j'ai acheté... »). On peut,
sans même changer cette définition, faire entrer dans la catégorie
les nominaux introduits par un possessif, en interprétant « mon
livre » comme « le livre qui est à moi ». Le sens des expressions
de ce genre est lisible dans le nominal, qui donne une description
du référent. On notera que l'emploi d'une description définie est
considéré comme anormal s'il n'existe pas d'objet satisfaisant
à la description (« l'actuel roi de France ») ou s'il en existe plusieurs (dans un énoncé comme « Le train vient de partir », l'unicité
de l'objet est assurée par un sous-entendu de situation (« le train
dont tu parles », ou « que nous devons prendre »). Si l'on admet
que l'existence de l'objet est présupposée [347] par l'emploi

d'une description définie, on comprend que de telles descriptions servent fréquemment à présenter des univers de discours imaginaires (cf. au début d'un roman de science-fiction, « Les habitants de Mars fêtaient le départ de leur troisième fusée terrienne »).

→ Le problème des descriptions définies est discuté notamment par B. Russell, « On Denoting », *Mind*, 1905, p. 478-493, et par P. F. Strawson dans l'article déjà cité et dans « Identifying Reference and Truth Values », *Theoria*, 1965, p. 96-118.

Les noms propres. Les grammairiens entendent par là les noms qui ne conviennent qu'à un seul être (« Dieu », « Rabelais », « Paris »...). A quoi l'on objecte que de tels noms sont bien rares, et qu'il y a de nombreux Rabelais et de nombreux Paris. La *Grammaire de Port-Royal* répond (2e partie, chap. iii) que cette pluralité de référents, dans le cas des noms propres, est accidentelle, alors qu'elle est essentielle pour les noms communs. On dirait de nos jours que, s'il y a plusieurs Paris, c'est par ambiguïté (ils sont homonymes), alors que l'existence d'hommes différents ne prouve aucune ambiguïté du mot « homme ». Du fait que le référent d'un nom propre est, normalement, unique, on conclut parfois que le nom propre est une simple étiquette collée sur une chose, qu'il a un référent, mais pas de sens, ou, comme dit J. S. Mill, une dénotation, mais pas de connotation. Frege soutient au contraire qu'aucune référence n'est possible sans un sens. Pour cette raison il ne reconnaît aucune différence logique entre les noms propres grammaticaux et les descriptions définies, et considère les uns et les autres comme des **noms propres logiques.** Quel sens l'observation linguistique peut-elle reconnaître à un nom propre grammatical? On notera d'abord qu'il est anormal d'employer un nom propre si l'on ne pense pas que ce nom « dit quelque chose » à l'interlocuteur, si donc l'interlocuteur n'est pas censé avoir quelques connaissances sur le porteur de ce nom. On peut alors considérer comme le sens d'un nom propre pour une collectivité donnée, un ensemble de connaissances relatives au porteur de ce nom, connaissances dont tout membre de la collectivité est réputé posséder au moins quelques-unes. On remarquera d'autre part une tendance à spécialiser certains types de noms propres pour certaines espèces : « Médor » est un nom de chien,

« Cadichon », un nom d'âne, etc. cf. aussi la distinction, dans de nombreux pays, entre les noms plébéiens et aristocratiques. Dans tous ces cas, le nom propre s'incorpore au moins une ébauche de description.

➡ Nombreux renseignements sur le problèmes des noms propres dans A. H. Gardiner *The Theory of Proper Names*, Londres, 1954. Les points de vue de Frege et de Mill sont discutés par J. S. Searle, *Speech Acts*, Cambridge, 1968, p. 162-174.

Les démonstratifs. Lorsque la condition d'unicité requise pour l'emploi des descriptions définies n'est pas remplie, on recourt à des démonstratifs. Nous entendons par là les éléments linguistiques qui accompagnent un geste de désignation (il s'agit souvent de démonstratifs au sens grammatical, « ceci », « ce », « cet »...) ou d'articles définis (cf. « Le chien! », dit pour attirer l'attention de l'auditeur sur un chien qu'on lui montre). Un démonstratif qui ne serait pas accompagné, outre le geste de désignation, d'une description, explicite ou non, suffirait-il à accomplir l'acte de référence? C'est l'opinion de Russell, qui, pour cette raison, considère « ceci » et « cela » comme des « noms propres » (au sens de Mill : ils dénotent sans connoter). Cette thèse est inadmissible dans la perspective de Frege. De fait, on remarquera que « ceci » ou « cela », même en tenant compte du geste de désignation, ne peuvent suffire à délimiter un *objet*. Comment savoir si cela, qu'on me montre sur la table, c'est le livre dans sa totalité, ou sa couverture, ou sa couleur, ou le contraste entre sa couleur et celle de la table, ou l'impression particulière qu'il me fait en ce moment. Un substantif, éventuellement implicite, est nécessaire pour accomplir l'acte de référence, car ce sont les substantifs qui découpent le continuum sensible en un monde d'objets (ce mot ne devant pas être pris au sens de substance; l'objet auquel je réfère peut être cette blancheur, cette impression). Ni le démonstratif, ni le geste de désignation ne sont donc en eux-mêmes des référentiels, et « ceci » ou « cela » doivent s'interpréter comme « le livre que je te montre », « la couleur du mur », etc.

N.B. Ce qui précède amène à justifier l'opposition entre **adjectifs et substantifs.** L'adjectif n'a pas le pouvoir propre au substantif de constituer des objets. Supposons que la syntaxe française permette de dire *ce grand*, sans sous-entendre un substantif, l'expression ne suffirait pas à faire savoir, même si l'on montre simultanément un endroit de l'espace où se trouve seulement un livre, s'il s'agit du livre même, qualifié de grand, ou d'une grande portion du livre, ou de son grand intérêt, etc. Telle est la raison pour laquelle le substantif, par opposition à l'adjectif, a été longtemps nommé « nom appellatif ». Certes l'adjectif peut participer à la description d'un objet, mais cette description elle-même ne peut servir à la référence que si elle comporte un substantif.

→ Sur le rôle du substantif dans la référence : P.T. Geach, *Reference and Generality*, Cornell Univ. Press, 1963, chap. ii et iii.

Les deictiques. On entend par là des expressions dont le référent ne peut être déterminé que par rapport aux interlocuteurs (R. Jakobson les appelle **shifters**, **embrayeurs**). Ainsi les pronoms de la 1re et de la 2e personne désignent respectivement la personne qui parle et celle à qui on parle. Il existe dans beaucoup de langues des couples d'expressions dont les éléments ne se distinguent l'un de l'autre que par le fait que l'un seulement est deictique (le premier de chaque couple dans la liste qui suit) :

ici (= à l'endroit où se passe le dialogue) vs *là*
hier (= la veille du jour où nous parlons) vs *la veille*
en ce moment (= au moment où nous parlons) vs *à ce moment*

É. Benveniste a montré que les deictiques constituent une irruption du discours à l'intérieur de la langue, puisque leur sens même (la méthode à employer pour trouver leur référent), bien qu'il relève de la langue, ne peut se définir que par allusion à leur emploi.

On peut se demander si un acte de référence est possible sans l'emploi, explicite ou non, de deictiques. Les démonstratifs, tels que nous les avons définis, comportent des deictiques. C'est le cas aussi des noms propres (« Dupont » = « le Dupont que tu connais »). Enfin les descriptions définies ne peuvent peut-être pas satisfaire à la condition d'unicité si elles ne contiennent pas, ou des deictiques, ou des noms propres et des démonstratifs.

➡ **Sur les deictiques :** E. Benveniste, *Problèmes de linguistique générale*, Paris, 1966, chap. v; R. Jakobson, *Essais de linguistique générale*, Paris, 1963, chap. ix; sur l'aspect logique du problème : Y. Bar-Hillel, « Indexical Expressions », *Mind*, 1954, p. 359-379. Les rapports entre les pronoms personnels et les démonstratifs sont décrits de façon systématique, dès 1904, par K. Brugmann, qui donne une théorie générale de la deixis (*Die Demonstrativ-pronomina der indo-germanischen Sprachen*, Leipzig, 1904). A. N. Prior, « On spurious egocentricity » (1967) *Philosophy* 42, p. 326-335.

Les déterminants. La *Grammaire de Port-Royal* (2ᵉ partie, chap. x), notant qu'un nom commun, par lui-même, ne désigne rien, et renvoie seulement à un concept (nous dirions qu'il a un sens et pas de référent), appelle « déterminants » les éléments qui doivent lui être ajoutés pour que l'on puisse lui fixer une « étendue », c'est-à-dire lui faire correspondre un certain secteur de la réalité (ils font donc passer du sens au référent). Ce rôle peut être joué par l'article défini; les possessifs, les démonstratifs, mais aussi par les noms de nombre ou par l'article et les adjectifs dits « indéfinis » (quelques, certains, tous). Ainsi on référerait, non seulement en disant « l'ami » ou « cet ami », mais aussi en disant « un ami », « quelques amis », ce qui soulève certains problèmes, car on voit mal ce qui est désigné par ces dernières expressions.

➡ Une théorie très proche de celle de Port-Royal se trouve dans Ch. Bally, *Linguistique générale et Linguistique française*, Berne, 1944, chap. iii. Pour une critique de cette théorie du point de vue logique Geach, *op. cit*, chap. i (Geach l'appelle « doctrine de la distribution »). Elle est critiquée du point de vue linguistique par O. Ducrot « Les indéfinis et l'énonciation », *Langages*, 17, mars 1970

Typologie
des faits de sens

La complexité des problèmes liés au sens a une double source. D'une part, le sens d'un mot ou d'une phrase est déjà, en lui-même, complexe : on peut l'analyser en sens et référence [317 s], en sèmes [339], en contenu posé et présupposé [347] ou suivant les différents parcours qu'autorise un terme polysémique [303]. D'autre part, ce même sens, pris en sa totalité, peut être mis en rapport avec d'autres faits, dont la nature est différente, mais qui ne sont pas moins l'effet de l'enchaînement linguistique : c'est à l'énumération et à la description de ces faits *connexes* qu'on s'attachera ici.

I. Une première perspective dans laquelle on peut distinguer plusieurs variétés de sens est le *degré de codage* du sens. Le degré le plus fort est justement appelé **linguistique**, et c'est le dictionnaire qui en porte témoignage : il s'agit d'un sens présent dans toute utilisation du mot et faisant sa définition même. Le degré suivant est celui du codage **culturel** : à l'intérieur d'une société donnée, qui peut être ou non coextensive avec une communauté linguistique, et pendant une période donnée, d'autres significations s'ajoutent au sens proprement linguistique : par exemple, le chien est associé pour nous à la fidélité, bien que cette qualité ne soit pas partie du sens linguistique (lexicographique) du mot. Les linguistes répugnent à s'occuper de ce type de significations, sous prétexte qu'il est impossible d'en traiter avec rigueur; mais celles-ci ne cessent pas d'exister pour autant. Le degré le plus faible du codage est l'association **personnelle** : par exemple, le chien évoque pour moi mon frère, qui en avait jadis un. Ce type de signification et les modalités de sa production sont étudiés dans une perspective psycholinguistique.

Une seconde perspective dans laquelle se laissent distinguer

plusieurs types de signification : celle de l'*existence ou non d'une
relation directe entre l'énoncé linguistique et l'acte de son énonciation* [405 s.]. Le langage fonctionne toujours de deux manières,
simultanément : comme système abstrait de symboles; comme
activité se produisant dans un contexte particulier. Certains
éléments de ce contexte se trouvent codés et intégrés dans la langue :
ainsi des informations concernant l'identité et le statut des deux
interlocuteurs, le temps et le lieu de l'énonciation, ainsi que ses
modalités. Mais les signes liés à l'énonciation établissent une
relation de signification nouvelle : on dit, après Peirce, que ce
sont des *indices* par opposition aux *symboles* [115]. Les modalités
de l'énonciation, c'est-à-dire l'attitude du locuteur à l'égard de
ce dont il parle, de la manière dont il en parle, de son interlocuteur,
produisent donc à leur tour une signification mais de nature
spécifique. Les linguistes ont prêté à cette signification des noms
différents : valeur expressive (Bally), fonction expressive (Bühler),
fonction émotive et conative (Jakobson), modes (Empson). Des
formes linguistiques diverses sont porteuses de ce type de signification : mots, sèmes, constructions syntaxiques, intonation,
signes de ponctuation, etc.

On a souvent cherché aux mots une signification qui serait
dérivée de la signification intrinsèque des sons (*ou des lettres*) *qui
les composent* (c'est le **symbolisme phonétique**). Cette signification
serait due aux conditions de l'articulation et, éventuellement,
de la perception. Par exemple *i* « signifie » *aigu*, *o*, *rondeur*, etc.
Malgré les études statistiques et psycholinguistiques consacrées à ces
problèmes, on ne peut affirmer l'universalité de telles significations.
Il est cependant certain qu'à l'intérieur d'une communauté linguistique, se créent des associations stables entre un son et un sens.

Enfin, les études sur la *fréquence* des mots dans un vocabulaire
mettent en évidence une autre dimension encore de la signification :
les interlocuteurs perçoivent un mot comme « rare » ou comme
« usé », et postulent habituellement la présence de « plus » de sens
dans le premier cas. Il serait plus précis de parler ici d'**information**,
au sens de la théorie de l'information, où cette notion est fonction
(inverse) de la fréquence. Mais dans tous les cas, une signification
supplémentaire du type « rare », « précieux », « ancien », etc.
est perçue par les interlocuteurs.

➡ G. Stern, *Meaning and Change of Meaning*, Goteborg, 1932;
J. R. Firth, *Papers in linguistics*, Londres, 1957, p. 190-215; R. Jakobson,
Essais de linguistique générale, Paris, 1963, p. 209-221; Ch. Bally,
Traité de stylistique française, I, Paris-Genève, 1909, p. 140-184; E. Nida,
Toward a Science of Translating, Leyde, 1964 ; E. Stankiewicz, « Pro-
blems of Emotive Language », in Th. A. Sebeok (éd.), *Approaches to
Semiotics*, La Haye, 1964; P. Delbouille, *Poésie et Sonorités*, Paris, 1961;
J. M. Peterfalvi, *Recherches expérimentales sur le symbolisme phonétique*,
Paris, 1970; I. Fónagy, « Les bases pulsionnelles de la phonation »,
Revue française de psychanalyse, 1970, p. 101-136; T. Todorov, « Le sens
des sons », *Poétique*, 11, 1972, p. 446-462.

II. *Sens principal et sens secondaire : classification de leurs
rapports.* Lors de l'utilisation d'un mot, des significations perçues
comme secondaires viennent parfois se greffer sur le sens principal. Elles peuvent, on vient de le voir, être le produit soit des
conventions culturelles, soit du contexte immédiat; elles ne figurent
pas dans le dictionnaire; mais elles n'en sont pas moins perçues
par les locuteurs. Saussure remarquait qu'un mot « évoque tout
ce qui est susceptible de lui être associé d'une manière ou d'une
autre ». Diverses tentatives ont été faites pour classer ces *associations;* nous en retiendrons une, purement formelle, qui se fonde
sur l'existence de plusieurs niveaux dans la structure du mot
(signifiant-signifié) et de plusieurs types de relation entre le premier
et le deuxième sens (ressemblance-contiguïté). « Premier » doit
être entendu ici dans un sens non historique (le premier dans le
temps) mais synchronique (c'est-à-dire qu'il est synonyme de
« principal »).

1. *Ressemblance des signifiés.*

C'est le phénomène de la *synonymie;* lors de son utilisation,
un mot peut évoquer ses synonymes, soit du fait de sa nature
même, soit à cause d'un contexte particulier.

2. *Ressemblance des signifiants.*

La ressemblance parfaite porte le nom d'*homonymie;* dans le
cas d'une ressemblance partielle, on parle de paronymie ou, plus
spécifiquement, d'*allitération* et de *consonance*. Ce qui se produit
ici est assez proche du « symbolisme phonétique » : poussé par
un souci de motivation des signes, le locuteur associe aux sons
semblables des sens semblables. D'où la tendance décrite sous

le nom d'*étymologie populaire* : on entend le verbe *broder* dans
brodequin bien que la véritable origine de ce dernier mot soit tout
autre [182]. Cette relation est très fréquemment utilisée dans les
textes poétiques, ce qui a amené Jakobson à introduire la notion
d' « étymologie poétique » : un texte suggère une parenté entre
deux mots, en se fondant sur la ressemblance des signifiants.
La rime tombe sous cette catégorie : les mots qui riment sont mis
en relation sémantique.

3. *Contiguïté des signifiants.*

L'emploi « actuel » d'un mot évoque ses emplois précédents,
et par là même des contextes précédents : surtout quand ces derniers se laissent systématiser d'une quelconque manière. De là,
dans le discours quotidien, ce que Bally a appelé *l'effet par évocation de milieu* : certains mots ou constructions syntaxiques sont
perçus comme désignant le milieu dans lequel ils sont particulièrement fréquents; ainsi des mots ou tournures argotiques, « poétiques », etc. Dans le discours littéraire, on ne se contente pas de
différencier les mots « poétiques » (c'est-à-dire utilisés surtout en
littérature) des autres; on identifie certains mots ou expressions
à des courants littéraires, des époques, même des auteurs et des
œuvres particulières. Quand on utilise un mot ainsi marqué par
les contextes précédents dans une fonction analogue, on parle
de *stylisation*; si la fonction est inversée, il s'agit de *parodie* (Bakhtine). Aucun mot n'échappe entièrement à ce type de signification
supplémentaire, bien que des degrés se laissent observer entre le mot
« neutre » et le mot « coloré ».

4. *Contiguïté des signifiés.*

Ici se rangent les cas que nous décrivions plus haut sous le nom
de « significations culturelles ». Par exemple, les propriétés d'un
objet sont évoquées lorsqu'on mentionne le nom de cet objet :
le lait évoque la blancheur, le lion, le courage, etc. Les linguistes
anglais ont, à la suite de J. R. Firth, décrit ce phénomène sous le
nom de « signification par collocation »; encore ne faut-il pas
oublier que le contexte évoqué n'est pas linguistique (contiguïté
de signifiants) mais culturel (contiguïté de signifiés) : l'expression
lait blanc est probablement des plus rares, parce qu'elle est perçue

comme un pléonasme. O. Ducrot a isolé une partie de ces significations sous le nom de *sous-entendus* : cas où le sens supplémentaire naît de l'existence même de l'énonciation (« si je dis quelque chose, c'est que j'y attache de l'importance »). Ce groupe de significations secondes a été appelé parfois *connotation*, d'autres fois *implication*.

La prédominance quantitative et qualitative d'un type de signification supplémentaire permet de caractériser un *style* [383 s.].

➤ S. Ullmann, *Précis de sémantique française*, Paris-Berne, 1952 ; Ch. Bally, *Traité de stylistique française*, I, Paris-Genève, 1909, p. 203-249 ; M. Bakhtine, *La Poétique de Dostoïevski*, Paris, 1970 ; J. R. Firth, *Papers in Linguistics*, Londres, 1957, p. 190-215 ; O. Ducrot, « Présupposés et sous-entendus », *Langue française*, 4, 1969, p. 30-43 ; W. Empson, *The Structure of Complex Words*, Londres, 1951, p. 1-40 ; M. Black, *Models and Metaphors*, Ithaca, 1962, p. 48-63.

III. Un autre problème est posé par les *relations qu'entretiennent* entre eux les différents sens non plus dans la perspective (comme en II) d'une *dérivation*, mais dans celle de leur *fonctionnement simultané*. Selon la théorie médiévale de l'interprétation, un énoncé a toujours et seulement quatre sens : *littéral, allégorique, tropologique* (ou moral) et *anagogique*; ces sens coexistent mais gardent leur autonomie. A l'opposé, pour certains sémanticiens modernes (par exemple Katz et Fodor), le mot n'a normalement qu'un sens, et un seul (lors d'une occurrence particulière) : des « règles d'amalgamation » nous obligent toujours à choisir parmi les différents sens du mot; les ambiguïtés irréductibles sont considérées comme formant un cas tout à fait particulier.

Lorsque les sens sont de nature *différente* (par exemple significations symbolique et indicielle, ou symbolique et par évocation de milieu), ils semblent coexister sans interaction mutuelle. Toutefois, des rapports proportionnels se laissent observer : Jakobson, Tynianov ont remarqué que l'effet d'évocation stylistique d'un mot est d'autant plus fort que son sens est peu commun (il atteint son maximum dans les mots incompréhensibles).

Si les sens sont de nature *semblable* (comme le sont les sens d'un mot, énumérés dans le dictionnaire), le processus est plus complexe (il y a un nouveau « produit », et pas seulement une nouvelle

« somme »). W. Empson a proposé là une première formulation :
si deux sens d'un mot peuvent être évoqués simultanément lors
de l'inclusion de ce mot dans une phrase, leur relation se laissera
décrire à l'aide d'une nouvelle phrase : « *A* est *B* », où *A* est l'un
des sens et *B*, l'autre : le langage (et le langage poétique tout
particulièrement) pose, nous l'avons déjà vu, l'identité des sens
là où il y a identité des sons. Mais l'assertion « *A* est *B* » n'est pas
elle-même univoque : elle peut signifier « *A* est une partie de *B* »,
« *A* est comme *B* », « *A* implique *B* », « *A* est typique de *B* ». Pour
décrire ces variations, Empson se sert de deux oppositions :
sujet-prédicat ; et sens fondamental d'un mot (hors de tout contexte)
— sens vedette du même mot dans la phrase en question. Les
relations de sens au niveau de la phrase, cette fois, ont été étudiées par Empson dans un autre ouvrage, portant sur l'ambiguïté.

➤   N. Frye, *Anatomie de la critique*, Paris, 1969, p. 91-161 ; J. J. Katz et
J. A. Fodor, « La structure d'une théorie sémantique », *Cahiers de lexicologie*, 2, 1966 et 1, 1967 ; R. Jakobson, « Du réalisme artistique », in *Théorie
de la littérature*, Paris, 1965, p. 98-108 ; J. Tynjanov, *Il problema del linguaggio poetico*, Milan, 1968 ; W. Empson, *The Structure of Complex
Words*, Londres, 1951, p. 41-82 en franç. dans *Poétique*, 1971, 6 ; W. Empson, *Seven Types of Ambiguity*, Londres, 1930.

IV. Les théoriciens de la *littérature* ont souvent essayé de définir
la spécificité de celle-ci par des observations touchant le statut
de la signification dans les textes littéraires.

Selon une première tendance, représentée au début du XIXᵉ siècle
par Goethe et Coleridge, le texte littéraire fonctionne comme
symbole, par opposition à l'*allégorie*. Goethe écrit dans ses « Maximes et réflexions » : « Il y a une grande différence entre le poète qui
cherche le particulier en vue du général et celui qui voit le général
dans le particulier. Le premier cas donne naissance à l'allégorie,
où le particulier vaut uniquement comme exemple du général ;
le second nous livre la nature propre de la poésie ; celle-ci énonce
le particulier sans penser au général, sans le viser. » On pourrait
interpréter ces lignes comme marquant l'exigence d'un rapport
de participation entre signifiant et signifié (qui coïncident alors
avec le particulier et le général) ; de ce fait le signifiant acquiert

une irréductibilité essentielle : il n'est pas purement transparent. D'autre part, l'imprécision du signifié semble une condition nécessaire pour l'existence du symbole. Pour Coleridge, « le symbole est un signe inclus dans l'idée qu'il représente ». « On ne saurait mieux définir le Symbolique par opposition à l'Allégorique qu'en disant qu'il est toujours lui-même une partie du tout qu'il représente. » En termes rhétoriques, cela veut dire que le symbole-synecdoque est caractéristique de la poésie, cependant que l'allégorie-métaphore en est exclue.

Tynianov a proposé une description quelque peu différente : si l'on distingue la signification principale du mot (sa définition dans le dictionnaire) de ses significations contextuelles, qui ne surgissent que lors d'un emploi particulier, le discours littéraire se caractériserait par le *rôle prépondérant accordé aux significations contextuelles*, aux dépens de la signification principale. Une corrélation positionnelle supplémentaire caractérise toute séquence du discours poétique : « ici le sens de chaque mot résulte de son orientation vers le mot voisin ». Mukařovský retient cette idée d'une orientation différente du discours, mais ne cherche pas à la situer dans un découpage du sens; pour lui, la différence correspond à deux *fonctions* du discours, l'une représentative, l'autre autonome (esthétique). Dans le texte poétique, « c'est la relation entre la dénomination et le contexte encadrant qui ressort au premier plan ». Northrop Frye poursuit la même idée, en affirmant l'existence de deux types de signification : *centrifuge et centripète, externe* et *interne;* la poésie se caractérise par la prédominance du deuxième type. « En littérature, les problèmes de vérité et de réalité sont secondaires par rapport à l'objectif privilégié, qui est de constituer un ensemble verbal autonome, et la valeur des symboles dépend de leur importance dans une structure de motifs interdépendants. »

De Goethe à Frye, on observe le même trait du discours poétique : les signes linguistiques cessent d'être transparents, simple instrument servant la circulation du sens, pour acquérir une importance en eux-mêmes (les différences d'opinion que nous avons évoquées concernent l'explication du fait, non son existence). Cette importance s'attache, dans le cas le plus simple, aux *sons* mêmes; mais d'une manière générale, le texte poétique se carac-

térise par une accentuation du *sens* au détriment de la *référence*.
Le texte de fiction conserve l'orientation représentative des mots,
mais le système symbolique second formé par ces mots (le récit)
possède le caractère autonome, non-instrumental du texte poétique.

→ A. Fletcher, *Allegory*, Ithaca, 1964, p. 1-23; J. Tynjanov, *Il problema del linguaggio poetico*, Milan, 1968; J. Mukařovský, « Littérature et sémiologie », *Poétique*, 3, 1970; W. Y. Tindall, *The Literary
Symbol*, New York, 1955; N. Frye, *Anatomie de la critique*, Paris,
1969.

Le discours de fiction

Certains énoncés linguistiques se réfèrent à des circonstances extra-linguistiques particulières : on dit dans ce cas qu'ils dénotent un référent [317]. Cette propriété, pour importante qu'elle soit, n'est pas constitutive du langage humain : certains énoncés la possèdent, d'autres non. Mais il existe aussi un type de discours dit **fictionnel,** où la question de la référence se pose de manière radicalement différente : il est explicitement indiqué que les phrases proférées décrivent une fiction, et non un référent réel. De ce type de discours, la littérature est la partie la mieux étudiée (bien que toute littérature ne soit pas fiction) [198].

Les discussions consacrées à ce rapport ont presque toujours été liées au concept de **réalisme** qu'il faut examiner ici. Cependant, comme la plupart des termes clés de la théorie littéraire, celui de réalisme comporte une très grande polysémie. Sans même tenir compte des cas où il sert à désigner une *période* de l'histoire littéraire (qui coïncide en gros avec le XIXe siècle), on doit distinguer plusieurs emplois de ce terme :

1. Il faut d'abord éviter de confondre « réalisme » et « vérité » au sens de la logique formelle. Pour les logiciens, la *vérité* est une relation entre l'occurrence individuelle d'une phrase et le référent dont elle affirme quelque chose; or les phrases dont se compose le discours littéraire n'ont pas de référent; elles se posent comme expressément fictionnelles, et la question de leur « vérité » est dépourvue de sens. C'est en ces termes que Gottlob Frege décrit le discours littéraire : « Lorsque nous écoutons par exemple un poème épique, ce qui nous fascine, en dehors de l'euphonie verbale, est uniquement le *sens* des phrases, ainsi que les images et les sentiments qui sont évoqués par elles. Si on posait la question de la vérité, on laisserait de côté le plaisir esthétique et on se tournerait

vers l'observation scientifique. C'est pourquoi, dans la mesure où nous considérons un poème comme une œuvre d'art, il nous est égal que par exemple, le nom ' Ulysse ' ait un référent ou non. » Interroger un texte littéraire sur sa « vérité », est non pertinent et revient à le lire comme un texte non littéraire.

2. Ce n'est donc pas de la vérité qu'il est question dans les innombrables discussions consacrées au « réalisme ». Les Formalistes russes ont dénoncé avec vigueur cette confusion, en partant d'exemples précis. Dans son étude du *Manteau* de Gogol, Eikhenbaum commente la description minutieuse de l'ongle de Petrovitch ou de sa tabatière, et s'interroge sur sa signification. « Les gens naïfs nous diront que c'est du réalisme, de la description, etc. Il est inutile de discuter avec eux, mais qu'ils réfléchissent au fait que l'on nous entretient longuement de l'ongle et de la tabatière, alors que de Petrovitch lui-même, on nous dit seulement qu'il avait l'habitude de boire chaque jour de fête, et à propos de sa femme, simplement qu'il en avait une et qu'elle portait un bonnet. C'est un procédé évident de composition grotesque : accentuer les moindres détails, et laisser en arrière ceux qui mériteraient une attention plus grande. » Chklovski évoque des exemples semblables : « A l'époque du *Sturm und Drang*, en Allemagne, pendant cinq ans l'immense majorité des pièces traitaient le motif du fratricide. Ce qui n'est tout de même pas une preuve qu'à cette époque en Allemagne les fratricides se produisaient en masse. »

Si tel ou tel motif apparaît dans une œuvre, c'est qu'il appartient à la tradition à laquelle elle se rattache. Si on y trouve tel ou tel procédé, c'est que celui-ci fait partie des règles du genre, par exemple de la « composition grotesque ». Les éléments qui composent une œuvre obéissent à une logique interne, non externe. Les notions dont on a besoin ici sont celles de conformité au genre et de conformité au type. Toute œuvre relève d'un type, c'est-à-dire possède une certaine configuration de propriétés structurales [194]; d'autre part, la plupart des œuvres d'une époque appartiennent à un genre, c'est-à-dire se laissent apparenter par les lecteurs contemporains à d'autres œuvres, déjà connues [194 s.]. Les règles du genre constituent pour l'œuvre littéraire un code nécessaire à son interprétation correcte. Encore une fois, la référence à la vérité n'a pas de raison d'être.

Dans un article consacré aux problèmes du réalisme, R. Jakobson fait quelques distinctions supplémentaires. D'abord, le genre auquel l'œuvre est rattachée par l'auteur et le lecteur peut ne pas être le même; ainsi une œuvre réaliste pour l'un ne l'est pas forcément pour l'autre. D'autre part, le genre auquel se rattache l'œuvre peut être en accord ou en contraste avec la tradition régnante; la revendication de réalisme peut trahir une tendance révolutionnaire aussi bien que conservatrice. Ces distinctions soulignent le caractère imprécis de la notion et expliquent les emplois contradictoires qu'on a fait du terme : « Les Classiques, les Sentimentalistes, en partie les Romantiques, même les Réalistes du XIXᵉ siècle, dans une large mesure des Décadents, et enfin, les Futuristes, les Expressionnistes, etc., ont souvent affirmé avec insistance que la fidélité à la réalité, le maximum de vraisemblance, en un mot le réalisme, est le principe fondamental de leur programme esthétique. »

Deux problèmes annexes se posent ici :

a) Étant donné le caractère représentatif de la très grande majorité des textes littéraires, on peut interroger également les modes de représentation mis en œuvre. Il ne s'agit plus alors de chercher comment est décrite une réalité préexistante, mais comment est créée l'illusion de cette réalité. E. Auerbach voit dans la succession des différents modes de représentation la clé d'une histoire interne de la littérature. Robert Kellog propose de voir dans la *représentation* et l'*illustration* les deux extrêmes, mimétique et symbolique, d'un continuum unique.

b) Il ne faut pas conclure de ce qui précède que la littérature n'entretient aucune relation avec les autres « niveaux » de la vie sociale. Il s'agit plutôt d'établir une hiérarchie entre tous ces niveaux. Tynianov insiste sur ce point : tout élément de l'œuvre a (dans ses termes) une *fonction constructive*, qui permet son intégration dans l'œuvre. Celle-ci, à son tour possède une *fonction littéraire* qui fait qu'elle s'intègre dans la littérature contemporaine. Cette dernière, enfin, a une *fonction verbale* (ou orientation) grâce à laquelle elle peut s'intégrer dans l'ensemble des faits sociaux. « Il faut mettre l'œuvre particulière en corrélation avec la série littéraire avant de parler de son orientation. » « Considérer la corrélation des systèmes sans tenir compte des lois immanentes à chaque système est une démarche néfaste du point de vue méthodologique. » Plutôt que de « reflet », la relation entre la série littéraire et les autres séries sociales est de participation, d'interaction, etc. Dans l'étude de cette relation, on doit à nouveau établir une hiérarchie : « On peut l'étudier uniquement à partir des séries *voisines*, de l'examen des conditions *immédiates*, et non pas à partir des séries causales éloignées bien qu'importantes » (Tynianov). Ainsi devrait-on commencer par l'étude de la relation entre la littérature et le comportement verbal général d'une société.

→ Sur littérature et vérité logique : G. Frege, *Écrits logiques et philosophiques*, Paris, 1971; R. Ingarden, « Les différentes conceptions de la vérité dans l'œuvre d'art », *Revue d'esthétique*, 2, 1949, p. 162-180; M.C. Beardsley, *Aesthetics : Problems in the Philosophy of Criticism*, New York, 1958; T. Todorov, « Note sur le langage poétique », *Semiotica*, 1, 1969, 3, p. 322-328. Sur les modes de représentation : E. Auerbach, *Mimésis*, Paris, 1969; R. Scholes, R. Kellog, *The Nature of Narrative*, New York, 1966, p. 82-105.
Sur littérature et vie sociale : *Théorie de la littérature*, Paris, 1965, p. 98-108; 120-140; V. Volochinov, *Marksizm i filosofija jazyka*, Leningrad, 1929.

Du fait de son caractère représentatif, la fiction littéraire se trouve également confrontée, consciemment ou non, au système de représentations collectives qui dominent une société pendant une époque donnée; autrement dit, à l'*idéologie*. Celle-ci n'est pas le référent, pas plus que ne le sont les règles du genre; c'est encore un discours, mais de caractère diffus, discontinu et dont nous prenons rarement conscience. On peut envisager deux relations entre le texte littéraire et l'ensemble des représentations qui forment l'idéologie. Ou bien le texte cherche à travestir sa conformité au genre en conformité à l'idéologie; ou bien il se contente de la première, sans chercher à s'assimiler à la seconde et même, éventuellement, proclame son indépendance. Les Formalistes désignent la première relation par le terme de **motivation** du procédé; la seconde par celui de **dénudation** du procédé : selon Tomachevski, la dénudation du procédé correspond à « l'utilisation de ce dernier hors de sa motivation habituelle »; il est « une démonstration du caractère littéraire de l'œuvre ». Dans le premier cas (motivation), on justifie l'existence même du livre pour faire encore plus « vrai » : c'est un manuscrit trouvé par hasard, ou une correspondance, ou les mémoires d'un personnage historique. Dans le second, on détruit constamment l'illusion pour nous rappeler que nous lisons une fiction et qu'il ne faut pas la prendre pour la réalité.

La motivation est donc une variante du « réalisme ». Elle n'est pas la conformité au genre mais un habit jeté pudiquement par le texte sur les règles du genre. Gérard Genette décrit ainsi l'articulation des deux : « Il y a donc une opposition diamétrale du point de vue de l'économie du récit, entre la fonction d'une unité et sa motivation. Si la fonction est (grossièrement parlant) ce à quoi elle *sert*, sa motivation est ce qu'il lui *faut* pour dissimuler sa fonction. En d'autres termes, la fonction est un profit, la motivation est un coût. Le rendement d'une unité narrative ou, si l'on préfère, sa *valeur*, sera donc la différence fournie par la soustraction : fonction sans motivation. »

Le souci de motiver entièrement un récit n'est pas sans évoquer le problème de l'arbitraire du signe [170 s.]. Les signes sont arbitraires, les noms ne sont pas inscrits dans les choses; mais tout utilisateur d'un système de signes tend à le naturaliser, à le présenter comme allant de soi. La tension qui naît de cette opposition dessine une des lignes directrices de l'histoire de la littérature.

Ainsi le problème de la « relation entre la littérature et la vie » éclate en fait en plusieurs questions, plus modestes certes mais plus précises aussi et qui s'intègrent dans le cadre d'une théorie générale du discours.

→ *Théorie de la littérature*, Paris, 1965, p. 98-108; p. 284-287; *Recherches sémiologiques : Le vraisemblable*, (*Communications*, 11), Paris, 1968; Ph. Stewart, *Imitation and Illusion in the French Memoir Novel*, New Haven, 1969; *Le Discours réaliste*, *Poétique*, 16, 1973.

Combinatoire sémantique

Croire possible la description sémantique linguistique d'une langue, c'est croire raisonnable d'attribuer à chaque énoncé un sens, ou plusieurs s'il est ambigu (sans nier, bien sûr, que ce sens puisse être ensuite ou infléchi ou précisé par la situation d'emploi). C'est croire possible, de plus, de calculer le sens total d'un énoncé, connaissant le sens des unités significatives (mots ou morphèmes) qui y apparaissent, et les relations syntaxiques qui les unissent (en comprenant par là, si on est chomskiste, les unités et relations de la structure profonde [313]). Mais si cette **combinatoire sémantique** prend nécessairement pour point de départ l'organisation syntaxique, beaucoup de linguistes pensent que l'organisation syntaxique est seulement un point de départ, qu'elle fournit uniquement des indices. Cela implique non seulement que les relations sémantiques se définissent autrement que les relations syntaxiques, qu'elles ont un contenu propre, mais surtout qu'elles ne peuvent pas être mises en correspondance une à une avec les relations syntaxiques, que les deux réseaux ne se recouvrent pas, qu'il peut y avoir une relation d'un type sans une relation parallèle de l'autre type. Autrement dit, la combinatoire sémantique, tout en prenant appui sur la combinatoire syntaxique, n'en serait pas une simple réinterprétation.

➡ Deux tentatives récentes pour constituer une combinatoire sémantique — entendue comme un calcul du sens des énoncés à partir de leur syntaxe : a) J. J. Katz et J. A. Fodor, « The structure of a semantic theory », *Language*, 39, 1963, p. 170-210; trad. franç., *Cahiers de lexicologie*, 1966, n° 2 et 1967, n° 1, recherche faite dans la perspective générative, et qui tend à considérer le composant sémantique comme interprétant seulement la syntaxe (cf. la 2ᵉ théorie de Chomsky [312 s.]); b) U. Weinreich, « Explorations in semantic theory », in T. A. Sebeok (éd.), *Current trends in linguistics*, 3, La Haye, 1966.

Un indice possible (non une preuve) de l'originalité de la combinatoire sémantique, tient à l'absence de correspondance entre les unités minimales de la syntaxe et celles de la sémantique. Hjelmslev est un des premiers linguistes à avoir insisté sur ce fait : non seulement les unités significatives minimales (mots ou morphèmes) — qui sont les éléments de base de la syntaxe — ont le plus souvent un contenu sémantique complexe, mais leur analyse en unités sémantiques plus simples peut être fondée sur des considérations strictement linguistiques. Il suffit d'appliquer au domaine du sens la méthode de commutation [43] que les phonologues appliquent au domaine du son. Si la phonologie voit deux unités /s/ et /u/ dans le morphème français *su*, c'est que chacune peut être remplacée par une autre unité, ces deux remplacements produisant une différence de sens (on a par exemple *bu* et *sa*). La même commutation peut être appliquée au contenu des morphèmes. On dira ainsi que le verbe *souhaiter* contient, entre autres, les unités sémantiques « absence » et « bon » : si en effet on remplace « bon » par « mauvais », la signification obtenue devrait être exprimée par un autre verbe, quelquefois par exemple par *redouter*, et si on remplace « absence » par « présence », la signification résultante ressemble à celle de *apprécier*. Les unités ainsi dégagées, bien qu'elles soient des éléments du signifié de *souhaiter*, ne peuvent pas être considérées comme étant elles-mêmes des signifiés, puisqu'il n'y a pas de signifiant qui leur corresponde (on peut certes trouver, pour les décrire approximativement, des mots de la langue, ceux par exemple que nous avons utilisés entre guillemets, mais le mode de présence de ces unités dans le verbe *souhaiter* est indépendant de ces mots). Hjelmslev, qui appelle **figure** tout élément linguistique qui n'est ni un signifiant ni un signifié, appelle les unités sémantiques minimales des **figures du contenu**. Les linguistes français parlent souvent, avec Pottier et Greimas, de **sèmes**. Le terme anglais le plus fréquent est **semantic feature** (trait sémantique).

La recherche de ces unités est appelée **analyse sémique** ou encore **analyse componentielle**. Sa méthode est avant tout la comparaison de mots (nous avons comparé *souhaiter* avec *redouter* et *apprécier*), et ne fait finalement que perfectionner la méthode plus ancienne des champs sémantiques [176]. Mais au lieu de relever seulement, pour chaque mot, à quels autres mots de la même région lexicale il s'oppose, on cherche d'abord des couples de mots dont la différence semble minimale — et on décide que chacune de ces différences tient à l'opposition de deux atomes sémantiques appelés sèmes. Ensuite on décrit les différences plus complexes comme des combinaisons d'oppositions minimales (en posant que les mots comparés diffèrent par plusieurs sèmes).

Dans la mesure où l'analyse sémique porte seulement sur des éléments du lexique (morphèmes ou mots, Pottier dit **lexèmes**), qu'elle représente comme des « paquets de sèmes », elle ne suffit pas à assurer l'originalité de la combinatoire sémantique. Car il reste possible que les relations sémantiques traitent globalement chacun de ces paquets, auquel cas elles pourraient avoir les mêmes points de départ et d'arrivée que les relations syntaxiques — qui s'appliquent directement aux lexèmes. Pour que l'analyse sémique implique le caractère irréductible de la combinatoire sémantique, il faut qu'elle porte non seulement sur le contenu d'unités lexicales, mais, comme celle de Greimas, sur le contenu de segments d'énoncé plus larges, voire sur des effets de sens (appelés sémèmes), c'est-à-dire sur des significations liées à un certain contexte ou à une certaine situation de discours. Les sèmes n'étant plus reliés alors à des mots ou à des morphèmes, les relations qui les unissent ne peuvent plus être parallèles aux relations syntaxiques. Mais, dans ce cas, la frontière s'estompe entre la sémantique d'une langue et l'analyse des discours faits dans cette langue.

→ Sur l'analyse sémique : L. Hjelmslev, *Prolégomènes à une théorie du langage*, trad. franç., Paris, 1968, chap. xiv (et la critique de A. Martinet, « Au sujet des fondements de la théorie linguistique de L. Hjelmslev », *Bulletin de la Société de linguistique*, 42, 1946, p. 19-42); A. J. Greimas, *Sémantique structurale*, Paris, 1966, notamment p. 50-54; B. Pottier, « Vers une sémantique moderne », *Travaux de linguistique et de littérature*, 1964, 107-138; T. Todorov, « Recherches sémantiques », *Langages*, 1, mars 1966, § 2 et 3. Dans ce même numéro on trouvera des textes importants et une bibliographie.

Certains partisans de la grammaire générative croient pouvoir justifier par des arguments « purement syntaxiques » l'attribution de traits sémantiques aux morphèmes de la langue. Supposons en effet que l'on impose à la syntaxe de rendre compte des **restrictions sélectives**, c'est-à-dire du fait que tous les éléments d'une catégorie grammaticale *A* ne se combinent pas avec tous les éléments d'une autre catégorie *B*, alors même que ces deux catégories entrent normalement en combinaison (en reprenant un exemple de Chomsky, on ne dit pas « La sincérité admire Jean », bien que normalement on puisse faire une phrase en combinant un article, un nom, un verbe transitif et un nom propre). Pour décrire ce fait on attribuera à certains morphèmes des **traits sémantiques inhérents** (ainsi *sincérité* a le trait « non animé », représenté [—animé]) et à d'autres, des **traits sémantiques contextuels**, c'est-à-dire l'indication des traits inhérents que doivent posséder les morphèmes auxquels ils se combinent (ainsi *admirer* a le trait « exige un sujet animé », représenté symboliquement comme [+animé ————]). Et une règle générale de la grammaire interdira de combiner des morphèmes dont les traits inhérents et contextuels sont incompatibles.

→ C'est seulement dans *Aspects of the Theory of Syntax* (M.I.T. Press, 1965) que Chomsky introduit l'idée de traits sémantiques. Elle a donné lieu à de nombreuses controverses : cf. S. Y. Kuroda, « Remarques sur les présuppositions et sur les contraintes de sélection », *Langages*, juin 1969, p. 52-80.

LES RELATIONS SÉMANTIQUES.

Pour certains linguistes, les différents sèmes composant le contenu sémantique d'une unité constituent un ensemble, au sens mathématique, c'est-à-dire une simple collection, sans organisation interne, sans relations spécifiées entre ses éléments. Il en résulte que, si deux unités ont les mêmes sèmes, elles sont synonymes. Cela devient un problème alors de distinguer « garage » et « coffre » (de voiture), les deux mots possédant à la fois les sèmes « ranger » et « automobile ». On sera obligé, pour se tirer d'affaire, d'utiliser des sèmes comme « pour les automobiles » et « dans les automobiles ».

→ Une telle conception de la description linguistique se trouve, implicitement, dans Katz et Fodor (référence p. 338). On la rencontre aussi — mais corrigée par la notion de « traits contrastifs » [47] — dans L. Prieto, *Principes de noologie*, La Haye, 1964. Elle est d'autre part à la base des langages documentaires dits « a-syntaxiques » — qui ne représentent un objet que par une collection de marques indépendantes (cf. le système des mots clefs utilisé parfois pour résumer, sur fiche, le contenu d'un livre ou d'un article, le mot clef étant à l'ouvrage résumé ce que le sème est au mot).

Une critique systématique de cette thèse a été présentée par Weinreich. Selon lui, dans le contenu d'une unité significative, les sèmes peuvent être associés de deux façons différentes. Il y a association additive (**cluster**, *agglomérat*), si les sèmes n'ont entre eux aucune relation particulière. Ainsi *garçon* est un cluster composé des traits « enfant » et « mâle », et sera représenté comme (« enfant », « mâle ») : le critère est que le garçon est à la fois un enfant et un mâle. Il faut en distinguer la **configuration**, qui institue une relation particulière entre les sèmes. *Nain* est une configuration reliant « homme » et « petit ». On la représentera comme (« homme » → « petit »). Le critère est que le nain n'est pas à la fois homme et petit, mais petit pour un homme. A partir de ces définitions élémentaires, Weinreich tente de caractériser les principales relations sémantiques entre unités significatives (mots ou morphèmes) selon le type d'assemblage qu'elles instituent entre les unités constituantes :

a) Il y a **linking** (**enchaînement**) lorsque l'association des unités constitue un nouveau cluster. C'est le cas généralement pour l'association adjectif + substantif : *garçon gentil* = (« enfant », « mâle », « gentil »), *nain gentil* = ((« homme » → « petit »), « gentil »). C'est le cas aussi pour certains mots composés comme *chien-loup*. N.B. Il faut des manœuvres complexes pour présenter comme un linking une expression telle que *conducteur rapide*. Car, au premier abord, il n'y a pas création d'un nouveau cluster : le conducteur rapide n'est pas quelqu'un qui 1) est conducteur, 2) est rapide, mais qui est rapide en tant que conducteur.

b) Une relation est no-linking si elle ne crée pas de nouveau cluster. C'est le cas pour les relations **transitives**, par exemple pour celles qui associent un verbe et ses compléments. Si *acheter* est représenté par un assemblage (a, b), et *voiture* par (c, d), *acheter (une) voiture* devra être représenté par $((a, b) → (c, d))$. Certains mots composés sont construits, sémantiquement, sur ce modèle (cf. *porte-voix*, *protège-cahier*).

➤ U. Weinreich, « Explorations in Semantic Theory », in T. A. Sebeok (éd.), *Current Trends in Linguistics*, 3, La Haye, 1966. La distinction linking/no-linking est assez proche de celle établie par les grammaires du xviii⁰ siècle entre les deux types d'accord grammatical (l'accord de concordance, par exemple entre adjectif et substantif, tiendrait à ce que les deux termes désignent le même objet; l'accord de rection, par exemple entre le verbe et ses compléments, à ce qu'il y a mise en rapport d'objets différents).

L'école dite de la sémantique générative [77], continuant et dépassant Weinreich, tend actuellement à abandonner l'idée même de cluster, et à représenter le contenu de toute unité significative comme une configuration. Ainsi la plupart des mots ou morphèmes de la langue seront considérés comme la simple abréviation, en structure de surface [313], d'une structure réelle beaucoup plus complexe, et analogue à la structure syntaxique de phrases complètes. Ainsi le verbe « casser » serait la trace superficielle d'une organisation profonde analogue à celle d'une expression comme « être cause, par un choc, qu'un objet devienne en morceaux ». Pour justifier cette paraphrase, qu'on peut trouver aussi arbitraire que maladroite, on allègue qu'elle seule peut faire comprendre l'ambiguïté de « Il a presque cassé le vase » (= « il a failli le casser », ou « il l'a a peu près cassé »). L'ambiguïté tiendrait à ce que le modificateur « presque », appliqué en surface à l'unique mot « casser », peut être, en profondeur, appliqué à des endroits différents de l'organisation sémantique complexe représentée par ce mot (exemple dû à Mc Cawley). On notera de même que les sèmes « humain » et « jeune » présents dans le mot *enfant*, semblent dans une relation sémantique analogue à celle du substantif et de l'adjectif dans une phrase. Si on applique en effet l'expression restrictive *ne... que* à un groupe *substantif + adjectif*, la restriction ne concerne que l'adjectif (« Il n'a que des cigarettes blondes » = il n'a, en tant que cigarettes, que des blondes »). Or, de la même façon, « il n'y a que des enfants ici » = « il n'y a ici, en tant qu'humains, que des jeunes » (et non l'inverse, qui serait : « il n'y a ici, de jeunes, que les humains »).

➤ J.D. Mc Cawley, « Semantic Representation », *Symposium on Cognitive Studies and Artificial Intelligence Research*, Chicago, 1969.

L'ORGANISATION SÉMANTIQUE DE L'ÉNONCÉ.

Y a-t-il une structure sémantique de l'énoncé? Autrement dit, les formules décrivant le sens des énoncés doivent-elles être toutes construites sur un même modèle, ou au moins sur un petit nombre de modèles bien définis? Bien que personne ne prétende actuellement avoir résolu la question, on peut signaler certaines distinctions qui, semble-t-il, devraient apparaître dans beaucoup de descriptions sémantiques d'énoncés, mais dont on voit mal encore comment elles s'articulent les unes avec les autres.

1. Tous les énoncés assertifs (affirmatifs ou négatifs) semblent devoir être décrits comme l'attribution d'une certaine propriété à un certain objet. D'où la nécessité que leurs descriptions sémantiques comprennent deux parties : un **sujet** que nous appellerons **logique** désignant l'objet dont quelque chose est affirmé, et un **prédicat** indiquant la propriété affirmée. Bien plus, dans beaucoup de langues, cette distinction paraît avoir un correspondant dans la structure syntaxique des énoncés; le sujet grammatical, lorsqu'il existe, peut souvent être décrit comme désignant l'objet de l'affirmation (comme identique par conséquent au sujet logique). L'objet d'un énoncé E a, par exemple, cette propriété qu'il est aussi l'objet dont on affirme quelque chose dans la négation de E (Pierre est l'objet à la fois de « Pierre est venu » et de « Il est faux que Pierre soit venu »). Or la négation, dans la plupart des langues qui possèdent la fonction syntaxique « sujet », peut être effectuée par une opération laissant inchangé ce sujet syntaxique, et portant sur un autre segment (sur le verbe par exemple) : « Il est faux que Pierre soit venu » a pour équivalent « Pierre n'est pas venu ». Le rapprochement entre le sujet grammatical et le sujet logique fait d'autre part comprendre que la transformation passive d'un énoncé puisse modifier radicalement son sens : « Seul Pierre n'aime que Marie » n'a pas le même sens (ni les mêmes conditions de vérité) que « Seule Marie n'est aimée que de Pierre ». Or cette divergence s'explique si le sujet grammatical désigne ce dont quelque chose est affirmé. Car il est nécessairement différent d'affirmer:

a) Pierre est seul à avoir la propriété « n'aimer que Marie », et

b) Marie est seule à avoir la propriété « n'être aimée que de Pierre ».

→ Les propriétés logiques irréductibles du sujet grammatical ont été signalées par N. Chomsky dès *Structures syntaxiques* (trad. franç., Paris, 1969, § 9.2.7); selon S. Y. Kuroda, une langue comme le japonais, où l'on hésite à reconnaître un sujet grammatical, possède certaines particules qui permettent de donner à un mot de l'énoncé les propriétés logiques que possède le sujet des langues indo-européennes.

On peut trouver arbitraire de donner un seul objet à chaque affirmation, et, par exemple, de décider que (1) « Pierre aime Marie » a pour objet Pierre plutôt que Marie. Il faut alors recourir à une analyse de l'énoncé en **relation** et **arguments**. On dira que (1) affirme la relation « aimer » du couple d'arguments (Pierre, Marie). (Rien n'empêche d'ailleurs d'avoir des relations à plus de deux arguments.) Malgré les apparences, cette analyse représente plus un élargissement de la précédente que son abandon. Il a été signalé plus haut, par exemple, que l'objet d'un énoncé affirmatif est aussi celui de l'énoncé négatif correspondant. Or, de la même façon, les arguments d'une affirmation sont aussi ceux de sa négation (« Il est faux que Pierre aime Marie » a les mêmes arguments, Pierre et Marie, que (1)). S'il est vrai, d'autre part, que cette nouvelle analyse amène à reconnaître plusieurs arguments là même où il n'y a qu'un seul sujet grammatical, elle n'empêche pas de représenter, d'une certaine façon, les propriétés logiques du sujet grammatical. Seulement on devra procéder de façon indirecte, en établissant une dissymétrie entre les différentes places de la relation, et en attribuant des propriétés particulières à l'une d'elle, celle justement qui est remplie par l'argument correspondant au sujet grammatical.

2. Alors que la distinction de ce qui est affirmé et de ce dont on affirme se fonde sur le fonctionnement logique du langage, la distinction du **thème** et du **propos** est d'ordre psychologique. Le thème (anglais : **topic**) d'un acte d'énonciation, c'est ce dont parle le locuteur, c'est l'objet du discours, ou, comme disaient les linguistes du début du siècle, le **sujet psychologique**; le propos, ou encore **rhème** (anglais : **comment**), c'est l'information qu'il entend apporter relativement à ce thème — ce qu'on appelait autrefois le **prédicat psychologique**. Or, en disant « Pierre est venu », on peut avoir l'intention de donner des informations, non pas sur Pierre, mais sur les personnes qui sont venues, ou,

plus généralement, sur ce qui s'est passé. Tout en étant sujet,
à la fois sémantique et grammatical, « Pierre » peut donc ne pas
représenter le thème de la conversation. Ce qui permet de déterminer le thème, c'est la question à laquelle l'énoncé répond,
ou est censé répondre (« Qu'a fait Pierre? », ou « Qui est venu? »,
ou encore « Que s'est-il passé? »). Jusqu'ici nous avons présenté
la distinction thème-propos comme relative à des actes d'énonciation. Mais il semble qu'elle puisse être établie quelquefois à
l'intérieur de l'énoncé, celui-ci possédant alors des marques qui
permettent de distinguer le thème et le propos. C'est le cas pour
certaines intonations, et aussi pour certaines formes de répétition.
Un énoncé comme « Pierre, il est venu » ne peut guère avoir pour
thème que Pierre.

N.B. **La mise en valeur** d'une expression, appelée aussi **emphase**,
insistance (certains transformationalistes parlent aussi d'expressions mises en **focus**, ou focalisées), n'implique pas nécessairement
que cette expression représente le propos. Certes l'emphase mise
sur « Pierre » dans « C'est Pierre qui est venu » s'accompagne
très souvent d'une tendance à prendre Pierre pour propos : on
parle de la personne qui est venue, et on annonce que c'est Pierre.
Mais une telle interprétation est déjà difficile dans certains
contextes, par exemple si la phrase en question s'intègre à tout un
discours sur les activités de Pierre : « C'est Pierre qui a parlé,
c'est Pierre qui a travaillé, c'est Pierre qui est venu, c'est encore
lui qui... » D'autre part il y a des formes d'emphase où le terme
qui est mis en valeur n'a aucune vocation particulière à représenter
le propos : cf. « Pierre, lui, il est venu », énoncé où une division
en thème et propos serait bien arbitraire.

→   La distinction du thème et du rhème est préfigurée dans l'opposition
du « sujet psychologique » et du « prédicat psychologique » telle que
l'utilise par exemple H. Paul (*Principien der Sprachgeschichte*, 2ᵉ éd.,
Halle, 1886, p. 99). Elle est reprise et précisée par les linguistes du Cercle
de Prague, notamment par V. Mathesius (cf. « Sur la prétendue division
actuelle de la phrase » (en tchèque), article de 1929, que l'on peut
trouver dans un recueil de textes de Mathesius publié à Prague, 1947,
p. 234-242. Voir aussi « Verstärkung und Emphase », *Mélanges Bally*,
Genève, 1939. Les thèses de Mathesius sont présentées par J. Firbas,
« On defining the theme in functional sentence analysis », *Travaux
linguistiques de Prague*, 1, Prague, 1964, p. 267-280). Sur la nécessité

de ne pas confondre cette distinction avec celle du sujet et du prédicat logiques, on trouvera des éléments dans J. L. Austin, « Comment parler? », trad. franç. dans *Langages*, 2, juin 1966. La grammaire générative parle souvent d'une transformation de topicalisation, cf. N. Ruwet, *Introduction à la grammaire générative*, Paris, 1966, p. 326-331. L'opposition *thème-rhème* est utilisée par J. M. Zemb pour l'étude de la négation : *les Structures logiques de la proposition allemande*, Paris, 1968.

3. Des deux oppositions précédentes, il faut encore distinguer l'opposition du **posé** et du **présupposé**. L'énoncé « Jacques continue à faire des bêtises » affirme à la fois (a) que Jacques a fait des bêtises dans le passé, et (b) qu'il en fait dans le présent. Or les affirmations (a) et (b) semblent devoir être séparées à l'intérieur de la description globale de l'énoncé, car elles ont des propriétés différentes. Ainsi (a) est encore affirmé lorsque l'énoncé est nié (« Il est faux que Jacques continue à faire des bêtises ») ou qu'il est l'objet d'une interrogation (« Est-ce que Jacques continue à faire des bêtises? »). Il n'en est pas de même pour (b). D'autre part (a) n'est pas affirmé de la même façon que (b) : (a) est présenté comme allant de soi, ou comme déjà connu et impossible à mettre en doute; (b) au contraire est présenté comme nouveau et éventuellement discutable. Aussi appelle-t-on (a) un présupposé (ou présupposition) et (b), un posé. Si on s'accorde généralement sur les propriétés du posé et du présupposé, il est très difficile de trouver une définition générale du phénomène. Celle-ci peut-être tentée dans trois directions :

— Du point de vue logique : le présupposé sera défini par le fait que, s'il est faux, l'énoncé ne peut être dit ni vrai ni faux (la fausseté des présupposés détermine un « trou » dans la table de vérité de la proposition).

— Du point de vue des conditions d'emploi : les présupposés doivent être vrais (ou crus vrais par l'auditeur) pour que l'emploi de l'énoncé soit « normal ». Sinon il est inacceptable. Mais il reste à définir plus précisément cette « déontologie » du discours à laquelle on se réfère alors.

— Du point de vue des relations intersubjectives dans le discours (pragmatique [423]). Le choix d'un énoncé comportant tel ou tel présupposé introduit une certaine modification dans les rapports entre les interlocuteurs. Présupposer serait alors un acte de parole ayant une valeur illocutoire [428 s.], au même titre que promettre, ordonner, interroger.

➡ **La** notion de présupposé, que l'on trouve, implicite, dans la *Logique de Port-Royal*, Paris, 1660, 2ᵉ partie, chap. x, est utilisée explicitement par :
— des logiciens : G. Frege, « Sinn und Bedeutung », *Zeitschrift für Philosophie und philosophische Kritik*, 1892;
— des philosophes : R. G. Collingwood, *An Essay on Metaphysics*, Oxford, 1940; P. F. Strawson, « Identifying reference and truth-values », *Theoria*, 1964, 2;
— des linguistes : E. H. Bendix, *Componential Analysis of General Vocabulary*, La Haye, 1968; O. Ducrot, « La description sémantique des énoncés français », *L'Homme*, 1968, 1; C. J. Fillmore, « Entailment rules in a semantic theory », *Ohio State University Research Foundation Project on Linguistic Analysis*, 10, 1965.
Nombreux renseignements bibliographiques dans *Langages*, 17, mars 1970, p. 119-122.
On trouvera des études d'ensemble de la présupposition dans :
O. Ducrot, *Dire et ne pas dire*, Paris, 1972.
R. Zuber, *Structure présuppositionnelle du langage*, Paris, 1972.

Figure

La définition la plus répandue, la plus tenace de la **figure**, est celle d'un *écart*, de la modification d'une expression première, considérée comme « normale ». Une phrase comportant une *inversion* s'oppose à la même phrase sans inversion; l'usage *métaphorique* d'un mot se rapporte à son usage « courant » : il y a là une conception substitutive. Elle a le mérite de proposer un principe unique pour expliquer des phénomènes multiples; historiquement, elle a permis des explorations intéressantes de la nature de certaines figures. Mais elle se heurte à plusieurs objections graves, que l'on résumera ainsi :

1. Toute figure est-elle vraiment un écart? Si l'on ne veut pas que cette définition soit tautologique, il faut qu'on puisse reconnaître d'abord les figures sans son aide. Or, qu'on prenne comme échantillon pertinent les figures identifiées et décrites dans l'un quelconque des traités de rhétorique classiques : on y trouve des « figures » qui, pour le locuteur, ne contredisent aucune règle particulière. Par exemple l'*asyndète* est une coordination par juxtaposition, la *polysyndète*, une coordination avec conjonctions répétées. Laquelle est un écart : la première, la seconde, les deux? On peut, bien entendu, postuler une règle qui les exclut toutes deux de la norme; mais cette règle ne se trouvera pas au niveau de celle qui proscrit l'orthographe *phynance*, pour citer la figure favorite du père Ubu. On s'aperçoit en fait que l'écart, de cause d'origine, devient cause finale : nombre de figures ne sont des écarts que par rapport à une règle imaginaire, selon laquelle « le langage devrait être sans figures ».

2. S'il est difficile de prouver que toutes les figures sont des écarts, il est tout à fait évident que les écarts ne sont pas tous des figures. Or, la définition de la figure comme écart reste incomplète

tant qu'on n'a pas nommé la « différence spécifique ». Et cette question est restée sans réponse valable jusqu'à nos jours.

3. Des difficultés particulières surgissent autour de la notion de *norme* [162 s.]. Car les figures ne sont, de toute évidence, ni rares, ni incompréhensibles, ni un privilège absolu du langage littéraire. La linguistique moderne suppose que cette norme correspond à la *langue*, au sens de corps de règles abstraites [155 s.]; mais postuler que la langue exclut, par exemple, la métaphore, c'est en donner une image singulièrement appauvrie. Le procès métaphorique semble être, au contraire, une des caractéristiques les plus importantes du langage humain [137], ce qui a souvent entraîné philosophes et linguistes à voir là l'origine du langage même. Pour tourner la difficulté, ce n'est plus avec la norme de la langue que l'on compare les figures, mais avec celle d'un autre *discours*; ainsi Jean Cohen confronte des exemples de la poésie française symboliste avec la prose des scientifiques contemporains. Mais on doit s'interroger alors : s'il y a deux types de discours distincts, pourquoi considérer l'un comme norme, et l'autre comme écart? ne serait-il pas plus juste de penser que chacun d'entre eux obéit à sa propre norme? Ou, comme le dit plaisamment I. A. Richards, faut-il considérer l'eau comme un écart de la glace?

Les figures semblent donc former un ensemble en intersection avec (plutôt qu'inclus en) celui des infractions linguistiques. Ce fait n'invalide pas, naturellement, toutes les observations faites au nom de l'écart. Si par exemple on a décrit une figure comme une *répétition*, on peut retenir ce trait sans pour autant postuler que la norme exclut les répétitions : la théorie de l'écart échoue au niveau de l'explication, mais elle a pu alimenter des réussites à celui de la description.

La définition classique de la figure comme écart, comme exception, a provoqué une réaction « romantique » (presque aussi ancienne), selon laquelle l'exception se voit attribuer le rôle même de la règle : tout le langage est métaphorique, diront Vico, Hamann, Rousseau, Nietzsche, parmi beaucoup d'autres. Les tenants de cette thèse se fondent sur le fait que nombre de mots, perçus

Figure 351

aujourd'hui comme non-métaphoriques, sont en fait des méta-phores « éteintes ». Mais cette théorie confond visiblement dia-chronie et synchronie : quelle qu'ait été l'origine du langage, il reste que dans son emploi à un moment donné, certaines expres-sions sont perçues comme figurées, d'autres non. La question de la figure doit trouver d'abord une solution synchronique.

Il n'est d'ailleurs pas certain que toutes les figures puissent être réduites à un seul principe. Les rhétoriques classiques dis-tinguent habituellement les **tropes**, ou figures avec *changement de sens*, des autres, qui sont les figures proprement dites. Et cer-taines théories permettent de rendre compte des tropes, sans inclure les figures.

Ainsi I. A. Richards, adversaire résolu de la figure-comme-écart, propose cette définition : « Lorsque nous utilisons une méta-phore, il y a deux idées de choses différentes qui agissent ensemble, portées par un mot ou une expression unique, et le sens est la résultante de cette interaction. » Aucun des deux sens n'est ici privilégié par rapport à l'autre; la métaphore naît de la simple coexistence (interaction) de ces deux sens. Cette théorie repose sur l'idée (professée également par des critiques-sémanticiens comme Tynianov, Winkler, Empson) que le mot n'a pas des sens fixes et mutuellement exclusifs mais un noyau sémantique potentiel, qui se réalise différemment dans chaque contexte. La métaphore perd alors sa spécificité et n'est qu'un cas, parmi d'autres, de la *polysémie* [303].

On pourrait objecter qu'ici comme dans la théorie de l'écart comme cause finale, on décrit un objet par les effets qu'il produit. La métaphore est un mécanisme linguistique dont un des effets est que plusieurs sens d'un même mot sont mis en relation; mais ce n'en est pas l'effet unique.

Si cette théorie se rapportait exclusivement aux tropes, figures où le mot « change de sens », une autre conception semble appli-cable, au contraire, surtout aux figures au sens étroit : elle s'origine chez Quintilien; plus récemment, on la retrouve chez certains représentants du Cercle linguistique de Prague. Les figures ne seraient rien d'autre que *le langage perçu en tant que tel*; autrement dit, un emploi du langage dans lequel celui-ci cesse plus ou moins de remplir sa fonction de signification (c'est-à-dire de renvoyer à quelque chose d'absent) pour acquérir une existence opaque. Cet effet général est obtenu par des procédés multiples, tels que la répétition, l'omission, la mise en forme quasi géométrique (antithèse, gradation), etc. Une telle conception ne rend pas compte, évidemment, de la spécificité des tropes parmi les figures.

Citons maintenant quelques exemples de problèmes jamais (ou très rarement) touchés par les travaux sur les figures.

D'abord, on ne s'est jamais clairement interrogé sur *la nature du rapport* qui fonde la figure. Aristote définit la métaphore comme « le transport à une chose d'un nom qui en désigne une autre », c'est-à-dire comme un changement dans le sens d'un mot. Mais à ce rapport, la tradition rhétorique en a subrepticement substitué un autre : entre *deux* mots qui auraient le même sens. D'où le désir, dans les rhétoriques classiques, de *nommer* l'expression propre, de traduire les métaphores. Or, c'est le premier rapport (aristotélicien) qui correspond seul au procès proprement linguistique; le second est une élaboration métalinguistique du descripteur : le handicap de toute sémantique — savoir : qu'on ne peut parler des mots qu'à l'aide de mots — est devenu ici la source d'une confusion.

D'autre part, la rhétorique s'est toujours contentée d'une *vue paradigmatique* sur les mots (l'un à la place de l'autre), sans chercher à interroger leur relation syntagmatique (l'un à côté de l'autre). Or, Dumarsais écrivait déjà : « Ce n'est que par une nouvelle union des termes que les mots se donnent le sens métaphorique. » Il y aurait donc une autre perspective, complémentaire de la première, dans laquelle la métaphore, par exemple, serait définie non plus comme une substitution mais comme une combinaison particulière. Les travaux d'inspiration linguistique (et plus étroitement, syntaxique) ont commencé de signaler cette possibilité; mais son exploration reste à faire.

Une troisième question, déjà mentionnée, serait celle du rapport entre les deux sens du mot, lorsqu'il forme une expression figurée. On a affirmé pendant des siècles, dans les traités de rhétorique,

Figure 353

que l'un des sens remplaçait, évinçait, etc. l'autre. Il a fallu attendre les recherches de Richards et Empson pour voir apparaître l'hypothèse d'un rapport d'*interaction* beaucoup plus que de substitution [330].

Si la théorie des figures comporte encore tant de points obscurs, c'est que la figure est un fait de sémantique linguistique (ce qu'on n'a pas toujours compris) : et la sémantique elle-même est encore loin d'avoir résolu (ou même posé) tous ses problèmes.

▶ Vues générales et historiques : H. Konrad, *Étude sur la métaphore*, Paris, 1939; C. D. Lewis, *The Poetic Image*, Londres, 1947; H. Meyer, *Die Metaper*, Zurich, 1964. — Quelques ouvrages récents consacrés au problème des figures : I. A. Richards, *The Philosophy of Rhetoric*, New York, 1936; Chr. Brooke-Rose, *A Grammar of Metaphor*, Londres, 1958; S. Levin, « Deviation — Statistical and Determinate — in Poetic Language », *Lingua*, 1963, 3, 276-290; J. Cohen, *Structure du langage poétique*, Paris, 1966; T. Todorov, *Littérature et Signification*, Paris, 1967 (Appendice : « Tropes et figures », p. 91-118); J. Dubois et al., *Rhétorique générale*, Paris, 1970; *Recherches rhétoriques, Communications*, 16, 1970.

Les figures de rhétorique ont été classées de mille manières. Pour rendre intelligibles les principes de classification, nous énumérerons une vingtaine de figures parmi les plus couramment citées, en donnant leur définition classique puis un exemple-type.

Allitération : répétition des mêmes sons. « Pour qui sont ces serpents qui sifflent sur vos têtes? »

Antanaclase : répétition d'un même mot avec des sens différents. « Proculeius reprochait à son fils qu'il *attendait* sa mort et celui-ci ayant répliqué qu'il ne l'*attendait* pas, eh bien! reprit-il, je te prie de l'*attendre*. »

Antithèse : rapprochement de deux mots antonymes (c'est-à-dire, comportant un sème opposé). « Quand je suis tout de *feu*, d'où me vient cette *glace*? »

Chiasme : la relation entre deux mots se trouve répétée mais inversée dans la suite de la phrase. « Il faut *manger* pour *vivre* et non pas *vivre* pour *manger*. »

Comparaison : mise en parallèle de deux sens, par l'intermédiaire de « comme » ou de l'un de ses substituts. « Le bonheur des méchants, *comme* un torrent s'écoule. »

Ellipse : suppression d'un des éléments nécessaires à une construction syntaxique complète. « Déjà vibraient les rires, déjà les impatiences. »

Gradation : succession de termes (trois au moins) syntaxiquement équivalents, qui possèdent un ou plusieurs sèmes en commun, et dont au moins un sème se répète avec des changements quantitatifs. « Un *souffle*, une *ombre*, un *rien*, tout lui donnait la fièvre. »

Hyperbole : augmentation quantitative d'une des propriétés d'un objet, état, etc. « Les flots couverts de morts *interrompent leur course.* »

Inversion : permutation des éléments d'une construction syntaxique. « Flottait un nocturne archipel/Dans le jour ruisselant de ciel. »

Ironie : emploi d'un mot avec le sens de son antonyme. « Comme vous êtes *courageux*! »

Litote : diminution quantitative d'une des propriétés d'un objet, état, etc. « Va, je *ne te hais point*! »

Métaphore : emploi d'un mot dans un sens ressemblant à, et cependant différent de son sens habituel. « Le remords *dévorant* s'éleva dans son cœur. »

Métonymie : emploi d'un mot pour désigner un objet ou une propriété qui se trouvent dans un rapport existentiel avec la référence habituelle de ce même mot. « Je ne décide point entre *Genève* et *Rome*! »

Oxymoron : mise en relation syntaxique (coordination, détermination, etc.) de deux antonymes. « Cette *obscure clarté* qui tombe des étoiles. »

Paronomase : rapprochement de mots aux sons semblables mais aux sens indépendants. « Il a compromis son *bonheur* mais non pas son *honneur*. »

Prétérition : formule par laquelle on déclare ne pas dire ce qu'on dit dans la phrase même. « *Je ne vous peindrai point* le tumulte et les cris,/Le sang de tous côtés ruisselant dans Paris. »

Répétition : reprise du même mot ou du même groupe de mots. « *J'ai vu, j'ai vu* couler des larmes véritables. »

Syllepse : un même mot a plus d'un sens, participant à plus d'une construction syntaxique. « Je souffre... brûlé de plus de *feux* que je n'en allumai. »

Figure 355

Synecdoque : emploi d'un mot en un sens dont son sens habituel n'est qu'une des parties. « Depuis plus de six mois, éloigné de mon père,/J'ignore le destin d'une *tête* si chère. »

Zeugme : coordination grammaticale de deux mots, qui possèdent des sèmes opposés, par exemple « abstrait » et « concret ». « On croirait voir deux femelles grises, *habillées de loques et de découragement.* »

→ Cf. un traité classique, réédité récemment : P. Fontanier, *Les Figures du discours*, Paris, 1968, pour un catalogue des figures beaucoup plus riche.

Ces figures, ainsi que de nombreuses autres (qui, pour la plupart, sont des subdivisions des précédentes), ont été classées selon des principes très variés, ce qui a infléchi, bien entendu, les définitions mêmes qu'on en a données. A la différence des rhéteurs classiques, les auteurs qui s'inspirent de la linguistique cherchent à formuler des *matrices logiques* dont les figures seraient la manifestation; autrement dit, on veut présenter les figures comme les *produits d'une combinatoire* dont il s'agit de trouver les catégories constitutives.

Une première catégorie qui saute aux yeux : la *nature des unités linguistiques dans lesquelles se réalise la figure.* Cette catégorie se subdivise d'ailleurs aussitôt, suivant qu'on observe les *dimensions* de chaque unité ou son *niveau* (suivant, donc, le point de vue syntagmatique ou paradigmatique) [142 s.]. Dans le premier cas, on isolera les degrés suivants : 1) le son (ou la lettre) isolé; 2) le morphème (ou le mot); 3) le syntagme; 4) la phrase (ou l'énoncé). Dans le deuxième cas, on distinguera : 1) les sons ou la graphie; 2) la syntaxe; 3) la sémantique; à l'intérieur de cette dernière classe, on devra encore opposer des rapports sémantiques syntagmatiques (ainsi dans la métaphore) et des rapports sémantiques paradigmatiques (ainsi dans l'ironie). Bien entendu, certaines figures font participer plusieurs catégories à la fois; par exemple la répétition est répétition de sons (lettres) et de sens à la fois.

Une seconde démarche, beaucoup plus difficile, visera à systématiser les opérations constitutives de chacune des figures. Le groupe de Liège (J. Dubois et al.) et J. Durand ont proposé de retenir quatre opérations logiques : adjonction, suppression, substitution (c'est-à-dire suppression *et* adjonction), permutation. Une telle division est irréprochable du point de vue logique, mais on peut se demander jusqu'à quel point elle correspond aux opérations effectivement mises en œuvre et est plus qu'un simple procédé mnémotechnique.

D'autres dimensions seront sans doute nécessaires pour cette analyse, mais elles sont beaucoup moins évidentes, et il n'existe aucun accord là-dessus pour l'instant. J. Durand a montré qu'on peut distinguer, dans la relation entre deux termes : « identité », « similarité », « différence » et « opposition »; le groupe de Liège qualifie les opérations de « simples », « partielles » « complètes », etc. Il est également possible de se fonder sur des catégories plus linguistiques, comme l'ambiguïté, la coordination, etc.; ou encore on tiendra compte de la distinction entre sens posé et présupposé; et ainsi de suite. Peut-être s'apercevra-t-on que la différence entre certaines figures n'est pas aussi grande qu'il y paraît à première vue : les rhétoriciens de Liège ont montré, par exemple, que la métaphore n'est rien d'autre qu'une double synecdoque.

Une autre question concernant les figures : celle de leur usage. Depuis le Moyen Âge, on les relève surtout en littérature et on tend à voir, entre langage poétique et langage figuré, une implication mutuelle. Mais Dumarsais protestait déjà, affirmant que le langage populaire contient autant sinon plus de figures qu'aucun autre; et à l'époque moderne, plusieurs théoriciens de la littérature (V. Chklovski, I. A. Richards, R. Jakobson) ont insisté sur l'existence — inverse — d'une littérature « sans images » (ce qui ne veut pas dire sans figures). L'affinité des deux reste, au vrai, incontestable.

Depuis la constitution des sciences humaines, au XIXᵉ siècle, on s'aperçoit que la grille formée par les figures de rhétorique se rencontre ailleurs que dans le langage. Les associations psychologiques sont souvent classées en termes de *ressemblance* et *contiguïté*, ces mêmes deux termes se retrouvent dans les protocoles concernant la magie (Frazer, Mauss) ou le rêve (Freud); Saussure, à la suite de Kruszewski, les retrouve dans l'organisation même

Figure 357

du langage. De nos jours, plusieurs chercheurs essayent de décrire en termes rhétoriques des systèmes symboliques autres que le langage, contribuant ainsi au développement de la sémiotique [113 s.]. R. Jakobson a essayé de mettre en rapport deux importantes figures rhétoriques, la métaphore et la métonymie, et deux catégories fondamentales du langage, la sélection et la combinaison [145], en parlant des « pôles métaphorique et métonymique » qui dominent la structure linguistique.

➡ R. Jakobson, *Essais de linguistique générale*, Paris, 1963, chap. II; J. Cohen, *Structure du langage poétique*, Paris, 1966; T. Todorov, *Littérature et Signification*, Paris, 1967, « Appendice »; J. Dubois et al., *Rhétorique générale*, Paris, 1970; J. Durand, « Rhétorique » et image publicitaire », *Communications*, 15, 1970 ; *Recherches rhétoriques*, *Communications*, 16, 1970.

Relations sémantiques
entre phrases

L'anaphore. Un segment de discours est dit anaphorique lorsqu'il est nécessaire, pour lui donner une interprétation (même simplement littérale), de se reporter à un autre segment du même discours; nous appellerons « interprétant » le segment auquel on est renvoyé par l'anaphorique (Tesnières propose l'expression *source sémantique* ; on parle aussi d'*antécédent*, car l'interprétant précède *généralement* l'anaphorique; étymologiquement d'ailleurs, l'anaphore, c'est ce qui reporte en arrière). L'anaphorique et son interprétant peuvent appartenir soit à la même phrase, soit à deux phrases successives : c'est cette dernière possibilité qui permet de considérer l'anaphore comme une relation potentiellement transphrastique. Dans les exemples qui suivent l'anaphorique est en italiques, et son interprétant est en majuscules

(1) S'*il* vient, Pierre sera content

(2) J'ai rencontré des amis $\left\{ \begin{array}{l} \textit{ces amis} \\ \textit{ils} \\ \textit{qui} \end{array} \right\}$ m'ont parlé de toi

(3) Pierre m'a dit qu'il ferait beau. Jacques *aussi*

(4) Pierre connaît ma maison, mais pas la *tienne*

(5) Pierre déteste Paul, et $\left\{ \begin{array}{l} \textit{la réciproque est vraie} \\ \textit{inversement} \end{array} \right\}$

(6) Pierre, Paul et Jacques sont venus $\left\{ \begin{array}{l} \textit{Tous} \text{ étaient contents} \\ \textit{Aucun} \text{ n'était content} \end{array} \right\}$

On voit d'après ces exemples que l'interprétant peut être de dimensions très variées, et, d'autre part, que l'on peut trouver des anaphoriques dans les parties du discours [263] les plus différentes (mais particulièrement dans la catégorie des pronoms; c'est pourquoi le grammairien grec Apollonios, un des premiers à parler d'anaphore, utilise la notion pour distinguer, parmi les pronoms, ceux qui renvoient à des objets, les deictiques, et ceux qui renvoient à des segments de discours, les anaphoriques. Distinction semblable, à la terminologie près, chez F. Brunot, selon qui les pronoms peuvent être soit des **nominaux**, lorsque, comme des noms, ils désignent des choses, soit des **représentants**).

ANAPHORE ET SYNTAXE

Beaucoup de linguistes tendent à exclure l'anaphore des phénomènes syntaxiques. Cela tient à ce que la fonction syntaxique de l'expression anaphorique est parfaitement indépendante de son interprétant, et peut être déterminée sans aucune référence à celui-ci (dans (1) par exemple, *il* ne peut être que sujet, quel que soit son interprétant). C'est pourquoi Tesnière dit que l'anaphore est une « connexion sémantique supplémentaire à laquelle ne correspond aucune connexion structurale ». Martinet, de même, range les pronoms, au même titre que les articles, dans la catégorie des **modalités** (= monèmes qui, tout en étant grammaticaux [261], ne peuvent pas servir à marquer des fonctions). C'est que, pour lui, les seules fonctions syntaxiques sont celles qui lient, directement ou non, les constituants au prédicat [275].

On pourrait objecter à cette exclusion :

a) Que l'anaphore joue un rôle essentiel dans les phénomènes d'accord, et qu'on est donc obligé de la prendre en considération pour expliquer l'impossibilité de certains énoncés, comme « Marie ne sait pas se moquer de lui-même ». A quoi Martinet répondrait que l'accord est un phénomène superficiel (morphologique et non syntaxique [74]).

b) Que le **pronom relatif**, qui semble typiquement un anaphorique, a un rôle essentiel dans l'organisation des relations de dépendance à l'intérieur de la phrase, puisqu'il permet d'accrocher une proposition à une autre. La *Grammaire de Port-Royal* donne un élément de réponse, en séparant les deux fonctions du relatif, qui serait, à la fois, mais de façon indépendante, une conjonction et un anaphorique (« les soldats qui avaient peur s'enfuyaient » = « les soldats s'enfuyaient *s'ils* avaient peur »). Tesnière reprend

la même idée en décrivant le relatif comme une sorte d'amalgame
de deux unités distinctes. Pour lui, en effet, une proposition relative
(il l'appelle **adjective**) est le produit d'une translation [307] qui a
amené une proposition à jouer le rôle d'adjectif (la proposition
relative est l'épithète de son antécédent). Il faut donc distinguer
dans le pronom relatif : 1) un translatif (à valeur syntaxique),
qui marque l'existence de la translation; 2) un pronom anaphorique, qui a pour interprétant le nom auquel la relative est donnée
en épithète. Cette séparation peut sembler artificielle. Est-ce en
effet un hasard si c'est justement un anaphorique qui transforme
une proposition en adjectif? Car on ne peut guère définir la fonction de l'adjectif sans reconnaître qu'une anaphore lui est sous-
jacente : dire qu'on achète le livre rouge, c'est dire que l'on
achète un livre, et dire en même temps, d'une certaine façon,
que *ce* livre est rouge.

→ L. Tesnière traite de l'anaphore en général dans les chap. 42 et 43
des *Éléments de syntaxe structurale*, Paris, 1965. Sur le relatif : Tesnière,
chap. 241 et 242, et *Grammaire de Port-Royal*, 2ᵉ partie, chap. IX.

La querelle sur le caractère syntaxique ou non de l'anaphore
a trouvé un écho à l'intérieur de la théorie générativiste. Chomsky
traite les anaphoriques dans le composant syntaxique [75] de
la grammaire : plus précisément, il attribue deux structures
profondes [313] différentes à l'énoncé (7) « Pierre m'a parlé de
lui », selon que « lui » est anaphorique, et renvoie à « Pierre »,
ou qu'il est deictique, et désigne un tiers. Dans le premier cas la
structure profonde sera « Pierre m'a parlé de Pierre » (et une
transformation ultérieure supprimera la répétition de « Pierre »).
Dans le second, ce sera « Pierre m'a parlé de il » (avec une transformation ultérieure d'accord). Cette thèse est actuellement très
discutée, car, dans les cas d'anaphore un peu compliquée, on arrive
mal à déterminer ce que devrait être la structure profonde. Quelques transformationalistes proposent de reconnaître une unique
structure syntaxique à (7), en laissant au composant sémantique
[75] le soin de prévoir les deux interprétations possibles (et de
prévoir aussi qu'une seule convient à « Marie m'a parlé de lui »).
A quoi on peut faire les mêmes objections qu'à Tesnière : de toute
façon les générativistes doivent traiter en structure profonde des

phénomènes analogues à l'anaphore, et notamment cette espèce
d'anaphore impliquée dans l'adjectif (puisqu'ils donnent pour
structure profonde à « J'ai acheté le livre rouge » quelque chose
comme « J'ai acheté le livre — le livre est rouge ») et utilisent
pour supprimer la répétition, une transformation analogue à celle
par laquelle Chomsky engendre le pronom anaphorique.

➡ Sur le problème des pronoms en grammaire générative : J. R. Ross,
« English Pronominalisation », in *To Honour R. Jakobson*, La Haye, 1967;
R. C. Daugherty, « A theory of pronominal reference », *Foundations
of Language*, 1969, p. 488-519.

NATURE SÉMANTIQUE DE L'ANAPHORE.

La difficulté du problème de l'anaphore tient non seulement à
sa situation frontalière entre la syntaxe et la sémantique, mais
au moins autant au fait que sa nature sémantique est loin d'avoir
été élucidée. Une conception répandue consiste à se représenter
l'anaphore comme une substitution : l'expression anaphorique
est « mise pour » son interprétant, dont elle évite la répétition
(un cas particulier de cette conception est la définition traditionnelle du pronom comme remplaçant d'un nom, définition issue
d'une citation tronquée d'Apollonios, où il était dit que le pronom
remplace le *nom propre*). Selon Port-Royal un souci d'élégance
(la répétition est fastidieuse) est à l'origine de l'anaphore; les
modernes se croient plus scientifiques en parlant d'un souci
d'économie. Cette conception substitutive soulève de sérieuses
difficultés. La moindre est que souvent on obtiendrait une phrase
non-grammaticale si on remplaçait purement et simplement
l'anaphorique par son interprétant (cf. énoncés (4) et (5)). La
critique fondamentale, c'est que, là même où la substitution est
possible sans retouches grammaticales, il arrive qu'elle aboutisse
à de graves modifications du sens. C'est le cas lorsque l'interprétant est une expression indéfinie : « J'ai rencontré des amis; ils
m'ont parlé de toi » n'a pas du tout le même sens que « J'ai
rencontré des amis; des amis m'ont parlé de toi » (on ne gagne
rien à dire que l'interprétant de « ils » doit être retouché en « ces
amis » pour être substitué à « ils », car « ces » est lui-même un
anaphorique).

On a donc été amené à une autre description, et à dire par exemple que l'anaphorique, lorsqu'il sert à désigner un objet, désigne le même objet que son interprétant (certains philosophes anglais décrivent ce rôle du pronom comme « pick up the reference of the antecedent »). Dans le même esprit, F. Brunot décrit le pronom comme un « représentant ». Cette conception ressemble à celle de certains grammairiens du Moyen Age, pour qui le pronom désigne la substance de la chose, séparée de ses accidents (« substantiam solam » : lorsque l'interprétant est une description d'objet, le pronom représente alors purement et simplement l'objet de cette description). Des difficultés subsistent cependant. Y a-t-il un sens à dire que « des amis » désignent des objets [324], qui seraient ensuite représentés par « ils »? D'autre part, on ne voit pas du tout quels objets particuliers sont désignés par « il » dans « Et nul ne se connaît tant qu'il n'a pas souffert » ou dans « Un animal n'attaque que lorsqu'il a peur », ou encore dans « Seul Pierre a dit qu'il viendrait ». Dans tous ces cas il semble que le pronom anaphorique ait un rôle beaucoup plus complexe que celui de représentant : il semble jouer le rôle des variables du langage logico-mathématique. C'est-à-dire qu'il marque seulement les places des arguments dans le prédicat. Une théorie unifiée traitant de tous les modes et de toutes les fonctions de l'anaphore, en supposant qu'elle soit légitime, reste donc encore à faire.

→ Sur la conception substitutive de l'anaphore, voir par exemple J. Dubois, *Grammaire structurale du français; nom et pronom*, Paris, 1965, 3e partie. Sur l'anaphorique comme représentant : F. Brunot, *La Pensée et la Langue*, Paris, 1922. Sur le rapport du pronom et de la variable; W.V. Quine, « Logic as a source of syntactical insights », trad. franç. dans *Langages*, 2, 1966, p. 58-64. Sur l'histoire de la théorie des pronoms jusqu'au XVIIIe siècle : G. Sahlin, *Cesar Chesneau Du Marsais*, Paris, 1928, chap. VIII. Un essai de théorie unifiée de l'anaphore : H. Hiz, « Referentials », *Semiotica*, 2, 1969.

La coordination sémantique. A côté de la coordination syntataxique [273], qui est la relation entre segments de même fonction, Ch. Bally a introduit une notion de coordination sémantique. Si celle-ci doit être distinguée de la précédente, c'est qu'elle se fonde avant tout sur les actes d'énonciation accomplis à l'occasion des phrases, et que, d'autre part, elle n'a pas nécessairement de marque grammaticale. *A* et *Z* sont sémantiquement coordonnés si :

a) *A* est indépendant de *Z*, en ce sens qu'il fait l'objet d'un acte d'énonciation complet (il comporte donc un thème et un propos [345]).

b) *Z* est présenté comme un propos dont *A* aurait donné le thème, comme un jugement à l'occasion de *A*.

On a ainsi coordination dans l'énonciation successive de *A* « Il gèle » et de *Z* « Nous ne sortirons pas », où *Z* se présente comme tirant la conséquence de *A*. En revanche on n'a pas coordination dans une énumération de constatations indépendantes (même si elles sont de même nature), comme « Hier je suis allé au cinéma. Avant-hier je suis resté à la maison ». Ici la condition *b*) n'est pas satisfaite. C'est en revanche la condition *a*) qui empêche qu'il y ait coordination sémantique lorsque deux propositions sont soudées en un seul acte d'énonciation. Ce serait le cas pour l'énonciation de la phrase « Je ne suis allé le voir que pour qu'il me donne des nouvelles ». Il s'agit là d'un acte d'énonciation unique, qui correspond à une seule intention (avouée) : donner le but de la visite. Bally parle alors d'une phrase liée. N.B. Ce n'est pas l'existence d'une conjonction de subordination (au sens grammatical) qui empêche la coordination sémantique. Car celle-ci pourrait se trouver dans « Je suis allé le voir, pour qu'il me donne des nouvelles », surtout si l'on marque une pause entre les deux propositions.

Il y a sans doute un rapport étroit entre le phénomène de l'anaphore et celui de la coordination. Bally le signale en imaginant un langage enfantin qui ne comprendrait que deux « mots » : *Coucou* (= « je vois un oiseau ») et *Frtt* (= « J'entends un bruit d'ailes »). Si la suite *Coucou Frtt* est comprise comme une coordination, le second mot étant considéré comme un propos concernant le premier, elle sera interprétée probablement comme « Je vois un oiseau. *Il* fait un bruit d'ailes ». C'est donc peut-être aussi une coordination qui est à la source de l'anaphore : « J'ai rencontré des amis. Ils ont parlé de toi ». Le « ils » désigne les personnes dont l'existence a été posée par la première phrase, et qui seront le thème de la seconde. Il n'est pas indifférent, non plus, que celles des anaphores qui imposent la représentation du pronom comme « variable » apparaissent toujours à l'intérieur d'une phrase liée : il serait possible alors de distinguer deux types principaux d'anaphores correspondant à la coordination et à la phrase liée.

→ Sur la coordination; Ch. Bally, *Linguistique générale et Linguistique française*, Berne, 1944, 1ʳᵉ partie, chap. II (à comparer avec la description, beaucoup plus sommaire, donnée par A. Sèchehaye, *Essai sur la structure logique de la phrase*, Paris, 1926, chap. II, § 1). Sur l'application de cette théorie au problème de l'anaphore, O. Ducrot, « Les indéfinis et l'énonciation », *Langages*, 17, mars 1970. Une théorie syntaxique, mais sémantiquement fondée, de la coordination : S. C. Dik, *Coordination*, Amsterdam, 1968.

Inférence logique. Alors que l'anaphore et la coordination sont des relations intérieures à un même texte, qui relient entre eux les énoncés d'un discours, l'inférence et la paraphrase mettent en rapport les énoncés abstraction faite des textes où ils prennent place. On dit que l'énoncé *A* s'infère de l'ensemble d'énoncés *E* s'il est contradictoire pour des raisons logiques (et non pas empiriques), c'est-à-dire indépendamment de toute connaissance de fait, d'admettre les énoncés de *E* et de ne pas admettre *A* (*E* peut onsister en un énoncé unique). Lorsqu'on entreprend de décrire sémantiquement les énoncés d'une langue, y a-t-il à indiquer les énoncés dont ils peuvent être ou la conclusion ou le point de départ ? Trois attitudes sont possibles :

a) On peut soutenir (c'est ce que font la plupart des linguistes se réclamant de Saussure, et pas mal de philosophes de l'école d'Oxford [126]) que les facteurs déterminant les propriétés inférentielles d'un énoncé ont un rapport très lâche avec son organisation linguistique. On se demandera même s'il est possible, étant donné l'indétermination sémantique [304] dont sont affligés la plupart des énoncés, de leur attribuer une valeur inférentielle fixe. D'autre part, cette valeur n'appartiendrait pas, la plupart du temps, à l'énoncé lui-même, mais à son énonciation par tel ou tel locuteur déterminé — étant donné que, pour de nombreux termes, le référent [323] dépend de l'identité du locuteur (« Je » ou « ici » ne réfèrent pas à la même personne et au même lieu s'ils sont prononcés par des locuteurs différents), et que la valeur inférentielle est souvent liée au référent.

b) Inversement certains soutiennent (leur thèse pourrait être appelée *logiciste*) que le sens d'un énoncé est constitué, pour une partie essentielle, par l'ensemble des inférences qu'il permet : si on n'est pas capable d'inférer « Certains vivipares sont des serpents » à partir de « certains serpents sont vivipares », c'est qu'on n'a pas compris ces phrases (on n'a pas saisi la valeur de « certains », ou celle du rapport sujet-attribut). On n'a donc pas décrit une langue si on n'a pas donné un moyen de prévoir, pour chaque énoncé, ce qui s'infère à partir de lui.

c) Une position intermédiaire consisterait :

1) A refuser d'admettre que la valeur inférentielle d'un énoncé soit constitutive, *ipso facto*, de son sens, à refuser donc d'inclure automatiquement dans la description des éléments d'une langue, l'indication de leur effet dans l'inférence. Tout au plus on admettra que, pour certains tours particuliers, certaines possibilités d'inférence, particulièrement senties par les sujets parlants, sont partie intégrante de leur sens, ou tendent à le devenir.

2) A exiger cependant du linguiste que sa description sémantique des énoncés ne rende pas incompréhensible leur utilisation dans le raisonnement. En d'autres termes, tout en admettant que les lois de l'inférence ne sont pas celles de la langue, il faut que la description linguistique des énoncés permette de comprendre que des lois logiques puissent avoir prise sur eux.

→ Sur les rapports entre logique et langage : *Langages*, juin 1966; on y trouvera notamment la traduction française d'un article de Y. Bar-Hillel, « Syntaxe logique et sémantique », qui présente sans concessions la thèse logiciste.

Paraphrase. La compréhension d'une langue implique que l'on puisse faire correspondre à chaque énoncé d'autres énoncés de cette même langue, que l'on considère comme synonymes, comme sémantiquement équivalents (au moins à tel ou tel point de vue déterminé), c'est-à-dire que l'on soit capable de les paraphraser, de les traduire dans la même langue où ils sont formulés.

Selon certains linguistes américains groupés autour de Z. S. Harris,
la description d'une langue comporte comme partie intégrante
(et sans doute essentielle) la construction d'un algorithme de
paraphrase, c'est-à-dire d'un procédé mécanique, d'un calcul,
permettant de prévoir, à partir de tout énoncé, l'ensemble de ses
paraphrases possibles. Ils pensent même que cet algorithme de
traduction pourrait avoir une structure mathématique plus simple
que l'algorithme de production de phrases qui constitue les grammaires génératives (pour Chomsky au contraire, l'étude de la
paraphrase relève du composant sémantique [75], c'est-à-dire
qu'elle est postérieure à la construction du composant syntaxique
engendrant les phrases).

➤   Sur cette conception de la description linguistique : H. Hiz, « The
    Role of Paraphrase in grammar », *Monograph Series in Language and
    Linguistics*, n° 17, 1964, p. 97-104; « Aletheic semantic theory », *Philo-
    sophical Forum*, 1969.

Une difficulté fondamentale de cette conception tient à la notion
même de paraphrase, d'équivalence sémantique, qui est difficile
à définir. Si on refuse de s'en tenir à la simple appréciation des
sujets parlants (deux phrases synonymes = que les sujets parlants
sont prêts à substituer l'une à l'autre), on peut songer à des critères logiques. Différentes possibilités se présentent alors, mais
qui soulèvent toutes des difficultés. Deux exemples de définition :
   a) Deux énoncés sont synonymes si et seulement s'ils ont
exactement les mêmes conditions de vérité, si aucun ne peut
être vrai sans que l'autre le soit. Cette définition a des conséquences
peu acceptables. Ainsi tous les énoncés **tautologiques** (par exemple
$2 + 2 = 4$, le théorème de Gödel, une lapalissade quelconque)
seraient synonymes, puisqu'ils sont tous, par définition, toujours
vrais. De même pour les énoncés contradictoires (qui ne sont
jamais vrais). De même encore seraient synonymes deux énoncés
différant seulement par l'expression utilisée pour désigner un
même être (cf. « L'auteur de « Bérénice » ne méprisait pas la
comédie », et « L'auteur des « Plaideurs » ne méprisait pas la
comédie ».) La synonymie de ces deux énoncés serait choquante
puisque le premier se comprend d'habitude comme ... *ne méprisait
pas pourtant...*, et le second comme ... *ne méprisait donc pas...*

b) Deux énoncés E_1 et E_2 sont synonymes = si l'un d'eux, E_1 par exemple, est composant d'un énoncé plus vaste E_3, et que l'on remplace E_1 par E_2 dans E_3, l'énoncé résultant E_4 aura toujours les mêmes conditions de vérité que E_3 (autrement dit E_1 et E_2 sont substituables, *salva veritate*). Cette définition permet d'éviter les difficultés précédentes. Remplaçons par exemple dans la phrase « Pierre sait que $2 + 2 = 4$ », « $2 + 2 = 4$ » par l'énoncé du théorème de Gödel; la valeur de vérité de la phrase risque d'être modifiée. Mais il reste à savoir si cette définition n'est pas trop restrictive, et ne risque pas de supprimer toute synonymie (même si on décide de ne jamais prendre pour E_3 des énoncés du type « Pierre a dit : ... », énoncés qui, *a priori*, rendraient la synonymie impossible).

→ Pour une discussion de la synonymie, voir par exemple : W.V. Quine, *From a Logical Point of View*, Cambridge, Mass., 1953.

Transformations
discursives

Lorsqu'on procède à l'analyse d'un texte, on obtient une série de propositions, constituées chacune, au moins, d'un sujet (argument) et d'un prédicat (fonction). On peut, ensuite, chercher à spécifier la *nature* des prédicats et poser ainsi l'opposition statique-dynamique (adjectif-verbe) [282]. On peut aussi explorer les relations *entre* propositions, prises deux à deux (indépendamment de leur rapport dans la contiguïté) et, plus spécialement, entre leurs prédicats : on découvrira que ceux-ci ont souvent des éléments communs et peuvent donc être considérés comme des transformations l'un de l'autre. Cette démarche s'est d'abord développée avec Harris en linguistique — où l'on prend comme objet les suites lexicales données — et, en même temps à peu près, mais d'une manière différente, en anthropologie, avec l'analyse des mythes faite par Lévi-Strauss. Dans le cas qui nous occupe — celui de l'analyse propositionnelle du discours [377] — on s'attache aux relations entre des termes introduits par l'observateur et qui peuvent représenter des unités de dimensions variables à l'intérieur du texte réel. Ainsi, on dira que « X travaille » et « X décide de travailler » sont en rapport de transformation ; ces deux propositions doivent toujours désigner des événements évoqués par le discours mais il n'est pas nécessaire qu'elles y figurent littéralement.

La dérivation décrite ici est purement *logique*, non psychologique : on dira que « X décide de travailler » est une transformation de « X travaille », bien que psychologiquement la relation soit inverse ; la « psychologie » intervient ici comme objet de connaissance, non comme outil de travail : les transformations désignent, la plupart du temps, ou des opérations psychiques ou la relation entre un événement et sa représentation.

La transformation a, apparemment, deux limites. D'une part, il n'y a pas encore transformation si la différence des prédicats ne peut être établie avec évidence. D'autre part, il n'y a plus transformation si au lieu de deux transformes d'un même prédicat nous trouvons deux prédicats autonomes. Un cas proche de la relation entre prédicats transformés — mais qui ne rentre pas sous la catégorie de transformation — est celui des actions qui sont conséquences les unes des autres (relation de motivation, d'implication, de présupposition). Ainsi pour les propositions « X n'a pas d'argent » et « X commence à travailler » : elles n'ont pas de prédicat en commun et le rapport entre elles n'est pas de transformation. Un cas plus proche encore, en apparence, est celui des actions que l'on désigne par des verbes causatifs : « X incite Y à travailler », « X fait que Y travaille », etc.; bien qu'une telle phrase évoque la relation de transformation, nous sommes ici en face de deux prédicats indépendants, et d'une conséquence; la confusion possible avec la transformation viendrait de ce que la première action est presque entièrement escamotée, on n'en a retenu que la finalité (on ne nous décrit pas comment X « incite », ou « fait », etc.).

Un examen plus attentif nous permet de distinguer, à l'intérieur de la catégorie transformation, deux grands types, selon la *forme de la relation* entre prédicat de base et prédicat transformé.

Premier type : les *transformations simples* (ou spécifications) : elles consistent à remplacer un certain opérateur spécifiant le prédicat (modalité, négation, etc. sont des exemples d'opérateurs). Les prédicats de base peuvent être considérés comme dotés d'un opérateur zéro. Ce processus évoque ce qu'est, dans la langue, le processus d'auxiliation, entendu au sens large : c'est-à-dire le cas où un verbe accompagne le verbe principal, en le spécifiant (« X commence à travailler »). En français, cet opérateur peut également emprunter d'autres formes linguistiques : adverbes, particules, autres termes lexicaux.

Deuxième type : les *transformations complexes* (ou réactions), caractérisées par l'*apparition d'un second prédicat* qui se greffe sur le premier et ne peut exister indépendamment de lui. Alors que dans le cas des transformations simples, il n'y a qu'un prédicat et par conséquent un seul sujet, dans les transformations complexes la présence de deux prédicats peut correspondre à celle d'un ou deux sujets. « X pense qu'il a tué sa mère » est, de même que « Y pense que X a tué sa mère » une transformation complexe de la proposition « X a tué sa mère ».

Si l'on s'attache, non plus à la *forme* de la relation entre prédicat de base et prédicat transformé mais à sa *définition* même, on peut dégager plusieurs classes de transformations à l'intérieur de chacun des deux types précédents. Leur liste, purement logique, devrait être en même temps universelle; mais l'insuffisance de nos connaissances en ce domaine nous oblige à nous contenter pour l'instant d'une simple énumération des transformations les plus représentatives (et les plus faciles à observer en français). Les verbes groupés à l'intérieur d'une même classe de transformations sont réunis par la relation qu'ils impliquent entre le prédicat de base et le prédicat transformé. Ils se séparent entre eux, cependant, par ce que leur sens présuppose : par exemple, « X confirme que Y travaille » et « X révèle que Y travaille » opèrent la même transformation de description; mais « confirmer » présuppose que ce fait était déjà connu, « révèle », que X est le premier à l'affirmer.

TRANSFORMATIONS SIMPLES.

1. *Transformations de* mode.

La langue met en œuvre ces transformations, qui concernent la *possibilité*, l'*impossibilité* ou la *nécessité* d'une action, par les verbes modaux comme *devoir* et *pouvoir*, ou par l'un de leurs substituts. L'interdiction, très fréquente dans le récit, est une nécessité négative. Exemple de mode : « X doit commettre un crime .»

2. *Transformations* d'intention.

Dans ce cas, on indique l'intention qu'a le sujet de la proposition d'accomplir une action, et non l'action elle-même. Cet opérateur est formulé dans la langue par des verbes comme : *essayer, projeter, préméditer*. Exemple : « X projette de commettre un crime. »

3. *Transformations de résultat.*

Alors que dans le cas précédent, l'action était vue à l'état naissant, le présent type de transformations la formule comme accomplie. En français on désigne cette action par des verbes comme *réussir à, parvenir à, obtenir*; dans les langues slaves, c'est l'aspect perfectif du verbe qui joue ce rôle. Les transformations d'intention et de résultat, précédant et suivant le même prédicat à opérateur zéro, ont été décrites par C. Bremond sous le nom de « triades ». Exemple : « X réussit à commettre un crime. »

4. *Transformations de manière.*

Toutes les autres classes de transformations simples pourraient être caractérisées comme des transformations de « manière » : on spécifie la manière dont se déroule une action; toutefois, certains groupes plus homogènes se laissent examiner à part. La langue opère cette transformation, avant tout, par des adverbes; mais on trouve fréquemment des verbes auxiliaires dans la même fonction : ainsi *s'empresser de, oser, exceller à, s'acharner à.* Un groupe relativement cohérent sera formé par les indices d'intensité, dont une forme se retrouve dans le superlatif et le comparatif. Exemple : « X s'empresse de commettre un crime .»

5. *Transformations d'aspect.*

En français, l'aspect trouve son expression la moins ambiguë dans des verbes auxiliaires tels que *commencer, être en train de, finir* (inchoatif, progressif, terminatif). On notera la proximité référentielle des aspects inchoatif et terminatif avec les transformations d'intention et de résultat; mais la catégorisation des phénomènes est différente, l'idée de finalité et de volonté étant ici absente. D'autres aspects sont : le duratif, l'itératif, le suspensif, etc. Exemple : « X commence à commettre un crime. »

6. *Transformations de statut.*

En reprenant le terme de statut au sens que lui donnait B. L. Whorf, on désigne ainsi le remplacement de la forme *positive* d'un prédicat par sa forme *négative* ou sa forme *opposée* : comme on sait, le français exprime la négation par « ne... pas »,

et l'opposition, par une substitution lexicale. Ce groupe de transformations était déjà signalé, très brièvement, par Propp; c'est
au même type d'opération que se réfère Lévi-Strauss quand il
parle de transformations (« on pourrait traiter la violation comme
l'inverse de la prohibition, et celle-ci, comme une transformation
négative de l'injonction »). Exemple : « X ne commet pas un
crime. »

TRANSFORMATIONS COMPLEXES.

1. *Transformations d'apparence.*

Elles indiquent la substitution d'un prédicat à un autre, ce
dernier pouvant passer pour le premier, sans vraiment l'être.
Les verbes *feindre, faire semblant, prétendre, travestir* désignent
habituellement cette action. Dans tous ces cas, l'action du premier
prédicat n'est pas réalisée. Exemple : « X (ou Y) feint que X
commet un crime. »

2. *Transformations de connaissance.*

Face à ces trompe-l'œil, on peut concevoir un type de transformations portant sur la connaissance prise de l'action dénotée
par un autre prédicat. Des verbes comme *observer, apprendre,
deviner, savoir, ignorer* décrivent les différentes phases et modalités
de la connaissance. Aristote avait en vue cette transformation
quand il parlait, dans la *Poétique*, de la *reconnaissance*; Propp
avait également remarqué l'autonomie de ces actions, mais sans
leur accorder beaucoup d'importance. Dans le cas de l'ignorance,
le sujet des deux verbes est habituellement différent; mais il n'est
pas impossible qu'il soit identique : cela nous renvoie à des histoires relatant une perte de mémoire, des actions inconscientes, etc.
Exemple : « X (ou Y) apprend que X a commis un crime. »

3. *Transformations de description.*

Ce groupe se trouve dans un rapport complémentaire avec les
transformations de connaissance; il réunit les actions qui sont
destinées à *provoquer* la connaissance. C'est, en français, un sous-
ensemble des verbes de parole qui apparaît le plus souvent dans

cette fonction : les verbes de parole constatifs, et les verbes performatifs posant des actions autonomes. Ainsi *raconter*, *dire*,
expliquer. Exemple : « X (ou Y) raconte que X a commis un crime. »

4. *Transformations de supposition.*

Un sous-ensemble des verbes descriptifs se réfère à des actions
non encore réalisées, ainsi *prévoir*, *pressentir*, *soupçonner*, *s'attendre* ;
nous sommes là en face de la prédiction : par opposition à ce
qui se passe dans les autres transformations, l'action désignée par
le prédicat de base se situe ici au futur, non au présent. Remarquons
que des transformations diverses peuvent dénoter des éléments
de situation qui leur sont communs. Par exemple, les transformations de mode, d'intention, d'apparence, et de supposition
impliquent toutes que l'événement dénoté n'a pas eu lieu ; mais,
chaque fois, une nouvelle catégorie est mise en jeu. Exemple :
« X (ou Y) pressent que X commettra un crime. »

5. *Transformations de subjectivation.*

Elles se réfèrent à des actions dénotées par les verbes *croire*,
penser, *avoir l'impression*, *considérer*. Une telle transformation
ne modifie pas vraiment la proposition principale mais l'attribue,
en tant que constatation, à un sujet quelconque : « X (ou Y)
pense que X a commis un crime. » La proposition de base peut
être vraie ou fausse : je peux croire en une chose qui n'a pas
vraiment eu lieu.

6. *Transformations d'attitude.*

Ce terme désigne l'état provoqué chez le sujet par l'action décrite,
pendant sa durée. Proches des transformations de manière, celles-ci
s'en distinguent en ce qu'ici l'information supplémentaire concerne
le sujet, non le prédicat : il s'agit donc cette fois d'un nouveau
prédicat, et non d'un opérateur spécifiant le premier. Exemples :
« X se plaît à commettre un crime » ou « Y répugne à ce que X
commette un crime ». Les transformations d'attitude, comme
celles de connaissance ou de subjectivation, sont particulièrement
fréquentes dans ce qu'il est convenu d'appeler le « roman psychologique ».

Souvent, la conjonction de plusieurs transformations est désignée par un seul mot dans le lexique d'une langue; il n'en faut pas conclure à l'indivisibilité de l'opération elle-même. Par exemple, les actions de *condamner* ou de *féliciter* se laissent décomposer en un jugement de valeur et un acte de parole (transformations d'attitude et de description).

→ Z. Harris, *La Structure mathématique du langage*, Paris, 1971; C. Lévi-Strauss, *Mythologiques*, 4 vol., Paris, 1965-1971; T. Todorov, *Grammaire du Décaméron*, La Haye, 1969.

Texte

La *linguistique* limite à la phrase l'objet de son investigation; dans un cas extrême, comme chez Saussure, le connaissable linguistique s'arrête même au mot ou au syntagme. La *rhétorique* classique a voulu coder les règles de construction d'un discours : mais tant son intention normative que sa négligence pour les formes verbales concrètes, font que son héritage contient peu d'enseignements utilisables. Enfin la *stylistique*, dans la tradition de Bally, s'est intéressée plutôt à l'interpénétration de l'énoncé et de l'énonciation qu'à l'organisation de l'énoncé même. Il en est résulté un vide dans la *théorie du texte*, que des remarques dispersées venant de la part des littéraires n'ont pas encore comblé.

La notion de **texte** ne se situe pas sur le même plan que celle de phrase (ou de proposition, syntagme, etc.); en ce sens, le texte doit être distingué du **paragraphe**, unité typographique de plusieurs phrases. *Le texte peut coïncider avec une phrase comme avec un livre entier*; il se définit par son *autonomie* et par sa *clôture* (même si, en un autre sens, certains textes ne sont pas « clos ») ; il constitue un système qu'il ne faut pas identifier avec le système linguistique mais mettre en relation avec lui : relation à la fois de contiguïté et de ressemblance. En termes hjelmsleviens, le texte est un système *connotatif*, car il est second par rapport à un autre système de signification. Si l'on distingue dans la phrase verbale ses composants phonologique, syntaxique et sémantique, on en distinguera autant dans le texte sans que cependant ces composants soient situés au même plan. Ainsi, à propos du texte on parlera de l'**aspect verbal**, qui sera constitué par *tous les éléments proprement linguistiques* des phrases qui le composent (phonologiques, grammaticaux, etc.); de l'**aspect syntaxique,** en se référant non à la syntaxe des phrases mais aux relations *entre unités textuelles* (phrases, groupes de phrases, etc.); de l'**aspect sémantique,** enfin, produit complexe du contenu sémantique des unités linguistiques. Chacun de ces aspects a sa problématique propre, et fonde l'un des grands types d'analyse du texte : **analyses rhétorique, narrative** et **thématique.**

Notons bien d'abord que l'étude globale du texte ainsi envisagée ne se réduit pas à ce que certains représentants de la linguistique distributionnelle [50 s.] ont appelé l'**analyse du discours** (Z. Harris et ses élèves) et dont la méthode consiste à découper le texte en éléments (habituellement, de la dimension d'un ou de plusieurs syntagmes) qui sont groupés en *classes d'équivalence* : une classe est constituée par les éléments qui peuvent apparaître dans un contexte identique ou semblable; on ne se préoccupe pas pour autant de savoir si les éléments équivalents ont ou non le même sens. Certaines phrases (comportant des éléments équivalents et des éléments non-équivalents) seront, dès lors, décrites comme étant entre elles en rapports de transformation (notion à distinguer des transformations générativistes et des transformations discursives). Des recherches parallèles ont été accomplies sur les éléments de la phrase qui contiennent une référence à la phrase précédente : l'article, les pronoms, etc. [358 s.].

Les aspects *sémantique* et *verbal* d'un texte soulèvent des problèmes qu'on doit étudier dans leur propre contexte [283 s.] [384 s.] [412 s.]. Signalons seulement ici qu'une des rares analyses touchant à l'aspect sémantique du texte se situe dans la perspective de la *tagmémique* [55]. A. L. Becker analyse des discours du type « exposé » et relève deux schémas de base : thème-restriction-illustration; et : problème-solution. Chacun d'eux peut être varié à l'aide d'opérations comme la suppression, la permutation, l'addition et la combinaison; ils peuvent se répéter ou s'alterner.

On se limitera, dans les pages suivantes, à l'étude de l'aspect syntaxique du texte.

Avant d'aborder cette analyse, notons encore que depuis quelques années, en France, des chercheurs qui se placent dans une perspective sémiotique (J. Kristeva, etc.) tentent d'élaborer une théorie globale du texte, où cette notion reçoit un sens plus spécifique, et ne peut plus s'appliquer à toute suite organisée de phrases [443].

➜   Z. Harris, *Discourse Analysis Reprints*, La Haye, 1963; J. Dubois et Sumpf (éd.), *L'Analyse du discours* (*Langages*, 13), Paris, 1969; W. O. Hendricks, « On the Notion ' Beyond the Sentence ' », *Linguistics*, 1967, 37, p. 12-51; R. Harweg, *Pronomina und Textkonstitution*, Munich, 1968; E. U. Grosse (éd.), *Strukturelle Textsemantik*, Freiburg, 1969; *Probleme der semantischen Analyse literarischer Texte*, Karlsruhe, 1970; A. L. Becker, « A Tagmemic Approach to Paragraph Analysis », in *The Sentence and the Paragraph*, Champaign, 1966; T. Todorov, « Connaissance de la parole », *Word*, 1967, 1-2-3; J. Kristeva, *Semeiotikè*, Paris, 1969; T. A. Van Dijk, *Some Aspects of Text Grammars*, La Haye, 1971; S. Schmidt, *Texttheorie*, Munich, 1973.

L'étude de l'aspect syntaxique du texte s'appuie sur l'**analyse propositionnelle** par laquelle on réduit le discours en des *propositions logiquement simples*, constituées d'un agent (sujet) et d'un prédicat, ou de plusieurs agents (par exemple sujet et objet) et d'un prédicat, selon le modèle propositionnel que l'on se donne. La présence de deux prédicats — qui peuvent être soit des attributs soit des verbes — entraîne la présence de deux propositions. Ainsi la phrase « L'enfant pleure » n'est qu'une forme linguistique, amalgame, au point de vue logique, de deux propositions successives : « X est enfant » et « X pleure ». La proposition correspond à ce que J. Dubois appelle la phrase minimale. A partir de ce qui précède, on peut étudier les rapports qui s'établissent entre propositions.

Ceux-ci peuvent être de trois types, qui définissent trois ordres du texte (souvent présents à l'intérieur d'un même texte). L'**ordre logique** réunit toutes les relations logiques entre propositions : causalité; disjonction; conjonction; exclusion; inclusion. La causalité, particulièrement fréquente dans les récits, n'est d'ailleurs pas une notion simple; elle réunit les conditions d'existence, les conséquences, les motivations, etc. Des relations comme l'inclusion sont particulièrement fréquentes dans le discours didactique (la règle-l'exemple).

L'**ordre temporel** se constitue de par la succession des faits évoqués par le discours; il ne sera donc présent que dans le cas d'un discours référentiel (représentatif) qui tient compte de la dimension temporelle, comme c'est le cas pour l'histoire ou le récit; il sera absent aussi bien du discours non représentatif (par exemple la poésie lyrique) que du discours descriptif (par exemple l'étude sociologique synchronique). Certains types de texte, comme le journal de bord, le journal intime, les mémoires, l'auto-biographie (ou la biographie) sont dominés par l'ordre temporel.

On parlera, enfin, d'ordre spatial lorsque la relation entre pro-positions ne sera ni logique ni temporelle, mais de ressemblance ou de dissemblance, ce type de relation dessinant du même coup un certain « espace ». Le rythme poétique est un exemple de l'ordre spatial.

→ E. Muir, *The Structure of the Novel*, Londres, 1928; R. Jakobson, *Questions de poétique*, Paris, 1973; J. Dubois, *Grammaire structurale du français : la phrase et les transformations*, Paris, 1969; T. Todorov, *Poétique*, Paris, 1973.

LE CAS DU RÉCIT.

Les groupes de plus d'une proposition n'ont été étudiés que dans un type de discours : le récit, auquel nous allons nous atta-cher un long moment. Le récit est un *texte référentiel à déroulement temporel*. L'unité supérieure à la proposition qu'on repère dans les récits est la séquence constituée par un groupe d'au moins trois propositions. Les analyses du récit actuelles, qui s'inspirent de l'examen auquel ont soumis, Propp, les contes populaires, et Lévi-Strauss, les mythes, s'accordent pour identifier, dans tout récit minimal, *deux attributs* d'un agent au moins, apparentés mais différents; et un *processus de transformation* ou de *médiation* qui permet le passage de l'un à l'autre. On a tenté de spécifier cette matrice générale de plusieurs manières différentes :

1. E. Köngäs et P. Maranda classent les récits suivant le *résultat* auquel aboutit le processus de médiation. Ils distinguent quatre sous-espèces : 1) Absence de médiateur. 2) Échec du médiateur. 3) Succès du médiateur : annulation de la tension initiale. 4) Succès du médiateur : renversement de la tension initiale. Des recherches ethnologiques semblent prouver que ces sous-espèces se trouvent réparties dans des aires géographiques différentes.

2. Claude Brémont se fonde, dans sa typologie des séquences

narratives, sur les *différents moyens par lesquels se réalise une médiation qui elle-même, ne change pas*. On opposera d'abord processus d'amélioration et de dégradation, suivant que l'on passe d'un état insatisfaisant à un état satisfaisant (pour le personnage) ou inversement. Les processus d'amélioration, à leur tour, se subdivisent en : accomplissement d'une tâche par le héros et réception d'une aide de la part d'un allié. Pour distinguer, dans un temps ultérieur, entre les différents accomplissements de la tâche, on tient compte des facteurs suivants : 1) le moment, dans la chronologie narrative, où le héros acquiert les moyens lui permettant de parvenir à son but; 2) la structure interne de l'acte d'acquisition; 3) les relations entre le héros et l'ancien possesseur de ces moyens. En poussant plus loin encore la spécification (qui ne devient pourtant jamais une énumération pure et simple mais reste toujours la mise en évidence des possibilités structurelles de l'intrigue), on parvient à caractériser de très près l'organisation de chaque récit particulier.

3. Il est également possible de spécifier, non les différents moyens qui servent la médiation, mais *la nature de la médiation même*. Au départ, les analyses du récit ont cherché à découvrir là une inversion du positif au négatif, ou inversement. Cependant, de nombreuses autres transformations se laissent observer : on passe de l'obligation ou du désir à l'acte, de l'ignorance à la connaissance, de la connaissance à son énonciation, de l'acte à son évaluation, etc. [370 s.]. D'autre part, la complexification des séquences se fait non seulement par subdivision mais aussi par *addition* de propositions facultatives.

La combinaison de plusieurs séquences se prête facilement à une typologie formelle. Les cas suivants sont possibles : **enchaînement**, lorsque les séquences sont disposées dans l'ordre 1-2; **enchâssement** : ordre 1-2-1; **entrelacement** (ou alternance) : ordre 1-2-1-2. Ces trois types fondamentaux peuvent encore se combiner entre eux ou avec d'autres instances du même type. L'enchaînement global des séquences à l'intérieur d'un texte produit l'**intrigue**; cette notion est souvent appliquée exclusivement aux textes dominés *par l'ordre causal*.

Ces analyses ont le mérite d'être explicites et systématiques mais restent toujours menacées par un enlisement dans la trop grande généralité. On apercevra mieux le contraste avec les tendances plus traditionnelles des études littéraires, en les confrontant à une classification qui résume bon nombre de travaux antérieurs et reflète la variété de problèmes qui se posent au futur « narratologue ». Cette classification, due à N. Friedmann, est l'exemple caractéristique d'un travail formel descriptif non encore théorisé.

La classification de Friedmann repose sur quelques oppositions binaires ou ternaires : 1) action-personnages-pensée : c'est ce qu'on trouve dans la *Poétique* d'Aristote; 2) héros sympathique ou antipathique au lecteur; 3) une action dont le sujet porte l'entière responsabilité et celle qu'il subit passivement; 4) l'amélioration et la dégradation d'une situation...

1. *Intrigues de destinée.*

1. *Intrigue d'action.* La seule question que se pose le lecteur est : qu'arrive-t-il ensuite? L'intrigue s'organise autour d'un problème et de sa solution : attraper un bandit, découvrir le meurtrier, trouver un trésor, atteindre une autre planète. Particulièrement fréquente dans la *littérature de masses.* Exemple : *l'Ile au trésor* de Stevenson.

2. *Intrigue mélodramatique.* Une série de malheurs atteint un héros sympathique mais faible; il ne les a nullement mérités. Le récit se termine dans le malheur, et provoque la pitié du lecteur. Cette intrigue est fréquente dans le roman naturaliste du XIXe siècle. Exemple : *Tess d'Urbervilles* de Hardy.

3. *Intrigue tragique.* Le héros, toujours sympathique, est d'une certaine manière responsable de son malheur; mais il ne le découvre que trop tard. Le lecteur passe alors par la « catharsis ». Exemples: *Œdipe Roi, le Roi Lear.*

4. *Intrigue de châtiment.* Le héros n'a pas la sympathie du lecteur, bien que celui-ci l'admire pour certaines de ses qualités, souvent « sataniques »; l'histoire se termine par l'échec du héros. Exemple : *Tartuffe.*

5. *Intrigue cynique.* Cette classe n'est pas mentionnée par Friedmann mais découle logiquement de ses catégories : un personnage central « méchant » triomphe à la fin, au lieu d'être puni. Exemple : *Fantomas.*

6. *Intrigue sentimentale.* C'est par la conclusion, l'inverse de l'intrigue mélodramatique : le héros, sympathique et souvent faible, traverse une série de malheurs, mais triomphe à la fin.

7. *Intrigue apologétique.* C'est le pendant de l'intrigue tragique : le héros, fort et responsable de ses actes, traverse une série de périls, mais les vainc à la fin. Le lecteur lui voue un sentiment où se mêlent respect et admiration.

2. Intrigues de personnage.

1. *Intrigue de maturation.* Le héros est sympathique mais inexpérimenté, ou naïf; les événements lui permettent de mûrir. Exemple : *le Portrait de l'artiste* de Joyce.

2. *Intrigue de remise.* De même que précédemment, le héros sympathique change pour le mieux. Mais cette fois-ci il est lui-même responsable des malheurs qui ponctuent son parcours. Par conséquent, pendant une partie de l'histoire, le lecteur lui refuse sa compassion. Exemple : *la Lettre écarlate* de Hawthorne.

3. *Intrigue d'épreuve.* Un personnage sympathique est mis à l'épreuve dans des circonstances particulièrement difficiles, et nous ne savons pas s'il pourra résister ou sera obligé d'abandonner ses idéaux. Habituellement, c'est la première issue qui est réalisée.

4. *Intrigue de dégénération.* Toutes les initiatives du héros échouent l'une après l'autre; à la suite de ces échecs il renonce lui-même à ses idéaux. Exemple : Tchekhov, *Oncle Vania*, *la Mouette*.

3. Intrigues de pensée.

1. *Intrigue d'éducation.* Amélioration des conceptions du héros sympathique. Ressemble en cela à l'intrigue de maturation; mais ici, le changement psychique n'influe pas sur le comportement même du personnage. Exemples : *Guerre et Paix*, *Huck Finn*.

2. *Intrigue de révélation.* Au début, le héros ignore sa propre condition.

3. *Intrigue affective.* Ce qui change ici, ce sont les attitudes et les croyances du personnage, non sa philosophie. Exemple : *Orgueil et Préjugé* de J. Austen.

4. *Intrigue de la désillusion.* S'oppose à l'intrigue d'éducation;

le personnage perd ici ses bons idéaux et meurt dans le désespoir. A la fin du livre le lecteur ne sympathise plus avec lui.

Cette classification qui, bien entendu, n'en est pas une, montre assez les difficultés d'un classement des intrigues. Toute intrigue se fonde sur le changement; mais c'est la nature et le niveau de celui-ci qui reste à étudier avec rigueur pour déterminer la typologie des intrigues.

➡ V. Propp, *Morphologie du conte*, Paris, 1970; A. Jolles, *Formes simples*, Paris, 1972; E. Köngäs, P. Maranda, « Structural Models in Folklore », *Midwest Folklore*, 1962, 3; C. Bremond, *Logique du récit*, Paris, 1973; N. Friedmann, « Forms of Plot », *Journal of General Education*, 8, 1955.

Style

Nous écarterons tout d'abord plusieurs sens courants de ce mot afin de le définir comme terme opératoire.

1. On parle du style d'une époque, d'un mouvement artistique : le style romantique, baroque, etc. Il serait préférable de se référer ici à des concepts comme : *période, genre, type* [194 s.].

2. Lorsqu'on parle du « style d'une œuvre », on entend par là son unité, sa cohérence : « cette œuvre a un style, cette autre n'en a pas ». Mais cette catégorie d'*unité* est beaucoup trop générale et abstraite pour être utilisable dans l'étude des discours.

3. On considère parfois le style comme une *déviation* par rapport à une norme. Mais on ne peut pas dire que le style de Victor Hugo soit une déviation par rapport à la norme de son temps : d'abord parce que l'établissement de cette norme pose des problèmes insurmontables; ensuite parce que ce qui caractérise Hugo n'est pas forcément ce qui le distingue de l'usage commun.

4. Il est superflu d'utiliser le terme style pour désigner un *type fonctionnel* du langage [89], par exemple le style journalistique, ou administratif, etc.

Nous définirons plutôt le style comme le choix que tout texte doit opérer parmi un certain nombre de disponibilités contenues dans la langue. Le style ainsi entendu est équivalent aux *registres de la langue*, à ses *sous-codes*; c'est à quoi se réfèrent des expressions comme « style figuré », « discours émotif », etc. Et la description stylistique d'un énoncé n'est que la description de toutes ses propriétés verbales.

Une théorie médiévale distinguait les styles bas, moyen et élevé. Cette division n'a plus beaucoup de sens aujourd'hui; mais elle

est fondée sur le principe même mis en avant ici : aucun des trois
styles ne peut être considéré comme « déviant » par rapport aux
autres; les styles sont dans la langue, et non dans la psyché des
utilisateurs, le style reste une propriété structurale, non fonctionnelle. Et si le tableau des styles que l'on peut présenter aujour-
d'hui est beaucoup plus complexe, car il s'appuie sur la connaissance du langage que nous donne la linguistique, il n'est pas
cependant différent dans sa visée.

→ Bibliographies : H. A. Hatzfeld, *A Critical Bibliography of the New
Stylistics : I. 1900-1952 — II. 1953-1965*, Chapel Hill, 1953, 1966;
L. T. Milic, *Style and Stylistics*, New York, 1967. — Vues d'ensemble :
H. Hatzfeld, « Methods of Stylistic Investigation », in *Literature and
Science* (6th Int. Congr. of the Intern. Fed. for Modern Languages and
Literatures), Oxford, 1955; N. E. Enkvist, « On defining style », in
J. Spencer, M. Gregory (éd.), *Linguistics and Style*, Londres, 1964;
P. Guiraud, *La Stylistique*, Paris, 1970. — Recueils de textes : S. Chat-
man, S. R. Levin (éd.), *Essays in the Language of Literature*,
Boston, 1967; P. Guiraud, P. Kuentz (éd.), *La Stylistique, lectures*,
Paris, 1970. — Le style comme registre : M. A. K. Halliday, A. McIntosh,
P. Strevens, *The Linguistic Sciences and Language Teaching*, Londres,
1965, p. 87-94; T. Todorov, *Poétique*, Paris, 1973, p. 39-48.

Pour cerner de manière rigoureuse les caractéristiques stylistiques d'un texte, on peut tenter une double approche : au
plan de l'énoncé, c'est-à-dire au plan de ses aspects *verbal, syntaxique, sémantique* [375 s.], ainsi que des divisions qui fixent les
dimensions des unités : depuis les traits distinctifs, phoniques ou
sémantiques, jusqu'à l'énoncé entier, d'une part; d'autre part,
au plan de l'énonciation, c'est-à-dire au plan de la relation définie
entre les protagonistes du discours (locuteur/récepteur/référent).

PLAN DE L'ÉNONCÉ.

1. L'aspect verbal (qui concerne directement le signifiant
phonique et/ou graphique) d'un énoncé a surtout été étudié au
niveau des unités minimales. Un texte peut être caractérisé par
le nombre et la distribution des phonèmes (ou graphèmes) qui le
constituent, ou même des traits distinctifs de ces phonèmes.
La longueur des mots, également, est un trait caractéristique du
style. Étudier l'aspect verbal au niveau de la phrase ou de l'énoncé

revient à en chercher les propriétés rythmiques et mélodiques. La disposition d'un texte sur la page est aussi un aspect du style (qu'on pense aux poèmes de Mallarmé, Apollinaire, etc.).

→ B. Eikhenbaum, *Melodika stikha*, Petrograd, 1922; W. Winter, « Styles as dialects », in H. G. Lunt (éd.), *Proceedings of the 9th International Congress of Linguists*, La Haye, 1964, p. 324-330; N. Ruwet, « Sur un vers de Charles Baudelaire », *Linguistics*, 17, 1965, p. 65-77.

2. L'aspect syntaxique peut être étudié au niveau de la phrase par des techniques développées dans le cadre de la grammaire générative [293 s.]. La structure syntaxique d'une phrase peut être présentée comme le résultat d'une série de transformations à partir d'une ou de plusieurs propositions nucléaires. La nature et le nombre de ces transformations déterminent le « style syntaxique ». A l'intérieur de la phrase (et, en poésie, souvent d'un texte entier), la distribution des catégories grammaticales (de genre, nombre, personne, cas, etc.) également peut caractériser un style.

Au niveau de l'énoncé (transphrastique), on observe trois types de relations entre phrases. Les relations *logiques* (d'implication, d'inclusion, etc.) caractérisent à la fois une grande partie de la fiction, le discours quotidien, le discours scientifique. Les relations *temporelles* (de succession) se rencontrent à l'état pur dans le journal de bord ou dans la chronique. Les relations *spatiales* (de symétrie, d'opposition, de gradation) sont particulièrement fréquentes en poésie [198].

→ R. Jakobson, *Questions de poétique*, Paris, 1973; R. Ohmann « Generative grammars and the concept of literary style », *Word*, 1964, 3 p. 423-439; T. Todorov, *Poétique*, Paris, 1973, p. 67-77.

3. En ce qui concerne l'aspect sémantique, le moins étudié jusqu'à présent, on observe une pénétration progressive de la phrase par plusieurs catégories, qui ne sont jamais simplement présentes ou absentes et dont le dosage détermine le style de chaque énoncé.

a) La **représentativité**. A un extrême, on trouve des phrases qui décrivent des faits et des événements et qui ont donc une capacité dénotative maximum. A l'autre, des phrases qui énoncent des vérités éternelles, des réflexions abstraites, des maximes.

b) La **figuralité.** La figure n'étant rien d'autre que la disponibilité du langage à se laisser percevoir en lui-même [351 s.], toute expression est, virtuellement, figurée. Les diverses anomalies linguistiques offrent un moyen parmi d'autres de rendre le langage perceptible.

c) La **plurivalence.** Le discours n'évoque pas seulement sa référence immédiate mais toujours aussi d'autres discours. Plusieurs cas particuliers sont à distinguer ici. Le *pastiche* et la *stylisation* se caractérisent par l'unicité du texte évoqué; mais l'un inverse ironiquement la tendance du discours imité, l'autre la conserve. L'effet d'*évocation par milieu* [328] se distingue, en revanche, par le renvoi à une masse globale de discours, tenus dans des circonstances particulières (par exemple parler dialectal, jargon social, etc.). Les différentes parties d'un même texte peuvent également se référer les unes aux autres (par exemple les paroles des personnages et celles du narrateur).

→ J. Cohen, *Structure du langage poétique*, Paris, 1966; T. Todorov, *Littérature et Signification*, Paris, 1967; Ch. Bally, *Traité de stylistique française*, Paris-Genève, 1909; M. Bakhtine, *La Poétique de Dostoïevski*, Paris, 1970.

PLAN DE L'ÉNONCIATION.

1. Décrire le fait même de l'énonciation donne lieu au **discours rapporté;** suivant que certaines transformations grammaticales ont été effectuées ou non, on parle de style **indirect** ou de style **direct.**

2. La situation spatio-temporelle des protagonistes du discours est indiquée le plus souvent — mais non toujours — par des *morphèmes* entiers : pronoms personnels, démonstratifs, possessifs; adverbes; désinences du verbe et du nom. Leur distribution et leur fréquence donnent la mesure des différences stylistiques.

3. L'attitude du locuteur à l'égard de son discours et/ou de sa référence est perceptible à travers des traits distinctifs sémantiques (*sèmes*). Plusieurs cas sont à distinguer ici :

a) Le style **émotif** met l'accent, dans la relation entre le locuteur et la référence du discours, sur le locuteur. L'exemple le plus net est donné par les interjections : « Ah! » n'évoque pas l'objet qui provoque l'étonnement mais cet étonnement même chez le locuteur.

b) Le style **évaluatif**. Dans ce cas, la même relation entre locuteur et référence est accentuée différemment : c'est la référence qui se trouve mise en lumière. Ainsi dans des expressions comme « une *bonne* table », « une *belle* femme ».

c) Le style **modalisant**. Le locuteur porte dans ce cas une appréciation sur la valeur de vérité du discours, autrement dit sur la relation entre le discours et sa référence (ou son contexte). Cette appréciation se manifeste par des expressions comme « peut-être », « sans doute », « il me semble », etc.

➤ *L'énonciation* (= *Langages*, 17), Paris, 1970 ; É. Benveniste, *Problèmes de linguistique générale*, Paris, 1966, p. 225-289 ; E. Stankiewicz, « Problems of Emotive Language », in T. A. Sebeok (éd.), *Approaches to Semiotics*, La Haye, 1964 ; V. Volochinov, *Marksizm i filosofija jazyka*, Leningrad, 1929.

La stylistique s'est souvent préoccupée de certaines catégories syncrétiques, réunissant plus d'un style simple. Le cas le plus étudié est celui qu'on appelle en français **style indirect libre** (en allemand : *erlebte Rede*, en anglais : *represented speech, narrated monologue*). C'est un discours qui se présente à première vue comme un style indirect (ce qui veut dire qu'il comporte les marques de temps et de personne correspondant à un discours de l'auteur) mais qui est pénétré, dans sa structure sémantique et syntaxique, par des propriétés de l'énonciation, donc du discours du personnage. Ces deux mêmes propriétés peuvent d'ailleurs se rencontrer dans une autre combinaison : par exemple un propos de personnage en style direct mais qui porte toutes les propriétés du discours de l'auteur ; seulement cette combinaison n'a pas de nom particulier.

Un autre couple de termes utilisé pour désigner des styles syncrétiques est celui du **monologue** et du **dialogue**. On peut décrire le monologue par les traits suivants : l'accent mis sur le locuteur ; le peu de références à la situation allocutive ; le cadre de référence unique ; l'absence d'éléments métalinguistiques ; la fréquence d'exclamations. Par opposition, on décrira le dialogue comme un discours qui : met l'accent sur l'allocutaire; se réfère abondamment à la situation allocutive; joue sur plusieurs cadres de référence simultanément; se caractérise par la présence d'éléments métalinguistiques et la fréquence des formes interrogatives. L'opposition, on le voit, est loin d'être simple.

→ Sur le style indirect libre : M. Lips, *Le Style indirect libre*, Paris, 1926; *Readings in Russian Poetics*, Ann Arbor, 1962; M. Friedman, *Stream of Consciousness : A Study in Literary Method*, New Haven, 1955; R. Humphrey, *Stream of Consciousness in the Modern Novel*, Berkeley et Los Angeles, 1962; D. Cohn, « Narrated Monologue », *Comparative Literature*, 1966, p. 97-112; D. Bickerton, « Modes of Interior Monologue : A Formal Definition », *Modern Language Quarterly*, 1967, p. 229-239; G. Genette, *Figures III*, Paris, 1972, « Le discours du récit ». — Sur monologue et dialogue : J. Mukařovsky, *Kapitel aus der Poetik*, Francfort, 1967, p. 108-149; T. Todorov, « Les registres de la parole », *Journal de psychologie*, 1967, 3, p. 265-278.

Temps et modalité
dans la langue

Les deux catégories qui font l'objet de cet article sont parmi celles qui résistent le plus à la réflexion linguistique : même leur délimitation est controversée. Une raison en est sans doute que leurs moyens d'expression sont d'une déconcertante variété, et ne se laissent pas décrire, en tout cas, à l'aide des classifications grammaticales ou lexicales usuelles : la sémantique, ici, trouve peu d'appui dans la grammaire. D'autre part le sujet de l'énonciation [405 s.] apparaît fréquemment comme le point de référence nécessaire des notions de temps ou de modalité. Or la linguistique post-saussurienne, par crainte de confondre langue et parole [155 s.], a toujours hésité à faire intervenir le locuteur dans la description de la langue : d'où une certaine méfiance devant ces catégories, qui servent souvent à étiqueter des problèmes non résolus. Elles possèdent cependant en commun autre chose que ce triste privilège; c'est ce point commun qui les a fait réunir ici, et qui sera mis en évidence dans ce qui suit. Il s'agit de la possibilité qu'elles ont de transcender la division de l'énoncé en sujet et prédicat [271] (ou, arguments et relation [345]) et d'être donc attachées à la totalité de l'énoncé — dont elles constituent alors comme le cadre général.

LE TEMPS.

Sauf mention contraire, c'est de la notion sémantique de temps qu'il sera question ici — et non du temps grammatical, conçu comme une classification des formes du verbe (sur cette distinction, voir p. 398). Pour classer les diverses notions temporelles qui sont exprimées dans la langue, deux principes de classement différents peuvent être envisagés.

1. On peut d'abord, en étudiant l'organisation sémantique de l'énoncé, classer les indications de temps selon la place qu'elles

y occupent. Soit l'énoncé : « Ces dernières années, Pierre dînait chez nous à Noël. » Il contient au moins quatre notions temporelles : (a) l'indication de la période dont il est question dans l'énoncé, « ces dernières années », indication donnée conjointement par cette expression et par le temps passé du verbe ; (b) et (c), les précisions chronologiques apportées respectivement par le verbe « dîner » (= prendre le repas du *soir*) et par le mot « Noël », (d), l'idée de répétition marquée par le choix du temps verbal imparfait (plutôt que le passé simple ou le passé composé). Or l'indication (a) se distingue des autres par le fait qu'elle s'applique à la totalité de l'énoncé, pour le situer chronologiquement (elle délimite, dans le temps, l'univers du discours). Au contraire, (b), (c) et (d) font partie du prédicat [271] attribué à Pierre (« venir chaque année dîner le soir de Noël »).

Que certaines indications de temps soient ainsi coextensives à la totalité de la phrase — dont elles fournissent, pour ainsi dire, le cadre —, on en trouvera confirmation dans l'indétermination sémantique d'un énoncé comme « L'année dernière, sa voiture était bleue », qui peut donner à entendre, ou (a) qu'il a fait repeindre, depuis, sa voiture, ou (b) qu'il a changé de voiture. Cette incertitude tient à ce que l'indication chronologique « l'année dernière » vaut pour toute la phrase — et non pour le seul prédicat. On demande d'abord à l'auditeur de se replacer par imagination l'année dernière, et, dans ce passé, on attribue une certaine qualité à un certain objet. On ne sait plus alors si l'expression référentielle *sa voiture* (« référentielle » = « qui désigne l'objet de la prédication ») doit être comprise par rapport à la situation de discours présente (d'où le sens (a)), ou par rapport à l'époque dont traite l'énoncé (d'où le sens (b)). Si le sens (b) est possible, c'est donc que l'attribution du prédicat au sujet a pour cadre, non seulement la situation de discours présente, mais aussi une sorte de toile de fond temporelle posée dans le discours lui-même.

2. Une deuxième distinction sera pour séparer les indications temporelles au sens strict, c'est-à-dire les indications chronologiques, visant à une datation (on en trouve dans les deux catégories de la distinction précédente), et les indications d'aspect. Celles-ci sont toujours intérieures au prédicat. Le prédicat comporte en effet, non seulement l'idée d'une certaine qualité ou d'une cer-

taine action (« être bleu », « venir dîner »), mais l'idée d'un certain mode de manifestation dans le temps de cette action ou de cette qualité, l'indication de la façon dont elles remplissent la période concernée par l'énonciation : c'est là ce qu'on appelle l'*aspect*. Deux oppositions aspectuelles sont particulièrement nettes. Une première est l'opposition entre le **perfectif** et l'**imperfectif**, clairement exprimée par les langues slaves, qui ont des formes verbales particulières pour ces deux aspects, à la fois au présent, au passé et au futur. Le perfectif indique que l'action ou la qualité sont apparues à un certain point de la période objet de l'énonciation, l'imperfectif les présente comme se développant dans cette période et la remplissant : ainsi le français oppose le perfectif « L'année dernière, j'ai été malade », et l'imperfectif « L'année dernière, j'étais malade », où la maladie est présentée comme coextensive à toute l'année (d'où l'effet stylistique « L'année dernière, j'achetais une voiture », pour faire entendre que cet achat a été le souci de toute l'année).

Une autre opposition aspectuelle nette est celle existant entre l'**accompli** et l'**inaccompli**, particulièrement en grec ancien, dont les temps verbaux dits « parfaits » sont consacrés à l'accompli. On a un aspect inaccompli lorsque la qualité ou l'action objets de la prédication se réalisent dans la période concernée par l'énonciation (« hier matin il a dormi » : le sommeil est situé dans la matinée en question). L'aspect est accompli si l'action ou la qualité sont antérieures à la période dont on parle, mais qu'on veut signaler leur trace, leur résultat, dans cette période (« hier matin il était reposé car il avait dormi » = « car il se trouvait dans l'état d'un homme qui a dormi auparavant »). On notera que le passé composé français est ambigu. *a)* Il marque le passé avec l'aspect inaccompli, « il a dîné, puis s'est couché » (rôle dévolu au passé simple dans la langue écrite); *b)* il marque le présent avec l'aspect accompli : « il a déjà dîné » (pour dire qu'il n'a plus, au moment où on parle, besoin de dîner). L'introduction de *déjà* fournit un test pour distinguer les deux cas, car elle n'est possible, d'habitude, que dans le second). N. B. La terminologie usuelle est très flottante : perfectif et accompli sont parfois confondus, ne serait-ce que parce que le temps verbal de l'accompli, en grec, s'appelle le parfait.

Les aspects, tels qu'ils viennent d'être définis (par le rapport

entre la qualité ou l'acte prédiqués et la période à propos de
laquelle est faite la prédication) sont à séparer des modifications
que l'on peut introduire dans la représentation d'une action
selon le type de déroulement qu'on lui attribue, et le moment de
son déroulement où on la considère (c'est ce que les linguistes
allemands appellent **Aktionsart, mode d'action**; on les appelle
aussi **aspects objectifs**, par opposition aux vrais aspects, dits
subjectifs). On peut distinguer par exemple le déroulement uni-
forme et le déroulement intermittent (voler — voleter), l'**inchoatif**,
qui isole le début d'une action ou d'une qualité (« se réveiller »,
par opposition à « être éveillé »; « prendre », par opposition à
« tenir »), le **résultatif**, souvent marqué, en allemand, par le préfixe
er-, qui indique qu'une action a atteint son terme (*steigen*, « mon-
ter » / *ersteigen*, « atteindre le sommet »).

Quant aux indications chronologiques proprement dites, celles
qui servent à la datation, elles sont liées généralement au rapport
du sujet de l'énonciation et de son énoncé. Elles doivent donc
être étudiées dans le cadre d'une typologie des modes d'énonciation : voir, sur ce point, *Temps discursif*, p. 398 s.

→   La littérature étant considérable sur le temps et l'aspect, nous nous
en tenons à quelques travaux de base : A. Meillet, « Sur les caractères
du verbe », texte de 1920, repris dans *Linguistique historique et Linguistique générale*, Paris, 1958, p. 175-198; W. Porzig, « Zur Aktionsart
in der indo-germanischen Präsensbildungen », *Indo-germanische Fors-
chungen*, 1927 (introduit la différence entre aspect et mode d'action);
G. Guillaume, *Temps et Verbe*, Paris, 1929; J. Holt, « Études d'aspect »,
Acta jutlandica, Copenhague, 1943 (avec de nombreux renseignements
sur l'histoire du problème de l'aspect, et une riche bibliographie);
H. Yvon, « Aspects du verbe français et présentation du « procès » »,
Le Français moderne, 19, 1951; P. Naert, « Mode de présentation,
aspect, mode d'action, détermination, et transitivité », *Studia linguistica*,
14, 1960; W. E. Bull, *Time, Tense and the Verb*, Berkeley, Los Angeles,
1960; A. Klum, *Verbe et Adverbe*, Uppsala, 1961; B. Pottier, « Vers
une sémantique moderne », *Travaux de linguistique et de littérature*,
1964 (présente une classification des aspects applicable à toutes les
parties du discours); H. Weinrich, *Tempus, besprochene und erzählte
Welt*, Stuttgart, 1964; É. Benveniste, *Problèmes de linguistique générale*,
Paris, 1966, chap. XIX; É. Benveniste, « Structure des relations d'auxi-
liarité », *Acta linguistica hafniensia*, IX, 1, p. 1-15. H. G. Schogt, *Le Système verbal du français contemporain*, La Haye, 1968. Sur l'aspect à l'intérieur des noms : É. Benveniste, *Noms d'agent et Noms d'action en indo-*

européen, Paris, 1948; H. Quellet, *Les Dérivés latins en - or*, Paris 1969.
Parmi les nombreuses recherches des logiciens sur le temps : H. Reichenbach, *Elements of symbolic logic*, Londres, 1947, 2e partie, § 51.

MODALITÉ.

Logiciens et linguistes ont souvent estimé nécessaire de distinguer, dans un acte d'énonciation, un contenu représentatif, appelé parfois **dictum** (la mise en rapport d'un prédicat avec un sujet), et une attitude prise par le sujet parlant à l'égard de ce contenu (c'est le **modus**, ou la **modalité**). Ainsi les énoncés (1) « Pierre viendra », (2) « Que Pierre vienne! », (3) « Il est possible que Pierre vienne », (4) « Pierre doit venir » semblent avoir le même dictum, et différer seulement par le modus. Ces exemples montrent que le modus a des moyens d'expression très variés (le mode grammatical dans (1) et (2), une proposition dans (3), un verbe, souvent appelé « auxiliaire de mode », dans (4). Une seconde difficulté est que, dans beaucoup de cas, il n'y a pas de critère précis pour distinguer ce qui est lié au prédicat (et intérieur au *dictum*), et ce qui est une attitude vis-à-vis de la prédication (et qui relève donc du *modus*). Devant cette difficulté, déjà rencontrée à propos des indications chronologiques (cf. p. 390), nous proposons de ne maintenir dans la catégorie de la modalité que les indications impossibles à intégrer au prédicat. Quelques exemples :

L'ASSERTION.

Conformément à la philosophie de Descartes, la *Grammaire de Port-Royal* distingue dans tout acte de jugement deux opérations de l'esprit, relevant de deux facultés différentes : *a*) la représentation du sujet et du prédicat (liée à la faculté de concevoir, que Descartes appelle « entendement »), et *b*) l'attribution du second au premier, c'est-à-dire l'**assertion** (liée à la faculté de juger, que Descartes rapporte à la « volonté »). Dans « La terre est ronde », le verbe *être* exprimerait l'assertion, qui se trouverait exprimée aussi, mais sous une forme qui n'est plus matériellement isolable, dans tous les verbes (ici-même, p. 17). Port-Royal, explicitement, met l'assertion dans la même catégorie que « les désirs, le commandement, l'interrogation ».

C'est pour des raisons assez différentes, que le logicien Frege arrive aussi à la conclusion qu'il faut séparer l'assertion et la proposition assertée. Car le rapprochement fait par Port-Royal entre le verbe et l'assertion obligerait à trouver une assertion dans la subordonnée conditionnelle de « Si la pendule est exacte, je suis en retard », ce qui est assez peu admissible. Pour Frege, ce qui justifie de reconnaître une modalité d'assertion dans l'énoncé simple « La pendule est exacte », c'est justement la comparaison avec la conditionnelle. L'assertion, c'est ce qui se trouve dans la phrase simple et non dans la subordonnée conditionnelle. Plus généralement, Frege pense que, lorsque deux propositions sont mises en rapport (en rapport logique, en tout cas), la modalité d'assertion se détache de l'une et de l'autre pour s'attacher à leur jonction. Cette distinction de la proposition (qu'elle soit simple ou composée d'autres propositions), et de son assertion, s'est révélée indispensable au logicien. Celui-ci doit distinguer, si p et q désignent deux propositions, et « $\vdash$ » le signe d'assertion, les deux énoncés :

(1) $\vdash (p \rightarrow q)$ (assertion que p implique q).

(2) Si $\vdash p$, alors $\vdash q$ (affirmation, située à un autre niveau, que l'assertion de p entraîne celle de q).

La négation. Soit l'énoncé « Pierre n'est pas serviable ». Faut-il (a) le considérer comme l'assertion qu'un prédicat négatif (« ne pas être serviable ») doit être attribué à Pierre, ou (b) y voir une modalité de négation appliquée à une proposition positive. Les deux solutions se schématisent :

	modalité	prédicat	sujet
(a)	$\vdash$	ne pas être serviable	Pierre
(b)	Nég.	être serviable	Pierre

Dans certains cas, la solution (a) semble s'imposer, par exemple pour l'énoncé « Je n'ai pas lu certains ouvrages de X ». Il est clair en effet que l'on ferait un contresens, si on le décrivait comme une modalité de négation appliquée à la proposition « J'ai lu certains ouvrages de X ». La solution (a) fait comprendre d'autre part pourquoi l'introduction de la négation « ne... pas » produit souvent une signification contraire, et non pas simplement contradictoire, à celle de la phrase positive (l'énoncé « Il n'aime pas les flics » ne peut pas se comprendre comme le rejet de la proposition « Il aime les flics »). Il semble bien qu'alors la négation s'accroche au prédicat — qu'elle transforme en son extrême opposé.

Dans d'autres cas, cependant, la solution modale (b) est avantageuse. D'abord, lorsque la négation est représentée par une locution comme « Il est faux que... ». Si on remplace « ne... pas » par « Il est faux que... » dans les exemples de l'alinéa précédent, on change en effet leur signification, et d'une façon telle que la présentation modale convient (Bally dit qu'alors la modalité est explicite; les logiciens du Moyen Age parlaient, dans le cas de « Il est faux que... », ou, en latin, *Nego...*, de la *désignation*, et non pas du simple *exercice*, de la négation). D'autre part, cette solution modale est très proche de l'intuition lorsque l'énoncé négatif est, psychologiquement, interprété comme le rejet d'un énoncé positif préalable (réel ou supposé). Je n'annonce à quelqu'un que je ne suis pas allé à Paris que si je lui attribue, l'opinion que j'ai pu y aller. Ce qui se représente bien en disant que l'énoncé négatif prend pour objet une proposition positive (celle qui est affirmée dans l'énoncé positif auquel on s'oppose), et l'affecte d'une modalité de négation. On comprend alors que la même marque négative, « ne... pas », qui exprime le contraire dans « Il n'aime pas les flics », exprime le contradictoire dans « Il n'aime pas les femmes ». Il est assez raisonnable de dire, en effet, que le deuxième énoncé comporte une négation modale, c'est-à-dire qu'il se présente comme le refus de l'affirmation préexistante « Il aime les femmes », affirmation qui n'a pas besoin d'avoir été explicitée dans le dialogue antérieur, vu le caractère « normal » habituellement reconnu à ce goût. On vérifie facilement que le premier énoncé, en revanche, qui fait passer d'une idée à son contraire, est loin de se présenter, quant à lui, comme la mise en question d'une disposition naturelle de l'esprit.

MODALITÉS LOGIQUES ET DÉONTIQUES.

L'attribution d'un prédicat à un objet peut être présentée comme un fait, comme une possibilité ou comme une nécessité. Les logiciens parlent alors, respectivement, de jugements catégoriques, hypothétiques et apodeictiques, et ils restreignent souvent la catégorie de la modalité à cette tripartition. Cependant beaucoup de langues semblent rapprocher la possibilité et la nécessité de deux notions analogues, mais relatives à une appréciation d'ordre moral, les notions de droit et d'obligation (les logiciens appellent ces notions **déontiques**, et construisent des systèmes spéciaux pour représenter leurs propriétés formelles). Ainsi les verbes français « pouvoir » et « devoir » expriment aussi bien, pour le premier, possibilité et droit, pour le second, nécessité et obligation. L'anglais et l'allemand, quant à eux, possèdent certes des verbes distincts pour ces quatre notions, mais ils les rapprochent pourtant, dans la mesure où ces verbes appartiennent à une catégorie morphologiquement et syntaxiquement particularisée, celle des « auxiliaires de mode ». (N.B. On peut poursuivre le parallèle entre les deux ordres de notions : l'impossible est négation du possible comme l'interdiction est la négation du droit; le contingent est la négation du nécessaire comme le facultatif est la négation de l'obligatoire.)

Comme pour la négation, on peut se demander si les notions qui viennent d'être énumérées sont de véritables modalités, extérieures à la division sujet-prédicat, ou si elles ne peuvent pas être intégrées au prédicat. A première vue, rien ne semble interdire de représenter l'énoncé « Pierre doit être gentil » comme possédant la seule modalité assertive, et assertant que le prédicat « devoir être gentil » s'applique à Pierre. Cette analyse devient cependant difficile quand on examine des énoncés comme « Pierre doit être puni », où il n'y a attribution d'aucun devoir à Pierre, mais où l'on affecte la proposition entière « Pierre sera puni » de la modalité de l'obligation. Il semble donc qu'on puisse reconnaître des modalités authentiques dans le cas de phrases comportant « devoir » « pouvoir », ou débutant par une véritable proposition modale comme « Il faut que... », « Il est possible que... ». (On n'en dira pas autant des phrases comportant « avoir la possibilité », « avoir le droit », où la nuance modale peut toujours être rapportée au prédicat.)

L'existence d'une modalité extra-prédicative est nette encore plus pour des énoncés comme (1) « Peut-être Pierre viendra ». Il est caractéristique que (1) ne puisse pas être l'objet d'une négation modale [394] : on n'a pas « Il est faux que peut-être Pierre viendra ».

Pour cette raison, on peut rapprocher (1) de (2) « Malheureusement Pierre viendra », qui n'est pas, lui non plus, objet possible de négation. L'énoncé (2) *n'affirme pas* le caractère indésirable de la venue de Pierre, il le *joue* : en disant « malheureusement », le locuteur se comporte en homme attristé. De même (1) n'affirme pas la possibilité, mais la joue : en disant *peut-être*, on fait plus que présenter la venue de Pierre comme envisageable, on l'envisage en fait. Ainsi donc, au moment où les modalités présentent le plus nettement le caractère extra-prédicatif, elles tendent à rejoindre la catégorie, plus vaste, des actes de parole [428]. C'est peut-être dans ce cadre qu'elles recevront, un jour, un traitement linguistique un peu systématique.

→ Sur le problème philosophique de la modalité : L. Brunschvicg, *La Modalité du jugement*, Paris, 1897. On trouvera une présentation des logiques modales dans *Logique et Connaissance scientifique*, Encyclopédie de la Pléiade, Paris, 1967, p. 251-265. Pour un exposé détaillé, voir A. N. Prior, *Formal Logic*, Oxford, 1955 (3ᵉ partie, chap. i), et surtout, du même auteur, *Time and Modality*, Oxford, 1957. Sur l'expression linguistique de la modalité, de très nombreuses observations dans F. Brunot, *La Pensée et la Langue*, Paris, 1926, livre 12; on trouvera un traitement plus systématique dans Ch. Bally, *Linguistique générale et Linguistique française*, Berne, 1944, § 27-54, et « Syntaxe de la modalité explicite », *Cahiers Ferdinand de Saussure*, 1943; voir aussi J. M. Zemb, « La structure de la modalité dans le système verbal allemand contemporain », *Études germaniques*, 1969, p. 497-518, et G. Gougenheim, « Modalités et modes verbaux en français », *Journal de psychologie*, 1970, p. 5-18. Sur la négation, comparer le point de vue de G. Frege, parlant en tant que logicien, et refusant à la négation logique le statut de modalité (« Die Verneinung », article de 1918, repris dans *Kleine Schriften*, Hildesheim, 1967) et des études linguistiques comme celles de O. Jespersen (*Negation in English and other Languages*, Copenhague, 1917) ou du transformationaliste E. S. Klima (« Negation in English », in J. A. Fodor et J. J. Katz (éd.), *The Structure of Language*, Englewood Cliffs, 1964).
La théorie linguistique de A. Culioli (présentée dans A. Culioli, C. Fuchs, M. Pécheux, *Considérations théoriques à propos du traitement formel du langage*, Paris, 1970) définit un cadre général où une place très précise est délimitée pour une éventuelle théorie de la modalité (la « lexis » de Culioli est encore plus réduite que le « dictum » traditionnel).

Temps du discours

Ce qu'on appelle *temps* dans la morphologie d'une langue n'entre pas dans un rapport simple et direct avec ce que nous appelons *temps* au plan existentiel (sans même penser aux acceptions philosophiques de ce terme); une preuve parmi d'autres en est l'existence, dans plusieurs langues, de deux termes distincts pour le linguistique et le vécu, anglais : *tense* et *time*, allemand : *Tempus* et *Zeit*. D'une part, les distinctions temporelles peuvent être marquées par bien d'autres moyens que le temps du verbe (les adverbes et les compléments de temps; les dates); et même, dans certaines langues comme l'hébreu ancien, un élément essentiel de la notion de temps, la distinction chronologique du passé, du présent et du futur n'est pas directement marquée à l'intérieur du verbe. D'autre part, le temps du verbe ne sert pas seulement à désigner la temporalité mais il signifie aussi un rapport particulier entre celui qui parle et ce dont il parle. Nous nous préoccuperons ici, cependant, d'un phénomène qui se situe à égale distance de l'un et l'autre « temps » : *de la représentation du temps en rapport avec l'instance de l'énonciation*. C'est ce qu'on appellera, au sens large, le **temps du discours**.

Ce temps s'organise autour du *présent*, notion purement linguistique, qui désigne *le moment où l'on parle*. Les autres temps verbaux (dans les langues indo-européennes, tout au moins) se subdivisent en deux grands groupes, suivant le rapport qu'ils entretiennent avec le présent et, plus généralement, avec l'énonciation [405 s.]. Les temps du français, par exemple, se répartissent dans les séries suivantes : 1) les formes « il chante », « il chantait », « il a chanté », « il chantera », etc.; 2) les formes « il chanta », « il chantait », « il avait chanté », « il chanterait », etc. Dans le premier groupe, la datation est donnée *par référence à la situation d'énonciation*; des indications chronologiques plus précises sont données par rapport au présent, à l'aide de deictiques [323] temporels (« hier », « l'année dernière », etc.); l'action décrite entre ainsi en contact avec le moment présent de l'énonciation, donc avec le locuteur et l'allocutaire. Dans le deuxième groupe, en revanche, qui tente de cacher ses propres conditions d'énonciation, les événements sont situés *les uns par rapport aux autres*, et par rapport à une chronologie « objective »; l'action décrite est isolée du présent, non par la distance temporelle (années, etc.) mais par l'intention codée du locuteur.

Il conviendra donc d'étudier séparément les temps grammaticaux qui participent de l'un ou l'autre groupe. Non seulement parce que certains temps ne sont utilisés que dans le premier (le présent et le futur), et d'autres, seulement dans le second (le passé simple français). Mais surtout parce que ceux qui sont employés dans les deux modes de rapport à l'énonciation y ont des valeurs très différentes : par exemple l'imparfait français, la première fois, s'oppose au présent et au futur, marque le passé, et constitue donc un élément de datation; il n'en va pas de même dans le second groupe, où les temps présent et futur sont inconnus et où l'imparfait se situe déjà par rapport à un passé. Le fait qu'un verbe soit, grammaticalement, à un temps du passé n'apporte alors aucune information et ne constitue même pas une ébauche de datation.

I. On a proposé plusieurs descriptions et interprétations de ce partage. Le psychologue allemand Karl Bühler a voulu faire passer la division entre les temps qui se rapportent au système « je-ici-maintenant » (la *deixis*) et les autres. Émile Benveniste oppose *temps du discours* (présent, futur, passé composé, plus-que-parfait) et *temps de l'histoire* (passé simple, ou aoriste; imparfait, conditionnel, plus-que-parfait, prospectif). William E. Bull regroupe les temps qui se réfèrent au point présent (les temps primaires) et ceux qui s'organisent à partir d'un point situé dans le passé (temps rétrospectifs). Klaus Heger, qui se fonde sur la division de Bühler, propose comme catégories fondamentales « maintenant-autre que maintenant ». Harald Weinrich divise les temps en **commentatifs** et **narratifs**, suivant que les interlocuteurs doivent ou non se considérer comme concernés directement par l'action décrite.

La littérature narrative, et même plus généralement tout récit, utilisent de préférence les temps du second groupe (« de l'histoire », « non-deictiques », « narratifs », etc.). Il ne faut donc pas conclure de leur usage que les événements évoqués se situent forcément dans le passé : les romans d'anticipation se servent des mêmes temps, inversement, on peut employer les temps du premier groupe pour des actions passées, si on ne met pas ces dernières sur le plan du récit. Les temps employés par la narration signifient, en fait, la rupture existant entre le moment de la narration et le récit évoqué ; pour cette raison, ils ont été parfois reçus comme un indice de *fiction* (Käte Hamburger).

→ K. Bühler, *Sprachtheorie*, Iéna, 1934 ; É. Benveniste, *Problèmes de linguistique générale*, Paris, 1966, p. 237-250 ; W. E. Bull, *Time, Tense, and the Verb*, Berkeley, 1960 ; K. Heger, « La conjugaison objective en français et en espagnol », *Langages*, 3, 1966, p. 18-39 ; H. Weinrich, *Le temps*, Paris, 1973 ; K. Hamburger, *Die Logik der Dichtung*, Stuttgart, 1957 ; É. Benveniste, « Le langage et l'expérience humaine », *Diogène*, 51, 1965, p. 3-13.

II. Les problèmes de temporalité qui se posent à l'intérieur d'un discours organisé sont, on vient de le voir, relativement indépendants des temps grammaticaux. Ils deviennent particulièrement complexes dans le cas de la fiction, c'est-à-dire d'un discours représentatif à l'intérieur duquel on doit d'abord distinguer : le **temps de l'histoire** (ou temps de la fiction, ou temps raconté, ou représenté), temporalité propre à l'univers évoqué ; le **temps de l'écriture** (ou de la narration, ou racontant), temps lié au processus d'énonciation, également présent à l'intérieur du texte ; et le **temps de la lecture** (bien que moins nettement), représentation du temps nécessaire pour que soit lu le texte. Ces trois temporalités sont inscrites *dans* le texte. Mais à côté de ces temps internes, il existe aussi des temps externes avec lesquels le texte entre en relation : le **temps de l'écrivain**, le **temps du lecteur** et enfin le **temps historique** (c'est-à-dire le temps qui fait l'objet de l'histoire en tant que science). Les relations entretenues par toutes ces catégories définissent la problématique temporelle d'un récit.

Avant de l'aborder dans le détail, signalons une autre possi-

bilité pour l'étude du temps textuel : on peut, en restant à l'intérieur du seul temps de l'histoire, dégager la *conception du temps*
qui s'y manifeste (et chercher alors chez l'écrivain un philosophe
qui traiterait du temps comme forme, intuition ou concept).
De nombreuses études d'inspiration philosophique ont pris là
leur départ.

➡ D. Likhatchev, *Poetika drevnerusskoj literatury*, Leningrad, 1967,
p. 212-224; E. Staiger, *Die Zeit als Einbildungskraft des Dichters*, Zurich,
1939; G. Poulet, *Études sur le temps humain*, Paris, 1952; G. Müller, *Die
Bedeutung der Zeit in der Erzählkunst*, Bonn, 1947; G. Müller, « Auf-
bauformen des Romans », *Neophilologus*, 1953, p. 1-14; H. Meyer-
hoff, *Time in Literature*, Berkeley, 1955.

III. Parmi les rapports qu'entretiennent les temps *internes*,
on s'est surtout attaché à décrire celui qui unit temps de l'*histoire*
et temps de l'*écriture*. Ce dernier est toujours présent, du fait même
de l'ordre dans lequel les parties du texte doivent être lues (dans
le cas le plus simple, temps de l'écriture et temps de la lecture
coïncident); parfois, cette temporalité d'écriture est à son tour
représentée : le livre raconte non seulement une histoire mais
l'histoire du livre même. Il y a plusieurs perspectives dans lesquelles
ces deux temporalités sont en relation.

1. Du point de vue de la *direction* des deux temporalités. Cas
le plus simple : les deux temps suivent la même direction, parfaitement parallèles. Les événements se suivent dans l'univers
évoqué de manière analogue à la suite des phrases qui, dans le
texte, les racontent. Ce parallélisme idéal est extrêmement rare :
car, d'une part, l'univers évoqué est organisé sur plusieurs lignes
temporelles (par exemple plusieurs personnages); d'autre part,
le récit a ses propres exigences, qui ne sont pas celles de la prétendue « réalité ». Le parallélisme sera alors rompu, et ceci de
deux manières :

a) Par des **inversions** : des événements sont rapportés plus tôt
que d'autres qui leur sont pourtant antérieurs. Cas classique :
le cadavre d'introduction des romans policiers où l'on n'apprendra
que plus tard ce qui a précédé le crime. Les Formalistes russes
se sont montré particulièrement intéressés par ce type de « déformation » de la réalité représentée; ils y voyaient la différence essentielle entre *sujet* et *fable*.

b) Par des histoires *enchâssées* : cette fois, on n'invertit pas l'ordre dans la première histoire, mais on l'interrompt pour en commencer une seconde, ensuite une troisième, etc. (exemple le plus connu : *les Mille et une nuits*). Ici encore, on remonte habituellement le temps; mais, d'abord, ce n'est pas la même chaîne de temporalité qui est en jeu; et d'autre part, l'histoire enchâssée peut aussi bien être une projection dans le futur.

Ces ruptures dans le parallélisme temporel entre histoire et écriture sont souvent utilisées pour créer l'effet de *suspens* : ce terme désigne l'expérience du lecteur qui attend impatiemment la suite d'un récit. Un tel effet est créé par différents jeux de temporalité : on expose des événements énigmatiques de telle sorte qu'un retour dans le passé soit nécessaire pour en donner l'explication (relation passé-présent), ou bien on rapporte d'abord un projet audacieux et ensuite sa réalisation (futur-présent); ou bien enfin on se contente de placer les personnages dans une situation particulièrement dangereuse : on joue alors sur un « oubli » du temps de l'écriture, le lecteur s'identifiant aux personnages.

2. Du point de vue de la *distance* entre les deux temps. D'abord, deux cas-limites : celui où aucun rapport ne peut exister entre les deux temporalités (légendes, mythes, etc.); et celui où les deux coïncident totalement; le récit est le monologue « sténographié » du héros et si l'on tue ce personnage, sa phrase sera interrompue en plein milieu... Entre ces deux extrêmes, se distinguent une infinité de cas intermédiaires : par exemple, le narrateur écrit le soir ce qui s'est passé dans la journée; ou bien il écrit à quelques mois de distance, mais sans que pour autant l'histoire contée soit encore terminée, etc. Ce type de rapport est particulièrement clair dans les récits à la première personne.

3. Du point de vue de la *quantité* proportionnelle de temps de l'histoire dans une unité du temps de l'écriture.

a) Si à une unité du temps de l'histoire ne correspond aucune unité du temps de l'écriture, on parlera d'*escamotage* : ainsi parfois des années entières de la vie d'un personnage sont passées sous silence;

b) Si à une unité du temps de l'histoire correspond une unité inférieure du temps de l'écriture, on parlera de *résumé* : on résume en une page une longue période de la vie représentée;

c) Si à une unité du temps de l'histoire correspond une unité identique du temps de l'écriture, il s'agira du *style direct* : les répliques des personnages sont reprises telles quelles dans le texte;

d) Si à une unité du temps de l'histoire correspond une unité plus large du temps de l'écriture, il s'agit d'*analyse* : le temps de l'histoire se poursuit mais il est ralenti de ce que chaque fait est prétexte à de longues analyses (ainsi chez Proust);

e) Si aucune unité du temps de l'histoire ne correspond à telle unité de temps de l'écriture, on parlera de *digression*, ou suspension du temps. La digression peut avoir le caractère d'une description (de lieu, de personne, etc.), d'une réflexion philosophique, etc.

Le même rapport entre les deux temps peut être mis en jeu par les blancs typographiques (paragraphes, chapitres, etc.), qui correspondent ou non à des ruptures dans le temps de l'histoire.

4. La quantité événementielle est un facteur déterminant pour l'appréciation du *rythme* ou de la densité; mais il s'agit cette fois de valeurs absolues et non relatives. Sur le plan de la temporalité, on dit que certaines pages sont denses lorsqu'elles rapportent non beaucoup d'années mais beaucoup d'événements (les deux peuvent coïncider). Cette densité absolue d'événements peut varier au cours du livre, suivant ou non un dessin rigoureux. Dans le roman classique, par exemple, l'exposition se déroule sur un rythme lent (peu d'événements); et celui-ci s'accélère dans le dénouement.

5. On peut enfin examiner la nature de la *projection* du temps de l'histoire sur le temps de l'écriture : suivant qu'elle est *simple*, comme dans tous les cas évoqués jusqu'ici, ou encore *double*, *triple*, etc. La double projection revêt plusieurs formes :

a) La simultanéité signifie un dédoublement spatial à l'intérieur du temps de l'histoire, dédoublement que le temps de l'écriture projette dans sa succession;

b) Dans la vision *stéréoscopique* une seule scène au plan du temps de l'histoire serait narrée plusieurs fois, par un ou plusieurs personnages;

c) La *répétition* d'une partie du texte correspond à un autre dédoublement d'un événement dans le temps de l'écriture.

On trouve des distinctions semblables dans le champ de la vision narrative [411 s.] du fait que les catégories du temps et de la personne sont étroitement liées. L'existence d'une vision (d'un narrateur), signifie en même temps l'existence d'une temporalité de l'écriture; or le narrateur ne peut jamais être totalement absent. Inversement, c'est par l'organisation qu'il impose au temps de l'histoire, que le narrateur souvent surgit.

Le temps de la *lecture*, en ses rapports avec les autres temps internes, a reçu beaucoup moins d'attention; en partie parce que très souvent narrateur et lecteur doivent s'identifier. Cependant le rôle du lecteur peut être explicitement désigné (on représente les circonstances dans lesquelles nous lisons l'histoire). Le temps de l'*exécution*, qui caractérise les genres folkloriques, semble calqué sur le temps de la lecture.

➡ D. Likhatchev, *Poetika drevnerusskoj literatury*, Leningrad, 1967; L. S. Vygotskij, *Psikhologija, iskusstva*, Moscou, 1965; J. Pouillon, *Temps et Roman*, Paris, 1946; G. Müller, *Die Bedeutung der Zeit in der Erzählkunst*, Bonn, 1947; A. A. Mendilow, *Time and the Novel*, Londres, 1952; E. Lämmert, *Bauformen des Erzählens*, Stuttgart, 1955; J. Ricardou, *Problèmes du nouveau roman*, Paris, 1967, p. 161-171; G. Genette, *Figures III*, Paris, 1972, « Le discours du récit ».

IV. Les rapports entre temps *internes* et temps *externes* ont été étudiés dans une perspective surtout sociologique et historique. Un texte entretient des rapports de différente intensité avec le temps réel (historique) dans lequel sont censés se situer les événements représentés. Le *roman historique* est ici à l'un des extrêmes : il prétend à la vérité, dans la description de l'histoire. A l'autre extrême se situent les *contes de fées* : 'eur action se déroule dans un univers qui n'a aucune relation de continuité avec l'univers historique; le conte décrit un univers clos. Habituellement, même quand un roman ne se veut nullement historique, on reconnaît sans mal à quelle époque s'en situe l'action.

Le temps de l'écrivain joue bien entendu, à son tour, un rôle : qu'ils le veuillent ou non, les écrivains participent d'une époque culturelle, de ses systèmes de représentations, etc. Enfin, le temps du lecteur est responsable des réinterprétations nouvelles que chaque siècle (chaque synchronie culturelle) donne aux œuvres du passé.

➡ A. A. Mendillow, *Time and the Novel*, Londres, 1952.

Enonciation

La production linguistique peut être considérée : soit comme une suite de phrases, identifiée sans référence à telle apparition particulière de ces phrases (elles peuvent être dites, ou transcrites avec des écritures différentes, ou imprimées, etc.); soit comme un acte au cours duquel ces phrases s'actualisent, assumées par un locuteur particulier, dans des circonstances spatiales et temporelles précises. Telle est l'opposition entre l'énoncé et la situation de discours, parfois appelée énonciation. Cependant, lorsqu'on parle, en linguistique, d'énonciation, on prend ce terme en un sens plus étroit : on ne vise ni le phénomène physique d'émission ou de réception de la parole, qui relève de la psycholinguistique ou d'une de ses subdivisions [96], ni les modifications apportées au sens global de l'énoncé par la situation [417s.], mais les éléments appartenant au code de la langue et dont pourtant le sens dépend de facteurs qui varient d'une énonciation à l'autre; par exemple *je*, *tu*, *ici*, *maintenant*, etc. Autrement dit, ce que la linguistique retient, c'est l'*empreinte du procès d'énonciation dans l'énoncé*.

Les aspects linguistiques de l'énonciation n'ont jamais été au centre de l'attention des linguistes; d'où un certain flottement terminologique dans les études qui leur sont consacrées. La catégorie est bien présente dès les grammaires grecques et latines; mais c'est le sémioticien américain Ch. S. Peirce qui en a décrit, le premier, la nature ambiguë : il s'agit à la fois de *symboles*, c'est-à-dire de signes appartenant au code de la langue (*je* est un mot du lexique français), et d'*indices*, c'est-à-dire de signes contenant un élément de la situation d'énonciation (*je* désigne celui qui parle en ce moment, en ce lieu) [115].

Les linguistes se sont référés le plus souvent à l'énonciation sous le terme de *deixis*. Cependant ce mot masque une opposition

importante (comme l'avait déjà remarqué K. Bühler) : une partie
des formes deixiques renvoie à des éléments antérieurs de l'énoncé
même (ainsi les pronoms *il, elle, le, la,* etc.), une autre, aux éléments de l'acte de parole (*je, tu,* etc.); autrement dit, on confond
la deixis *anaphorique* avec la deixis *indicielle* [358 s.]. Plus récemment,
les travaux de linguistes comme Jespersen, Jakobson, et surtout
Benveniste ont permis de commencer l'étude précise et systématique de ces faits.

   Les premiers éléments constitutifs d'un procès d'énonciation
sont : le **locuteur,** celui qui énonce; et l'**allocutaire,** celui à qui
est adressé l'énoncé; qui tous deux sont nommés, indifféremment,
interlocuteurs. A partir de là, on peut concevoir l'organisation
des formes linguistiques indicielles de deux manières, suivant
que l'on s'appuie sur des catégories *grammaticales* ou *sémantiques*.

   Dans le premier cas, on distinguera les « pronoms personnels »
de la 1re et 2e personne; les pronoms démonstratifs; les adverbes
et les adjectifs que Bally nommait « relatifs » (*ici, maintenant,
hier, aujourd'hui,* etc.); les temps du verbe, organisés toujours
autour du « présent », c'est-à-dire du temps de l'énonciation. On
ajoutera certains verbes pris à la première personne du singulier
(*je crois que..., je conclus que...*), les verbes *performatifs* [427 s.],
c'est-à-dire ceux qui à la première personne du singulier présent
effectuent de par eux-mêmes l'action qu'ils désignent, par exemple
je promets..., je jure..., etc. : ce dernier groupe diffère du premier,
où la référence du mot variait avec le contexte; reste que tous
deux nous donnent des informations sur le procès d'énonciation.
Tel est également le cas de certaines couches du lexique, où l'on
observe la présence de sèmes *évaluatifs* ou *émotifs* (qui impliquent
un jugement ou une attitude particulière du sujet de l'énonciation).
Les termes **modalisants** comme *peut-être, certainement, sans doute*
suspendent l'assertion du sujet énonçant et, par là, se rattachent
encore à l'énonciation. Enfin, les fonctions syntaxiques (sujet-
prédicat) se rapportent à l'énonciation selon des modalités diverses : tous les éléments qui expriment l'attitude du locuteur
envers ce dont il parle sont « accrochés » au prédicat, jamais au
sujet. Si des termes évaluatifs sont placés dans le sujet, nous les
interprétons comme des citations, comme les noms avancés des
expressions correspondantes.

On retrouve les mêmes problèmes en partant des catégories sémantiques, qui sont de quatre espèces : l'identité des interlocuteurs, le temps de l'énonciation, son lieu et ses modalités (ou la relation entre les interlocuteurs et l'énoncé). Nos pronoms *je* et *tu* permettent seulement d'identifier les protagonistes de l'énonciation; mais dans certaines langues de l'Asie orientale, s'y ajoutent des indications sur le statut social de ceux-ci ou sur leurs relations mutuelles. Les indications de temps et lieu s'organisent toujours à partir de l'énonciation elle-même, c'est-à-dire des adverbes *maintenant* et *ici*; mais beaucoup d'autres termes lexicaux s'y réfèrent; ainsi par exemple un verbe comme *venir*.

Le problème de la *référence* [317 s.] est étroitement lié à l'énonciation; comme l'avait déjà remarqué Peirce, pour qu'un signe puisse dénoter, il doit passer par l'intermédiaire d'un « indice ». La question de la *vérité*, subordonnée à celle de la référence, est également inconcevable en dehors de l'énonciation : en lui-même, l'énoncé n'est pas vrai ou faux, il le devient uniquement au cours d'une énonciation particulière.

→ É. Benveniste, *Problèmes de linguistique générale*. Paris, 1966, p. 225-288; Ch. Bally, « Les notions grammaticales d'absolu et de relatif », in *Essais sur le langage*, Paris, 1969, p. 189-204; R. Jakobson, *Essais de linguistique générale*, Paris, 1963, p. 176-196; A. W. Burks, « Icon, Index, Symbol », *Philosophy and Phenomenological Research*, 1949, p. 673-689; Ch. Fillmore, « Deictic categories in the semantics of « come »» *Foundations of Language*, 1966, p. 219-227; J. R. Searle, *Les Actes de langage*, Paris, 1972; T. Todorov (éd.), *L'Énonciation* (*Langages*, 17, 1970).

L'étude de l'énonciation a des répercussions dans deux domaines voisins : celui de la sociolinguistique [84 s.] et celui de la stylistique [103 s.].

En tant qu'action particulière, l'énonciation relève d'une étude *totale* du comportement dans la société et, plus particulièrement, de l'*anthropologie linguistique* [87 s.]. Celle-ci emprunte à l'énonciation plusieurs de ses catégories fondamentales. Ainsi de l'opposition, introduite par Austin, entre forces illocutoire et perlocutoire [428 s.] : c'est opposer la structure interne d'une action aux résultats particuliers qu'elle provoque. La force illocutoire d'une phrase impérative par exemple consiste dans le fait que je donne un ordre à quelqu'un; sa force perlocutoire, dans le fait qu'elle est suivie d'effet. L'anthropologie proprement linguistique ne retiendra dans son champ d'étude que la force illocutoire.

Une autre relation est possible entre le modèle de l'énonciation, élaboré à partir d'une analyse linguistique, et la description des actes de parole, sur le plan anthropologique. On citera ici l'analyse linguistique menée par le logicien américain J. R. Searle : « Premièrement, et c'est le plus important, il y a la direction ou l'objectif de l'action (par exemple la différence entre assertion et interrogation); deuxièmement, les positions relatives du locuteur et de l'allocutaire (la différence entre demande et ordre); troisièmement, le degré d'engagement pris (la différence entre la simple expression d'intention et la promesse); quatrièmement, la différence dans le contenu propositionnel (la différence entre prédictions et constats); cinquièmement, la différence dans la manière dont la proposition se relie aux intérêts du locuteur et de l'allocutaire (la différence entre se vanter et se plaindre, entre avertir et prédire); sixièmement, les états psychologiques exprimés (la différence entre la promesse, expression d'intention et l'assertion, expression de conviction); septièmement, les différentes manières selon lesquelles un énoncé se relie au reste de la conversation (la différence entre la simple réponse à la réplique précédente et l'objection à ce qui vient d'être dit). » Les oppositions ainsi dégagées peuvent évidemment permettre la catégorisation de ce qui constitue l'objet de l'anthropologie linguistique.

→ J. L. Austin, *Quand dire c'est faire*, Paris, 1970; J. R. Searle, *les Actes de langage*, Paris, 1972.

L'énonciation est toujours présente, d'une manière ou d'une autre, à l'intérieur de l'énoncé; les *différentes formes de cette présence*, ainsi que les degrés de son intensité, permettent de fonder une *typologie des discours*. On relèvera ici plusieurs oppositions, établies par diverses analyses stylistiques, et qui se fondent toutes sur des catégories relevant de l'énonciation.

1. On opposera d'abord un discours *centré sur le locuteur* à un discours qui *s'organise autour de l'allocutaire*. Le bon sens nous fait distinguer un orateur qui « ignore son public » (ce qui veut dire que l'allocutaire implicite au discours est modelé à l'image du locuteur lui-même) de celui qui adapte sa parole aux

auditeurs présents devant lui (l'allocutaire implicite est ici indépendant du locuteur). Cette intuition de tous les jours peut se
laisser expliciter et préciser. Luce Irigaray a proposé une semblable
typologie des discours et montré qu'elle coïncide, chez les locuteurs, avec une typologie psychanalytique : obsessionnels et
hystériques.

2. On opposera le discours *explicite* (ou autonome) au discours
implicite, de situation. On rencontre cette distinction dans les
Thèses du Cercle linguistique de Prague : « Deux directions de
gravitation : l'une, où le langage est « de situation », c'est-à-dire
compte sur des éléments extra-linguistiques de complément
(*langage pratique*), l'autre, où le langage vise à constituer un tout
aussi fermé que possible, avec tendance à se faire complet et
précis, à user de mots-termes et de phrases-jugements (*langage
théorique ou de formulation*). » On peut retenir cette opposition,
sans nécessairement identifier les deux tendances avec la conversation et le texte scientifique. Plus récemment, B. Uspenski s'est
servi d'une opposition semblable pour établir, lui aussi, une typologie psychologique.

3. Le discours *pauvre en indications sur son énonciation* s'oppose
à celui qui *s'y réfère* constamment. Freud distinguait, dans le
travail analytique, ces deux types d'énoncés. Benveniste les a
étudiés sous les noms respectifs d'*histoire* et de *discours*. Cette
opposition, comme les précédentes, ne compare pas des qualités
pures mais des prédominances quantitatives.

4. V. Volochinov, linguiste et critique littéraire soviétique
des années 20, avait montré le fonctionnement d'une autre
opposition discursive à l'intérieur de textes littéraires, à propos
de la citation, c'est-à-dire de l'énoncé à énonciation reproduite.
L'énoncé cité et l'énoncé citant peuvent entrer ou non en continuité : la langue du narrateur et celle des personnages sont
semblables ou différentes. Dans le premier cas, l'un ou l'autre
énoncé peuvent subir des transformations : le discours du narrateur
s'assimile, chez Dostoïevski aux paroles des personnages qu'il
présente; au contraire, dans le style indirect, on a plutôt tendance
à faire ressembler l'énoncé cité à l'énoncé citant. Dans le troisième
cas, aucune interpénétration ne se laisse observer entre énoncé
citant et énoncé cité.

Toutes ces oppositions auront à être intégrées dans une théorie générale des styles [383 s.].

Une autre application des catégories de l'énonciation dans l'analyse rhétorique et littéraire touche au problème des visions [411 s.]. Le « narrateur » d'un texte n'est en effet rien d'autre qu'un locuteur imaginaire, reconstitué à partir des éléments verbaux qui s'y réfèrent.

➡ L. Irigaray, « Approche d'une grammaire d'énonciation de l'hystérique et de l'obsessionnel », *Langages*, 5, 1967, p. 99-109; B. A. Uspenski, « Personologicheskie problemy v lingvisticheskom aspekte », in *Tezisi dokladov vo vtoroj letnej shkole po vtorichnym modelirujushchim sistemam*, Tartu, 1966, p. 6-12; T. Todorov, « Freud sur l'énonciation », *Langages*, 17, 1970, p. 34-41; V. Voloshinov, « K Istorii form vyskazyvanija v konstrukcijakh jazyka », in *Readings in Russian Poetics*, Ann Arbor, 1962, p. 67-98; M. Bakhtine, *La Poétique de Dostoïevski*, Paris, 1970.

Vision dans la fiction

Le terme de vision ou de point de vue se réfère au rapport entre le narrateur et l'univers représenté. Catégorie donc liée aux arts *représentatifs* (fiction, peinture figurative, cinéma; à un degré moindre : théâtre, sculpture, architecture); et catégorie qui concerne l'acte même de représenter en ses modalités, soit, dans le cas du *discours* représentatif, l'acte d'énonciation dans son rapport avec l'énoncé.

La vision (narrative) est inhérente à tout discours représentatif; mais la théorie n'en a été produite que tardivement : à la fin du XIXe siècle (malgré des remarques isolées aux siècles précédents). Cette prise de conscience a coïncidé avec l'exploitation fiévreuse par les écrivains des différents procédés d'écriture propres à chaque « vision ». Aujourd'hui, on assiste, en revanche, à un double recul : une partie de la littérature moderne au moins tend vers un refus de la représentation et, de ce fait, la catégorie de la vision perd de son importance; d'autre part, après avoir cru trouver en ce concept le secret de l'art littéraire, la critique s'aperçoit qu'il recouvre une série de traits distincts, qu'il n'a après tout qu'une valeur descriptive et qu'il ne peut servir de critère de réussite.

On s'est longtemps efforcé de trouver une opposition unique qui permettrait d'organiser tous les traits liés au rapport narrateur-univers représenté. De là, des termes syncrétiques, réunissant plusieurs catégories en une seule, ou postulant leur solidarité. Ainsi Otto Ludwig distingue entre le *récit proprement dit* et le *récit scénique* (où les événements sont « donnés à voir » comme au théâtre); Percy Lubbock entre *vision panoramique* (le narrateur embrasse d'un coup d'œil des années entières et « assiste » simultanément à l'événement en plusieurs endroits) et *vision scénique* (les événements se déroulent, tels quels, devant nos yeux); à la même époque, Tomachevski écrit : « La narration est présentée soit objectivement, au nom de l'auteur, comme une simple information, sans qu'on nous explique comment nous prenons connaissance de ces événements (récit objectif); soit au nom d'un narrateur, d'une certaine personne bien définie. Ainsi il existe deux types principaux de narration : *récit objectif* et *récit subjectif*. » Plus récemment, Uspenski a proposé de tout réduire à l'opposition entre points de vue *interne* et *externe* (à l'univers représenté). Le défaut est évident : chacune de ces oppositions recouvre plusieurs catégories indépendantes.

→   O. Ludwig, *Studien*, Leipzig, 1891; H. James, *The Art of the Novel*, New York, 1934; P. Lubbock, *The Craft of Fiction*, New York, 1921; B. Tomachevski, « Thématique », in *Théorie de la littérature*, Paris, 1965; Cl.-E. Magny, *L'Age du roman américain*, Paris, 1948; B. A. Uspenski, *Poétika kompozicii*, Moscou, 1970 ; N. Friedman, « Point of View in Fiction. The Development of a Critical Concept », *PMLA*, 1955 (historique, avec bibliographie abondante); F. Van Rossum-Guyon, « Point de vue ou perspective narrative », *Poétique*, 1970, 4.

ANALYSE.

Sur le plan *linguistique*, la catégorie de la vision se rattache à celle de la *personne* en ce sens que celle-ci met en jeu les relations qui s'établissent entre les protagonistes de l'acte discursif (*je* et *tu*) et l'énoncé lui-même (*il* ou *elle*) : les concepts d'*énoncé* et d'*énonciation* [405] sont ainsi impliqués par celui de vision.

Le procès narratif possède trois protagonistes au moins : le personnage (*il*), le narrateur (*je*) et le lecteur (*tu*); ou encore : celui dont on parle, celui qui parle, celui à qui on parle.

Très souvent l'image du narrateur est dédoublée : il suffit que le sujet de l'énonciation soit lui-même énoncé pour que, derrière lui, un nouveau sujet de l'énonciation surgisse. Autrement dit, dès que le narrateur est représenté dans le texte, nous devons postuler l'existence d'un **auteur implicite** au texte, celui qui écrit et qu'il ne faut en aucun cas confondre avec la personne de l'au teur, en chair et en os : seul le premier est présent dans le livre lui-même. L'auteur implicite est celui qui organise le texte, qui est responsable de la présence ou de l'absence de telle partie de l'histoire, celui dont la critique psychologique écrase l'instance en l'identifiant à « l'homme ». Si aucune personne ne s'interpose entre cet auteur inévitable et l'univers représenté, c'est qu'auteur implicite et narrateur ont fusionné. Mais la plupart du temps, le narrateur a son propre rôle, inconfondable. Ce rôle varie d'un texte à l'autre : le narrateur peut être un des personnages principaux (dans un récit à la première personne), ou bien simplement émettre un jugement de valeur (à l'égard duquel, à un autre point du texte, l'*auteur* montrera son désaccord) et accéder ainsi à l'existence.

Quant au lecteur, il ne doit pas plus être confondu avec les lecteurs réels : il s'agit là encore d'un rôle inscrit dans le texte (tout comme sont inscrits, dans tout discours, des informations concernant l'allocutaire). Le lecteur réel accepte ou n'accepte pas ce rôle : il lit (ou ne lit pas) le livre dans l'ordre qui lui a été proposé, il s'associe ou non aux jugements de valeur implicites du livre, qui sont portés sur les personnages ou les incidents, etc. Parfois l'image du narrateur et celle du lecteur coïncident; d'autres fois, le narrateur se retrouve du côté des personnages.

Ce sont les rapports entre : auteur implicite, narrateur, personnages et lecteur implicite qui définissent, dans leur variété, la problématique de la vision. On distinguera plusieurs variables susceptibles de combinaison.

1. Le contexte d'énonciation.

Le récit peut se présenter comme allant de soi, naturel et *transparent*; ou bien, au contraire, l'acte d'énonciation peut se trouver *représenté* dans le texte. Dans ce dernier cas, on distinguera les textes où l'*interlocuteur* est également *présent* (le narrateur est assis au coin du feu par une nuit d'hiver et s'adresse à une jeune personne de ses connaissances), des textes où il est *absent* et qui peuvent : a) soit confronter directement le *lecteur* au discours du narrateur : nous sommes ceux à qui ce dernier s'adresse; b) soit représenter *l'acte même d'écriture* : il est dit alors explicitement que ce que nous lisons est un livre et on décrit le procès de sa

création Mainte nouvelle de Maupassant illustre le cas d'interlocuteur présent; la majorité des romans écrits à la première personne, celui de l'interlocuteur absent; des livres comme *Tristram
Shandy* ou *Jacques le Fataliste*, le troisième.

2. *L'identité du narrateur.*

Il y a *un* ou *plusieurs* narrateurs; et dans ce dernier cas, ceux-ci
se situent ou *au même niveau,* ou à des niveaux *différents.* Ces
niveaux de la narration dépendent du type de relation entre
les séquences à l'intérieur d'un même récit (enchâssement ou
enchaînement) [379] : dans le roman épistolaire, par exemple,
les auteurs des lettres se situent, *a priori,* au même niveau; de
même pour les dix narrateurs du *Décaméron* de Boccace (leurs
récits sont enchaînés entre eux). En revanche, le cadre du *Décaméron* a son narrateur qui ne se situe pas au même niveau : s'il
peut raconter l'acte d'énonciation des autres narrateurs, l'inverse
n'est pas vrai.

3. *La présence du narrateur.*

On y peut clairement distinguer plusieurs degrés.

a) Le narrateur est présent au niveau de l'univers évoqué
ou à celui du récit. Dans le premier cas, il y a contiguïté entre
personnages et narrateur; dans le deuxième (comme dans *Jacques
le Fataliste*), le narrateur n'intervient pas dans l'univers représenté
mais se décrit explicitement, en train d'écrire le livre. Les deux
solutions peuvent se combiner : Tristram Shandy se décrit *à la fois*
comme personnage et comme auteur. Dans des cas semblables
(les mémoires), les deux contextes restent encore disjoints; mais dans
un journal, ou dans un roman par lettres, l'acte d'écriture intervient
éventuellement dans le récit même de l'action (ainsi dans l'*Emploi
du temps* de Butor ou dans *les Liaisons dangereuses*).

b) Quand le narrateur est représenté au niveau des personnages,
il peut encore être *agent* ou *témoin*; ces deux termes décrivent
en fait deux limites extrêmes entre lesquelles se place une infinité
de cas particuliers : le narrateur est parfois le personnage principal, d'autres fois un être anonyme dont nous ne connaissons
guère que l'existence (ainsi dans *les Frères Karamazov*).

4. *Les distances du narrateur.*

On doit introduire ici le pluriel car les distances en question peuvent jouer d'auteur implicite à narrateur; de narrateur à personnages; de narrateur à lecteur implicite; d'auteur implicite à lecteur implicite; d'auteur implicite à personnages; etc. (chacun de ces cas pourrait s'illustrer de nombreux exemples). D'autre part la *nature* même de la distance peut varier : elle peut être d'ordre moral et affectif (différence dans les jugements de valeur portés); intellectuel (différence dans le degré de compréhension des événements); temporel et spatial (éloignement relatif des termes). Ces différentes modalités de la distance peuvent se succéder à l'intérieur même d'une œuvre. Chacune des distances peut aussi se réduire à zéro, ce qui crée des rôles narratifs complexes. Enfin, les distances peuvent être plus ou moins explicites, établies de manière plus ou moins systématique, etc.

5. *La « science » du narrateur.*

On oppose couramment le narrateur omniscient à celui dont les connaissances sont limitées; encore une fois, ce sont là deux cas isolés dans une série continue. Relevons ici :

a) Visions *interne* et *externe* : le narrateur décrit l'univers mental du personnage de l'intérieur ou de l'extérieur. Dans le cas où il s'introduit dans l'esprit des personnages, ce procédé peut s'appliquer à un seul héros ou à plusieurs; et dans ce dernier cas, le passage d'une conscience à l'autre peut suivre ou non un dessin rigoureux. C'est lorsque le souci de justifier les connaissances du narrateur est réduit au minimum, qu'on parle d'un auteur (ou narrateur) *omniscient*.

b) On peut distinguer aussi des degrés de « profondeur », l'inégale pénétration du narrateur (ou encore son angle de vision) : il ne décrit que des comportements et se contente d'observer; ou rapporte les pensées du personnage (que celui-ci est supposé seul connaître); ou nous donne connaissance de processus dont le personnage lui-même ignore tout (ambition qui se fonde souvent, au xxᵉ siècle, sur le fonctionnement de l'inconscient). On peut distinguer également entre les types de connaissances impliqués : psychologiques, événementielles, etc.

c) Il faut rattacher ici le phénomène évoqué dans la *Poétique* d'Aristote sous le nom de reconnaissance. Celle-ci implique, évidemment, un moment antérieur où, à la place de la connaissance correcte, on trouvait l'ignorance ou l'erreur; autrement dit, une vision défectueuse du point de vue de la vérité.

6. Enfin, ces catégories de la vision doivent être distinguées des moyens linguistiques qui en assurent l'expression. Le fait est qu'il est impossible d'identifier une vision à des procédés verbaux qui peuvent avoir une pluralité de fonctions expressives très différentes. Par exemple que le récit soit mené à la première ou à la troisième personne (ou à la deuxième) est très important mais ne préjuge encore rien de la « présence », de la « science » et des « distances » du narrateur : le récit à la troisième personne, par exemple, n'empêche ni la forte présence du narrateur, ni la réduction de la distance entre lui et les personnages, ni le caractère limité de sa connaissance sur les motivations du héros. De même, l'emploi du résumé et de la scène, qui avait retenu l'attention de James et de Lubbock, ne présume encore rien de la nature de la vision. On peut parler, dans le meilleur des cas, d'une affinité entre les catégories de la vision et du style [383 s.] mais non d'une équivalence ou d'une absolue solidarité.

→ K. Friedemann, *Die Rolle des Erzählers in der Epik*, Leipzig, 1910; P. Lubbock, *The Craft of Fiction*, New York, 1921; J. Pouillon, *Temps et Roman*, Paris, 1946; W. Kayser, « Qui raconte le roman? », *Poétique*, 4, 1970; F. Stanzel, *Typische Formen des Romans*, Vienne, 1955; W. Booth, *The Rhetoric of Fiction*, Chicago, 1961; B. Romberg, *Studies in the Narrative Technique of the First Person Novel*, Stockholm, 1962; T. Todorov, *Poétique*, Paris, 1973; B. Uspenski, *Poétika kompozicii*, Moscou, 1970; G. Genette, *Figures III*, Paris, 1972, « Le discours du récit ».

Situation de discours

On appelle **situation de discours** l'ensemble des circonstances au milieu desquelles se déroule un acte d'énonciation (qu'il soit écrit ou oral). Il faut entendre par là à la fois l'entourage physique et social où cet acte prend place, l'image qu'en ont les interlocuteurs, l'identité de ceux-ci, l'idée que chacun se fait de l'autre (y compris la représentation que chacun possède de ce que l'autre pense de lui), les événements qui ont précédé l'acte d'énonciation (notamment les relations qu'ont eues auparavant les interlocuteurs, et surtout les échanges de paroles où s'insère l'énonciation en question).

N.B. On appelle aussi quelquefois ces circonstances le contexte. Mais il est commode de réserver ce dernier terme pour désigner l'entourage strictement linguistique d'un élément (d'un mot par exemple, ou d'une unité phonique) à l'intérieur d'un énoncé, c'est-à-dire la série d'éléments qui le précèdent et qui le suivent dans cet énoncé, ou encore, en termes plus techniques, les syntagmes [139] auxquels il appartient.

C'est une constatation banale que la plupart des actes d'énonciation (peut-être tous) sont impossibles à interpréter si l'on ne connaît que l'énoncé employé, et si l'on ignore tout de la situation : non seulement on ne pourra pas connaître les motifs et les effets de l'énonciation, mais surtout — c'est la seule chose qui sera considérée ici — on ne pourra pas décrire correctement la valeur intrinsèque de l'énonciation, même pas les informations qu'elle communique.

➜ Sur l'importance de fait de la situation : T. Slama-Cazacu, *Langage et Contexte*, Copenhague, 1961 (surtout 2° partie, chap. ɪɪ et ɪɪɪ).

D'abord, en quoi consiste cette dépendance? La connaissance de la situation peut être nécessaire :

a) Pour déterminer le référent des expressions employées. C'est évident pour les deictiques [323] (*je, tu, ceci, ici, maintenant...*) qui ne désignent des objets qu'en les situant par rapport aux interlocuteurs [406]. Mais c'est vrai aussi pour la plupart des noms propres (*Jean* = cette personne de notre entourage, ou dont nous avons parlé, qui s'appelle *Jean*), et même pour beaucoup d'expressions introduites pourtant par un article défini (*le concierge* = la personne qui est concierge dans l'immeuble dont nous parlons).

b) Pour choisir entre différentes interprétations d'un énoncé ambigu. On choisit entre les deux sens de « Jacques a loué une voiture ce matin », selon qu'on sait que Jacques possède ou ne possède pas de voitures

c) Pour déterminer la nature de l'acte de parole accompli (N.B. La nature d'un acte de parole, ou encore sa valeur illocutoire [428 s.], est tout à fait différente de son effet réel ou attendu). L'énoncé « Tu iras à Paris demain » sera compris comme une promesse, comme une information, ou comme un ordre, selon les rapports existant entre les interlocuteurs et la valeur qu'ils attachent au fait d'aller à Paris (le rôle de l'intonation [232], tout en étant incontestable, ne semble pas suffisant, et ne dispense pas du recours à la situation).

d) Pour déterminer le caractère normal ou non d'une énonciation : tel énoncé, normal dans certaines situations, est déplacé dans d'autres, et y prendra donc une valeur particulière (il devra être décrit, dans ces situations, comme précieux, emphatique, pédant, familier, grossier,...).

Pour toutes ces raisons, il semble difficile de dire que la situation n'intéresse pas le linguiste, même si l'on admet que le linguiste a pour objet les énoncés eux-mêmes et non les actes d'énonciation particuliers. Car, justement, on voit mal comment décrire un énoncé sans dire ce qu'il devient dans les différents types de situations où il peut être employé. Tout en considérant l'énoncé hors situation, on est obligé bien souvent de le caractériser par rapport à des situations possibles.

Même lorsqu'il s'agit de décrire le simple contenu des mots,

B. Pottier croit nécessaire d'y introduire certains traits, les **virtuèmes**, dont l'apparition exige une situation particulière : ainsi *rouge* possède le virtuème « danger ».

➡ *Présentation de la linguistique* Paris 1967, p. 27.

Mais une fois reconnue cette importance de fait de la situation, il reste à savoir quelle importance lui reconnaître en droit, dans une théorie générale du langage. Pour la plupart des linguistes, il est possible, et souhaitable, dans un premier temps de la description linguistique, de faire abstraction de toute considération de situation, quitte à faire intervenir *ensuite*, comme un facteur indépendant et supplémentaire, les effets situationnels. Ce qui revient à dire que la situation concerne la parole et non la langue [155 s], ou, au moins, une région marginale de la langue, très proche de sa transformation en parole. La dépendance de l'énoncé vis-à-vis de ses situations d'emploi serait donc un phénomène, sinon accidentel, en tout cas second, qui répondrait surtout à un souci d'économie. Divers arguments peuvent être donnés à l'appui :

a) Une des fonctions essentielles de la langue est qu'elle permet de parler des choses en leur absence (et, de ce fait, d'agir sur elles « à distance »). Ce pouvoir d'abstraction symbolique est-il compréhensible si les énoncés ne se laissent pas décrire compte non tenu de leurs conditions d'emploi ?

b) Supposons qu'un énoncé E ait les significations e' et e'' selon que la situation où il est employé comporte ou ne comporte pas le caractère C. On peut alors toujours construire deux énoncés E' et E'', qui, eux, possèdent respectivement les valeurs e' et e'' indépendamment du caractère C. Ainsi les trois valeurs illocutoires dont est susceptible, selon la situation, l'énoncé « Tu iras à Paris demain » peuvent être obtenues à l'aide de trois énoncés qui n'exigent pas ce même recours à la situation (exemple « Je t'ordonne d'aller à Paris demain »). De même il est toujours possible à la rigueur de se désigner soi-même sans faire appel à la situation de discours et au fait qu'on est le locuteur, donc sans dire *je* (l'auteur d'une lettre anonyme peut se mentionner lui-même, à l'aide d'un nom propre). D'une façon plus générale, les langues naturelles possèdent ce caractère,

qui les distingue des langues artificielles, que tout ce qui peut
être pensé, peut être exprimé en elles (Hjelmslev fait intervenir
ce trait dans sa définition du langage humain). Si donc l'interprétation d'un énoncé emprunte certains éléments à la situation,
il suffit de formuler ces éléments, et d'ajouter cette formulation
à l'énoncé initial pour que celui-ci soit libéré de la situation.
Il semble alors raisonnable de présenter le recours à la situation
comme une sorte d'artifice, comme un procédé permettant d'abréger le discours, mais qui n'a rien d'essentiel au langage, car le
langage lui-même donne toujours les moyens de l'éviter.

→   Pour une illustration de cette thèse, voir par exemple : L. Prieto,
Messages et signaux, Paris, 1966, 2ᵉ partie, chap. ıı.

  c) Un argument pratique peut enfin être avancé : le nombre des
contextes possibles pour un énoncé est infini, et même indénom-
brable. C'est donc se fixer une tâche impossible que de prétendre
décrire toutes les nuances de sens qu'un énoncé peut prendre
selon la diversité des situations. La simple prudence conseille de
décrire d'abord l'énoncé indépendamment de ses emplois, et de
considérer comme un raffinement ultérieur de cette description,
l'introduction des effets situationnels.

→   On trouve des arguments de ce genre dans J. J. Katz, J. A. Fodor,
« The structure of a Semantic Theory », *Language*, 1963, p. 176-180,
et dans N. Ruwet, *Introduction à la grammaire générative*, Paris, 1967,
chap. ı, § 2.1.

  A ces différents arguments on peut répondre :
  a') La possibilité d'action symbolique offerte par la langue
implique certes qu'on puisse parler d'une chose ou d'une situation
en son absence, mais non pas qu'on puisse parler en l'absence
de toute chose ou de toute situation. Du fait que le langage apporte
avec lui un pouvoir relatif d'abstraction, on ne saurait conclure
qu'il puisse s'exercer dans un isolement absolu.
  b') Admettons qu'on puisse toujours, lorsqu'une énonciation
emprunte à la situation certains éléments informatifs, les incor-
porer à l'énoncé lui-même, en l'allongeant et en le compliquant.
Mais, lors même que l'information globale serait conservée, le
mode de présentation de cette information, et par suite la valeur
de l'acte d'énonciation, risquent d'être tout à fait transformés.

On notera ainsi la différence qu'il y a entre l'acte de présenter explicitement une information et celui d'y faire allusion. L'allusion exige : 1) que l'auditeur soit déjà en possession de l'information en question, 2) que le locuteur le sache. Elle suppose donc, et introduit, entre les personnages du dialogue, une sorte de complicité, étrangère à la formulation explicite. Pourquoi les procédés allusifs que comporte la langue auraient-ils pour fonction essentielle l'économie, et pour conséquence accidentelle seulement de rendre possible toute une stratégie intersubjective? On l'admettra particulièrement peu en ce qui concerne les pronoms personnels. Le fait que le locuteur se désigne lui-même non par son nom, mais en disant *je*, et désigne le destinataire comme *tu*, ce fait, selon Benveniste, a des implications quant à la nature des relations entre les interlocuteurs. Il en résulte en effet que le locuteur et le destinataire sont appréhendés directement en tant qu'interlocuteurs, leurs rapports étant par suite marqués de cette réciprocité liée aux relations de discours (le *je* est un *tu* potentiel, et inversement). A titre d'application particulière de cette thèse, on notera que le remplacement de *je* et de *tu* par les noms des interlocuteurs transforme la valeur illocutoire, la valeur d'acte, de nombreux énoncés. Dire à quelqu'un « Je t'ordonne de... », c'est non pas l'informer qu'il a reçu un ordre, mais lui donner effectivement un ordre. Supposons maintenant que l'on remplace *je* et *t'* par les noms X et Y des interlocuteurs; l'énoncé résultant (« X ordonne à Y de... ») n'a plus de raison particulière d'être interprété comme l'accomplissement de l'action d'ordonner. (L'acte d'ordonner exige que celui qui formule l'ordre se fasse reconnaître en même temps comme celui qui le donne — ou comme son « porte-parole ».) En d'autres termes, si l'on définit la signification d'un énoncé non seulement par son contenu informatif, mais aussi par le type de relations que son emploi introduit entre les interlocuteurs, il est difficile de considérer les allusions d'un énoncé à la situation comme de simples techniques d'économie.

➤ Pour une interprétation des pronoms qui aille au-delà de la notion d'économie : É. Benveniste, *Problèmes de linguistique générale*. On trouvera une comparaison entre Benveniste et Prieto dans O. Ducrot, « Chronique linguistique », *L'Homme*, 1967, 2, p. 109-122.

c') Il n'est pas absolument évident que le linguiste se fixe une tâche inaccessible s'il prétend indiquer l'effet de la situation sur le sens des énoncés. Trois précisions peuvent être utiles :

1) Il ne s'agit pas d'indiquer toutes les nuances que la situation est susceptible d'*ajouter* au sens. Il s'agit d'abord de ne pas renoncer à décrire les expressions, tournures, énoncés, dont le sens est *inséparable* de la valeur qu'ils prennent dans tel ou tel type de situation, dont le sens contient, comme partie intégrante, une allusion à leurs conditions d'emploi (cf. l'idée de règles d'emploi constitutives, p. 429).

2) Deux situations de discours différentes (et même une infinité) peuvent avoir un effet identique quant à l'interprétation d'un énoncé donné. Chaque énoncé induit donc une sorte de classification dans l'ensemble des situations de discours possibles, en amenant à regrouper dans une même classe celles qui l'infléchissent dans une même direction. Il permet donc de définir, selon une démarche familière aux phonologues [221], des **traits pertinents de situation**, chaque trait étant ce qui est commun aux situations d'une même classe. Ce sont de tels traits qui devraient intervenir dans la description des situations.

3) A supposer même que l'on veuille dépasser l'objectif préliminaire fixé en 1), il est possible de définir un certain nombre de lois générales, proches des lois de rhétorique, qui commandent, dans une collectivité donnée, le rapport d'un énoncé — quel qu'il soit — et de ses conditions d'emploi. Prenons un exemple élémentaire. Lorsque le contenu d'un énoncé est contradictoire avec des croyances dont l'évidence est donnée dans la situation de discours, l'énoncé doit être interprété comme la constatation, sur le mode de l'ironie, de l'inverse de ce qu'il pose explicitement (c'est la figure de rhétorique d'**antiphrase**) : cf. « Comme il fait beau » (dit devant une pluie battante), « Comme le ministre des finances est généreux ».

Langage et action

Il n'y a guère d'activité humaine qui ne comporte comme partie intégrante l'emploi du langage. Dans quelle mesure faut-il considérer, lorsqu'on a à décrire un langage donné, cette utilisation que les sujets parlants peuvent faire de lui ?

Une réponse négative est suggérée par Saussure. Opposant « langue » et « parole », il attribue à la parole tout ce qui est mise en œuvre, emploi [156] (la parole « exécute » la langue au sens où le musicien « exécute » une partition). Comme la connaissance de la langue est censée être indépendante de la connaissance de la parole, l'étude de l'activité linguistique devrait être repoussée, dans l'investigation d'un langage, après une description purement statique du code lui-même : il faut savoir ce que signifient les mots avant de comprendre à quoi ils servent. C'est à une conclusion semblable qu'aboutissent les logiciens néo-positivistes lorsqu'ils distinguent trois points de vue possibles sur les langages (naturels ou artificiels). Le point de vue **syntaxique** consiste à déterminer les règles permettant, en combinant les symboles élémentaires, de construire les phrases, ou formules, correctes. La **sémantique** vise, elle, à donner le moyen d'interpréter ces formules, de les mettre en correspondance avec autre chose, cet « autre chose » pouvant être la réalité, ou bien d'autres formules (de ce même langage ou d'un autre). Enfin la **pragmatique** décrit l'usage que peuvent faire des formules, des interlocuteurs visant à agir les uns sur les autres. Or la sémantique et la syntaxe, qui étudient le noyau même de la langue, doivent être élaborées à l'abri de toute considération pragmatique.

→ Sur cet aspect du néopositivisme : Ch. W. Morris, *Foundations of the Theory of signs*, Chicago, 1938, chap. iii, iv et v. Voir aussi R. Carnap, *Foundations of Logic and Mathematics*, Chicago, 1939, chap. i.

Un tel ascétisme dans la considération du langage a pourtant quelque chose de paradoxal, et, tout au long de l'histoire de la linguistique, on trouve représentée la thèse inverse, qui subordonne la structure à la fonction et affirme qu'il faut savoir pourquoi le langage est, afin de savoir comment il est : les concepts susceptibles de convenir à sa description ne peuvent être tirés que d'une réflexion sur sa fonction. Arrivé là, cependant, on se voit obligé d'établir une hiérarchie parmi les fonctions du langage, sans quoi on n'évitera pas le finalisme dit « naïf », celui qui est attaché au nom de Bernardin de Saint-Pierre, et qui consiste à expliquer la contexture d'une chose par les multiples usages, souvent contradictoires, que l'on se trouve faire d'elle. Autrement dit, il faut essayer de distinguer ce pourquoi le langage est fait, et ce que l'on peut, en outre, faire avec lui. Cette nécessité de distinguer, dans l'activité linguistique, ce qui est inhérent, et ce qui est extrinsèque au langage, a amené les comparatistes [23] à discuter de la fonction « fondamentale » du langage; elle a d'autre part conduit K. Bühler à distinguer acte et action linguistiques, et c'est elle enfin qui est à l'origine de la notion d'acte illocutoire, telle que l'a élaborée J. L. Austin.

Quelle est la fonction « fondamentale » de la langue? Selon Port-Royal, la langue a été inventée pour permettre aux hommes de se communiquer les uns aux autres leurs pensées. Mais aussitôt Arnauld et Lancelot ajoutent que la parole, pour permettre cette communication, doit constituer une image, un tableau de la pensée, ce qui exige que les structures grammaticales soient comme une sorte de copie des structures intellectuelles. Cette conciliation entre les fonctions de communication et de représentation, la deuxième étant un moyen de la première, a été mise en question par les comparatistes. L'étude de l'évolution des langues semble montrer en effet que le souci d'économie dans la communication amène une constante érosion phonétique, érosion qui, à son tour, défigure, jusqu'à les rendre méconnaissables, les structures grammaticales (voir, ici même, p. 25). Il en résulte que les langues « évoluées », tout en satisfaisant toujours — et même de mieux en mieux — aux besoins de la communication, ne sauraient plus prétendre à aucune adéquation par rapport aux structures de la pensée : elles ont perdu leur fonction représentative.

Retenant du comparatisme la dissociation de la communication et de la représentation, G. de Humboldt soutient néanmoins que la seconde est toujours la fonction fondamentale de la langue dans l'histoire de l'humanité : « La langue n'est pas un simple moyen de communication (« Verständigungsmittel »), mais l'expression de l'esprit et de la conception du monde des sujets parlants : la vie en société est l'auxiliaire indispensable de son développement, mais nullement le but auquel elle tend » (in *Uber den Dualis*, 1827, *Œuvres complètes*, Berlin, 1907, t. VI, p. 23). En construisant la langue, l'esprit humain tend d'abord à poser en face de lui sa propre image, et à prendre ainsi possession de lui-même dans une réflexion devenue non seulement possible mais nécessaire. Seules les langues « primitives » n'ont pas encore atteint ce stade de développement où la parole réfléchit la pensée. Les langues indo-européennes l'ont depuis longtemps atteint, et le délabrement phonétique auquel elles sont soumises au cours du temps ne peut plus rien changer à cet acquis. Pour le prouver, Humboldt essaie de montrer, dans des analyses de détail, la fonction représentative de phénomènes apparemment aberrants comme l'accord grammatical, les irrégularités des conjugaisons et des déclinaisons, ou encore la fusion du radical [24] et des flexions [258] dans les mots. Ils viseraient à manifester, au sens le plus fort, c'est-à-dire à rendre sensible, l'effort unificateur de l'esprit introduisant l'unité dans la multiplicité du donné empirique. L'essence même du langage est ainsi un acte (ένεργεια) de représentation de la pensée.

→ Voir particulièrement un opuscule de Humboldt, datant de 1822, et dont la traduction française, sous le titre *De l'origine des formes grammaticales*, a été récemment rééditée, Bordeaux, 1969.

Beaucoup de choses séparent K. Bühler de Humboldt, puisque la philosophie linguistique de Bühler s'appuie sur les résultats de la phonologie [221], et que celle-ci fonde toute son analyse sur la fonction du langage dans la communication. Et cependant Bühler retient de Humboldt l'idée que l'essentiel dans un langage, c'est un certain mode d'activité de l'esprit humain. Plus précisément, il tente de concilier cette idée avec le dogme saussurien qu'une étude de la langue est préalable à celle de la parole. Pour cela, Bühler distingue, dans l'activité de langage, l'acte et l'action

(*Sprechakt* et *Sprechhandlung*). L'*action linguistique*, c'est celle qui utilise le langage, qui en fait un moyen : on parle à autrui *pour* l'aider, le tromper, le faire agir de telle ou telle façon. Cette insertion du langage dans la pratique humaine, Bühler l'assimile à la parole, au sens saussurien. Il n'en est pas de même pour l'*acte linguistique*, que Bühler rapproche de l'acte de signifier (« *Zeichensetzen* ») dont les médiévaux étudiaient les différents modes, ou encore de l'acte donneur de sens (« sinnverleihend ») isolé par Husserl. C'est donc un acte inhérent à l'acte de parler, et indépendant des projets dans lesquels la parole s'insère. L'étude de cet acte fait ainsi partie intégrante de l'étude de la langue, et en constitue même le noyau central.

En quoi consiste maintenant cette activité linguistique originelle, cette pure activité de signifier? Bien que rien, dans le texte, n'autorise explicitement un tel rapprochement, on a le droit, peut-être, de considérer comme une réponse à cette question l'analyse que donne Bühler de l'acte de communication. Celui-ci est présenté comme un drame à trois personnages (le « monde », c'est-à-dire le contenu objectif dont on parle, le locuteur et le destinataire : quelqu'un parle à quelqu'un de quelque chose. De ce fait, tout énoncé linguistique est toujours, essentiellement, un signe triple, et l'acte de signifier est toujours orienté dans trois directions — il renvoie : 1) au contenu communiqué, et, en ce sens il est « Darstellung », **représentation** (N.B. ne pas prendre ce mot au sens de Humboldt ou de Port-Royal, qui implique une idée d'imitation); 2) au destinataire, qu'il présente comme concerné par ce contenu; c'est la fonction d'**appel** (« Appell »); 3) au locuteur, dont il manifeste l'attitude, psychologique ou morale; c'est la fonction d'**expression** (« Ausdruck ») L'originalité de Bühler est de donner à ces trois fonctions un caractère indépendant et proprement linguistique. Prenons la fonction d'expression, qui peut se réaliser par des intonations (d'amusement, de colère, de surprise...) ou encore par certaines modalités (« *Espérons* qu'il fera beau », *Malheureusement* il va venir »). Elle est linguistique, en ce sens que les modalités et intonations ne sont pas des conséquences mécaniques des états psychologiques, mais une certaine façon de les signifier. Et elle est indépendante, en ce sens qu'elle constitue un mode de signification très particulier : on ne signifie

pas de la même façon un état psychologique en l'exprimant
(« Malheureusement, il va venir »), et en le représentant, c'est-
à-dire en en faisant l'objet de l'énoncé (« Cela m'ennuie qu'il
vienne »).

Le schéma de Bühler a été complété par Jakobson, mais sans
que son esprit soit modifié : il s'agit toujours de déterminer les
actes qui sont inhérents à l'acte même de communiquer, indépendamment des intentions et des projets que peut avoir par
ailleurs le locuteur. Outre le monde (= contexte), le locuteur
(= destinateur) et le destinataire, Jakobson fait intervenir, pour
décrire l'acte de communication, le code linguistique employé,
le message composé, et enfin la connexion psychophysiologique,
le contact établi entre les interlocuteurs. Aussi ajoute-t-il aux trois
fonctions de Bühler (rebaptisées fonctions référentielle, expressive
et conative), trois autres fonctions : métalinguistique (la plupart
des énoncés comportent, implicitement ou explicitement, une référence à leur propre code), poétique (l'énoncé, dans sa structure
matérielle, est considéré comme ayant une valeur intrinsèque,
comme étant une fin), et enfin phatique (il n'y a pas de communication sans un effort pour établir et maintenir le contact avec
l'interlocuteur : d'où les « Eh bien », « Vous m'entendez », etc.,
d'où le fait aussi que la parole est vécue comme constituant,
par son existence même, un lien social ou affectif).

→   K. Bühler, *Sprachtheorie*, Iena, 1934. Sur les trois fonctions de la
communication, § 2; sur la distinction de l'acte et de l'action, § 4. La
théorie de R. Jakobson est exposée dans les *Essais de linguistique
générale*, Paris, 1963, chap. XI.

Indépendamment de cette réfléxion des linguistes, les
philosophes de l'école d'Oxford [126] ont abouti à des
conclusions qui vont dans le même sens, et peut-être plus
loin. Dans le même sens, car il s'agit pour eux aussi de déterminer
ce que l'on fait dans l'acte même de parler (et non pas ce que l'on
peut faire en se servant de la parole). Plus loin, car ils intègrent
dans cette action inhérente à la parole, une part beaucoup plus
étendue de l'activité humaine. Le point de départ de leur recherche
est la découverte, par J.-L. Austin, de l'opposition entre énoncés performatifs et constatifs. Une expression est appelée constative si elle

ne tend qu'à décrire un événement. Elle est appelée performative si : 1) elle décrit une certaine action de son
locuteur et, si 2) son énonciation revient à accomplir cette
action; on dira donc qu'une phrase commençant par « Je
te promets que » est performative, car, en l'employant, on
accomplit l'acte de promettre : non seulement on dit promettre,
mais, ce faisant, on promet. Bien plus il faudrait tenir pour fausse
une représentation sémantique de ces phrases qui omettrait
d'indiquer ce fait, et qui les caractériserait comme de simples
descriptions d'actions (au même titre que « Je me promène »).
Les performatifs ont donc cette propriété que leur sens intrinsèque
ne se laisse pas saisir indépendamment d'une certaine action
qu'ils permettent d'accomplir. En reprenant les termes de Morris [423], on ne peut établir la sémantique de ces expressions
sans y inclure une partie au moins de leur pragmatique.

Mais, une fois que cette propriété a été dégagée dans le ca°
particulier — et particulièrement spectaculaire — des performatifs, on peut s'apercevoir qu'elle appartient aussi bien à des
expressions non-performatives. C'est le cas pour les formes
impératives et interrogatives. Pour décrire le sens d'une tournure
interrogative, il faut préciser que celui qui l'emploie, non seulement
exprime son incertitude et son désir de savoir, mais surtout qu'il
accomplit un acte particulier, celui d'interroger. Ou encore, en
disant « Tu devrais faire ceci », je n'exprime pas seulement mon
opinion sur ce qui est bien pour mon interlocuteur, mais j'accomplis l'acte de conseiller. C'est pour formuler cette généralisation
que Austin a établi sa classification des **actes de parole**. En énonçant une phrase quelconque, on accomplit trois actes simultanés :

1. Un acte **locutoire**, dans la mesure où on articule et combine
des sons, dans la mesure aussi où on évoque et relie syntaxiquement
les notions représentées par les mots.

2. Un acte **illocutoire**, dans la mesure où l'énonciation de la
phrase constitue en elle-même un certain acte (une certaine transformation des rapports entre les interlocuteurs) : j'accomplis
l'acte de promettre en disant « Je promets... », celui d'interroger,
en disant « Est-ce que...? ». Austin donne trois critères pour
repérer l'acte illocutoire. D'une part, c'est un acte accompli *dans*
la parole même, et non pas une conséquence (voulue ou non)

de la parole. De ce fait, il peut toujours — deuxième critère — être paraphrasé et explicité par une formule performative (« Je te demande si... », « Je t'ordonne de... », « Je te conseille de... »). Enfin l'acte illocutoire est toujours conventionnel. On n'entendra pas seulement par là que le matériel phonique utilisé pour le réaliser est arbitraire (ce qui est le cas pour toute expression linguistique). Austin veut dire surtout que l'acte illocutoire n'est pas la conséquence, logique ou psychologique, du contenu intellectuel exprimé dans la phrase prononcée, et qu'il ne se réalise que par l'existence d'une sorte de cérémonial social, qui attribue à telle formule, employée par telle personne dans telles circonstances, une valeur particulière.

3. Un acte **perlocutoire**, dans la mesure où l'énonciation sert des fins plus lointaines, et que l'interlocuteur peut très bien ne pas comprendre tout en possédant parfaitement la langue. Ainsi, en interrogeant quelqu'un, on peut avoir pour but de lui rendre service, de l'embarrasser, de lui faire croire qu'on estime son opinion, etc.

Si les exemples de Austin ont été peu contestés, sa définition générale de l'acte illocutoire a souvent semblé insuffisante, et il y a eu nombre de tentatives pour l'expliciter. Ainsi, pour mieux cerner la notion d'illocutoire, le philosophe américain Searle définit d'abord l'idée de règle **constitutive**. Une règle est constitutive par rapport à une certaine forme d'activité, lorsque son inobservance enlève à cette activité son caractère distinctif : les règles du bridge sont constitutives par rapport au bridge, car on cesse de jouer au bridge dès qu'on leur désobéit. Mais les règles techniques auxquelles se conforment les bons joueurs ne sont pas constitutives, mais seulement **normatives** (car rien n'empêche de jouer au bridge, et d'y jouer mal). Il résulte de cette définition que les règles fixant la valeur illocutoire des énoncés sont constitutives par rapport à l'emploi de ces énoncés. Car, si une phrase commençant par « Est-ce que... » ne servait pas à accomplir l'acte illocutoire d'interroger, elle ne serait plus elle-même, en entendant par là qu'elle ne serait plus employée en tant que phrase française (nous laissons de côté la valeur « rhétorique » de la tournure interrogative, comme simple marque d'incertitude). Et de même, bien que l'on puisse ne pas tenir ses promesses, on

ne saurait (en excluant le cas du jeu) employer une formule de
promesse sans prendre effectivement l'obligation d'accomplir
ce qu'on a promis. Employer cette formule — en lui donnant
la pleine valeur que lui attribue la langue française —, c'est se
reconnaître cette obligation. Certes c'est une règle seulement
normative qu'il faut faire ce qu'on a promis, mais c'est une règle
constitutive, qu'en promettant, on prend l'engagement de le
faire.

En allant plus loin dans le sens de Searle, on pourrait dire qu'une
parole est un acte illocutoire lorsqu'elle a pour fonction *première
et immédiate* de modifier la situation des interlocuteurs. En promettant, je m'ajoute à moi-même une obligation, et ceci n'est pas
une conséquence seconde (perlocutoire) de ma parole, puisque
l'on ne peut pas donner à la parole en question un sens antérieur
à cette création d'obligation. Et de même, lorsque j'interroge
mon interlocuteur, je crée pour lui une situation nouvelle, à savoir
l'alternative de répondre (et n'importe quoi ne peut pas passer
pour une réponse) ou d'être impoli. Pour l'ordre, l'alternative
créée est celle, de l'obéissance et de la désobéissance. Et, en ce qui
concerne le conseil (acte dont l'existence n'a, si on y réfléchit,
aucune nécessité, mais correspond à une convention de notre
vie sociale), il consiste à retirer partiellement à autrui, et à prendre
sur soi, la responsabilité de l'acte conseillé (c'est pourquoi le refus
de donner des conseils peut être tout autre chose qu'un aveu
d'incompétence).

On voit alors en quoi l'étude des actes illocutoires s'apparente
aux recherches de Bühler et de Jakobson : la distinction de l'illocutoire et du perlocutoire correspond à celle de l'acte et de l'action,
de ce qui est intrinsèque et de ce qui est surajouté dans l'activité
linguistique. Dans les deux cas, on reconnaît à l'acte d'employer
la langue quelque chose qui est essentiel à la langue. Mais l'analyse
de Austin permet peut être d'aller plus loin : beaucoup plus que ne
le font les fonctions jakobsoniennes, l'illocutoire met en jeu les
relations interhumaines fondamentales.

➡   Sur les performatifs et les actes illocutoires : J. L. Austin, *How to
do Things with Words*, Oxford, 1962, (trad. franç., *Quand dire, c'est
faire*, Paris, 1970). Deux tentatives de redéfinition de l'illocutoire :
P. F. Strawson, « Intention and Convention in Speech-Acts », *The*

Philosophical Review, 1964, et J. R. Searle, *Speech Acts*, Cambridge, 1969, (trad. franç., Paris, 1972). Le premier linguiste à avoir envisagé ces questions est É. Benveniste, qui accepte l'idée de performatif, (il l'a même présentée sans le mot, dans un article du *Journal de psychologie*, 1958, repris dans le chap. xxi des *Problèmes de linguistique générale*, voir p. 263-266) mais refuse la notion d'acte illocutoire, *Problèmes de linguistique générale*, Paris, 1966, chap. xxii et xxiii. On trouvera un historique de la question ici-même, article « Sociolinguistique », p. 84 s.

Appendice

Une série de discussions s'est développée au cours des dernières années, en France surtout, sur certains des concepts fondamentaux de la linguistique et plus encore de la sémiotique — discussions qui ont conduit bientôt à une remise en cause radicale. Il aurait été impensable de ne pas leur faire leur place dans cette encyclopédie. Il y aurait eu quelque incohérence à les exposer dans le même temps que le corps de concepts sur lequel reposent aujourd'hui les sciences du langage, et que précisément elles mettent à la question. On a donc adopté le parti de cet appendice : non en créant facticement une unité d'école, mais en regroupant à partir de quelques-uns des articles précédents, les apports les plus importants d'une recherche dont on peut dire au moins qu'elle a son point de recoupement dans une critique du signe.

Ecriture [249]

L'étude de l'écriture — la grammatologie — a fait l'objet, au cours des dix dernières années, d'un renouvellement fondamental et d'un changement de niveau dans l'œuvre de J. Derrida.

D'une part, il faut remarquer (et commencer de s'en étonner) que presque partout (partout en Occident, sous la domination de l'écriture phonétique), le langage *parlé* s'est trouvé privilégié comme constituant le langage par excellence, dont le langage *écrit* ne serait qu'une image redoublée, une reproduction auxiliaire, ou un instrument commode — *signifiant de signifiant*. Et dès lors, la parole serait la vérité, la « nature » et l'origine de la langue, dont l'écriture ne serait qu'un rejeton bâtard, un supplément artificiel, un dérivé non nécessaire, enfin. Il y a là un jugement de valeur, et une structuration implicite, dont peut se repérer inlassablement la présence tout au long de notre tradition qu'on dira pour cela même phonocentrique, dès avant Platon et jusqu'à Saussure, au chapitre VI de l'Introduction du *Cours*.

D'autre part, ce privilège du signifiant phonique sur le signifiant graphique ne peut se *légitimer* qu'à partir de la distinction entre ce qui serait un *dedans* (où la pensée réside) et ce qui serait un *dehors* (où l'écriture tombe). La parole est l'expression la plus « proche » de la « conscience », — quand, même, la voix n'est pas conçue comme un quasi-effacement du signifiant. Or, on ne fait pas sa part à un tel schéma. C'est sur lui — donc sur l'abaissement de l'écriture — qu'est organisé à son tour notre concept du *signe* [131] avec sa chaîne de différences dissymétriques : signifié/signifiant, intelligible/sensible, contenu/expression. Et c'est lui encore qui gouverne notre concept de la vérité, « inséparable de l'instance d'une *raison* pensée dans la descendance du *logos* » : où, donc, « le lien originaire et essentiel à la *phonè* n'a jamais été rompu ». Bref, il y a une *métaphysique de l'écriture phonétique* — qu'on pourra repérer désormais comme le logocentrisme — et au plus juste c'est *la* métaphysique même : et on comprend ici pourquoi reste prise dans sa structure notre pensée en son ensemble,

jusqu'en un modèle de la scientificité né à un certain moment
de l'histoire de l'écriture, à partir d'un certain rapport entre
l'écriture/le signifiant et la phonè.

Et pourtant, l'écriture phonétique n'épuise pas les ressources
de l'écriture : loin que celle-ci soit toujours dérivée, on pourrait
montrer que *la possibilité générale de l'écriture fonde la possibilité
de la langue elle-même.* 1) Déjà, il y a inconséquence, au sein de
la linguistique saussurienne, entre la thèse générale de l'*arbitraire*
[170] du signe et l'idée particulière d'une dépendance *naturelle*
de l'écriture. 2) Immotivé, tout signe serait impensable sans une
institution durable : c'est-à-dire sans l'instance de la trace, — « empreinte » qui se conserve en un « espace d'inscription », qui
« retient » dans l'ici-maintenant les différences pré-instituées,
qui par « une structure de renvoi » fait apparaître la différence
« *comme telle* ». (Comme on voit, l'immotivation du signe, en exigeant la trace, c'est-à-dire déjà l'écriture, implique *à la fois*
l'espacement, la temporalisation, et le rapport à l'autre.) 3) Si
comme l'écrit Saussure, mais cette fois à propos de la valeur [32]
du signe, « jamais un fragment de langue ne pourra être fondé
sur autre chose que sur sa non-coïncidence avec le reste », s'il
n'y a dans la langue « que des différences », alors la structure
de la langue en sa totalité ne pourra qu'être celle d'un jeu d'*engendrement par renvois*, chaque « terme » n'ayant d'autre présence
que la trace, où il se réduit, de tous les autres dont il s'absente
(« l'écriture est le jeu dans le langage »). C'est dire la trace (et
l'écriture) *originaire*, *comme synthèse* par quoi la différence
opère pour donner forme à chaque élément ; et comme cette forme
est une empreinte, c'est dire la langue frappée par l'écriture,
jusqu'en son origine, de *passivité*. (Comme on voit, le caractère
différentiel du signe, en faisant venir la grammatologie au
principe même de la linguistique, implique que soit « reformé le
concept d'écriture », implique une **archi-écriture** — ou « gramme »
ou « différance » — *logiquement antérieure* à toutes les oppositions
— y compris temps/espace et signifié/signifiant — sur quoi se fondait
l'abaissement de la graphie ; écriture en vertu de quoi il est exclu
qu'*aucun élément de la langue* se constitue sinon « à partir de la
trace en lui des autres » ; exclu qu'il y ait à sa production d'autre

origine que la trace, c'est-à-dire « une non-origine » ; exclu qu'il ait
pour son articulation d'autre ressource que l'extériorité dont,
comme tissu de trace, il est depuis toujours entamé.)

Cette « grammatologie générale dont la linguistique phonologique ne serait qu'une région dépendante et circonscrite », ne
saurait devenir une science positive; comme de l'écriture devenue
« le concept le plus général de la sémiologie », il ne saurait être
question de faire un concept « scientifique ». Non pour un manque
de rigueur. Mais parce que l' « objectivité » de l'objet comme la
« vérité » de ce que j'en sais — qui sont les conditions (logocen-
triques) de la science — appartiennent (avec l'être, l'identité,
l'origine, la simplicité, la conscience...) à ces formes de la présence
que la trace ébranle nécessairement. *La pensée de la trace ne peut
se couler dans celle du logos* dès lors que celle-ci s'est instituée
comme répression, et rejet au dehors, de l'écriture. C'est pourquoi
la grammatologie serait appelée à *dé-construire*, non certes en les
abolissant mais en remontant à leur racine, tous les présupposés
d'une linguistique dont les progrès seuls ont permis de l'aborder.

→ J. Derrida, *De la grammatologie*, Paris, 1967. Et pour un résumé :
« Sémiologie et grammatologie », *Information sur les sciences sociales*,
VIII-3, 1968.

Signe [131]

Un tournant marque aujourd'hui l'histoire du concept de signe — tournant dont la définition qu'on a proposée plus haut a tenté de tenir compte — : c'est que toutes les définitions « classiques » du signe (et celle, plus qu'aucune autre, de Saussure) reposaient sur un équilibre (sinon une *symétrie*) de ses deux faces; or, le signe est, au terme d'une série de réflexions, en train de *basculer du côté du signifiant*, dont on souligne alors la **primauté**.

La discussion se développe sur deux plans. *A l'intérieur même du signe*, d'abord. Selon l'argumentation de J. Derrida, le maintien d'une distinction de caractère *essentiel* entre signifié et signifiant, contenu et expression, recouvre nécessairement le maintien de la distinction intelligible-sensible, et de son arrière-fond : transparent à la conscience-extérieur, qui historiquement fait système avec le privilège de la parole (de la voix) sur l'écriture [435] et qui fournit son armature au discours idéaliste-logocentrique [435] de la métaphysique. Or, un tel maintien est logiquement irrecevable et ne peut qu'instituer une inconséquence au cœur de la sémiotique. Parce qu'à l'encontre de toutes les formules qui font le pas sémiotique et qui veulent que signifiant et signifié soient « *les deux faces d'une seule et même production* », il implique qu'au moins en droit le signifié serait (comme pur intelligible) pensable en soi, indépendant de ce qui l'exprime, immédiat et *transcendantal* (c'est-à-dire que, selon le schéma traditionnel du concept, il « ne renverrait en lui-même, dans son essence, à aucun signifiant » et « excéderait la chaîne des signes »). Et parce que, plus radicalement encore, le recours à une distinction du type dedans-dehors comme fondatrice du signe se trouve débordé, dès l'instant où la sémiotique pose comme sa loi fondamentale que « tout procès de signification est un jeu formel de différences » : car pour qu'un tel jeu s'institue, il faut absolument qu'une « production systématique de différences, la production d'un système de différences », une différance, c'est-à-dire enfin une trace [436] — constituant chaque élément de l'inscription durable de son rapport aux autres —, précède (en deçà de toute immédiateté) aussi bien le signifié que le signifiant. En d'autres termes : « *le signifié est toujours déjà en position de signifiant* ». Ou, pour résumer cette discussion : la « symétrie » basculait subrepticement du côté du signifié, rejetant la sémiotique dans la position d'une technique auxiliaire, serve d'un pré-savoir métaphysique; la sémiotique, dès qu'on lui fait sa place, met en position de générateur, le signifiant.

Il faut bien le voir : la distinction signifié-signifiant reste, au niveau du signe, indispensable, et J. Derrida souligne que si « primauté du signifiant » voulait dire qu'il n'y a pas de place pour une différence entre le signifié et lui, c'est le mot même de signifiant qui perdrait tout signifié. Ce qu'il indique, en revanche est que quelque chose fonctionne comme signifiant jusque dans le signifié : tel est le rôle de la trace. Bref, le signe dans sa parfaite symétrie est un « leurre structurel » dont on ne voit pas comment on éviterait de passer par lui, mais qu'il importe de dé-construire. Que cette dé-construction, enfin, entraîne celle de la métaphysique et de la vérité au sens où la tradition scientifique s'y accroche, c'est ce que la grammatologie [437] doit développer.

→ J. Derrida, « Sémiologie et grammatologie », *Information sur les sciences sociales*, 1968; F. Wahl, « La structure, le sujet, la trace » in O. Ducrot et al., *Qu'est-ce que le structuralisme?*, Paris, 1968.

C'est au niveau non plus du signe mais de la chaîne signifiante que s'institue la discussion conduite par J. Lacan au nom de l'expérience psychanalytique : la découverte de l'inconscient, c'est la découverte d'un sujet dont la place, excentrique pour la conscience, ne peut se déterminer qu'à l'occasion de certains retours du signifiant, et par la connaissance des lois de déplacement du signifiant. Ce qui revient à repérer et l'*extériorité* de l'ordre signifiant par rapport aux sujets d'énoncés conscients que nous nous imaginons être, et son *autonomie*, l'une et l'autre déterminantes pour la signification réelle de ce qui s'énonce en nous.

Pour toute définition du signe, on retiendra, de là, trois points :

1. J. Lacan propose de prendre à la lettre la *barre* de l'algorithme $\frac{signifiant}{signifié}$, c'est-à-dire de l'entendre comme une « barrière

résistante à la signification », et marquant non pas un passage mais le fonctionnement propre (le jeu formel) du signifiant; fonctionnement réductible à des lois combinatoires (soit la composition d'éléments différentiels selon les règles d'un ordre fermé), irréductible à des lois de « contenu » ou de sens.

Inversement, ce sont ces lois, en elles-mêmes dépourvues de sens, qui régissent l'ordre du sens : le signifiant est, dans ses découpages et combinaisons, déterminant pour la genèse du signifié. Ou : « la notion du signifiant s'oppose à celle du signifié »; et : « le signifiant a fonction active dans la détermination des effets où le signifiable apparaît comme subissant sa marque, en devenant par cette passion le signifié ».

2. Il s'ensuit bien plus qu'un simple basculement à l'intérieur du signe, puisque, dès qu'il s'agit de signification, l'unité pertinente n'est plus le *signe* lui-même (par exemple, le mot du dictionnaire) mais la *chaîne* signifiante, qui engendre un « effet de sens » au moment où elle revient sur elle-même, sa fin permettant d'interpréter rétroactivement son début : « le signifié glisse sous le signifiant » sans qu'on puisse valablement établir, à chaque moment, une correspondance, la signification apparaissant alors en des moments de ponctuation. On retiendra à ce propos la remarque de J. Lacan que si le signifiant forme le *matériel* (synchronique) du langage, dont le rassemblement est à penser comme en un *lieu*, le signifié se pense (diachroniquement) comme l'ensemble des *discours* prononcés (écrits) et s'institue chaque fois comme un *moment*. Ce qui n'implique pas que « chaîne » doive être pris au sens limitatif de la linéarité, propre à la parole.

3. Dès lors que le débat sur la signification s'est ainsi trouvé déplacé du signe à la chaîne, la définition du signifiant (et c'est sans doute le plus important) va nécessairement s'articuler en un *système*, que commandent en leur liaison les trois termes de : sujet, objet et vacillation.

La vacillation, du fait que le signifiant ne remplit sa fonction — d'engendrer la signification — qu'à s'éclipser pour faire place à un autre, avec lequel il fera chaîne. Accéder à la signifiance, c'est accéder au statut d'un « trait » (différentiel et combinable) *oscillant* ou *battant*, qui sera rejeté en arrière par un autre trait s'y *ajoutant*. Telle est la loi d'un « fonctionnement alternant en son principe, lequel exige (du signifiant) qu'il quitte sa place, quitte à y faire retour circulairement ». De là qu'on désignera le signifiant non par un mais par deux sigles au moins : S_2, la chaîne de signifiants jusque-là déroulée, et S_1 le signifiant en plus, qui la pousse en avant.

Le sujet, puisque l'autonomie et la primauté du signifiant se démontrent du repérage, en son registre, d'un discours inconscient dont le sujet est en position d'énonciation (excentré par rapport à celui qui, sous les espèces du moi conscient, prétendait parler dans l'énoncé). Sujet qui n'est nulle part avant le signifiant, ni hors de lui, qui en reçoit sa place, mais qui n'y peut avoir place nulle part, sinon en fonction de *manque* dont un signifiant tient la place : à savoir, à chaque « moment », le signifiant en plus qui soutient l'énonciation dans sa poursuite. D'où la formule caractéristique : « Le registre du signifiant s'institue de ce qu'un signifiant représente un sujet pour un autre signifiant. » A ce sujet, décalé par rapport à l'énoncé, et représenté-manquant dans le signifiant, conviendra le sigle $\cancel{S}$, qui le dit divisé.

L'objet, si l'on entend par là ce vers quoi l'écrit ou le discours se portent, ce sans quoi il n'y aurait pas de chaîne à se mouvoir. Objet, lui aussi, excentré par rapport à celui que l'énoncé désigne (disons : l'objet de demande ou de besoin) et objet, lui aussi, toujours manquant, toujours *perdu*, puisque le sujet n'en a jamais fini avec le travail de la signification (avec le désir). Objet qui, si le sujet « tombait sous la chaîne », choit, lui, comme au milieu d'elle, puisqu'elle va le poursuivre tout au long de son parcours et dans un incessant travail de retour. Son altérité indépassable sera représentée par le sigle a.

Avec S_1, S_2, $\cancel{S}$, a, nous tenons le minimum strictement nécessaire pour la description d'une structure de signifiant. Structure dont on ne peut ici qu'indiquer la *réforme* qu'elle commande dans une tradition du savoir gouvernée par une autre structure — celle du signe.

Par la mise en lumière de la primauté du signifiant, en même temps qu'on arrache le langage au modèle du signe, on l'arrache au modèle (toujours sous-jacent chez les sémioticiens, depuis les Stoïciens au moins) de la *communication*. C'est ce qui ressort à l'évidence du choc des deux formules : « le signe, c'est ce qui représente quelque chose pour quelqu'un », « *le signifiant, c'est ce qui représente un sujet pour un autre signifiant* ». En face d'une science qui s'était constituée (depuis Descartes au moins) en « *suturant* » la place du sujet et posant l'extériorité de l'objet, la nécessité va apparaître, pour tout ce qui touche à la signification, de réintroduire le manque double du sujet et de l'objet. On notera simplement, pour finir, que ce sujet, $, *divisé* par l'intervention du signifiant, ne peut se repérer qu'à l'intérieur de la structure ci-dessus ébauchée, où d'autre part sa division apparaît comme laissant un *reste*, qui est l'objet, précisément, *a*.

Remarque. C'est dans les dimensions de la chaîne signifiante qu'il faut lire le passage de la formule de Jakobson : métaphore et métonymie (sélection et combinaison) [145] sont les deux axes du langage, aux deux formules de Lacan : *la condensation est une métaphore* où se dit pour le sujet le sens refoulé de son désir, et : *le déplacement est une métonymie* où se marque ce qu'est le désir, soit désir d'autre chose qui toujours manque. Car ce qui commande ces deux formules est qu'il ne suffit pas, pour faire un trope, de mettre un mot à la place d'un autre en vertu de leurs signifiés respectifs. La métaphore, bien plus précisément, est le *surgissement dans une chaîne signifiante donnée d'un signifiant venu d'une autre chaîne*, ce signifiant franchissant la barre (« résistante ») de l'algorithme pour troubler, de sa « disruption », le signifié de la première chaîne, où il produit un effet de non-sens : témoignant que c'est « d'avant le sujet » que surgit le sens. Quant à la métonymie, elle renvoie bien moins d'un terme à un autre, contigu, qu'elle ne marque la *fonction essentielle du manque à l'intérieur de la chaîne signifiante* : la connexion des signifiants permettant d'opérer le « virement » dans un discours de ce qui cependant ne cesse pas d'y faire défaut, soit en définitive la jouissance.

J. Lacan, *Écrits* (notamment : Le séminaire sur la lettre volée, La chose freudienne, L'instance de la lettre, La signification du phallus, Subversion du sujet), Paris, 1966; J. Lacan, « Radiophonie », *Scilicet* 1970, 2-3 ; F. Wahl, « La structure, le sujet, la trace », in O. Ducrot et al., *Qu'est-ce que le structuralisme?*, Paris, 1968. Et pour la remarque : J. Lacan, *Écrits* (L'instance de la lettre, La métaphore du sujet), Paris, 1966; J. Lacan, « Radiophonie, III », *Scilicet* 1970, 2-3; « Condensation et déplacement », *Scilicet* 1970, 2-3.

Texte [375]

On l'a dit plus haut: le texte — en tant qu'il est un certain mode de *fonctionnement* du langage — a fait l'objet d'une élaboration conceptuelle en France, au cours des dernières années, autour de la revue *Tel Quel* (R. Barthes, J. Derrida, Ph. Sollers et surtout J. Kristeva). Par opposition à tout usage communicatif et représentatif — donc *re*-productif — du langage, le texte y est défini essentiellement comme *productivité*.

C'est dire — pour approcher peu à peu cette définition comme de l'extérieur, par ce qu'elle enveloppe de *normatif* — que, dans la pratique, une écriture textuelle suppose qu'ait été tactiquement déjouée la vection descriptive du langage, et mise en place une procédure qui, au contraire, fasse jouer à plein son pouvoir génératif. Cette procédure, ce sera par exemple, au plan du signifiant, le recours généralisé aux analyses et combinaisons de type anagrammatique. Au plan sémantique, ce sera le recours à la polysémie (jusqu'au point où, comme dans le dialogisme de Bakhtine [386], un même « mot » se révèle être porté par plusieurs « voix », venir au croisement de plusieurs cultures), mais ce sera aussi bien une écriture « blanche », qui échappe à toutes les « épaisseurs » de mondes en déjouant systématiquement les connotations et en restituant l'appareil du découpage sémique à son arbitraire. Au plan grammatical, ce sera l'appel à une grille ou matrice qui règle les variations de la personne ou du temps non plus selon les structures canoniques porteuses de la vraisemblance [335 s.], mais selon une exhaustion organisée des possibilités de permutation. Ce sera encore, et un peu à tous les niveaux qu'on vient d'évoquer, la mise en œuvre jusque dans l'écriture de la relation destinateur-destinataire, écriture-lecture, comme celle de deux productivités qui se recoupent et font espace en se recoupant.

C'est dire surtout — pour nous porter à présent, et symétriquement, aux implications *théoriques* ultimes de cette même définition — que le texte a toujours fonctionné comme un champ *transgressif* au regard du système selon lequel sont organisées notre perception, notre grammaire, notre métaphysique et jusqu'à notre science : système selon lequel un *sujet*, situé au centre d'un monde qui lui fournit comme un horizon, apprend à en déchiffrer le *sens supposé préalable*, voire originaire au regard de l'expérience qu'il en fait. Système qui serait, indissociablement, celui du *signe* [131].

A l'idéalisme d'un sens antérieur à ce qui l'« exprime », le texte opposerait alors le *matérialisme* d'un jeu du signifiant qui produit les effets de sens. Au statisme d'un discours limité par ce qu'il s'est proposé de copier, le texte opposerait un *jeu infini* (« présens »), découpé en lectures (ou « lexies ») selon les voies sans terme ultime où se combine et recoupe le signifiant. A l'unité d'une subjectivité substantielle, censée supporter le discours en sa totalité, le texte opposerait la mobilité d'une *énonciation vide*, variant au gré des réorganisations (perçues ou inaperçues) de l'énoncé. Au modèle intime de la voix, proche à la fois de l'âme et du sens (au « phono-logocentrisme ») [435], le texte — avec son jeu de signifiants sans départ ni terme ni intériorité — opposerait nécessairement la relève par une réflexion sur l'*écriture* ou « grammatologie » [437]. A l'idéologie esthétisante de l'objet d'art comme œuvre déposée dans l'histoire ou de la littérature comme objet d'une histoire du décoratif, le texte opposerait la réinsertion de sa *pratique signifiante* — repérée comme pratique spécifique — dans le *tout articulé du processus social* (des pratiques transformatives) auquel il participe [452]. On voit déjà pourquoi, aussitôt construit, ce concept du texte s'est trouvé avoir valeur opératoire, et non pas seulement au plan de la pratique « littéraire », mais tant au plan d'un ébranlement de la tradition philosophique qu'à celui d'une théorie de la révolution.

Mais on ne saisira vraiment ce que recouvre cette définition du texte qu'à revenir — avec J. Kristeva — au terme crucial de **productivité** : par où il faut entendre que le texte « fait de la langue un travail » en *remontant à ce qui la précède*; ou mieux, qu'il ouvre un écart entre la langue d'usage, « naturelle », destinée à la représentation et à la compréhension, *surface structurée* dont nous attendons qu'elle réfléchisse les structures d'un dehors, exprime une subjectivité (individuelle ou collective) — et le *volume sous-jacent des pratiques signifiantes*, « où pointent le sens et son sujet » à chaque moment, où les significations germent « du dedans de la langue et dans sa matérialité même », selon des modèles et en un jeu de combinaisons (ceux d'une pratique dans le signifiant) radicalement « étrangers » à la langue de la communication. « Travailler la langue », c'est donc explorer comment elle travaille : mais à la condition de préciser que les modèles ne sont pas les mêmes entre ce qui parle en surface le sens et ce qui l'opère en épaisseur. « Nous désignerons par **signifiance** ce *travail* de différenciation, stratification et confrontation qui se pratique dans la langue, et dépose sur la ligne du sujet parlant une chaîne signifiante communicative et grammaticalement structurée. »

« Non soumis au centre régulateur d'un sens », le processus de génération du système signifiant ne peut être un; il est pluriel et différencié à l'infini, il est travail mobile, assemblement de germes dans un espace non-clos de production et d'autodestruction. Il est — au plan de ce qui sera le « signifiant » comme le « signifié », le matériau de la langue comme ses formes grammaticales, la phrase comme l'organisation du discours (avec sa mise en place d'un sujet) — le jeu sans limites ni centre des possibilités d'articulations génératrices de sens. Rien ne spécifie mieux la signifiance que cette « *infinité* différenciée, dont la combinatoire illimitée ne trouve jamais de borne ». La signifiance est, en somme, le sans fin des opérations possibles dans un champ donné de la langue. Et elle n'est pas plus une des combinaisons pouvant former un discours donné, qu'aucune des autres.

C'est cette *infinité dynamique* qui, à tous les niveaux, rend compte des propriétés par quoi le texte — désormais redéfini comme : écriture dans laquelle la signifiance se dépose — se différencie de la phrase commune et la « double » d'un fonctionnement autre, au point qu'il devra être dit *translinguistique*. Ainsi des catégories de la langue, que le texte, dans la rigueur de sa pratique, redistribue : substituant à l'unité signe un *ensemble signifiant minimal* « qui, pour se constituer, peut disloquer le mot ou bien ne pas respecter ses confins, soit en englobant deux lexèmes, soit en brisant un autre en phonèmes » — le point important étant que, pour avoir détruit le signe, cet ensemble ne marque plus qu'une répartition contingente de la signifiance infinie, destinée à se défaire et glisser : l'unité textuelle serait même, à ce titre, mieux désignée comme « différentielle signifiante ». Ou encore, substituant aux unités phrases, des *complexes signifiants* qui, loin de s'enchaîner linéairement, vont, pour former un texte, s'appliquer (au sens logique du terme) les uns aux autres pluriellement ; et qui surtout, loin d'« énoncer quelque chose sur un objet » (proposition prédicative), se construisent sur une matrice de modification nominale (bien plutôt que verbale) où ne s'actualise rien sur rien, où la signifiance, « dans la germination toujours relancée de ses différences », en produisant « un domaine inépuisable et stratifié de décrochages et de combinaisons s'épuisant dans l'infinité et la rigueur de leur marquage », ne donne à voir rien d'autre que la genèse sans limite de la signification elle-même : « scène de la signification où ce qui s'accomplit n'est pas encore parce qu'il est toujours en train d'être ». Ainsi des lois de la grammaire, comme de la syntaxe ou de la sémantique, que le texte fait plus que remanier : substituant bien plutôt à l'idée même de lois prédéterminantes de la langue, celle d'un *ordre* dont les parties interdépendantes « prennent successivement le dessus dans différentes conditions d'emploi », d'un réseau de connexions multiples à hiérarchie variable. Ainsi du discours même qui, loin d'être une unité close, fût-ce sur son propre travail, est travaillé par les autres textes — « tout texte est absorption et transformation d'une multiplicité d'autres textes » —, traversé par le supplément sans réserve et l'opposition surmontée de l'*inter-textualité*.

A tous ces niveaux, ce qu'on rencontre (et qui rend possible, aussi bien, la lecture) est « l'expansion dans le texte d'une fonction qui l'organise » : d'où la généralisation proposée du modèle de l'anagramme saussurien [245] en paragramme. « Nous appelons réseau paragrammatique le *modèle tabulaire* (non linéaire) de l'élaboration » du langage textuel. « Le terme de *réseau* remplace l'univocité (la linéarité) en l'englobant, et suggère que chaque ensemble (séquence) est aboutissement et commencement d'un rapport plurivalent ». Le terme de *paragramme* indique que chaque élément fonctionne « comme marque dynamique, *comme* « *gramme* » *mouvant* qui *fait* plutôt qu'il n'*exprime* un *sens* ».

Enfin, il faut bien qu'il y ait, englobant la logique du signe (qui est celle même d'Aristote), une *logique textuelle*, si le texte fonctionne comme un « code infini ordonné » dont tous les codes (et celui, en particulier, de la logique linéaire) ne sont que des sous-ensembles : logique dont les deux traits saillants sont que seule la théorie des ensembles pourrait permettre la formalisation d'un fonctionnement en expansion comme celui des paragrammes, et que, transgressant les interdits classiques sans les supprimer, la logique du texte les déborde en une réunion sans synthèse, à travers une négation sans disjonction : « coexistence du discours *monologique* (synthétique, historique, descriptif) et d'un discours détruisant ce monologisme » : *dialogisme*, au sens ultime de ce mot bakhtinien.

Cette série d'écarts aboutit au déplacement de l'opposition première entre langue de la communication et signifiance, en une opposition seconde, *dans le texte même*, en tant qu'il est une écriture à « double fond » qui ouvre le « dedans » du signe au « dehors » de la signifiance : opposition entre le phéno-texte où, en un sens, le travail de la signifiance se trouve « phénoménalisé », étalé à plat dans une signification structurée qui fonctionne comme écran-cache, mais où, en un autre sens, la langue communicative se trouve, par le jeu de sa transgression, marquer et manifester la productivité signifiante : jusque dans la position de la structure se trouve alors inscrite, « exposée » ou « déposée », l'épaisseur en travail de son « engendrement » — et le géno-texte qui est cet engendrement, donc la signifiance même, comme « opération de génération du phéno-texte » dans le tissu et les catégories de la langue, et jusque dans la mise en place (par le « hors-sujet » de la langue) d'un sujet pour le discours. « La spécificité textuelle réside dans le fait qu'elle est une traduction du géno-texte dans le phéno-texte, décelable à la lecture par l'ouverture du phéno-texte au géno-texte. »

On remarquera que si les deux termes ne sont pas définissables l'un indépendamment de l'autre, leurs relations ne sont pas celles des structures profonde et superficielle [302] chez Chomsky, puisqu'on chercherait en vain dans le géno-texte une structure qui serait le reflet sous une forme archétypale des structures de la phrase communicative (S-P) : le géno-texte, ce sont les signifiants dans leur différenciation infinie, dont « le signifiant de la formule-présente-du-sujet-dit n'est qu'une borne ». Le phéno-texte est *situé* dans le géno-texte qui l'excède de toutes parts, et pour lequel il n'est pas une fin mais une coupure ou une limite, tracée à l'intérieur du dispositif possible en le langage à un moment donné : processus générateur au regard duquel on dira aussi, mais peut-être plus métaphoriquement, du phéno-texte qu'il est « un reste ».

Il n'est peut-être pas inutile de noter enfin une divergence méthodologique radicale entre le travail du signifiant tel qu'il est impliqué dans cette définition du texte et la chaîne signifiante dans la redéfinition qu'en a donnée J. Lacan [439]. Car une confusion pourrait naître de ce que l'un et l'autre débordent la linguistique du signe et de la communication par un appel à ce qui, dans le signifiant, s'en décroche. Chez J. Lacan, il s'agit, à partir d'une substitution de discours, de réarticuler le sujet et l'objet (ceux de l'énonciation) comme manque à l'intérieur de la grande unité de la chaîne signifiante. Chez J. Kristeva, il s'agit de « pulvériser » le sujet et il n'est pas question d'une visée d'objet : c'est que la dimension pertinente pour l'étude du signifiant ne se trouve plus cette fois dans une unité de signification mais dans une dynamique où les unités génératrices de sens se font, s'enveloppent et se défont sans fin. Le travail ici s'effectue sans articulation fixée, depuis le terme évanouissant de la différentielle signifiante jusqu'à l'infinité des combinaisons auxquelles, en deçà de toute loi catégorielle, puis au long du développement de celles-ci, se prête le signifiant se faisant. Différence du propos, au reste, bien marquée dans les deux figures cruciales d'une *structure du sujet* parlant et d'une *germination du texte*.

→ J. Kristeva, *Semeiotikè*, Paris, 1969. Cf. également R. Barthes, *Critique et Vérité*, Paris, 1966; *S/Z*, Paris, 1970 et Ph. Sollers, *Logiques*, Paris, 1968.

Sémiotique [113]

La discussion portant sur le concept de signe et sur son appartenance à la tradition idéaliste-logocentrique, ainsi qu'à une philosophie pré-critique de la communication [438] ne pouvait, par définition, rester sans conséquences pour la sémiotique. C'est J. Kristeva qui a amorcé cette réorganisation de la discipline à partir de la critique de la matrice du signe : en adoptant comme axe de sa proposition — et « centre de son intérêt » — le concept du texte comme productivité [443], tel qu'elle l'élaborait dans le même temps, d'autre part.

L'apport du concept de texte est d'ouvrir la sémiotique, *science de la signification*, à la *signifiance* [445] comme travail spécifique dans et de la langue avant toute énonciation structurée, à un niveau d'altérité par rapport à toute langue d'usage; et de fournir en même temps, avec le concept de *pratique signifiante* [444], un instrument généralisable à toutes les modalités du faire sens. Avec la pratique textuelle et dans son champ, nous sommes donc déjà dans une sémiotique « autre », pour laquelle J. Kristeva propose le terme de **sémanalyse**.

A partir du texte (comme « jointure »), et par-delà la langue « communicative » (qui se tient en surface), explorer (en volume) la langue comme production et transformation de signification : tel est le programme initial de la sémanalyse. Pratiquement, la sémanalyse est une « réflexion sur le *signifiant se produisant en texte* »; et s'y exercer serait savoir chaque fois montrer comment le « processus de génération du système signifiant » (le *géno-texte*) [447] se trouve « manifesté » dans le texte donné (dans le *phéno-texte*) [447] pour autant qu'il mérite le nom de texte, justement. Figurativement, la sémanalyse devra *traverser* l'énoncé, son organisation, sa grammaire et sa science, pour enfin « atteindre cette zone où s'assemblent les *germes* de ce qui signifiera dans la présence de la langue ». Théoriquement, la sémanalyse opère une ouverture dans les concepts classiques du signe et de la structure, pour déboucher dans l'espace autre, de l'infinité signifiante, livré à la permutation, apte à tous les découpages catégoriels, et ne pouvant être accaparé par aucun sujet puisque le sujet sera lui-même produit de cet engendrement. De là, ce terme forgé sur le modèle de : psychanalyse; la signifiance constitue, dans ses dispositifs et ses objets dynamisés, comme une série d'*autres scènes* au regard de quoi la structure du discours manifeste, articulée au signe, n'est plus qu' « une *retombée décalée* », et qui fonctionne comme un *écran*. Sémanalyse encore en ceci, que c'est à une science *critique* et *déconstructrice* du sens que nous travaillons quand, partant du discours d'un sujet ou d'une histoire, en nous en décalant, nous « remontons la production de la signifiance », opérons une désintrication des démarches signifiantes dans leur topographie spécifique ou leur devenir historique, explorons leur topologie. Et visons — ce serait le programme ultime — l'élaboration même de la signification, dans la diversité de ses modes.

De ce déplacement de la sémiotique vers la *production* de la signification avant le signe, résulte évidemment une série de réinterprétations dont on retiendra au moins deux — parce qu'elles permettent de montrer comment, en se refondant, la sémiotique s'est trouvée revendiquer une position maîtresse dans une refonte globale du savoir.

Une conséquence d'allure épistémologique, d'abord. Si la sémiotique n'a jamais cessé de chercher (comme la linguistique) à établir des modèles des systèmes signifiants, et si — tentant de s'axiomatiser — elle a de préférence emprunté ces modèles aux sciences formelles, logique ou algèbre, c'était comme on abstrait, dans un fonctionnement représentatif, la forme du contenu. La sémiotique se trouvait pourtant déjà là dans une position singulière : c'est que tout en produisant des modèles des pratiques signifiantes, elle ne pouvait manquer de se faire un objet de ces modèles mêmes (comme systèmes signifiants à leur tour), c'est-à-dire de faire une théorie du modelage : par où elle débordait déjà la *science*, comme représentation dans un modèle, par la *théorie* de ce qu'est la production d'une représentation. En cela, toutes les sciences sur quoi la sémiotique prend modèle en pouvaient être dites en même temps subverties. Or, avec la signifiance, on franchit encore un pas, puisqu'elle nous fait saisir la production du sens comme, par définition, *hétérogène à tout représentable*. Cela va entraîner pour les rapports de la sémiotique aux sciences formelles une conséquence importante : « Tout le problème de la sémiotique actuelle nous semble être là : continuer de formaliser les systèmes sémiotiques du point de vue de la *communication*... ou bien ouvrir... cette autre scène qu'est la production de sens intérieure au sens », et essayer de construire à partir d'un nouveau type d'objet un nouveau type de problématique scientifique. Un formalisme isomorphe à la signifiance ne saurait ainsi trouver de modèles adéquats que là où existe déjà une « infiltration de la pensée scientifique à l'intérieur du non représentable » : en mathématiques essentiellement. D'une part, négativement, parce que les mathématiques, elles aussi, « échappent aux contraintes d'une langue élaborée à partir de la phrase indo-européenne sujet-prédicat »; parce que, plus généralement, « le nombre ne *représente* ni ne *signifie* ». Et d'autre part, positivement, parce que si tout « ensemble signifiant » [445], au lieu de représenter un signifié, « marque une répartition *plurale* et *contingente* de l'infinité signifiante », sa fonction ne saurait être mieux décrite que comme « numérique », participant du même « mouvement de démarquage et d'ordination », du même processus de refonte d'un tissu signifiant par accumulation et coupure, par combinaison et renvoi. « Le signifiant textuel est un nombr*ant*. » Et il faut bien entendre ici ce qu'est, loin de toute contamination par le signe, le nombre même : à savoir, un « objet » qui n'est produit par rien d'extérieur au marquage qui l'institue : « infinité qui se montre en se marquant », le nombre est une signifiance différenciée s'actualisant.

Une conséquence proprement théorique, ensuite : l'articulation, demandée au concept de pratique signifiante, entre le travail sémiotique et le matérialisme dialectique. « La bataille matérialisme-idéalisme se joue aujourd'hui au lieu suivant : reconnaître (geste matérialiste) ou pas (geste idéaliste) une signifiance (qui n'est pas le sens de la parole, mais sa germination) hors de la subjectivité. » Parce que le texte n'est pensable que dans la matérialité de la langue, parce que la signifiance confronte notre langue d'usage, et le système logique-conceptuel du signifié que nous avons fondé sur elle, avec un extérieur qui les cerne de sa *réalité*,

dont ils ne sauraient prétendre réduire l' « altérité » ou le « dehors »,
on dira que se fonde une sémiotique *matérialiste*. Et d'un matérialisme *non mécaniste* parce que cette extériorité est celle non d'un processus mais d'une pratique, d'un travail producteur dans la matière
même du produit, avant tout sujet produit : « travail qui ne veut
rien dire, production muette, mais marquante et transformatrice,
antérieure au dire circulaire, à la communication, à l'échange,
au sens. » L'opposition, opératoire au plan économique, de
l'*échange* et du *travail*, se retrouverait ici, subsumée par celle
de la *communication* et de la *production de sens*. Davantage :
parce que toute pratique sociale est pratique sémiotique, et parce
que toute atteinte aux tabous (communicatifs) d'une telle pratique
opère dans le « vaste processus du mouvement matériel et historique », le texte sera « doublement orienté : vers le système signifiant
dans lequel il se produit et vers le processus social auquel il participe »; autant en pourra-t-on dire de tout ce qui met n'importe
quelle pratique signifiante en travail : une *topologie* des pratiques
signifiantes, formée « d'après les modèles particuliers de production de sens qui les fondent », sera alors une tâche essentielle
pour l'histoire, et l'histoire, marquée par cette diversité des
pratiques, perdra tout caractère linéaire : « le texte est l'objet
qui permettra de lire une *histoire stratifiée*, à temporalité coupée,
récursive, dialectique, irréductible à un sens unique mais faite
de types de pratiques signifiantes dont la série plurielle reste sans
origine ni fin. » Enfin, si toute sémiotique vise à être une théorie
scientifique des systèmes signifiants, la sémanalyse, en se portant
vers la production même de ces systèmes dans la langue et vers
leur histoire en rapport avec celle du travail social, peut se projeter
comme science du *sens* (donc de la *connaissance*) dans ses conditions et développements matériels : posant ainsi les fondements
d'une *gnoséologie matérialiste*.

On remarquera que c'est par le même mouvement que J. Kristeva, en visant une axiomatisation mathématique de la sémiotique,
suit les mathématiques elles-mêmes dans leur ultime mouvement
au-delà du représentable — là où la construction dynamique de
la pluralité s'opère dans sa seule désignation — et, en intégrant
la pratique textuelle à l'ensemble des pratiques sociales signifiantes, convoque le marxisme à penser le travail en deçà de

sa représentation dans l'échange. On hasardera ici l'hypothèse risquée, mais qui a paru éclairante pour la saisie du projet sémanalytique, qu'à travers la sémiotique du texte tendrait à s'opérer le passage d'un matérialisme restreint (représenté dans un système de variables intouché) à un matérialisme généralisé.

On notera enfin que, sur ce chemin, et dans la plus récente étape de son travail, J. Kristeva a tenté de montrer le caractère *dialectique* de la logique qui gouverne les pratiques signifiantes. En face de la logique formelle, logique de l'homogène (comme logique de l'expression), la « logique de la *production* des systèmes signifiants » ne peut être qu'une logique de la *contradiction*. Ce qui doit être entendu, d'une part (en un sens encore restreint), à partir de ceci que le langage « poétique » (ou le texte) est celui où « la contradiction va jusqu'à se représenter comme loi de (son) fonctionnement »; d'où l'ouverture infinie (comme nous savons) d'un tel langage, en proie au travail : « le texte serait le retour du concept à la contradiction comme infinité et/ou fondement »; bref, « la contradiction se révèle comme la matrice de base de toute signifiance ». Mais ce qui doit être entendu, surtout, par un passage à ce qui détermine en dernière instance les pratiques signifiantes, comme rapport nécessaire du sens à ce qui lui est *hétérogène* : précisant que cette hétérogénéité, depuis laquelle le sens (et avec lui, le sujet, l'entendement) se trouve posé, est à chercher d'une part dans le corps et la mort (par delà l'inconscient de la psychanalyse), d'autre part et principalement, dans l'histoire (telle qu'elle est gouvernée par la lutte des classes) : c'est-à-dire, en définitive, qu'une dialectique pose les lois de production du sens pour autant précisément qu'il se dégage de (et dans) la *matière*.

→ J. Kristeva, *Semeiotikè*, Paris, 1969, et « Matière, sens, dialectique », *Tel Quel* 44, Paris, 1971. On pourra, pour un champ d'application, consulter également J. L. Schefer, *Scénographie d'un tableau*, Paris, 1968.

Index des termes *

A

accent : 234 s.

accentuel (mètre —) : 241.

accompli (aspect —) : 391.

acrophonie : 253.

actant narratif : 291.

actant selon Tesnière : 274.

acte de parole : 428.

acte et action linguistique selon Bühler : 425 s.

acte linguistique selon Humboldt : 425.

adéquation d'une grammaire générative : 58.

adéquation d'une théorie linguistique : 60.

adjectif et substantif : 322 s.

adjective (proposition —) : 360.

affinité entre langues : 82.

affixe : 258.

agglomérat sémantique [= cluster] : 342.

agglutinante (langue —) : 26.

agrammaticalité : 166 s.

agraphie : 211.

agrégat logique : 252.

Aktionsart [= mode d'action, = aspect objectif] : 392.

alexie : 212.

alexie littérale : 212.

alexie verbale : 212.

allégorie : 330 s.

allitération : 353.

allocutaire : 406.

allomorphe : 259.

allophone : 223.

alphabet : 252.

alphabet consonantique : 252

alternance : 33.

amalgame de monèmes : 261.

ambiguïté : 303.

amphibraque : 242.

anagramme : 245.

analogie et changement linguistique : 163.

analogie et anomalie dans la linguistique antique : 171.

analysabilité en linguistique générative : 298.

analyse du contenu : 309.

analyse du discours : 376.

analyse sémique ou componentielle : 339.

analyse structurale : 112.

anapeste : 242.

anaphore : 358.

anarthrie : 209.

anarthrique (enfant —) : 204.

angle de vision : 415.

anomalie sémantique : 168.

antanaclase : 353.

antécédent dans l'anaphore : 358.

anthropologie linguistique : 87.

antiphrase : 422.

antithèse : 353.

aphasie : 208.

---

* Le chiffre indique la page où le mot se trouve défini (il est imprimé en lettres grasses).

N

O

P

Index des auteurs *

* Les chiffres renvoient aux pages où l'on trouvera des développements sur les auteurs cités.

Table

Les concepts descriptifs

IMPRIMERIE BUSSIÈRE À SAINT-AMAND (8-87)
D.L. 4e TRIM. 1979. No 5349-4 (1929)

Collection Points